GS

Tagesbericht.
18. Dezember.

O. Da nicht nur unter den Engeln im Himmel, sondern auch unter den Menschen auf Erden Freude herrschen darf über einen Sünder, der Buße tut, so dürfen wir unglücklichen Europäer uns wohl einem lebhaften Vergnügen über die Nachrichten von amerikanischen Interventionsabsichten hingeben. Seit langer Zeit ist keine so gute Botschaft mehr über den atlantischen Ozean gekommen wie die, daß die Regierung der Vereinigten Staaten ihre Passivität gegenüber der europäischen Misère aufzugeben gedenke. Von einem bekehrten „Sünder" darf man da wohl reden; denn es war ein Vertrauensbruch ohne Vorbild in der Weltgeschichte, wie Amerika 1917 seinen Kreuzzug nach Europa unternahm 1919 die halb moralisierenden Friedensschlüsse von Versailles und St. Germain erzwang, dann aber einfach seinem Vertreter Wilson die Prokura entzog und in tatenloser Selbstgerechtigkeit zuschaute, wie Europa dahinsiechte.

O.

*Albert Oeri
Tagesberichte
1932 bis 1945*
erschienen in den Basler Nachrichten

GS-Verlag Basel

Die Deutsche Bibliothek – CIP-Einheitsaufnahme

Oeri, Albert:
O.-Tagesberichte: 1932–1945;
erschienen in den Basler Nachrichten / Albert Oeri. –Basel:
GS-Verl., 1999
ISBN 3-7185-0175-9

© 1999 GS-Verlag Basel
Verlagsdatenverarbeitung
Druck: Schwabe & Co. AG, Muttenz
Foto Umschlag: Lothar Jeck, Basel
ISBN 3-7185-0175-9

Inhalt

- 9 Vorbemerkung
- 11 Vorwort
- 12 **1932**
  Das Ende der Locarnopolitik
- 16 **1933**
  Hitler bemächtigt sich Deutschlands
  Hugenbergs böses Ende
  In Fernen Osten versagt der Völkerbund
- 24 **1935**
  Italiens dynamische Kolonialpolitik
  Das Hitlerreich und die Schweizerpresse
- 29 **1936**
  Hitler baut den Versailler Vertrag ab
  Waffenstillstandstag
- 33 **1938**
  Die Annexion Österreichs
  Der ‹Münchner Friede›
- 39 **1939**
  Die Annexion der Tschechoslowakei
  Das deutsch-italienische Bündnis
  Der deutsch-russische Nichtangriffspakt
  Letzte Versuche zur Friedensrettung
  Beginn des zweiten Weltkrieges
  Russland greift aktiv ein
  Die politischen Konsequenzen des russischen Eingreifens
  Zwischen dem Ost- und dem Westkrieg
  Die Neutralen in Mitleidenschaft
  Russland benützt die Kriegspause
  Beginn deutsch-russischer Reibungen und
    Vermeidungsversuche
  Bilanz am Jahresende 1939
- 71 **1940**
  † Bundesrat Motta
  Rededuell in der Kriegspause
  Dänemark und Norwegen überfallen

Britische Folge der norwegischen Katastrophe
Der Einbruch nach Belgien, Holland und Luxemburg
Die niederländische Invasion schreitet rasch fort
Mussolini entschliesst sich zum Kriegseintritt
Zusammenbruch Frankreichs
Die französische Kapitulation
Britisch-französische Spannung
Der politische Systemwechsel in Frankreich
Der Völkerbund legt sich schlafen
Hitler propagiert seine Ideologie
Hoffnungsarmer Jahreswechsel
Was kam, und was kommen kann
109 1941
Deutschland und Italien
Blick auf Griechenland
Ein Seitenblick auf Spanien
Deutsches Ausgreifen nach Südost /
   Zum Tode des Grafen Teleki
Neutralitätspakt zwischen Russland und Japan
Erfolge Deutschlands im Balkanfeldzug
Stalin wird Ministerpräsident
Ein Vergessener / † Kaiser Wilhelm II.
Die deutsche Wehrmacht greift Russland an
Die propagandistische Bemäntelung
Britische Abklärung
Die Ernährung Europas
Japans Kriegseintritt
Kriegsziele und Kriegsrisiken
Übergang 1941/42
159 1942
Die Mission des Sir Stafford Cripps
Zunehmende Vergewaltigung Frankreichs
Zwischenbilanz / 1000 Tage Krieg
Der anglo-russische Bündnisvertrag
Norwegen und sein König aufrecht
Nach drei Kriegsjahren
König Christian von Dänemark reizt Hitler
Eine Rede des Marschalls Smuts

Die Neutralen und die Neutralitätsverletzungen
In Afrika die ‹Zweite Front›
Die Reaktion der Deutschen
Admiral Darlans tragisches Ende
Vierte Kriegsweihnacht und viertes Kriegsneujahr
An der Jahreswende

196   1943

Zukunftsmusik
Angelsächsische Einigung in Casablanca
Russlands Kampf gegen die polnische Exilregierung
Stalin löst Komintern auf
Nach dem zweiten deutsch-russischen Kriegsjahr
Der Staatsstreich in Rom
Ein Freund der Schweiz / † Alt-Gesandter Dr. Adolf Müller
Be- und Misshandlung Italiens
China hat Auftrieb
Marschall Smuts als Pessimist
Immer noch Krieg zu Weihnachten und Neujahr
Silvestergedanken

230   1944

Die Deutschen in Budapest
Ein parlamentarischer Sieg Churchills
General de Gaulle setzt sich durch
Angelsächsische Landung an der Kanalküste
Ein Vierteljahrhundert nach Versailles
Annexionspläne
Hat Deutschland noch eine Frist?
Das erste Uno-Projekt
Neue russische Schwierigkeiten
Die Lage beim Jahresübergang
Kriegerische Jahreswende

264   1945

Nach der Krimkonferenz
Vor dem Zusammenbruch
Mit Amerika trauert die Welt / An der Bahre Roosevelts
Was soll aus Deutschland werden?
Pétains Übertritt in die Schweiz
Nach Hitlers düsterem Ende

Hitlers Nachfolger verhaftet
Ende der schweizerischen Pressezensur
Labour besiegt Churchill
Sommerliche Verständigung
Rückblick des Verfassers

301 Personenregister

Vorbemerkung

Noch nie in der Geschichte der Menschheit hat ein Konflikt so viele Opfer gefordert wie der Zweite Weltkrieg. Noch nie zuvor wurde der Kampf mit den Waffen durch den Propagandakrieg, durch den Krieg mit dem Wort, so intensiv geführt wie in den Jahren 1933 bis 1945. Ein neues Medium, das Radio, hatte es seit den 1920er Jahren ermöglicht, die Reden der Staatsmänner, der Diktatoren und ihrer Propagandaminister in das hinterste Dorf der neutralen und unbesetzten Länder zu tragen. Auf Knopfdruck strömte der Redeschwall in alle Stuben, auch in der Schweiz, und warb für die eine oder andere der kriegführenden Mächte. Zwei neue Wörter bereicherten dabei den Wortschatz der Zeitungsleser und Radiohörer: ‹Giftküche› und ‹Giftkoch›. Gemeint waren die Büros der Zeitungs- und Radioredaktionen. Albert Oeri, der die hier folgenden ‹O.-Tagesberichte› verfasst hat, schrieb im letzten der publizierten Artikel: «Ich habe mir alle Mühe gegeben, ein ‹Gegengiftkoch› zu werden .... und meine Unbescheidenheit besteht darin, dass ich glaube, das sei mir einigermassen geraten.»

Wer war Albert Oeri? Im Jahr 1875 ist er in Schaffhausen geboren worden. Seine Vorfahren stammten aber aus der Stadt Zürich, wo sie jahrhundertelang in der städtischen Zunftaristokratie eine wichtige Rolle gespielt haben. Der Urgrossvater Alberts, Jakob, heiratete eine Baslerin, Magdalena Schorndorff. Sie war eine Schwester der Susanna Schorndorff, die den Pfarrer Jacob Burckhardt geehelicht hatte. Das war der Anfang der Verbindung der Zürcher Oeri und der Basler Familie Burckhardt. Noch enger wurde sie, als 1843 der Grossvater Alberts, wiederum ein Jakob (1817-1897), Louise Burckhardt, die Schwester Jacobs, heiratete und so auch Schwager Jacob Burckhardts wurde. Im Jahr 1849 haben die Oeri das Basler Bürgerrecht erworben, weshalb Albert einmal scherzen konnte: «Wir stammen aus Zürich, sind aber längst ‹verbasleret›.» Übrigens konnte ein Freund Alberts behaupten, dieser habe nicht nur als Interpret der Weltgeschichte Ähnlichkeit mit dem berühmten Grossonkel, sondern habe ihm auch physiognomisch geglichen.

Nach dem Studium der klassischen Philologie und der Geschichte an den Universitäten in Basel, Göttingen und Berlin promovierte Albert Oeri zum Dr. phil. und trat, wie sein Vater, eine Stelle als Gymnasiallehrer in einer deutschen Kleinstadt an. Dort erreichte ihn 1901 die Einladung, in die Redaktion der ‹Allgemeinen Schweizer Zeitung› einzutreten. In seiner Autobiographie schrieb er darüber: «Als der Ruf der Zeitung an mich kam, zögerte ich sehr, ihn anzunehmen, und konsultierte meine Freunde. Einer von ihnen schrieb mir, ich sei wohl ein Schulmeister, aber eher einer für die Erwachsenen als für die Kinder, und ich solle daher ruhig Redaktor werden. Das bin ich dann geworden.» Schon im Jahre 1911 wurde er Chef der Inlandredaktion der ‹Basler Nachrichten›, die 1902 mit der ‹Allgemeinen Schweizer Zeitung› fusioniert hatte. Von 1925 bis zu seinem Rücktritt 1949 war er Chef der Auslandredaktion. Für diese Aufgabe war er hervorragend vorbereitet, ist er doch in den 1920er Jahren Berichterstatter der Völkerbundssitzungen gewesen und seit 1934 sogar Mitglied der Schweizer Völkerbundsdelegation.

Die Reihe der hier wieder publizierten ‹Tagesberichte› beginnt 1932, als die relativ friedliche Epoche der Zwischenkriegszeit zu Ende ging und mit der Machtergreifung Hitlers der Weg in den Zweiten Weltkrieg begann. Sie endet mit einem sehr schönen ‹Rückblick des Verfassers›. Die Auswahl der originalgetreuen ‹Tagesberichte› aus mehreren hundert Artikeln hat Oeri selbst getroffen. Als er sie schrieb, wandte er sich an eine Leserschaft, die über die Ereignisse einigermassen im Bilde war. Dem heutigen Leser, der jene Zeit nicht miterlebt hat, leisten die von Oeri zusätzlich hinzugefügten Einleitungen eine erste Orientierungshilfe. Der vorliegende Nachdruck ist durch ein vom Unterzeichneten zusammengestelltes Personenregister ergänzt worden.

Dank diesen ‹Tagesberichten› erwirbt sich der Leser von heute nicht nur eine genauere Kenntnis der Weltgeschichte von 1933 bis 1945; er kommt auch in den Genuss grosser sprachlicher Meisterschaft. Mutige Schweizer Journalisten, die vor und während dem Zweiten Weltkrieg ein tapferes Wort geschrieben haben, gab es nicht wenige. Ich denke hier zum Beispiel an Ernst Schürch, Willy Bretscher, Marcus Feldmann, Paul Schmid-Ammann, Pierre Béguin, Jean Baptist Rusch. Aber Albert Oeri überragte sie alle an Prägnanz und Eleganz der Sprache!

René Teuteberg

Vorwort

In dem vorliegenden Bande habe ich eine Anzahl O.-‹Tagesberichte› gesammelt, die ich während des Zweiten Weltkriegs für die ‹Basler Nachrichten› geschrieben habe. Diesen vorangestellt sind als Einleitung ein paar Tagesberichte aus den Vorkriegsjahren. Da es sich um eine Fülle von Material aus den Jahrgängen von 1932 bis 1945 handelt, war die Auswahl für mich schwierig. Natürlich habe ich nicht mit Vorliebe Artikel wiedergegeben, in denen ich mich verhauen habe. Aber ganz vermeiden liessen sich solche nicht. In den ausgewählten Texten habe ich nichts weggelassen und mit Ausnahme von offenbaren Druckfehlern nichts korrigiert. Ich hoffe immerhin, dem politisch interessierten Leser einen Stoff zu bieten, der seine eigenen Erinnerungen auffrischt und ihn zum Nachdenken über einen bösen Zeitlauf anregt.

Albert Oeri

Basel, im Februar 1946

Das Ende der Locarnopolitik
Donnerstag, 14. Januar 1932

Nach dem ersten Weltkrieg gründeten sich die Hoffnungen auf dauernde Friedenserhaltung in den zwanziger Jahren zunächst auf den Völkerbund. Nachdem dessen Bemühungen um Verstärkung seiner Mittel gescheitert waren, nahmen die Staatsmänner Aristide Briand, Austen Chamberlain und Gustav Stresemann die Friedensarbeit im engern Kreise ihrer Grossmächte auf und hatten (Locarno Konferenz!) zuerst vielversprechende Erfolge. Aber schon zu Anfang der dreissiger Jahre brachen diese Hoffnungen ebenfalls zusammen, und auch ihre Träger verschwanden. Stresemann war schon am 3. Oktober 1929 gestorben, Briand folgte ihm am 3. März 1932 in den Tod, Chamberlain am 16. März 1937.

Briand zieht sich zurück Aristide Briand hat aufgehört, französischer Minister des Auswärtigen zu sein. Wir schreiben ihm an dieser Stelle lieber ein Abschiedswort als einen Nekrolog. Auch wenn sein Ausscheiden aus der europäischen Politik nur zeitweilig ist und die Hoffnung auf einstige Reaktivierung nicht ganz ausschliesst, wird man sich tiefsten Bedauerns nicht erwehren können. Gemildert wird es freilich durch die Erwägung, dass der grosse Franzose schon seit längerer Zeit nicht mehr die Möglichkeit gehabt hat, seinen guten Willen in politisches Wirken umzusetzen.

Enthusiastische Freunde haben Briand einen Idealisten genannt, rabiate Gegner einen Heuchler. Er ist weder das eine noch das andere. Die Verständigung seines Landes mit Deutschland erstrebte er nicht aus hohen Menschheitsgefühlen heraus, sondern aus sehr erdennahem französischem bon sens; man möchte fast sagen: aus bretonischer Bauernklugheit. Aber er erstrebte sie aufrichtig. Die Deutschen als Volk ohne rednerische Kultur haben ihm mit ihrem Misstrauen, dass *schöne* Worte gerne als *falsche* Worte taxiert werden, manchmal Unrecht getan. Er ist viel zu gescheit, um von rhetorischer Umnebelung eines fremden Volkes dessen dauerhafte Versöhnung zu erhoffen. Und eine *dauerhafte* Versöhnung wollte er erreichen. Mit möglichst wenig Opfern Frankreichs, was kein vernünftiger Mensch einem französischen Staatsmann verübeln wird. Aber nicht *ohne Opfer*! Er weiss, dass die Konjunkturgunst der Nachkriegszeit lange dauern kann, aber keine Ewigkeitsgewähr besitzt. Darum wollte er einen politischen Gleichgewichtszustand erreichen, der für Deutschland mindestens erträglich sein und es von der Versuchung, früher oder später das Glücksspiel eines neuen Krieges zu wagen, befreien sollte. Seine ehrliche und feste Überzeugung ist, dass dieses Glücksspiel, wie es auch ausgehen würde, für beide Nationen zu einem Unglücksspiel werden müsste.

Die gleiche Überzeugung und den entsprechenden Willen hatte auf der deutschen Seite Gustav Stresemann. Darum war von 1925 bis 1929, also in den Jahren, die die Weltgeschichte einst als ‹Locarnoperiode› registrieren wird, eine deutschfranzösische Zusammenarbeit möglich, wie man sie so bald nach dem blutigsten aller Kriege kaum für denkbar gehalten hätte. Schwarzweissrote Patent-Patrioten hüben und blauweissrote drüben bemühten sich unterdessen mit einer ans Wunderbare streifenden Parallelität der Anklagen, die Verständigungsbestrebungen der beiden Führer zu sabotieren. Der Erfolg zeigte sich noch zu Lebzeiten Stresemanns. Aber weder er noch Briand wollte kapitulieren. Die beiden vereinigten sich zu einem höchst merkwürdigen politischen Diversionsmanöver: im Sommer 1929 starteten sie zusammen die Europaunion. Das bedeutete, dass sie die deutschfranzösische Verständigung zwar fortsetzen, aber nicht mehr plakatieren wollten, um den heimischen Wüterichen weniger Angriffsfläche zu bieten. Sie nahmen an, unter paneuropäischer Flagge werde sich allerhand arrangieren lassen, was als Aktion zwischen zwei einzelnen ehemaligen Kriegsgegnern an chauvinistischen Widerständen hätte scheitern rnüssen. Den ‹Feind› – viele Leute müssen sich ja bei allem, was ihnen politisch Freude machen soll, einen Feind denken können, dem etwas zu Leide geschieht – sollte Amerika vorstellen. Das liegt weit weg und ist als deutsches oder französisches Hassobjekt, zwar auch nicht ganz harmlos, aber immerhin bedeutend weniger kriegsgefährlich als ein europäisches Nachbarland.

Ob die kluge, vielleicht allzu kluge Rechnung der beiden Staatsmänner richtig war oder nicht, ist heute nicht mehr festzustellen, denn im Oktober 1929 ist der eine von ihnen gestorben und damit die Möglichkeit der Durchführung des Plans verschwunden. Auch ein so genialer Musikant wie Briand kann mit einem Toten nicht

Duett spielen. Ohne dass die Regierung Brüning grundsätzlich die Politik Stresemanns hätte preisgeben wollen, passierten hinfort in Deutschland Dinge, die unter Stresemann nicht hätten passieren können. Wenn zu dessen Lebzeiten der Reichsminister Treviranus die vorzeitige Rheinlandräumung durch Krakeelreden quittiert hätte, so wäre der eine oder der andere der beiden Herren in hohem Bogen aus dem Kabinett geflogen. Treviranus flog nicht, bekam aber durch die Hitlerwahlen vom September 1930 Gelegenheit, sich darüber zu verwundern, ein wie grosser Teil der deutschen Wählerschaft seine Hetzerei ernst genommen hatte. Briand behielt kaltes Blut. Er weilte damals in Genf und setzte einer Frauendelegation versöhnlich und vernünftig auseinander, dass man Deutschlands bedrohter Wirtschaft zu Hilfe kommen müsse, wenn man der bei den Wahlen zutage getretenen Stimmungsverschlechterung wirksam entgegentreten wolle. Als das ‹Journal de Genève› diese ruhigen Worte veröffentlichte, gab es in Paris einen fürchterlichen Krach. Briand war gewarnt und kuschte, gab aber sein Streben nicht auf, sondern wollte die nötige Beruhigung der Gemüter abwarten. Statt ihrer kam im Frühjahr 1931 das Gegenteil: die durch das deutschösterreichische Zollunionsprojekt hervorgerufene Entfachung der wildesten französischen Angstinstinkte. Damit war Briands politische Kraft einstweilen gebrochen. Es war nicht mehr ein Zeichen innerer Stärke, sondern bedenklicher Schwäche, dass er üblem Freundsrat folgte und sich, statt den Quai d'Orsay mit seinem Landgut Cocherel zu vertauschen, durch seine unglückselige Präsidentschaftskandidatur ins Elysée hinüberzuretten versuchte. Seither war er eine politische Leiche. Aber das Wunder des toten Cid, der hoch zu Ross sein Heer zum Siege führte, wiederholte sich bei ihm nicht.

Jetzt verschwindet er. Aber die bittere Notwendigkeit, dass sich Deutschland und Frankreich verständigen, bleibt. Über kurz oder lang wird sie sich den beiden Völkern aufzwingen. Inzwischen können sie sich noch gründlich quälen. Deutschland ist, weil es hart am Rand einer neuen Währungsentwertung steht, unmittelbarer bedroht als Frankreich. Deshalb wirkt die deutsche Tappigkeit, die es letzter Tage wieder ohne Not zu der durch die Reparationsabsage verursachten politischen Panik hat kommen lassen, grotesker als der französische Negativismus. Aber weniger stupid ist dieser nicht.

Der Tag wird kommen, an dem man auch in Paris spürt, dass die französische Wirtschaft ein Stück Weltwirtschaft ist, und den intimen Zusammenhang zwischen Weltwirtschaftskrise und Reparationskrise erkennt.

An diesem Tage wird Deutschland wieder einen Stresemann stellen müssen und Frankreich wieder einen Briand. Wenn sich der konkrete Aristide Briand von seinem schweren physischen Leiden erholt, so wird er selbst wieder in Paris erscheinen und besorgen können, was besorgt sein muss. Wo nicht, so wird es irgendein anderer ‹Briand› besorgen, gleich wie in Deutschland ein neuer ‹Stresemann›. Wegen der Tatsache, dass politische Genies selten sind und das gleichzeitige Auftauchen zweier aufeinander gestimmter politischer Genies in zwei verschiedenen Ländern noch seltener, braucht man sich keine Sorge zu machen. Zur Liquidation des Reparationsproblems ist nicht eigentliche Genialität vonnöten, sondern eine grosse Dosis gesunder Menschenverstand und eine noch grössere Dosis Mut. Mit diesen beiden schönen Gaben ist es allerdings noch nicht getan. Es muss dazu noch die bescheidene, aber höchst respektable Fähigkeit kommen, mit der gleichen gewissenhaften Sorgfalt, die man auf die Bereitung des eigenen Weges verwendet, auch den Weg zu berücksichtigen, den der Mann im andern Lande begehen muss, um zum gemeinsamen Ziele zu gelangen. Man soll die Steine, die man sich selbst aus dem Weg räumt, nicht auf den Weg dessen rollen lassen, den man an einem gegebenen Punkte heil zu treffen hofft, weil man ihn im eigenen Interesse treffen *muss*.

In dieser gegenseitigem Rücksichtnahme waren Briand und Stresemann Meister, haben aber merkwürdig wenig Schule gemacht. Es gibt in Deutschland und in Frankreich Tausende und Abertausende von Geschäftsleuten, die erstaunliches Geschick zeigen, wenn es gilt, sich gegenseitig einen schwierigen Abschluss zu erleichtern. Unter den Politikern und Diplomaten ist diese Kunst leider viel weniger verbreitet. Wer aber gut nähen will, muss zunächst einmal einfädeln können. Briand ist ein Künstler des Einfädelns. Vielleicht holt man ihn einst schon deswegen wieder ins Amt zurück.

Hitler bemächtigt sich Deutschlands
Dienstag, 31. Januar 1933

Nach dem Sturz des Reichskabinetts v. Schleicher bildete sich am 30. Januar 1933 unter Adolf Hitler als Reichskanzler ein neues Kabinett, das zunächst noch nicht einseitig nationalsozialistisch zu sein schien. Schon die nächsten Wochen und Monate brachten aber den Übergang zur Diktatur Hitlers.

Das Kabinett Hitler Das Duell in der Dunkelkammer, das die Führer der diversen deutschen Rechtsrichtungen letzter Tage mit langen Bratenmessern gegeneinander ausgefochten haben, ist zu Ende. Als das Licht angedreht wurde, lag General von Schleicher als Leiche da, und in Siegerpose stolzierte *der neue Reichskanzler Adolf Hitler*. Ein Ministerium Hitler bedeutet nach dem Ergebnis der letzten Reichstagswahlen an sich durchaus nichts Abnormes. Eine Mehrheitspartei existiert im Parlament nicht. Die Nationalsozialisten sind eine Minderheitspartei, aber weitaus die stärkste aller Minderheitsparteien. Also lag es nahe, ihnen die Führung einer aus verschiedenen Minderheitsgruppen gemischten Regierung zu übergeben. Das wäre wohl auch längst geschehen, wenn sich Hitler nicht ein halbes Jahr lang diese Möglichkeit selbst versperrt hätte durch seinen ungebührlichen Anspruch, nicht nur einen seiner Parteistärke entsprechenden Anteil an der Staatsmacht, sondern die Staatsmacht in die Hände zu bekommen. Diesen Anspruch hat er nun, wie die neue Ministerliste zeigt, aufgegeben und sich mit einem angemessenen Machtanteil begnügt. Da der Berg nicht zum Propheten kommen wollte, ist der Prophet zum Berge gegangen.

Diese späte, aber vielleicht nicht allzu späte Unterwerfung unter die Gebote der politischen Bescheidenheit zeigt, dass der Beraterkreis Hitlers nicht nur aus geschwollenen Renommisten besteht, sondern auch Elemente enthält, die kühl rechnen können. Nach den Überlegungen dieser Leute zeigt der Stimmenverlust der Hitlerpartei von den Juli- zu den Novemberwahlen, dass die Periode des mit blosser Demagogie zu erreichenden Auftriebs vorüber ist und dass man wohl oder übel daran gehen muss, die errungene Position durch positive Arbeitsleistung zu untermauern. Dazu erhält nun die Partei in mehreren wichtigen Verwaltungszweigen des Reichs und Preussens Gelegenheit. Erschwert wird die Ausnützung dieser Gelegenheit nur durch den vorangegangenen Machtbeanspruchungsrummel. Es ist für einen Führer nie angenehm, sich selbst desavouieren zu müssen, auch wenn die Desavouierung durchaus im Sinne der politischen Vernunft geschieht. «Der Osaf hat vor dem Reichskanzlerpalais monatelang gebrummt wie ein wilder Bär; darum blieb ihm dessen Tor verschlossen. Jetzt hat er sich einen Nasenring anlegen lassen wie ein ganz manierlicher Tanzbär und darf darum unter Dudelsackmusik einziehen.» So oder ähnlich werden Hitlers Gegner sich nun die bittere Pille der nationalsozialistischen Reichskanzlerschaft zu versüssen versuchen.

Freilich: Bär bleibt Bär, auch wenn man ihm einen Ring durch die Nase zieht und ihn an der Leine führt. Seine Gefährlichkeit oder Ungefährlichkeit hängt nicht vom Ring und von der Leine, sondern von der Geschicklichkeit und Energie des Bärenführers und des sonstigen Wartepersonals ab. Bärenführer ist im vorliegenden Falle Herr von Papen.

Er in erster Linie hat des Widerspenstigen Zähmung zustande gebracht, an deren Möglichkeit bis zum letzten Augenblick niemand recht hatte glauben wollen, Hitler selbst am allerwenigsten. Als Vizekanzler und kommissarischer preussischer Ministerpräsident wird Herr von Papen nun dafür zu sorgen haben, dass sein Virtuosenstück kein böses Ende für das Reich nimmt. Er wird dabei starke Helfer haben. Das Verbleiben des Herrn von Schwerin-Krosigk im Reichsfinanzministerium bietet solide Garantien gegen allfällige Gelüste des neuen Reichskanzlers, wirtschaftspolitisch zu dilettieren. Die gleiche Zuversicht erweckt in bezug auf die Aussenpolitik das Verbleiben des Freiherrn von Neurath. General von Blomberg, der das Reichswehrministerium übernimmt, nachdem er bisher der Genfer Abrüstungsdelegation angehört hatte, ist ebenfalls nichts weniger als ein Don Quichote, sondern ein klar denkender Militär, der keinerlei Kriegsgelüste hegt.

Ob die Minister von Blomberg und von Neurath, gedeckt durch den Reichspräsidenten, stark genug sein werden, um die bisherige Linie der deutschen Abrüstungspolitik zu wahren, wird sich übrigens sehr bald daran zeigen, ob Botschafter Nadolny von Genf abberufen wird oder nicht. Dieser wurde während seiner ganzen Tätigkeit als nicht krachschlagender, aber sehr energischer Vertreter des deutschen Standpunkts von den Nationalsozialisten mit Gift und Galle bespien. Noch vor vier Woche kapitelte ihn Hitlers militärisches Orakel, Oberst a.D. Friedrich Haselmayr, im ‹Völkischen Beobachter› herunter, weil er der gebührenden ‹ernsten Würde› ermangle, und liess seinen Artikel in folgende Worte auslaufen:

> «Wir erwarten, dass Aussenminister und Kanzler der ‹autoritären› deutschen Reichsregierung ... die Eignung des Botschafters Nadolny zum deutschen Hauptdelegierten umgehend einer sorgfältigen Nachprüfung unterziehen. Sollten sie keinen *Geeigneteren* zu finden wissen, so sprechen sie sich damit selbst ihr Urteil.»

Muss Herr Nadolny jetzt über die Klinge springen, so bedeutet dies, dass nicht die Herren von Hindenburg, von Blomberg und von Neurath hinfort die deutsche Wehr- und Aussenpolitik beherrschen, sondern Adolf Hitler. Geologisch gesprochen: Nadolny ist für die Erforschung der künftigen Haltung Deutschlands gegenüber dem Ausland das Leitfossil.

Alles wird aber nicht nur vom Reichspräsidenten und von den Ministerkollegen des Reichskanzlers Hitler abhängen. Auch der Reichstag hat eine nicht unwichtige Rolle zu spielen. Wenn seine Mehrheit dem neuen Kabinett, ohne diesem eine Bewährungsfrist zu geben, den Krieg ansagt, so wird es von Anfang an zu einer Haltung gedrängt, die das diktatorische Element gefährlich fördern kann. Und dann wird es fraglich sein, ob die weitere Entwicklung in der Richtung einer Hindenburg- oder einer Hitler-Diktatur verläuft. Wer Deutschland vor äusserm Krieg und innerm Aufruhr bewahrt sehen möchte, wird darum wünschen, dass das katholische Zentrum ausnahmsweise einmal seinen Papenhass überwinden und das Werk des Herrn von Papen, das sogenannte Hitlerkabinett, tolerieren möge. Dann wird Germania an dem ‹nikotinfreien› Nationalsozialismus, den man ihr jetzt eine Zeitlang zu rauchen gibt, nicht lebensgefährlich erkranken. Besser wäre es ja schon, wenn die Dame überhaupt nicht rauchte. Aber rauchen will sie nun einmal!

Mittwoch, 28. Juni 1933

Hugenbergs böses Ende Nun hat der Nationalsozialismus auch seinen Bundesgenossen *Hugenberg* und dessen *deutschnationale Partei* vernichtet. Das ist sehr rasch gekommen. Man konnte bis gestern noch annehmen, dass vielleicht vorher noch das katholische Zentrum werde umgebracht werden. Nun fällt aber also diesem das Kyklopenprivileg zu, von dem wir am Samstag an dieser Stelle gesprochen haben, nämlich das Privileg, erst zuletzt gefressen zu werden. Lange wird es aber nicht mehr auf diese passive Mahlzeit warten müssen.

Der allgemeine Grund der Absetzung des Reichsministers Hugenberg liegt in der Tatsache, dass der Nationalsozialismus zu seiner Rechten so wenig wie zu seiner Linken andere Götter duldet. Im speziellen nennt das offiziöse Conti-Bureau als massgebend ‹Differenzen mit führenden nationalsozialistischen *Wirtschafts*politikern›, und der ‹Völkische Beobachter› spricht von einer «vom Nationalsozialismus weit abweichenden *Wirtschafts*anschauung». Das ist klar genug. Hugenberg war eben ein Bürgerlicher, Hitler ist Sozialist. Schon vor Wochen, als der ehemalige Freund und Mitarbeiter Hugenbergs, Dr. Oberfohren, Selbstmord beging, schrieb ein führendes Naziblatt:

> «*Der Bürger stirbt, so wie der Marxist gestorben ist.* Ein freies Volk schafft sich selbst seine Formen, stellt sich selbst die Gesetze, nach denen es marschieren muss.»

So sehr diese Entwicklung der politischen und wirtschaftlichen Logik des Nationalsozialismus entspricht, so dunkel bleibt für uns Ausländer das rein menschliche Problem bei diesen deutschen Vorgängen. Vor einem Jahr haben wir erlebt, dass Reichspräsident Hindenburg veranlasst wurde, das katholische Zentrum, die Sozialdemokratie und andere Parteien, die zwei Monate zuvor mit 19 Millionen Stimmen seine Wahl durchgesetzt hatten, zu depossedieren. Heute erleben wir, dass Hitler die Deutschnationalen, mit deren entscheidendem Beistand er am 30. Januar seine Kanzlerschaft erreicht hat, in die Wüste schickt. Wer solche Dinge verstehen will, muss im Buche der Weltgeschichte schon recht weit zurückblättern, etwa bis in die Zeit des Übergangs der römischen Republik zum Cäsarentum. Die damaligen Triumvirate, die Kampfgenossenschaft

Cäsars mit Pompeius und Crassus und diejenige des spätern Augustus mit Antonius und Lepidus, boten ähnliche Bilder gegenseitiger Vernichtung unter Bundesbrüdern. Einer von diesen, Pompeius, hat seiner Gattin, als er den Todesgang antrat, zum Abschied die Sophoklesverse zugerufen:

> «... Wer eingeht zum Tyrannen,
> Wird sicher dessen Sklav' und käm' er noch so frei.»

Ein paar Augenblicke später liess sich Pompeius mit einem tiefen Seufzer wortlos niederstechen. Herr Hugenberg wird wohl am Leben bleiben. Es geht in Hitlerdeutschland doch nicht gar so dramatisch zu wie im Imperium Romanum. Schon darum nicht, weil niemand einen ernsthaften Widerstand wagt. Vielleicht mit einer Ausnahme: die *preussische Kirche* lässt sich nicht ganz wehrlos Gewalt antun. Sie hat, wie dem heutigen Depeschenteil zu entnehmen ist, den Mut, das Reichsgericht in Leipzig anzurufen. An der Praxis ihrer Unterjochung wird das freilich nicht viel ändern. Bereits hat Generalsuperintendent *Dibelius* aus seinem Amte weichen müssen. Er hat sich sein politisches Todesurteil schon am 21. März selbst gesprochen, als er bei der Reichstagseröffnung in der Garnisonskirche zu Potsdam den versammelten Gewaltigen des Dritten Reichs zu predigen wagte: «Wir wären nicht wert, eine evangelische Kirche zu heissen, wenn wir nicht mit demselben Freimut, mit dem Luther es getan hat, aussprechen wollten: Staatliches Amt darf sich nicht mit persönlicher Willkür vermengen.»

Im Fernen Osten versagt der Völkerbund
Samstag/Sonntag, 25./26. Februar 1933

Angesichts der zunehmenden Uneinigkeit und Schwäche der andern Grossmächte sprang Japan mit China nach Belieben um. So besetzte es schon 1931 und 1932 die Mandschurei und machte sie zu einem Marionettenstaat. Der Völkerbund intervenierte formell, aber ohne wirklichen Nachdruck. Japan trat aus.

Ein Schicksalstag Der gestrige Tag, der den *Entscheid des Völkerbunds gegen Japan im Mandschurei-Konflikt* brachte, kann eine Schicksalswende für die östliche und für die westliche Welt bedeuten. Es war der 24. Februar! Alte Erinnerungen tauchen auf aus der Zeit, wo man uns im Gymnasium von Zacharias Werner und seinem gruseligen Schicksalsdrama ‹Der 24. Februar› erzählte. Wird der 24. Februar 1933 dem unheimlichen Renommee dieses Datums Ehre machen?

Da wir leider keinerlei prophetische Begabung besitzen, können wir uns auf die Schicksalskündung nur soweit einlassen, als klare politische Voraussetzungen vorliegen. Deren scheinbar greifbarste ist der Völkerbundsautomatismus, der in den Paktartikeln 15 und 16 vorgesehen ist. Einstimmig ist gestern ein ‹Bericht› auf Grund von Artikel 15 des Pakts angenommen worden. Gegen eine Streitpartei, die sich den ‹Empfehlungen› eines solchen Berichts fügt, darf ihre Gegnerin keine kriegerischen Massnahmen zur Anwendung bringen. China hat erklärt, sich fügen zu wollen; Japan hat das Gegenteil erklärt. Jeder offensive Schritt, den die japanischen Truppen in der Provinz Jehol tun werden, ist hinfort eine ‹kriegerische Massnahme›, die dem Bericht zuwiderläuft. Infolgedessen muss Japan gemäss Artikel 16 ‹ohne weiteres so angesehen werden, als hätte es eine Kriegshandlung gegen alle andern Mitglieder des Völkerbunds begangen›. Diese sind verpflichtet, ‹unverzüglich alle Handels- und Finanzbeziehungen mit ihm abzubrechen›. Ferner ist der Völkerbundsrat verpflichtet, den Mitgliedstaaten die Stellung von Streitkräften ‹anzuempfehlen›, um die Achtung der Bundesverpflichtungen zu erzwingen. Der Wirtschaftskrieg ist also obligatorisch, der militärische Krieg fakultativ, da eine Empfehlung noch kein Befehl ist.

Im vorliegenden Falle denkt, auch wenn die Japaner in Jehol vorrücken, niemand ernsthaft an den militärischen Krieg. Aber wird der Wirtschaftskrieg, wie es der Pakt strikt verlangt, ausgelöst werden? Wird, um das Minimum an Pflichterfüllung zu leisten, wenigstens die Waffen- und Munitionslieferung nach Japan verboten und verhindert werden? Wir können auf diese Fragen nur feststellen, dass allseitig grosse Unlust zur Erfüllung dieser Paktverpflichtung besteht. Die Vereinigten Staaten von Amerika gehören dem Völkerbund nicht an, sind also zur Teilnahme am Wirtschaftsboykott nicht verpflichtet. Das wird Grund oder Vorwand genug sein für Grossbritannien und andere Völkerbundsmächte, um mit der Erfüllung der Völkerbundspflicht mindestens zu zögern, bis sich die Vereinigten Staaten so oder so entschieden haben. In Washington scheint der Drang, ein Embargo gegen Japan zu erlassen, infolge der allgemeinen Depression gar nicht gross zu sein. Natürlich besteht eine gewisse Möglichkeit, dass Japan durch irgendeinen manifesten Gewaltsstreich, eine Schiffsversenkung oder dergleichen, den Seemächten plötzlich Beine macht. Aber wahrscheinlich ist eine solche Torheit gerade nicht. Die moralischen Wirkungen der Explosion der ‹Maine› im Hafen von Havanna zur Zeit der spanisch-amerikanischen Spannung und der Versenkung der ‹Lusitania› im Weltkrieg stehen noch in allzu frischer Erinnerung.

Wenn nun Japan besondere Provokationen sorgfältig unterlässt? Wenn infolgedessen sowohl die Völkerbundsmächte als auch die Vereinigten Staaten völlig passiv bleiben und China in der Patsche lassen? Was dann? Dann wird China sich erinnern, dass es nicht nur das Völkerbundseisen im Feuer hat, sondern auch noch ein zweites, das sowjetrussische. Ein sehr heisses Eisen! Russland ist durch die japanische Expansion mindestens ebenso sehr bedroht wie China, und zwar gerade durch den Vorstoss nach Jehol. Von Kalgan aus ist die Distanz nach dem Baikalsee und der sibirischen Metropole Irkutsk zwar linear noch ganz gewaltig. Aber, wie Kenner versichern, bietet die Vorwärtsbewegung einer motorisierten Armee auf dem harten Boden der Wüste Gobi keinerlei Schwierigkeiten. Es wäre für das Sowjetreich sehr peinlich, wenn japanische Truppen seiner sibirischen Arterie allzu nahe rückten. Darum ist eine gründliche sowjetrussische Hilfeleistung für China gar nicht ausgeschlossen. Sie könnte infolge der ausgezeichneten

Luftausrüstung Russlands auch sehr wirksam werden. Wir glauben also nicht, dass China verfehlen wird, nötigenfalls den säumigen Völkerbund darauf aufmerksam zu machen, dass es sich dem Rätebund an den Hals werfen kann. In dieser Möglichkeit erblicken wir ein Moment, das Grossbritannien und Amerika schliesslich doch veranlassen könnte, China in seiner Bedrängnis zu Hilfe zu kommen.

In diesem Falle würde Japan, so schroff es gestern aufgetreten ist, am Ende doch irgendwie einlenken müssen. Aber *kann* es einlenken? Die japanische Politik möchte sich diese Möglichkeit anscheinend immer noch offen halten. Darum ist gestern die vielfach erwartete Austrittserklärung aus dem Völkerbund noch nicht erfolgt. Aber in Japan ist das Militär bisher stets mächtiger gewesen als die Politiker. Es ist sehr fraglich, ob diese sich auf die Dauer mit ihren Bremsversuchen werden durchsetzen können. Wir haben oben eine dramatische Reminiszenz erwähnt und wollen mit einer solchen schliessen. Im Februarheft der ‹Atlantis› lasen wir neulich die Inhaltsangabe eines japanischen Dramas: Um die Mitte des zwölften Jahrhunderts liebt der Kaiser Takakura eine Hofdame Kogo; aber sein Schwiegervater, ein mächtiger Feldmarschall, der tatsächlich regiert, verfügt deren Verbannung. In der Einsamkeit sucht sie ein Bote des Kaisers auf, bringt ihr einen Liebesbrief und singt mit ihr sehr schöne Lieder. Schluss! Wo steckt die Pointe der Tragödie? Es gibt keine! Was der Feldmarschall will, geschieht, und dabei bleibt es. Die andern Leute durften im Japan des zwölften Jahrhunderts höchstens Klagelieder singen. Ist es im Japan des zwanzigsten Jahrhunderts anders?

Italiens dynamische Kolonialpolitik
Mittwoch, 12. Juni 1935

Auch Italien machte sich die zusehends chaotischer werdende internationale Lage und die Unfähigkeit des Völkerbunds, sie zu korrigieren, zunutze. Zunächst benützte es Zwischenfälle an der Grenze von Eritrea zur Vorbereitung des Kriegs gegen Abessinien. Der nachstehende Artikel wurde dem Negus vorübersetzt und habe ihn ‹höllisch gefreut›.

Die abessinische Kriegsgefahr Die vehementen Reden des Duce lassen darauf schliessen, dass ein *italienisch-abessinischer Krieg* fast sicher bevorsteht. *Fast* sicher! Für eine absolute Sicherheit möchten wir noch immer keine Hand ins Feuer legen. Wenn ein Löwe sehr stark brüllt, so ist das ein Zeichen dafür, dass er sehr starken Hunger hat. Aber dass er auch den entsprechend starken Angriffswillen hat, ist deshalb noch nicht ganz gewiss. Er kann seine Gründe haben, um schliesslich doch auf den Sprung zu verzichten. Und anderseits kann es vorkommen, dass sich das in Aussicht genommene Opfer durch das Gebrüll warnen lässt und irgendwie in Sicherheit bringt.

Kann sich Abessinien noch in Sicherheit bringen? Man munkelt immer wieder von japanischem Schutz oder doch von japanischer Geld- und Materialhilfe, die ihm zugesichert sei. Für diese etwas abenteuerliche Behauptung fehlt uns jede Kontrollmöglichkeit. Dagegen ist es sicher nicht blosse Gespensterfurcht, die die Wutanfälle der italienischen Presse gegen England ausgelöst hat. Den britischen Interessen liefe eine starke Position einer andern Grossmacht im Speisungsgebiet des Nils direkt zuwider. Diesen Interessen dient es freilich auch, wenn sich Abessinien keiner allzu üppigen Unabhängigkeit erfreuen kann, sondern durch eine dauernde Furcht vor Italien gezwungen bleibt, sich allen nachdrücklichen Londoner Winken zu fügen. Aus dieser Interessenkombination ergibt sich eine wahrhaft klassische Vermittlerrolle Englands im italienisch-abessinischen Konflikt. Es *muss* versuchen, einen Vernichtungskrieg zu verhüten, der entweder zur unbeschränkten Herrschaft Italiens in Abessinien oder zum traurigen Ende der italienischen Kolonialträume führen würde. Und es betreibt diesen Verhütungsversuch offenbar so energisch, dass der Zorn Italiens durchaus begreiflich wird.

Desto begreiflicher, je mehr Aussicht auf Erfolg der britische Vermittlungsdruck hat. Die etwa spürbar werdenden Andeutungen, dass Italien, wenn er fortdauert, sich durch Austritt aus dem Stresakonzern rächen könnte, sind ja nicht ernst zu nehmen. Die Mittelmeerstellung Englands ist durch den Weltkrieg eher gestärkt als geschwächt worden. Der geopolitische Zwang, der Italien 1915 an die Seite der Entente nötigte, ist 1935 noch mindestens so unentrinnbar wie damals. Auch weiss man in London genau so gut wie in Rom, dass Italien nicht um der schönen Augen Britannias oder Gallias willen dem Stresabund beigetreten ist, sondern weil sein höchsteigenes Interesse ihm die Fernhaltung des Deutschen Reichs aus der Zone der ehemaligen Donaumonarchie gebietet.

Unsicher in dieser Rechnung ist nicht das rationelle, sondern das psychologische Element. Italien hat sich während der letzten Monate in seine Aethiopophobie so hineingesteigert, dass nicht mehr mit voller Sicherheit auf die Möglichkeit einer rechtzeitigen Bremsung gerechnet werden kann, auch wenn sich diese aus politischen Vernunftgründen noch so sehr empfiehlt. Wenn die Kriegspsychose einmal einen gewissen Hitzegrad erreicht hat, hören alle Berechnungen auf.

Man tut auch gut daran, die echte Tragik des italienischen Kolonialproblems im Auge zu behalten. Ein genialer Italiener hat zwar Amerika entdeckt. Aber in den Jahrhunderten, wo die europäischen Westvölker die fremden Kontinente eroberten und besiedelten, war Italien durch Fremdherrschaft gelähmt. Nur *ein* italienischer Staat, Venedig, war in der Lage, die Seefahrer und Kolonisatorentalente des begabten Volkes anzuwenden. Aber seine Politik war in das östliche Mittelmeer gebannt. Es hat sich bei der Abwehr der Türken für das glücklichere Westeuropa geopfert, ganz ähnlich wie Österreich sich durch seine Türkenkriege ruhmvolle Verdienste erwarb, aber dabei den Boden in Deutschland verlor. Undank ist der Welt Lohn. Europa versäumte 1919 bei der Verteilung der deutschen Kolonialbeute auch die letzte Gelegenheit, Italien ein seiner alten Verdienste und seiner neuen Grossmachtstellung würdiges Siedlungsgebiet zuzuweisen.

Ein übriges geschah dann noch im Jahre 1923, indem man das halbzivilisierte Abessinien in den Völkerbund aufnahm und dadurch mit allen Privilegien des internationalen Rechtsschutzes ausstattete. Statt all die Klagen über die Barbarei der Abessinier, die es jetzt so laut werden lässt, damals rechtzeitig anzubringen, fügte sich Italien einem englisch-französischen Druck und stimmte in Genf sogar selbst für die Aufnahme. Dadurch hat es die feierliche Verpflichtung übernommen, bei allen Konflikten mit Abessinien die Anwendung des Völkerbundspakts zuzulassen, so unpassend sie ihm vorkommen mag. Unanwendbar gewordene Verträge sind nach oft proklamierter italienischer Doktrin zu revidieren, aber kein Staat darf sich einseitig von ihnen lossagen, denn: pacta sunt servanda. Es ist erst wenige Wochen her, seitdem Italien im analogen Falle der deutschen Abwendung von den Versailler Militärservituten eifrig mitgeholfen hat, einer andern Grossmacht diese Völkerrechtsregel im Sprechchor von Genf vorzutragen.

Und für die andern Völkerbundsstaaten gilt der gleiche Zwang, das Paktrecht auch im italienisch-abessinischen Konfliktsfall durchzusetzen. Vom alten europäischen Herrenstandpunkt aus mag es eine üble Alternative sein, entweder einem dunkelhäutigen Afrikanerstamm gegen ein weisses Brudervolk Rechtshilfe gewähren zu müssen, oder sich durch Ignorierung des Völkerbundspakts vor der ganzen Welt blosszustellen. Aber was gilt heutzutage der europäische Herrenstandpunkt noch? Den Weltkrieg hat ja doch die weisse Rasse verloren!

Das Hitlerreich und die Schweizerpresse

Donnerstag, 4. Juli 1935

Um das deutsche Volk von jeder unparteiischen Information abzumauern und es ungestört für ihre Kriegsvorbereitungspolitik zu gewinnen, wurde die deutschsprachige Schweizerpresse zuerst mit Konfiskationen belästigt und schliesslich ganz verboten.

Volksaufklärung in Deutschland Dr. Joseph *Goebbels*, Reichsminister für Volksaufklärung und Propaganda, hat, wie unsere Leser wissen, die ‹*Basler Nachrichten*› in Deutschland *verboten*. – Dieses Verbot tritt an die Stelle des bisherigen Systems der Beanstandung einzelner Informationen und redaktioneller Äusserungen und dementsprechender Konfiskation einzelner Nummern. Dass es in Aussicht genommen sei, wussten wir schon seit einiger Zeit. Wir standen sowohl in bezug auf diese wie schon auf die früheren Schwierigkeiten in stetem Kontakt mit dem Politischen Departement in Bern. Dieses wussten wir mit uns einig in der Auffassung, dass das Bestreben, die deutsche Empfindlichkeit zu schonen, zwar gerechtfertigt sei, aber seine Grenze finden müsse in der Pflicht eines Schweizerblattes, seine Leser über wichtige Vorgänge im Ausland gewissenhaft zu unterrichten, auch wenn deren Besprechung einer fremden Regierung nicht immer angenehm sein kann. Ein Besuch in Berlin hat uns dann letzte Woche noch vollends belehrt, dass es sich um einen grundsätzlichen Systemwechsel gegenüber der in deutscher Sprache erscheinenden Auslandpresse handelt und nicht mehr um den bisherigen Kleinkrieg wegen einzelner Ärgernisse. Dr. Goebbels ist alleiniger Herr im deutschen Gesinnungstreibhaus und erträgt es nicht mehr, dass ein Fensterchen offen steht.

Darum hat er auch alle naheliegenden Gegenerwägungen besiegt. Vor allem die Berücksichtigung der Stimmung in der *Schweiz!* Diese war wahrlich in letzter Zeit ohnehin schon gespannt genug. Die Sprache und das Treiben der nationalsozialistischen Organisationen, das Spitzelunwesen, die Verletzung unserer Gebietshoheit im Falle Jacob-Wesemann usw. haben im Verein mit der Verschärfung der wirtschaftlichen Verkehrshindernisse höchst bedenkliche Stimmungsfolgen gehabt. Und nun kommt noch dazu, dass den 40 000 im Reich lebenden Schweizern durch das Zeitungsverbot die geistige Verbindung mit der Heimat abgeschnitten wird. Systematischer kann das Verhältnis zwischen Nachbarländern nicht zerstört werden. Aber man kann immerhin mit Friedrich Schiller sagen: «*Ein süsser Trost ist uns geblieben!*» Die beständig zunehmende Brüskierung eines neutralen Grenzstaates durch das Reich spricht für dessen Friedenswillen; wäre für die nächste Zeit ein Krieg in Aussicht genommen, so würde man die Schweiz artiger behandeln, trotz Herrn Goebbels.

Wie über aussenpolitische, so ist dieser auch über innerpolitische Bedenken Meister geworden. Es ist ihm offenbar gleichgültig, dass das Erbe der verschwindenden ‹Basler Nachrichten› im Reich nicht etwa die einheimischen gleichgeschalteten Zeitungen antreten werden, sondern die ungedruckte *Flüsterpresse*. Gegenüber deren mit keinen Gewaltmitteln auszurottender Wirksamkeit waren die

‹Basler Nachrichten› immer noch ein vom Publikum dankbar benutztes Kontrollmittel. Wer sich durch Flüstermeldungen beunruhigt fühlte, griff zu dem zuverlässigen Schweizerblatt und konnte sich dort überzeugen, was wahr, was übertrieben und was erlogen sei. Eine ähnliche Funktion hatte in Frankreich während der Diktaturzeit der fünfziger und sechziger Jahre des letzten Jahrhunderts das ‹Journal de Genève›. Napoleon III., der ein guter Menschenkenner war, behinderte dessen Verbreitung nicht, weil er es für politisch erspriesslich hielt, unter den gebildeten Franzosen den gefährlichen Eindruck völligen Luftabschlusses zu vermeiden.

Nach dem Verbot der ‹Basler Nachrichten› sind wir in Gesprächen wiederholt auf die Vermutung gestossen, das nationalsozialistische Regime als solches fühle sich bedroht und mache in seiner Todesangst noch ein paar dumme Streiche. Dem ist nicht so. Reichskanzler Hitler sitzt vielmehr fest im Sattel. Ihm gegenüber funktioniert fast automatisch die monarchistische Grundgesinnung des deutschen Volkes. Zu seinen Gunsten schaltet sie wie einst zugunsten der Könige und Kaiser jede persönliche Kritik aus. Wer schimpfen will, schimpft über alles Mögliche, aber nicht über den Führer, schon darum nicht, weil über dessen Nachfolge niemand Rat wüsste. Bedroht ist also weder das System, noch dessen oberste Spitze. Aber Herrn Dr. Goebbels ist wohl die Frage nach dem Stimmungsertrag seines furchtbar teuern Propagandawesens nachgerade unangenehm geworden. Er hat nun in Gestalt der ‹Basler Nachrichten› einen präsentabeln Sündenbock gefunden und jagt diesen in die Wüste.

Das heisst: er jagt ihn in die Schweiz zurück, und die ist gottlob keine Wüste. Uns tut es freilich leid, von der deutschen Leserschaft Abschied nehmen zu müssen. Wir glauben, ihr während zweier Jahre einen ehrlichen Dienst geleistet zu haben, namentlich den kirchlich gesinnten Reichsdeutschen beider Konfessionen. Ein gewisser Trost liegt für uns darin, dass nun wohl das blödsinnige verlogene Geschwätz von den ‹Basler Nachrichten› als ‹Goebbelsblatt› aufhören wird, das durch eine in Basel oder Lörrach gedruckte reichsdeutsche Spezialausgabe dem Propagandaministerium in Berlin frone. Wir fronen nach wie vor keiner andern Herrschaft als der politischen Überzeugungstreue.

Hitler baut den Versailler Vertrag ab
Mittwoch, 9. März 1936

Hitler zeigte den andern Grossmächten immer deutlicher, wie wenig er sie respektiere, indem er Zug um Zug, ohne sie zu begrüssen, die wichtigsten Bestimmungen des Vertrags von Versailles brach.

Der Ernst der Lage Die *europäische Lage* ist durch den deutschen Gewaltstreich *sehr ernst* geworden. Das Bedenklichste daran ist *nicht,* dass das Reich seine Militärsouveränität in der Rheinlandzone wieder aufgerichtet hat. Irgend einmal musste das kommen. Da der Versailler Vertrag bei all seiner Härte Deutschland eben doch die Stellung und die Macht eines Grossstaates liess, konnte eine so schwere Souveränitätsbeschränkung wie die Entmilitarisierung weiter Gebiete nicht ewig dauern. Wenn sich Frankreich im Osten zum Schutz für Zukunftskriege ein Glacis sichern wollte, so hätte es die betreffenden Gebiete entweder annektieren oder à la Rheinbund als Pufferstaat konstituieren müssen. Es hat unter amerikanischem und englischem Druck auf diese napoleonischen Siegermethoden verzichtet und hat sich auf den Demilitarisierungsversuch eingelassen, der nun gescheitert ist, gescheitert nicht an der völkerrechtlichen, wohl aber an der politischen Unmöglichkeit.

Die ganze europäische Kalamität liegt aber darin, dass die unvermeidliche Neuordnung nicht auf dem Wege der Verständigung, sondern auf dem eines schweren Vertragsbruches erfolgt ist. Das Reich hat in Locarno freiwillig die feierliche Verpflichtung auf sich genommen, Konflikte, die sich aus dem Rheinpaktinhalt ergeben könnten, auf den Weg der friedlichen internationalen Regelung zu leiten, und hat diese Verpflichtung gebrochen. Damit hat Hitler im voraus die Grundlage zerstört, auf der er angeblich ein friedliches Europa aufbauen will. Ein Staat, der sich in aller Form auf den Verständigungs- und Rechtsweg verpflichtet hat und sich dann doch das Recht anmasst, Gewalt zu gebrauchen, ist nicht vertragsfähig. Wer verlangt, dass seine Unterschrift respektiert wird, muss sie selbst respektieren, darf nicht proklamieren, ein Vertrag sei erloschen, wenn ihm das Verhalten des Gegenkontrahenten einmal nicht passt. Die franko-russische Allianz konnte von Deutschland als locarnowidrig angefochten werden. Aber darüber, ob sie es wirklich sei oder nicht, war in Genf oder im Haag oder irgendwo sonst zu entscheiden, nicht in Berlin. Irgendeine internationale Pressur kann für das eigenmächtige Vorgehen nicht geltend gemacht werden. Ob eine innerpolitische Pressur des nationalsozialistischen Regimes vorliegt, ist eine Frage für sich, die Wirtschaftskundige beantworten mögen. Die Franzosen suchen die Erklärung nicht in dieser Richtung, sondern in der von Plänen gegen Österreich und die Tschechoslowakei, die durch die Rheinlandbesetzung erleichtert werden sollen.

Das Schicksal Europas hängt nun davon ab, ob es gelingt, durch Einlegung eines internationalen Verfahrens über die Aufregung des Moments hinwegzukommen. Man erwarte nicht zu viel vom Völkerbund! Die Erwartung, dass er durch ein Sanktionsverfahren Frankreich Genugtuung verschaffen könne, steht nicht auf sehr starken Füssen. Völkerbundssanktionen sind im Pakt nur gegen *kriegführende* Rechtsbrecher, nicht gegen alle Vertragsverletzer, vorgesehen. Nun setzt freilich Artikel 44 des Versailler Vertrags die Rheinlandbesetzung einer ‹feindseligen Handlung› gleich. Aber diese Rechtskonstruktion bindet nur die Signatarmächte von Versailles – auch Deutschland! – aber nicht den ganzen Völkerbund. Dieser könnte keine Sanktionen gegen Frankreich verhängen, wenn es sich der Rheinlandbesetzung mit Gewalt widersetzte. Aber Deutschland von sich aus unter Sanktionszwang nehmen kann er wohl auch nicht. Ein Versuch, das Sanktionsrecht in dieser Richtung weiter zu interpretieren, ist am 17. April vorigen Jahres nach der Proklamation der deutschen Wehrhoheit und nach der Stresakonferenz in Genf begonnen worden, ist aber stecken geblieben. Schon damals hat Minister Munch als Vertreter der skandinavischen Neutralen im Völkerbundsrat bei der Begründung seiner Stimmenthaltung gewichtige Bedenken erhoben.

Der Rheinlandstreit ist in erster Linie eine Angelegenheit der Mächte von Versailles und Locarno. Wenn sie – oder deutlicher gesagt: England und Frankreich! – solidarisch in Rat und Tat vorgehen, kann die friedensgefährdende Aktivität Deutschlands noch gebremst werden. Dem Völkerbund die Verantwortlichkeit dafür, ob das Verhängnis Europas seinen Lauf nehmen soll, aufzubürden, wäre unrichtig. Er hat den Versailler Vertrag nicht gemacht.

Mittwoch, 11. November 1936

Waffenstillstandstag Heute ist wieder einmal *Waffenstillstandstag*. Man gedenkt des 11. November 1918, an dem durch den Vertrag von Compiègne der Weltkrieg abgebrochen wurde. Der Friede ist also achtzehn Jahre alt, ein schönes Alter. Aber mündig ist man mit achtzehn Jahren noch nicht. Sogar in der Schweiz, die ihrer Jungmannschaft sehr früh die Mündigkeit gewährt, braucht es dazu noch weitere zwei Jahre. Wie viele Jahre werden noch vergehen, bis der Friede ‹mündig› ist? Wird er es überhaupt je werden? Wird er nicht vorher umkommen?

Kritisch sind für den Frieden die allernächsten Jahre. Alle Gefahren, die ihn bedrohen können, kennt kein Mensch. Aber das sichtbare Hauptproblem ist doch wohl: kann *England* innert nützlicher Frist seine vernachlässigte Rüstung so ergänzen, dass es den Frieden durch die Drohung, sich auf die Seite der angegriffenen Partei zu stellen, nötigenfalls erzwingen kann? Einstweilen befindet sich England noch in der Lage, die man in Deutschland zur Zeit Tirpitzens die ‹Gefahrenzone› nannte. Es rüstet mächtig auf, muss aber unterdessen unter dem Druck des ‹Risikogedankens› stehen: der oder die möglichen Gegner können den Krieg entfesseln, bevor die von ihnen gefürchtete, von England erstrebte Sicherheit erreicht ist. Es ist eine seltsame Ironie der Weltgeschichte, dass heute das Reich Georges V. dieselben Sorgen haben muss wie einst das Reich Wilhelms II. Und dann drängt sich ja erst noch die Reminiszenz auf, dass Tirpitz geglaubt hat, die Probe auf sein Exempel sei gelungen, und durch den Weltkrieg widerlegt wurde. Eine Warnung vor optimistischen Rechnungen!

Warum spitzt sich heute das Friedensproblem auf eine leidige Rüstungsrechnung zu? England hätte es anders haben können, wenn es bei Zeiten zum Grundsatz der kollektiven Friedenssicherung gestanden hätte. Aber es begnügte sich mit dem unzulänglichen Apparat des Völkerbunds und verhinderte dessen vertragliche Vervollständigung. Als im Jahre 1923 die Labourpartei ans Ruder kam, vernichtete sie das Genfer Projekt des ‹Garantiepakts›. Und als im Jahre 1924 die Konservativen sie ablösten, taten sie mit dem ‹Genfer Protokoll› das gleiche. Sie begnügten sich mit einem

Surrogat, mit dem Locarnopakt von 1925, und versäumten in den nachfolgenden Jahren dessen Ergänzung durch eine Abrüstungskonvention. England gab dem französischen Widerstand gegen eine solche immer wieder nach und trägt deshalb die Mitschuld an dem auf die Dauer unvermeidlichen Gegenschlag, an der massiven deutschen Aufrüstung. Ihr folgte notwendigerweise der Zusammenbruch des Locarnosystems. Er war in erster Linie ein Schmerz für Frankreich. Aber auch England bekam das Versagen der kollektiven Friedenssicherung reichlich zu spüren. Es verlor den abessinischen Krieg und muss um seine Mittelmeerstellung zittern.

Derweilen ist in England der theoretische Respekt vor dem verlorenen Genfer Paradies wieder gewachsen. Jede Ministerrede bringt die Versicherung, man werde sich um die Zurückgewinnung und Ausgestaltung eifrig bemühen. Aber praktisch suchen Regierung und Volk Grossbritanniens das Heil heute in der Aufrüstung. Es ist verständlich, aber müssig, wenn man am Waffenstillstandstag über diese Wendung der Dinge trauert. Es handelt sich um eine weltpolitische Tatsache. Und schliesslich entscheidet ja nicht das System der Friedenserhaltung, sondern deren grössere oder geringere Sicherheit. Ein unelegant, durch den materiellen Druck der europäischen Rüstungsverhältnisse gesicherter Friede ist immer noch unendlich viel besser als gar keiner.

Aber bei diesem mageren Trost darf man nicht vergessen, dass der rüstungsbedingte Friedenszustand jeden Tag durch die Gefahr eines Präventivkrieges bedroht ist; denn stets liegt für die Konkurrenten im Rüstungswettlauf die Versuchung nahe, den Krieg heute zu entfesseln, weil ihnen morgen oder übermorgen der wirtschaftliche Atem für die Finanzierung des Weiterrüstens ausgehen könnte. Das gewagte Experiment der exzessiven Autarkisierung der Staaten, denen die Mittel zur Stützung ihres Rüstungsbedarfs durch Aussenhandel immer mehr fehlen, ist nichts weniger als eine Garantie gegen die Präventivkriegsgefahr.

Wenn es überhaupt eine solche Garantie gibt, so liegt sie heute einzig und allein in der Erfahrung der Weltkriegsgeneration, dass der Krieg ein Betrüger ist, ein Betrüger nicht nur des Besiegten, sondern auch des Siegers. Er lohnt kein Opfer. Sein Ende würde nicht das wirtschaftliche Gedeihen, sondern die Bolschewisierung Europas sein. Mit deren Bevorstehen werden heute grosse politische

Geschäfte zu machen versucht. Sie kann aber nicht kommen und wird nicht kommen, wenn man sie nicht herbeiruft. Ein neuer europäischer Krieg und das durch ihn entfesselte wirtschaftliche Chaos würden Moskau den Erfolg sichern, den es auch durch seine raffiniertesten Propagandakünste niemals erreichen kann, wenn der Friede endlich ‹mündig› wird.

Die Annexion Österreichs
Samstag/Sonntag, 12./13. März 1938

Am 11. März liess Hitler seine Wehrmacht in Österreich einrücken, nachdem er Volk und Regierung jahrelang – unter dem Schutz des sogenannten Pressefriedens! – fallreif gemacht hatte.

Finis Austriae «Ich möchte an dieser Stelle vor dem deutschen Volk dem *österreichischen Bundeskanzler meinen aufrichtigen Dank aussprechen* für das grosse Verständnis und die warmherzige Bereitwilligkeit, mit der er meine Einladung annahm und sich bemühte, gemeinsam mit mir einen Weg zu finden, der ebensosehr im Interesse der beiden Länder wie im Interesse des gesamten deutschen Volkes liegt, jenes gesamten deutschen Volkes, dessen Söhne wir alle sind, ganz gleich, wo die Wiege unserer Heimat stand. Ich glaube, dass wir damit auch einen *Beitrag zum europäischen Frieden* geleistet haben.»
Also sprach am 20. Februar 1938 Adolf *Hitler* zum Deutschen Reichstag. Und am 11. März 1938 zwang er den aufrichtig bedankten *österreichischen Bundeskanzler* in der Form eines auf Stunden befristeten *Ultimatums* durch *Bedrohung mit militärischem Einmarsch* zur Demission und *Kapitulation.*

Schuschniggs einzige Genugtuung bei diesem jämmerlichen Ende einer ehrenvollen politischen Laufbahn mag sein, dass nun der Beweis für den Wunsch der österreichischen Volksmehrheit, vom nationalsozialistischen Deutschland unabhängig zu bleiben, vor aller Welt geleistet ist. Denn wenn Hitler, der durch sein Spionagenetz genauer als irgend jemand über die innerösterreichischen Verhältnisse unterrichtet ist, ein für ihn ungünstiges Resultat des Plebiszits nicht sicher vorausgesehen hätte, so hätte er sich niemals die Blösse gegeben, diese Volksbefragung zu verhindern, sondern hätte ruhig den Sonntagabend abgewartet, um dann nicht Reichswehrsoldaten, sondern braun gekleidete Ehrenjungfrauen über die österreichische Grenze zu schicken. Aber er hat offenbar vorausgesehen, dass Schuschniggs Appell ans Volk Erfolg haben würde, und hat darum seinerseits an die Gewalt appelliert.

Und Kurt Schuschnigg hat sich der Gewalt unterworfen! In seiner Abschiedsrede im Rundfunk motivierte er dies damit, dass er es um keinen Preis zum Vergiessen deutschen Blutes habe kommen lassen wollen. Wusste er ganz bestimmt, dass die Einmarschdrohung nicht doch etwa Bluff war? Wusste er sicher, dass die Goebbels-Propaganda log, die die militärischen Vorgänge an der bayrischen Grenze den Nachmittag hindurch als ‹einfache Dislokationsübung›, als ‹geringfügige Verstärkungen› und dergleichen darstellte? Wie dem auch sein mag, man wird gut daran tun, Schuschnigg die Verantwortung vor dem eigenen Gewissen und vor der Geschichte Österreichs für seinen Verzicht auf Widerstand zu überlassen. Aber: wenn er auch glaubte, das Leben keines einzigen österreichischen Soldaten für Österreich opfern zu dürfen, sein eigenes Leben zum mindesten hätte er doch opfern sollen. Dollfuss ist für Österreich gestorben. Sein Nachfolger Schuschnigg lebt weiter. Für wen oder was?

So viel darf man und muss man wohl sagen. Aber allzu klobige Steine darf man nicht auf Schuschnigg werfen, der in seinem innerpolitischen Bereich von Verrätern umgeben war und im Ausland nicht die geringste Unterstützung fand. Die eigentlichen Verräter Österreichs sind die Siegermächte des Weltkriegs. Sie haben diesen Staat so zusammengeholzt, dass es ihm von Anfang an nicht nur an Territorium, sondern auch an Mut zum Leben gebrechen musste. Das Mittel, das einem Kleinstaat diesen Mut verleihen kann, die Schaffung eines Volksheeres, haben sie ihm verboten. Der wirtschaftliche Zusammenschluss des Donauraums als Ersatz für den politischen hat sie nie interessiert. Was Frankreich Freude machte, das waren nur die Militärallianzen mit den Nachfolgestaaten, die heute in der Luft stehen. Und am Tage der letzten Not Österreichs amüsierte sich Paris mit einer nicht endenwollenden Ministerkrise und mit einem ebenso preziösen wie läppischen Frage- und Antwortspiel der Parteibonzen über die Neubildung des Kabinetts. Wenn Frankreich sich an Mitteleuropa desinteressiert, so fühlt sich natürlich England zu desto grösserer Zurückhaltung berechtigt. Und Italien ist gehandikapt. Seine Verhandlungen mit dem Ministerium Chamberlain sind im vollen Gange, und so lange sie nicht erfolgreich beendigt sind, kann es seinen Achsentrumpf nicht aus den Händen geben, kann also Deutschland nicht Halt gebieten. Gerade darum hat Hitler die Lösung der österreichischen Frage so sehr beschleunigt. Er verschläft keine historische Stunde, sondern überlässt das Schlafen und Träumen den andern. Wovon träumen sie wohl? Von dem Weltkrieg, den sie einst gewonnen zu haben wähnten? Den haben sie nun durch die Entstehung Grossdeutschlands verloren!

Endgültig? Diese Frage heute beantworten zu wollen, wäre Vermessenheit. Aber es ist zu vermuten, dass die endgültige Beantwortung unendlich viel mehr deutsches Blut kosten wird, als geflossen wäre, wenn Schuschnigg seine österreichischen Truppen ihre vaterländische Pflicht hätte tun lassen. Er hat sein eigenes Wort «Bis hierher und nicht weiter!» Lügen gestraft. An dessen Stelle bleibt die Frage übrig: «Bis hierher und wie weiter?»

Obiges ist der zweite Tagesbericht, den wir für diese Nummer geschrieben haben. Der erste war betitelt ‹Der tapfere Schuschnigg› und musste natürlich, noch ehe er ganz geschrieben war, in den Papierkorb wandern. Als dann dieser zweite fertig war, drohte ihm das gleiche Schicksal; denn gegen 11 Uhr nachts kamen Meldungen über den Versuch des Bundespräsidenten Miklas, das sterbende Österreich noch einmal zu beleben. Also flugs dritter Tages- respektive Nachtbericht: ‹Der tapfere Miklas›! Aber Telephon und Radio überzeugten uns bald, dass es beim ‹Finis Austriae› bleiben müsse.

Es folgte für uns eine seltsame Nacht quasi am Schlüsselloch der Weltgeschichte. Stundenlang warteten wir auf die immer wieder hinausgeschobene Rede des neuen Bundeskanzlers Seyss-Inquart, der noch vor Antritt seines Amtes den deutschen Reichskanzler um Entsendung von Truppen für die Bändigung Österreichs angefleht hatte. Statt der Stimme dieses Herrn produzierte der Wiener Sender immer wieder Schallplattenmusik, sinnigerweise zum Beispiel mindestens dreimal den Hohenfriedberg-Marsch, den Friedrich der Grosse zur Feier der vernichtenden Niederlage komponiert hat, die im Jahre 1745 die Preussen den Österreichern bei

Hohenfriedberg beibrachten. Zwischenhinein erklang das Horst Wessel-Lied und andere liebliche Chöre wie ‹Hab oft im Kreise der Lieben›, ‹Lützows wilde verwegene Jagd› und ‹Die Himmel rühmen des Ewigen Ehre›. Und dann liess der Wiener Rundfunk die aufmerksame Welt ratenweise die nächtliche Nazi-Kilbe kosten, die die gewesene Hauptstadt durchtobte. Uns interessiert jedoch hauptsächlich, was die Nachkilbe bringen wird. Aber das ist mit Geduld abzuwarten.

Der ‹Münchner Friede›
Samstag/Sonntag, 1./2. Oktober 1938

Unter dem Vorwand, die Sudetendeutschen schützen zu müssen, bedrohte Hitler die Tschechoslowakei mit militärischem Einmarsch. Der bedrängte Staat wandte sich an der Münchner Konferenz mit der Bitte um Schutz an England und Frankreich, wurde aber im Stich gelassen und musste sich unter Vermittlung Mussolinis zur Abtretung seiner Randgebiete herbeilassen.

Prag fügt sich Die *Tschechoslowakei* hat gestern das *Münchner Viermächteabkommen angenommen*, so hart es für sie ist, und hat damit ihren Beitrag zur Erhaltung des europäischen Friedens geleistet. Je schwerer dieses Opfer war, desto mehr Dank verdient es. Man geht wohl nicht fehl in der Annahme, dass es der vielverlästerte *Staatspräsident Benesch* war, der den Ausschlag für den Entschluss der Prager Regierung gegeben hat.

Wenn dem so ist, wenn Benesch die Hauptlast der ungeheuren Verantwortung übernommen hat, wird sich bald die Frage stellen, ob er an der Spitze des unglücklichen Staates bleiben kann. Der Umfang des Unheils wird sich ja erst allmählich zeigen, wenn das wirtschaftliche Inventar gemacht wird, wenn die ungeheuren Militärausgaben bezahlt werden müssen, wenn es gilt, die Rechnungen der Vergangenheit in einem verknappten Zukunftsbudget unterzubringen. Ob dann die Westmächte die Verpflichtung spüren werden, der Tschechoslowakei, die sich ihnen gefügt hat, finanziell beizustehen? Zu allem wird die ungeheure Schwierigkeit kommen, die ins Landesinnere fliehenden tschechischen und jüdischen Bewohner der abgetretenen Gebiete auf dem verengten Staatsraum unterzubringen. Diese haben es nicht so gut wie die sudetendeutschen Flüchtlinge, die in ihre Heimat zurückkehren können, die sie während der letzten Wochen hatten verlassen müssen, nicht, wie in Deutschland behauptet wird, wegen bösartiger tschechischer Verfolgung, sondern aus der naheliegenden Besorgnis heraus, dass ihre Städte und Dörfer bei Kriegsausbruch die erste Kampfzone bilden würden. Von diesen begreiflichen Ängsten sind sie nun befreit und können im Wirtschaftsraum Grossdeutschlands ihre Arbeit aufnehmen.

Auch aussenpolitisch ist ja fraglich, ob Präsident Benesch die Staatsführung, die doch ein einigermassen erträgliches Verhältnis zu Deutschland erfordert, behalten kann, nachdem Reichskanzler Hitler seinen ganzen Zorn, wie man aus der Sportspalastrede vernehmen musste, gerade auf ihn konzentriert hat. Ungerechter Weise! Benesch war nie der persönliche Träger der tschechischen Minderheitenpolitik und hauptsächlich nie der grosse Sünder auf diesem Gebiet. Er war viel eher ein vermittelndes Element. Aber das Gewicht seiner Tätigkeit lag überhaupt nicht in der Zone der innern, sondern in der der auswärtigen Politik seines Landes. Er war siebzehn Jahre lang dessen Aussenminister, bis zu seiner Wahl zum Präsidenten der Republik am 18. Dezember 1935.

Immer und immer wieder hatte er die Tschechoslowakei in den Versammlungs- und Ratssessionen des Völkerbunds zu vertreten. Da galt er als der geschickte Macher, in dessen Händen viele internationale Fäden zusammenliefen. Aber er war mehr als das! Er war auch der überzeugteste und eifrigste Anhänger der Bestrebungen, die den Völkerbund zu einem wirklichen Friedensinstrument machen wollten. Sein Werk war das ‹Benesch Protokoll› von 1924, das dann später ‹Genfer Protokoll› genannt wurde. Es war die vernünftigste, aber leider auch letzte Synthese der drei Postulate Schiedsgerichtsbarkeit, Sicherheitsgarantie und Abrüstung. Seine Durchführung hätte die angeschlossenen Staaten verpflichtet, jeden auf diplomatischem Wege nicht lösbaren Streit einem internationalen Schiedsgericht zu unterbreiten, hätte Ländern, die sich dem Schiedsspruch unterzogen, die internationale Hilfe gegen Angreifer, die sich nicht unterziehen wollten, garantiert und hätte dadurch eine umfassende Abrüstung ermöglicht. Es hat nicht sollen sein. Der direkt auf die Vollendung des Benesch-Protokolls folgende Sturz Ramsay Macdonalds hat die Ratifizierung in England und dadurch auch in der übrigen Völkerbundswelt endgültig verunmöglicht. Dann setzte folgerichtig das allgemeine Wettrüsten mit neuer Wucht ein. Es konnte auch durch die Abrüstungskonferenzen nicht gestoppt werden, weil die wichtigste Vorbedingung fehlte, die im Benesch-Protokoll enthaltene Sicherheitsgarantie der Völkergemeinschaft für angegriffene Staaten. Wie viel besser wäre heute Europa dran, wenn Eduard Beneschs Versuch gelungen, wenn die freiwillige Abrüstung zur Tatsache geworden wäre und die Versailler Abrüstungsdiktate dadurch für die besiegten Staaten ihren ehrenrührigen Stachel verloren hätten!

Statt dessen ist die Staatenwelt nun in das Zeitalter der ‹Dynamik› hineingeraten, von deren Wesen der Verlauf des deutsch-tschechoslowakischen Konflikts ein anschauliches Bild gibt. Je dynamischer eine Grossmacht sich gebärdet, desto mehr Chance hat sie, um der Friedenserhaltung willen einen guten Teil ihrer Forderungen durchzusetzen, Recht hin und Recht her – bis dann irgendwann einmal den anderen Grossmächten das Nachgeben verleidet und sie auch dynamisch werden. Dann haben wir wieder den grossen Krieg!

Der heutige Völkerbund ist dieser Entwicklung gegenüber ohnmächtig. Präsident Benesch, der ihn genauer als irgendein anderer Staatsmann kennt, weiss dies und hat ihm deshalb die Beschämung, auf einen Hilferuf nur mit Resolutionen antworten zu können, erspart, im Gegensatz zum Verhalten Chinas und Spaniens, die weniger Rücksicht auf das Genfer Schamgefühl genommen haben. Vielleicht regt sich das Schamgefühl aber doch wieder einmal, und zwar in den Hauptstädten der weiten Welt, wo viel mehr wirklich Verantwortliche sitzen als im Genfer Laboratorium. Es handelt sich keineswegs *nur* um eine moralische, sondern um eine höchst politische und materielle Notwendigkeit, wenn die Kulturwelt nicht schliesslich an der internationalen Anarchie zugrundegehen soll. Dauernd ist um eine Organisation der Friedenssicherung nicht herumzukommen, und auch andere Völkerbundsfunktionen sind nicht ewig entbehrlich. Zum Beispiel ein wirksamer Minoritätenschutz, wie die furchtbare Erfahrung der Tschechoslowakei gezeigt hat! Aber all dies wird nicht kommen, wenn die Vereinigten Staaten von

Amerika sich nach wie vor der praktischen Mitarbeit enthalten. Die Prosa ihres Präsidenten hat sich in diesen Tagen ja sehr schön gelesen. Aber noch schöner wäre, wenn die transatlantische Grossmacht daraus die einzig richtige Konsequenz zöge!

Die Annexion der Tschechoslowakei
Mittwoch, 15. März 1939

Nicht zufrieden mit seinem herbstlichen Erfolg in München, würgte Hitler die Tschechoslowakei im Frühjahr vollends ab. Nachdem er die Kapitulation des nach Berlin gelockten Präsidenten Hacha mit den schmählichsten Mitteln erpresst hatte, liess er die Reichswehr am 15. März in Prag einrücken.

Vae victis! Der Zerfall der Tschechoslowakei vollzieht sich, wie dem Depeschenteil dieser Nummer zu entnehmen ist, mit ‹dynamischer› Raschheit. Deutschland wahrt dem unglücklichen Staate gegenüber nicht einmal mehr die Dehors. Es erspart ihm keine Demütigung. Der von der Prager Zentralregierung abgesetzte slowakische Ministerpräsident Tiso ist nach Berlin beordert, in der Reichskanzlei mit den Ehren eines aktiven ausländischen Regierungschefs empfangen und mit den nötigen Befehlen versehen worden. Er hat dann nach Pressburg gemeldet, dass auf heute vormittag der slowakische Landtag einberufen werden müsse. Dieser wird die Befehle ohne Zweifel ausführen. Er wird die Slowakei de facto, vielleicht auch gleich de jure vom tschechoslowakischen Staatsverband ablösen, und Prag wird sich damit abfinden. Mit oder ohne Revolution der Fascisten. Deren Oberhaupt, General Gajda, hat ja der Regierung zum Dank für seine Amnestierung sofort ein Ultimatum gestellt. Aber, ob in Prag Fascisten, Halbfascisten oder andere Leute am Ruder sind, an der Unterwerfung unter das deutsche Diktat wird das nichts ändern.

Die Tschechen müssen jetzt einsehen, dass ihre Münchner Unterwerfung vergebens war. Sie hat nicht, wie man zu Prag damals hoffte, die Staatszertrümmerung verhindert, sondern nur um ein halbes Jährchen hinausgeschoben. Denn Deutschland blieb unversöhnt, wie es in Schillers Gesang der Erinnyen dem Sünder entgegenschallt:

> «So jagen wir ihn ohn' Ermatten,
> Versöhnen kann uns keine Reu,
> Ihn fort und fort bis zu den Schatten
> Und geben ihn auch dort nicht frei.»

Das Verfahren ist so ziemlich dasselbe wie im Sommer und Herbst 1938. Deutschland beansprucht als Protektor der unter fremder Staatshoheit stehenden deutschsprechenden Menschen das Recht, in die inneren Angelegenheiten ausländischer Staaten einzugreifen. Gerade vorgestern hat ja Generaladmiral Räder, der Oberbefehlshaber der Kriegsmarine, diesen Grundsatz wieder proklamiert: «*Deutschland ist der Schirmherr aller Deutschen, diesseits und jenseits der Grenzen.*» Wenn der Schirmherr funktionieren will, so benehmen sich die Beschirmten dementsprechend gegen ihre Landesherren, und wenn diese sich wehren, so ist das ‹Greuel›, und alles weitere kann seinen Gang nehmen. Durch die Ausstreuung von Gerüchten über angebliche kommunistische Putschgelüste wird jetzt wie im Herbst noch das Tüpfchen aufs i gesetzt.

Fraglich ist bei alledem nur das Tempo. Hat der verzweifelte Prager Versuch, die Autorität des Gesamtstaates in der Slowakei wiederherzustellen, in Berlin überrascht und die Ereignisse beschleunigt? Oder war er von vornherein einkalkuliert? Dass Feldmarschall Göring Hals über Kopf aus Italien heimreisen musste, spricht für die Annahme einer Überraschung. Aber gerade heftig war diese sicher nicht; denn schon in einem vom 8. März dotierten und am 9. März erschienenen Artikel konnte das wohlinformierte ‹Neue Wiener Tagblatt› schreiben: «*Wie die Dinge heute liegen*, besteht tatsächlich die Möglichkeit, dass *die Tschecho-Slowakei* als *einheitliches Staatsgebilde zerbröckelt, dass sie sich in ihre einzelnen Teile auflöst*. Zumindest ist der Widerstand der *Slowaken* gegen den neuerwachten Prager Zentralismus so gross, dass man die Gefahren, die sich daraus für den Staat ergeben, nicht übersehen darf.»

Ein interessantes, aber noch keineswegs abgeklärtes Problem ist auch die *Einstellung Polens und Ungarns* zu den tschechoslowakischen Ereignissen. Waren diese Staaten mit im Komplott? Auf alle Fälle stellen sie jetzt Kompensationsansprüche. Ungarn hätte die Slowakei, die es tausend Jahre lang bis zum Ende des Weltkrieges besessen hat, gerne wieder für sich. Es wird sie schwerlich bekommen. Wohl aber besteht eine gewisse Möglichkeit, dass es Karpathorussland zurückerhält und dadurch zu einer gemeinsamen Grenze mit Polen gelangt. Diese war ein Gespenst für Deutschland, solange jene beiden Staaten nicht eng mit ihm verbunden waren. Trifft dies aber zu, so braucht das Reich die polnisch-ungarische Nordsüdbarriere nicht mehr zu fürchten. Man wird wohl bald erfahren, ob sie von Berlin genehmigt wird.

Und die *Westmächte*? Die haben die Tschecho-Slowakei ‹abgeschrieben› und lassen sie jetzt im Stich, wie sie sie im Herbst im Stich gelassen haben. Der Herr ‹mit dem Schirm› in London ist ja nicht ihr ‹Schirmherr›. Aber weder England noch Frankreich wird entgehen, dass aller Welt – und namentlich den mittleren und kleineren Staaten – jetzt die Autoritätseinbusse von München wieder sehr stark bewusst wird. Theoretisch war sie bereits über alle Zweifel erhaben. Aber der Anschauungsunterricht dieser Tage wirkt doch noch eindrücklicher als die Theorie: ein Land, das sich dem Rat der Westmächte fügte, um seinen Staatszusammenhang zu retten, wird nun dennoch zerstückelt! Und vom allgemeinen europäischen Standpunkt ist zu bedenken, dass nun die Friedensbasis von München zerfallen ist!

Das deutsch-italienische Bündnis
Mittwoch, 24. Mai 1939

Am 22. Mai unterzeichneten in Berlin die Aussenminister Deutschands und Italiens, Ribbentrop und Graf Ciano, den deutsch-italienischen Bündnispakt.

Von Allianz zu Allianz? Im Maienklima von 1939 gediehen die *Kriegsallianzen*. Erfreulich ist dies sicher nicht. Aber, wer unbedingt in jeder Lage das Bedürfnis hat, sich an einen Trost zu klammern, mag sich sagen: Kriegsallianzen sind immer noch besser als Kriege. Sie *können* zu Kriegen führen, sie *müssen es nicht*. Im günstigsten Falle können sie sogar kriegsverhindernd wirken, wenn ihre Kraft hüben und drüben fein ausbalanciert ist.

Der am Montag in Berlin unterzeichnete *deutsch-italienische Allianzvertrag* brachte der Weltöffentlichkeit in seinen grossen Zügen keine Überraschung. Es hat aber doch vielfach befremdet, dass die Vertragspartner so gänzlich auf die früher in solchen Fällen übliche Klausel des Angegriffenseins oder der Unprovoziertheit des casus foederis verzichtet haben. Hitler selbst hat noch in seiner Rede vom 30. Januar an einem Rest dieser Klausel festgehalten, indem er die Beistandspflicht auf einen gegen den Partner ‹vom Zaun gebrochenen› Krieg beschränkte. Jetzt heisst es einfach: «wenn einer von ihnen in kriegerische Verwicklungen gerät.»

Diese Verstärkung der beiderseitigen Bindung auf Gedeih und Verderb ist bedenklich. Aber man soll ihre Bedeutung doch nicht übertreiben. Zur Übertreibung könnte man versucht sein, wenn man sieht, wie von deutscher Seite die im Vertragstext vorgesehene Konsultativpflicht wegzudisputieren versucht wird. Im Montag-Abendblatt wurde aus Berlin gemeldet, mit offensichtlicher Absicht werde bezüglich des militärischen Beistandes jede konsultative Verpflichtung ausgeschaltet, und im Dienstagblatt desgleichen:

> «Alle hier von beiden beteiligten Seiten zu hörenden *Auslegungen* bestätigen, dass in Verbindung mit den Beistandszusagen mit voller Absichtlichkeit einschränkende *Konsultativbestimmungen* wegen der ihnen innewohnenden verzögernden Möglichkeiten *ausgeschlossen* worden sind. Deshalb soll die in Artikel 4 gebrauchte Formel, ‹wenn es entgegen den Wünschen und Hoffnungen der vertragschliessenden Teile zu kriegerischen Verwicklungen kommen sollte›, nach *verlässlichen Interpretationen* über die in Artikel 1 und 2 vereinbarte *Konsultations- und Verständigungspflicht* hinausgehen, *beziehungsweise diese aufheben.*»

Das wäre aber doch ein mehr als merkwürdiger Vertrag, wenn schon am Tage seines Abschlusses die beiden ersten Artikel ‹nach verlässlichen Interpretationen› wegbedungen werden könnten, weil sie angeblich durch den vierten Artikel aufgehoben werden! So ist die Sache sicher nicht gemeint, wenigstens von Italien nicht. Dieser Staat hat immer noch eine Volksmeinung und respektiert sie. Darum hat er darauf gedrungen, dass die Konsultativpflicht in den beiden ersten Artikeln des Bündnisvertrags so scharf formuliert wird, wie man sie nur formulieren konnte. Er will nicht mehr wie im österreichischen Falle und in beiden tschechischen Fällen vom Partner vor vollendete Tatsachen gestellt werden, sondern verlangt eine gemeinsame Politik im gleichen Schritt und Tritt. Führt sie zum Kriege, dann allerdings beansprucht er nicht mehr, um die Bündnispflicht markten zu dürfen. Aber gemeinsam soll nicht nur der Krieg, sondern, wie gesagt, auch die ihm vorangehende Politik sein. Das zu fixieren, ist Italien nun doch sehr deutlich gelungen. Aber, selbst wenn es nicht in den beiden ersten Artikeln des Vertragstextes schwarz auf weiss stünde, so wäre dem doch so, weil es den ewigen Gesetzen der Politik entspricht. Was der italienische Aussenminister di San Giuliano am 3. August 1914 dem deutschen Botschafter von Flotow sagte, ist noch heute so wahr wie vor einem Vierteljahrhundert: eine Grossmacht kann sich nicht in einen Krieg verwickeln lassen, ohne dass sie vorher befragt worden ist, und Italien lässt sich nicht überrumpeln.

Man überhöre übrigens auch nicht, wie gemässigt die Berliner Presseerklärung des Grafen Ciano im Vergleich zu der des Herrn v. Ribbentrop klang. Dieser hielt es für nötig zu poltern, jener betonte hauptsächlich den Willen Italiens, in seiner Arbeit und in seinem Kulturwerk fortzufahren, und wiederholte die Turiner Versicherung des Duce, es gebe in Europa keine zulänglichen Kriegsgründe. «So denkt Italien, und so denkt auch Deutschland», fügte der italienische Aussenminister bei. Aber warum war er es, der sagen musste, was Deutschland denkt, weshalb hat gerade dies der deutsche Aussenminister nicht ausgesprochen? Etwas Fatales haben immerhin beide Herren gesagt, und es steht sogar in der Präambel des Vertrags, dass es um die Sicherung des ‹Lebensraumes› der beiden Staaten gehe. Das ist ein sehr gefährlicher neudeutscher Begriff, der nun zum erstenmal in einem völkerrechtlichen Dokument auftaucht. Das ‹Staatsgebiet› ist immer etwas Erkennbares, weil es bestimmte Grenzen hat, die über die Besitzrechte keinen Zweifel lassen. Der ‹Lebensraum› dagegen ist etwas Grenzenloses. Lebensräume können sich von Volk zu Volk überschneiden, und darum riskiert, wer Lebensraumpolitik treibt, den Krieg. Es ist aber typisch und vielleicht auch bis zu einem gewissen Grade beruhigend, dass sich das hochoffiziöse ‹Giornale d'Italia› sofort nach dem Vertragsabschluss beeilt hat, festzustellen, dass sich der Begriff ‹Lebensraum› weder auf Hegemoniepläne, noch auf wirtschaftliche oder politische Kontrolle oder Beherrschung anderer Nationen beziehe. Möge sich diese Interpretation bestätigen! Dann brauchen sich andere Staaten des europäischen Ostens nicht mehr der Sorge hinzugeben, der deutsche Lebensraum könnte ihres Volkes Sterbensraum werden, wie es den Tschechen widerfahren ist.

Polen, an das man wegen der *Danziger Vorfälle* in diesem Zusammenhang heute sofort denkt, erblickt vielleicht im Artikel 6, dessen Abfassung die Agentur Havas als ‹rätselhaft› bezeichnet, eine gewisse Entlastung. Es ist dort von der gemeinsamen Rücksichtnahme auf die Freunde des Freundes die Rede, und Italien hat ja seine Polenfreundschaft immer sehr prononciert! Wie dem auch sei, in der Danziger Angelegenheit zeigt sich tatsächlich seit vorgestern eine gewisse Entspannung. Wenn sie vorhält und nicht bloss eine Konfliktvertagung bis spätestens Mitte August bedeutet, so ist Europa schon viel geholfen.

Gestern haben in Genf die *westlichen Grossmächte* in ihrer Art auf den deutsch-italienischen Vertragsabschluss reagiert, indem sie durch ihre Aussenminister Bonnet und Halifax Erklärungen abgeben liessen, die, verglichen mit den Berliner Reden, nicht sehr imposant klangen. Sie erinnerten an das Studentenlied: «Die Stimme unseres Küster ist nur ein leis' Geflüster vor dem Trompetenschall.» Ganz anders klänge es, wenn Allianz mit Allianz beantwortet würde, das heisst, wenn das *russische Allianzprojekt* endlich unter Dach käme. Darüber zu reden, hat aber nicht viel Sinn, solange das Ereignis nicht sicher eingetreten ist. Nur so viel lässt sich schon heute sagen: wenn je diese Verhandlungen über alle beiderseitigen Hindernisse, die zu einem guten Teil sehr ernsthafter Art sind, hinwegkommen und ans Ziel gelangen, so haben sie es den Berliner Schrittmachern zu verdanken. Wer politische Phantasie hat, kann an einen unsichtbaren Macchiavell irgendwo im Hintergrund glauben, der die Verhandlungen absichtlich in die Länge zog, um ihnen für die letzte und schwierigste Strecke den entscheidenden Stimulus durch das deutsch-italienische Vorbild zu sichern.

Der deutsch-russische Nichtangriffspakt
Samstag/Sonntag, 26./27. August 1939

Am 23. August fand in Moskau die Unterzeichnung des russischen Nichtangriffpaktes statt, wodurch die britisch-russischen Verhandlungen jäh abgebrochen wurden.

Die Motive Stalins   Es mag gestattet sein, nochmals auf die *Motive des sowjetrussischen Umschwenkens* zurückzukommen und dabei die Tatsache in den Vordergrund zu stellen, dass Russland nichts unerwünschter hätte sein können als eine britisch-deutsche Verständigung in elfter Stunde. Stalin fürchtete, dass im Falle des endlichen Abschlusses des britisch-russischen Paktes irgendein prominenter Engländer mit diesem Wertpapier in der Tasche nach Berlin fliegen und die Besorgnisse Hitlers erfolgreich für die Versöhnung mit Chamberlain auswerten könne.

Ein politisches Zusammenspannen Deutschlands und Englands ist nicht erst jetzt, sondern war auch in der Vorkriegszeit bis in den Juli 1914 hinein der Cauchemar Russlands. Damals war bekanntlich die Entente cordiale schon einigermassen zu Faden geschlagen, aber noch nicht so gut zusammengenäht, dass ihre Reissfestigkeit garantiert gewesen wäre. Russland bemühte sich eifrig, sie durch ein Seekriegsabkommen mit England vollends zu sichern, und setzte Verhandlungen durch, die ein Vertragskonzept, aber noch nicht dessen Unterzeichnung zeitigten. Das damalige liberale Kabinett Asquith konnte sich nicht so rasch zum Verzicht auf die traditionelle Gleichgewichtspolitik Englands gegenüber den kontinentalen Grossmächten entschliessen und suchte die Bindung an das Zarenreich tunlichst hinauszuzögern, um sie, wenn immer möglich, schliesslich ganz vermeiden zu können. So lange aber der britisch-russische Marinepakt nicht unterschrieben war, so lange blieb für Deutschland die Möglichkeit offen, sich mit England über eine glimpfliche Beilegung der Serajewo-Krise zu arrangieren. Das suchte Petersburg durch einen Coup zu verhindern, der in seiner Kühnheit – um nicht zu sagen ‹Frechheit› – an das Moskauer Manöver dieser Woche erinnert: die britisch-russischen Verhandlungen wurden an Deutschland verraten, und zwar unter Erweckung des Glaubens, sie hätten schon zum Vertragsabschluss geführt. In der deutschen Aktenpublikation zur Vorgeschichte des Weltkriegs wird (Bd. 39, Seite 641) über diese ‹politische Intrige grössten Stils› gesagt. «Auf die sich hier aufdrängende Frage, zu welchem Zweck die Papiere damals von russischer Seite in die Hände der deutschen Regierung gespielt worden sind, wird kaum eine andere Antwort möglich sein, als dass die Mitteilung bestimmt war, die deutsch-englischen Beziehungen, deren zunehmende Besserung den russischen Staatsmännern ein Dorn im Auge war, zu vergiften.»

Dieser damalige Vergiftungsversuch funktionierte aber nicht nach dem Wunsch seiner Urheber. Statt einfach auf den Leim zu gehen, an die unwiderrufliche britisch-russische Verständigung zu glauben und alle Brücken abzubrechen, schickte das Auswärtige Amt Herrn Ballin zum Sondieren nach London, und der erfuhr, dass der Vertrag noch nicht unterzeichnet sei. Die richtige Konsequenz aus der Erkenntnis der dringenden, aber noch nicht perfekten Gefahr, nämlich dass es nun allerhöchste Zeit sei, England durch eigenes Entgegenkommen von Russland wieder wegzumanövrieren, zog man in Berlin aber nicht. Möglich wäre das gewesen; denn noch sass der germanophile Lord Haldane als Lordkanzler im Kabinett und wäre gerne bereit und auch in der Lage gewesen, die 1912 gescheiterten Versöhnungsversuche mit Deutschland wieder aufzunehmen. Es hat nicht sollen sein! Statt jener richtigen Konsequenz zog man in Berlin die falsche, dass die Gefahr des britisch-russischen Zusammengehens gar nicht ernst zu nehmen sei, gestattete sich die für England unerträgliche Verletzung der belgischen Neutralität und erlebte dann die fürchterliche Enttäuschung des britischen Kriegseintritts.

Nun hinüber von 1914 zu 1939! Wieder dicke Luft zwischen Deutschland und England, wieder britisch-russische Allianzverhandlungen, wieder starke Hemmungen im Londoner Kabinett gegen deren Abschluss, und wieder ein raffinierter russischer Coup, um Deutschland und England definitiv gegeneinander aufzuhetzen! Aber ein Coup anderer Art als 1914. Durch einen genialen Rösselsprung stellt sich Stalin selbst an die Seite Hitlers und sucht dadurch zu erreichen, dass dieser endgültig mit England bricht. Hitler soll sich nun freuen, dass ihm ‹der grosse Wurf gelungen, eines Freundes Freund zu sein›, und dann soll er in den Krieg gegen England hineintappen, der, wenn er zum Siege führt, seine Diktatur durch eine Militärdiktatur ersetzen wird und, wenn er verloren geht, die bolschewistische Diktatur über Deutschland bringt.

So ist zu erklären, weshalb Stalin das ideologische Opfer gebracht hat, das ja auch für ihn ungeheuer gross ist. Aber für seinen Entschluss mag auch der Blick auf Ostasien massgebend gewesen sein. Es würde uns nicht wundern, wenn spätere Enthüllungen zeigen sollten, dass bei seinem Bruch mit England auch dessen Weigerung in den Moskauer Generalstabsverhandlungen mitgewirkt hat, ihm die Unterstützung gegen Japan zu garantieren. England hat, wie an dieser Stelle schon ausführlicher dargelegt wurde, zwar alles Interesse daran, dass Japan in China nicht zu mächtig wird, aber keinerlei Interesse daran, dass dessen Macht durch die sowjetrussische ersetzt wird. Ob in der Mandschurei und in China die Japaner oder die Sowjetrussen Meister werden, ist für die angelsächsischen Mächte gehupft wie gesprungen. In beiden Fällen werden sie gründlich von den ostasiatischen Festlandsmärkten vertrieben werden. Also hatte England keinen Grund, Russland plein pouvoir gegen Japan zu geben, aber Russland hatte desto mehr Grund, sich vom Zwang einer sofortigen Kriegsbeteiligung in Europa fernzuhalten, um unterdessen Japan rückenfrei bekriegen zu können. Daher der japanische Schmerz über die deutsch-russische Einigung, der keineswegs nur ideologisch durch die Zertrümmerung des Antikominternsystems bedingt ist.

Wie man die Lage auch ansieht, die Rechnung Stalins ist kompliziert, aber als ganz abenteuerlich kann man sie nicht bezeichnen. Hitlers Rechnung ist auch kompliziert, so kompliziert, dass die Gefahr besteht, er könne den gordischen Knoten durch einen Schwertstreich lösen wollen. Durch einen Schwertstreich im allerkonkretesten Sinne, irgendwo an der deutsch-polnischen Grenze. Wir hoffen aber immer noch, dass er zu der vernünftigen Einsicht zurückkehrt, die ihn am 30. Januar 1934 vor dem Reichstag sagen liess:

«Deutsche und Polen werden sich mit der Tatsache ihrer Existenz gegenseitig abfinden müssen. Es ist daher zweckmässiger, einen Zustand, den tausend Jahre vorher nicht zu beseitigen vermochten und nach uns genau so wenig beseitigen werden, so zu gestalten, dass aus ihm für beide Nationen ein möglichst hoher Nutzen gezogen werden kann ....» «Im übrigen mögen in der Zukunft die Differenzen zwischen den beiden Ländern sein, wie sie wollen.

Der Versuch, sie durch kriegerische Aktionen zu beheben, würde in seinen katastrophalen Auswirkungen in keinem Verhältnis stehen zu dem irgendwie möglichen Gewinn!»

Letzte Versuche zur Friedensrettung

Montag, 28. August 1939 (Abendblatt)

In den letzten Vorkriegstagen wurden noch verschiedene Versuche zur Kontaktnahme zwischen den Parteien unternommen.

Fruchtloser Briefwechsel Die Veröffentlichung der *Korrespondenz zwischen Daladier und Hitler* zeigt die ganze Aussichtslosigkeit direkter deutsch-französischer Verhandlungen. Beide Briefe sind Alibis für die Verantwortung am Kriegsausbruch, nicht Versuche zu positiver Fühlungnahme. Ob die *Korrespondenz Chamberlain-Hitler*, deren Fortsetzung sich so merkwürdig lange verzögert hat, für die Friedenserhaltung fruchtbarer sein wird, ist sehr zweifelhaft. Optimisten glauben gerade aus der Tatsache dieser Verzögerung günstige Schlüsse ziehen zu können. Aber die Vermittlung *Italiens* scheint immer noch aussichtsreicher als die direkten Verhandlungen zwischen Deutschland und den Westmächten.

Besonders bedenklich ist, dass Hitler in seinem Brief an Daladier nun nicht mehr wie bisher eine exterritoriale Autostrasse durch den *Korridor*, sondern diesen selbst für Deutschland fordert. Es klingt auch wenig tröstlich für die Westmächte in bezug auf die künftige deutsche Ostpolitik, dass Hitler seine bisherigen Gewaltakte gegen die östlichen Nachbarstaaten beschönigt durch den Hinweis: «dass ich durch die Art des Verfahrens die Staatsmänner anderer Völker von der für sie oft unmöglichen Verpflichtung enthoben habe, diese Revision vor ihren eigenen Völkern verantworten zu müssen.» Das ist offener Hohn.

Beginn des zweiten Weltkrieges
Freitag, 1. September 1939

Am 1. September, gegen 5 Uhr morgens, hat Deutschland die Feindseligkeiten gegen Polen eröffnet.

Der Kriegsausbruch
Leider kann seit den heutigen Morgenstunden kein Zweifel mehr bestehen: *der deutschpolnische Krieg ist ausgebrochen.* Reichskanzler Hitler hat ihn durch seinen Tagesbefehl an die Wehrmacht proklamiert, und die Wehrmacht hat dem Befehl durch die Eröffnung der Feindseligkeiten an der Grenze und durch ein Luftbombardement von Warschau Folge geleistet. Damit hat Hitler die Verantwortung nicht nur für den Krieg mit Polen, sondern auch für alles weitere übernommen.

Der vorangehende letzte diplomatische Appell an Polen konnte diese katastrophale Entwicklung nicht aufhalten, wollte es wohl auch nicht, wie die unmögliche Fristansetzung zeigt. Inhaltlich dagegen wären die 16 Vorschläge, die er enthält, wohl diskutierbar gewesen, wenn es Polen gestattet worden wäre, seine Gegenvorschläge zu machen. Bedenklich scheint, dass die Vorschläge privilegierte, sogar vom Militärdienst befreite Minderheiten bestehen lassen wollten, also Fremdkörper im Staate, die auch nach einer momentanen Verständigung immer wieder Anlass zu Schwierigkeiten geboten hätten. Aber es lohnt sich nun nicht mehr, auf solche Einzelheiten einzugehen. Der ultimative Charakter des letzten deutschen Vorstosses erinnert sehr an die Behandlung Österreichs und der Tschechoslowakei. Es wurde gefordert, dass der polnische Unterhändler, den man in Berlin empfangen wollte, ‹auch wirklich bevollmächtigt sei, nicht nur zu diskutieren, sondern Verhandlungen zu führen und abzuschliessen›. Ganz à la *Schuschnigg und Hacha*! Dem konnte sich ein Staat, der frei bleiben will, nicht unterziehen.

Polen erinnert sich wohl, dass die Tschechoslowakei in München vor den deutschen Forderungen vollständig kapituliert hat und im Frühjahr dann doch als Reichsprotektorat annektiert wurde. Im Gegensatz zur Lage der Tschechoslowakei in München besitzt aber Polen eine verbriefte Unterstützungsgarantie der Westmächte für den nun eingetretenen Fall des deutschen Angriffs. Das ist ein grosses Plus. Ein Minus dagegen bedeutet die Möglichkeit eines Zweifrontenangriffs im Falle, dass *Sowjetrussland von Osten her einzurücken* versucht. Gerüchte, dass dieser Fall schon heute eintreffen werde, gingen gestern in der Schweiz um. Bisher sind sie nicht bestätigt.

Alles weitere ausser der Tatsache des deutsch-polnischen Kriegsausbruchs liegt im Nebel. Namentlich muss man sagen: im Westen nichts Neues. England und Frankreich haben die Verbindungen der schweizerischen Korrespondenten mit ihren heimischen Blättern sehr erschwert, Deutschland und Italien liessen sie klugerweise bis jetzt offen. Aber auch aus diesen Ländern kommt natürlich nur durch, was im Ausland erfahren zu werden geeignet scheint. Innerpolitisches aus Deutschland ist nicht zu vernehmen. Dagegen sei mit allem Nachdruck auf unser Privattelegramm aus *Rom* verwiesen, wonach man dort die *Hoffnung auf eine friedensrettende Intervention Mussolinis nicht aufgegeben* hat. Würde sie unterbleiben oder misslingen, so stände die Welt nicht nur vor der Katastrophe eines deufsch-polnischen, sondern eines europäischen Krieges oder sogar des Weltkrieges. Gott bewahre alle Länder davor, insonderheit unser liebes Schweizerland!

Russland greift aktiv ein
Montag, 18. September 1939 (Abendblatt)

In der Morgenfrühe des Sonntags, 17. September, fiel die Rote Armee auf der ganzen Breite der Grenze, von Weissrussland bis zur Ukraina, den durch den deutschen Blitzkrieg schwer bedrängten Polen in den Rücken.

Die Rote Armee in Polen Im neutralen Ausland kann man immer noch nicht wissen, ob der *russische Einfall nach Polen* das Ergebnis einer freien Verständigung zwischen Stalin und Hitler ist oder ob Deutschland nur gute Miene zum bösen russischen Spiel macht. Solange dies nicht klar ist, hat man keine feste Basis für Bewertungen vom moralischen und intellektuellen Standpunkt aus, und solange beschränkt man sich lieber auf die Erwägung *der politischen und militärischen Folgen,* die der neue Tatbestand haben kann.

Auch dies ist schwierig genug, um nicht sogar zu sagen: unmöglich. Die wichtigste Voraussetzung für alles weitere kennt man noch nicht, nämlich die Absicht Sowjetrusslands, in den europäischen Grosskampf aktiv einzugreifen oder sich einstweilen auf seine polnische Beute zu beschränken. In der ersten Mitteilung über den Vormarsch wurde betont, er erfolge ‹unter gleichzeitiger voller Wahrung der *Neutralität Sowjetrusslands im gegenwärtigen Konflikt*›. Aber in der Rede des Aussenministers Molotow findet sich der Satz: «Die Sowjetunion war bisher neutral, kann aber diese Politik im gegenwärtigen Augenblick nicht weiter fortsetzen.» Dunkel ist der Rede Sinn. Von seiner Aufklärung kann die Stellungnahme der Westmächte abhängen. Formell sind sie durch die Allianz mit Polen verpflichtet, den casus foederis als eingetreten und den Kriegszustand gegen Russland als ausgelöst zu anerkennen, *wenn Polen dies verlangt*. Es ist aber möglich, dass die Westmächte *und* Polen in gegenseitigem Einvernehmen auf diese äusserste Konsequenz verzichten und es vorläufig für opportuner halten, Russland nicht weiter vorzudrängen, als es zurzeit gedrängt sein *will*.

Wie dem auch sei, so ist doch die direkte militärische Minimalfolge sicher, dass den deutschen Armeen das, was Göring unter unritterlicher Verhöhnung des Opfers ‹das Aufräumen› in Polen nennt, nun bedeutend erleichtert ist. Die Bedrängnis der polnischen Armee hat sich durch das Eingreifen eines neuen Gegners im Rücken verdoppelt. Und je rascher nun der deutsche Feldzug im Osten zu Ende geht, desto grösser wird die *deutsche Bewegungsfreiheit gegen Westen*. Zugleich nimmt für Deutschland die Notwendigkeit zu, von dieser Bewegungsfreiheit möglichst rasch Gebrauch zu machen; denn die deutschen Aussichten, einen langen Krieg aushalten zu können, haben durch die Tatsache, dass Russland die polnisch-ukrainischen Getreidegebiete besetzt, eher ab- als zugenommen.

Noch wichtiger aber ist das Problem *der Rückwirkungen auf die Gesamtlage*. Zur ungeahnt raschen Auslösung des russischen Eingreifens hat die Tatsache der *russisch-japanischen Verständigung* im mongolisch-mandschurischen Grenzgebiet entscheidend beigetragen. Bedeutet dies mehr als einen Waffenstillstand, bedeutet es den Anschluss Japans an einen deutsch-russisch-japanischen Block von Trier bis Tokio und den baldigen Beginn des japanischen

Angriffs auf die britischen Positionen in Ostasien? Und, wenn dem so wäre: würden die Vereinigten Staaten von *Amerika* einem solchen Vernichtungsfeldzug gegen die Weltstellung der weissen Rasse tatenlos zusehen?

Und noch viele andere Fragen drängen sich auf! Wie stellt sich *Italien*, dessen Konjunktur unzweifelhaft noch besser geworden ist, als sie ohnehin schon war, zu der neuen Situation? Und verschiedene andere Staaten, deren Neutralität nicht allzu fest verankert ist? Werden sie der *Schockwirkung des russischen Vorstosses* unterliegen? Ein Madrider Blatt spricht ja bereits von einem ‹vernichtenden Schlag gegen England›. So weit ist es entschieden noch nicht gekommen!

Wer die Welt ansieht, wie sie wirklich ist, kann nur vom Zeitpunkt der *deutsch-russischen Zusammenarbeit* überrascht sein, nicht von der Tatsache an sich. Einmal musste sie eintreten. Wir erinnern daran, dass sie schon 1937 in diesen Spalten erwogen worden ist. Damals hatte Hitler in seiner Reichstagsrede vom 30. Januar den Bolschewiken wieder einmal feierlich abgeschworen mit den Worten:

> «Jede weitere *deutsche vertragliche Verbindung mit dem derzeitigen bolschewistischen Russland würde für uns gänzlich wertlos sein.* Weder wäre es denkbar, dass nationalsozialistische deutsche Soldaten jemals zum Schutz des Bolschewismus eine Hilfspflicht erfüllten, noch wollten wir selbst von einem bolschewistischen Staat eine Hilfe entgegennehmen.»

In unserem Tagesbericht vom 22. April 1937 bemerkten wir unter dem Titel ‹Feindliche Brüder› zu den weiteren deutsch-russischen Entwicklungsmöglichkeiten:

> «Für die Gegenwart steht so viel fest, dass man die deutsch-russische Brücke nicht abbricht, obwohl der Verkehr darüber beträchtlich abgenommen hat und obwohl beide Parteien an ihrem Ende ‹Lällenkönige› zum Zweck ausgiebiger Beschimpfung vor dem internationalen Publikum aufgestellt haben.
>
> Irgend einmal, aber schwerlich sehr bald, werden auch diese Lällenkönige verschwinden und in den beiderseitigen historischen Museen untergebracht werden. Eine *ewige Erbfeindschaft* kann zwischen Deutschland und Russland *nicht mehr bestehen,* seitdem die Alliierten in Versailles durch die *Schaffung Polens* dafür gesorgt haben, dass die beiden Mächte nicht mehr Nachbarn sind, sondern zwischen ihren Grenzen das Gebiet einer sehr ungeliebten dritten Macht liegen haben. Die so entstandene *Interessengemeinschaft* ist 1922 der Welt durch den Vertrag von Rapallo in diplomatisch täppischer Weise vordemonstriert worden.

Solche Fehler wiederholt man nicht so rasch. Aber sie können nichts an der tiefinneren Wahrheit ändern, dass *Deutschland* und *Russland seit Versailles eigentlich in die gleiche Front gehören.* Gründlich anders werden könnte dies nur, wenn Deutschland durch Angriffe auf slawische Staaten und Vorstösse in den Donau-Balkan-Raum Russland wieder allzu sehr auf den Leib rückte ...

‹*Nur ned brumme, 's wird scho kumme*›, sagt der Schwabe. Aber es wird nicht kommen durch Verwirklichung der phantastischen Gerüchte über Gesinnungsänderungen Hitlers und Stalins, sondern durch die *Macht der politischen und ethnographischen Tatsachen.* Wie rasch es kommt, hängt auch von einer gewissen Entwicklung der Seelen Deutschlands und Russlands ab. Beide Reiche haben zurzeit zwei Seelen in ihrer Brust. Deutschland hat eine *national*-sozialistische und eine national-*sozialistische* Seele, Russland eine *bolschewistisch*-nationale und eine *national*-bolschewistische, letztere gedeiht in neuester Zeit besser. Früher oder später kann durch Entwicklungen in der oder jener Richtung und in dem oder jenem der beiden Reiche die Seelenverwandtschaft enger werden, als sie es heute schon ist.»

Das Jahr 1939 hat nun zur Reife gebracht, was schon 1937 keimte, oder eigentlich schon viel früher, nämlich seit die Westmächte in Versailles eine *deutsch-russische Interessengemeinschaft gegen Polen* geschaffen haben. In dieser bösen Welt gilt das Gesetz, dass man mit dem politischen Nachbar schlecht, mit dem Nachbar des Nachbarn gut steht. Bis gestern morgen früh waren Deutschland und Russland nicht Nachbarn und standen also gut miteinander. Jetzt sind sie durch die Teilung Polens wieder Nachbarn geworden. Wie lange werden sie nun Freunde bleiben können? Werden sie wenigstens zusammenzuhalten versuchen, bis das von beiden gehasste kapitalistische Weststaatensystem zusammengebrochen ist? Oder wird es mit dieser Freundschaft gehen wie bei den Rheinmücken, denen der Hochzeitstag immer auch zum Todestag wird?

Die politischen Konsequenzen des russischen Eingreifens
Donnerstag, 28. September 1939

Am 27. September musste Ribbentrop auf Einladung der Sowjetregierung eine Reise nach Moskau antreten.

Das Sowjetreich im Vormarsch Herr von *Ribbentrop* hat schon wieder einen Germanenzug nach Osten antreten müssen auf ‹Einladung› Stalins. Er ist mit grossem diplomatischem Gefolge *nach Moskau* abgeflogen. Darunter befindet sich Unterstaatssekretär Gaus, der das ‹Vae victoribus› in einen anständigen diplomatischen Text zu fassen haben wird, und Herr Schnurre, der aber nicht, wie man bei uns fälschlich anzunehmen geneigt war, das Propagandaministerium Goebbels›, sondern das Wirtschaftsministerium vertritt. Allerhand Mutmassungen über das von den Verhandlungen im Kreml zu erwartende Produkt findet man im heutigen Depeschenteil.

Sicher ist wohl nur das eine, dass *Sowjetrussland* freien Spielraum für eine *imperialistische Ausdehnungspolitik* grossen Stils bekommt oder schon hat. Welches Nachbarland wird sein nächstes Opfer sein? Allem Anschein nach *Estland!* Die gegen diesen Baltenstaat eröffnete diplomatische Offensive hat als erstes Ziel die Abtretung von einem oder mehreren Flottenstützpunkten auf dem Festland oder auf den estnischen Inseln. Darüber könnte ein isolierter Kleinstaat um des lieben Friedens willen vielleicht mit sich reden lassen. Begrenzte fremde Flottenstützpunkte müssen die Souveränität eines Staatswesens nicht notwendig zerstören. Man denke an Gibraltar, unter dessen englischer Besetzung Spanien nicht wirklich leidet. Aber die russischen Ansprüche sollen weit darüber hinaus auch auf Einordnung Estlands in das sowjetische Aussenhandelsmonopol gehen. Das würde die Bolschewisierung und den Untergang der estnischen Unabhängigkeit bedeuten.

Aber das *einzige* Opfer bleibt Estland schwerlich. In diesem Blatte ist neulich an das alte Wort erinnert worden: «Der russische Riese steckt an den Dardanellen in zu engen Stiefeln und im Finnischen Meerbusen in einem zu engen Kragen.» Diese Toilettenmängel kann der Riese jetzt korrigieren. Die Zwerge müssten sich schon zusammenschliessen, um ihn daran hindern zu können. Von solchen Absichten ist aber nichts zu spüren. Im Gegenteil: die noch nicht von unmittelbaren Drohungen betroffenen Staaten scheinen sich einer läppischen Euphorie hinzugeben. Litauen erklärt sich als ‹nicht bedroht› und entlässt Reservistenklassen. Das gleiche tut Lettland und lässt seine Grenze nur noch durch normale Grenzposten überwachen. Bulgarien und Rumänien freuen sich auf das von *Molotow* in Aussicht gestellte ‹Monopol der Slawen am Schwarzen Meer›. Und doch hätte gerade das letztere Land um so mehr Grund zur Sorge, als ihm Chamberlain in seinem Wochenbericht zwar die schönsten Kondolenzen zum Tode Calinescus ausgesprochen, aber mit keinem Wort an das einstige britische Garantieversprechen erinnert hat.

Die sonst etwa möglichen Helfer, die Türken, gehen momentan auch im Kreml zu Hofe. Ihre Absichten sind ganz ungeklärt. Wenn sich ein russisch-türkisches Arrangement ergeben sollte, so wären die Balkanstaaten im Süden so wehrlos wie die Baltenstaaten im Norden, und die rote Boa constrictor könnte ihren Massenfrass fortsetzen. Ob er ihr gut bekäme, ist eine Frage für sich. Der von Stalin durchgekämmte Verwaltungsapparat ist vielleicht nicht in der Lage, die administrative Sicherung übermässigen Territorialgewinns durchzuführen. Aber das ist kein Trost für die Gegenwart und wohl auch für die Zukunft nicht. Wo der Bolschewik hinkommt, merzt er die kulturtragende Oberschicht – wie jetzt im kulturell österreichisch gebliebenen Galizien! – radikal aus, und das ist ein Dauerschaden.

Die nötige Zeit, diesen Schaden anzurichten, wird Sowjetrussland haben, wenn der *Westkrieg jahrelang* dauert. In England scheint man damit ganz bestimmt zu rechnen; denn am Dienstag hat *Chamberlain* wieder deutlich gesagt:

> «Das allgemeine Ziel des Ministeriums für die wirtschaftliche Kriegführung ist, *Deutschlands wirtschaftliche Struktur in solchem Ausmass zu desorganisieren, dass Deutschland den Krieg nicht weiterführen kann.* Für jeden Mann an der Front müssen mehrere hinter der Front stehen, beschäftigt mit der Produktion und der Erhaltung der Kriegswaffen. Wenn wir die Einfuhr der für die Arbeit der Kriegsindustrie notwendigen Rohstoffe nach Deutschland verhindern können, wird *Deutschlands Kraft, die Feindseligkeiten fortzusetzen, wirksam lahmgelegt.* Vor übertriebenem Optimismus muss gewarnt werden. Deutschand hat Vorräte von verschiedenem Umfang an Rohmaterialien, die es an und für sich importieren muss. *Schnelle Ergebnisse* können deshalb von dem Ministerium für wirtschaftliche Kriegführung *nicht erwartet* werden. Aber, da wir die Meere beherrschen, ist vom Tage des Kriegsausbruches an Deutschland von vielen Versorgungsquellen abgeschnitten.»

So spricht ein Staatsmann nicht, wenn er auf baldige militärische Entscheidungen hofft. Und von der andern möglichen Alternative – Regimewechsel in Deutschland – *konnte* Chamberlain nicht wohl sprechen.

Zwischen dem Ost- und dem Westkrieg

Mittwoch, 25. Oktober 1939

Nachdem durch die Niederwerfung Polens mit vereinten deutschen und russischen Kräften der Ostkrieg beendigt zu sein schien, hielt Ribbentrop am 24. Oktober in Danzig eine allgemeine kriegspolitische Rede.

Ribbentrop über Vergangenheit, Gegenwart, Zukunft

Reichsaussenminister von Ribbentrop hat gestern in *Danzig* die mit Spannung erwartete aussenpolitische *Rede* gehalten, von der man wichtige Aufklärung über die deutschen Kriegsziele erhoffte, vielleicht auch einige Winke über Friedensmöglichkeiten. Man kann aber nicht sagen, dass die *Rede* in dieser Hinsicht ergiebig ausgefallen sei.

Ein auffallend grosser Teil von Ribbentrops Ausführungen bezog sich auf die *Vergangenheit*, galt also der Kriegsschuldfrage, über die sich schon Hitler so oft und so ausführlich geäussert hat. Mehr noch als in den Reden des Führers konzentrierten sich die Anschuldigungen gegen England. Man vernimmt mit Erstaunen, dass dieses schon im Oktober 1933 in friedestörerischer Absicht den Sturz des Kabinetts Daladier gemanagt habe. Davon hatte damals noch niemand eine Ahnung, da die innerpolitischen Gründe des Ereignisses gar zu offensichtlich waren. Léon Blum hatte durch den Abfall von Daladier ‹die entscheidende Dummheit seines Lebens gemacht›. So war damals an dieser Stelle zu lesen, und die Folgezeit hat es bestätigt. Aber Ribbentrop weiss es offenbar anders. Er weiss auch oder weiss seine deutschen Zuhörer wenigstens glauben zu machen, Chamberlain habe den Münchner Frieden von 1938 aus lauter Tücke geschlossen, um Zeit für die Verbesserung der englischen Rüstung zu gewinnen, und der Kriegsausbruch von 1939 liege in der konsequenten Linie dieser Politik. Den grossen Bruch, der den Münchner Frieden vernichtet und Chamberlain umgestimmt hat, nämlich die Besetzung Prags im März 1939, erwähnte Ribbentrop mit keinem Sterbenswörtchen. Aber die merkwürdigste Enthüllung enthielt seine Behauptung, Hitler habe erst gegen Polen zugeschlagen, als polnisches Militär begonnen habe, ins Reichsgebiet einzufallen. Davon haben wohl auch die deutschen Hörer bis jetzt nichts gewusst. Aber es wird ihnen, wenn sie es glauben, zur seelischen Aufrichtung gereichen.

Von dem, was Ribbentrop über die *Gegenwart* sagte, interessiert wohl am meisten die Feststellung, in Europa seien stabile Verhältnisse geschaffen. Das ist in unsern furchtbaren Tagen bisher noch niemandem aufgefallen. Weniger überrascht haben die an Sowjetrussland gerichteten Freundschaftsworte und deren Begründung: ‹die Lebensräume der beiden Mächte berühren sich, aber sie überschneiden sich nicht›. Dem ist wirklich so, seitdem Deutschland auf den baltischen Seeraum und den ukraininischen Landraum zugunsten des Bolschewikenreiches verzichtet hat. Vorher war es sehr anders. Aber alles hat ja seine gute Seite! Schwer ängstigen müssen sich nur die Polen, denn ihr Land kann einzig gemeint sein, wenn Ribbentrop von ‹Siedlungsraum für Generationen› spricht, den Deutschland im Osten gewonnen haben soll. Voraussetzung dafür wäre, dass die bisherigen Bewohner des dicht besiedelten Landes diesen Winter Hungers sterben!?

Was Ribbentrop über die *Zukunft* sagte, entspricht durchaus den Andeutungen, die die deutsche Publizistik schon reichlich gemacht hat, seitdem der Heeresbericht vom 19. Oktober festgestellt hatte, dass der erste Abschnitt der Kampfhandlungen im Westen nun als ‹abgeschlossen› betrachtet werden könne. Von da an wusste man, dass in nächster Zeit einzig und allein England der böse Feind sein und demgemäss behandelt werde. Fraglich kann nur sein, ob die deutsche Luft- und Tauchbootwaffe das Erforderliche mit oder ohne Anlehnung an niederländische Küstenzonen zu besorgen haben wird. Auf alle Fälle aber kann sich England auf eine ganz massive Bearbeitung gefasst machen; denn es besteht wenig Aussicht darauf, dass es klein beigibt. Trotz Ribbentrops Wink: das englische Volk werde die Beseitigung der Regierung Chamberlain und ihrer Hintermänner besorgen. Das soll ja nach dem deutschen Redner erst ‹im weiteren Verlauf der Ereignisse› geschehen. Für eine *nahe* Zukunft aber rechnet er offenbar mit dem Abfall Frankreichs von

England, des armen, unschuldigen, verführten Frankreichs, wie er es dargestellt hat. Das ist wohl das interessanteste, aber auch der allerunsicherste Faktor in seiner Rechnung

Die Neutralen in Mitleidenschaft
Samstag/Sonntag, 25./26. November 1939

Nachdem im Landkrieg für das Winterhalbjahr der Stillstand, den man drôle de guerre nannte, eingetreten war, bekamen die Neutralen den Wirtschaftskrieg von beiden Seiten immer empfindlicher zu spüren.

Unrecht zur See: Neutrales Weh! Der *Wirtschaftskrieg auf den Meeren* hat im Laufe dieser Woche eine *doppelte Verschärfung* erfahren: einerseits durch die neue Form des *deutschen Minenkrieges,* anderseits durch die Ankündigung der *Westmächte*, die *deutsche Ausfuhr der Konterbandekontrolle* unterstellen zu wollen. Mit diesem ‹einerseits – anderseits› halten wir die richtige chronologische Reihenfolge ein. In Berlin, wo man die massierten Minenunfälle zuerst den Engländern zuzuschreiben versuchte, gibt man jetzt die deutsche Urheberschaft zu, stellt diese aber als Antwort auf die britische Kontrollabsicht gegen die deutsche Ausfuhr dar. In Wirklichkeit ist das Verhältnis von Ursache und Wirkung umgekehrt.

Viel wichtiger als diese Prioritätsfrage ist für die *Neutralen* die Tatsache, dass sie *durch die beiderseitigen Massnahmen schwer in Mitleidenschaft gezogen werden.* Die furchtbaren Minenkatastrophen, der Untergang des holländischen Passagierdampfers ‹Simon Bolivar› und einer ganzen Reihe von andern neutralen Schiffen, auch von italienischen und japanischen, legen ihre Schiffahrt zum guten Teil lahm. Und in den von Minen nicht verseuchten Meereszonen wird der neutrale Seehandel durch die gewaltsame Fahndung nach deutschem Exportgut geschädigt werden. Als solches gilt ja nicht nur die Ware, deren Besitzer, sondern auch solche, deren Ursprung deutsch ist. Das eröffnet der Schikane unbegrenzte Möglichkeiten, die durch die Bagatellisierungsversuche des greisen Lord Cecil nicht aus der Welt geschafft werden.

Unrecht widerfährt den Neutralen durch die neue Praxis *beider* Kriegsparteien. Im Falle des *deutschen Minenkrieges* ist es schon im Vollzug begriffen. Damit wird das Abkommen der zweiten Haager Friedenskonferenz über die Legung von unterseeischen selbsttätigen Kontaktminen vom 18. Oktober 1907 flagrant verletzt. Die deutsche Einrede, die Seestrassen, auf denen die neutralen Schiffe durch Minen vernichtet wurden, könnten auch von gegnerischen Kriegsschiffen benützt werden, hätten also keinen Anspruch auf Respektierung beim Minenlegen, ist nichtig. Es gibt in allen Weltmeeren keine Zone, die nicht *auch* von Kriegsschiffen benützt werden kann; denn die See ist nicht chaussiert und ist überall sowohl der Kriegs- als der Handelsschiffahrt zugänglich. Das ganze Haager Abkommen hätte keinen Sinn, wenn dessen Minenregeln nur da zu gelten hätten, wo kein Kriegsschiff hinkommen kann.

Und *Unrecht* tun auch die Westmächte den Neutralen mit ihrer Beanspruchung des *Beschlagnahmerechts gegenüber deutschem Exportgut*, das auf neutralen Schiffen transportiert wird. Schon die Behinderung des neutralen *Imports* nach Deutschland war unrechtmässig, und jetzt wird das Unrecht verdoppelt durch die beabsichtigte Ausdehnung der Behinderung auf den *Export*. Nach neutraler Auffassung gilt noch immer der alte völkerrechtliche Grundsatz, der in der Pariser Seerechtsdeklaration vom 16. April 1856 in die Worte gefasst wurde: «Die neutrale Flagge deckt das feindliche Gut mit Ausnahme der Kriegskonterbande.» Über die Ausdehnung des Begriffs ‹Kriegskonterbande› kann man sich in der Zone des Imports nach einem bekriegten Lande streiten und tut dies auch ausgiebig. Aber auf keinen Fall kann Ware, die nicht in das bekriegte Land, sondern irgendwo anders hin unterwegs ist, als Konterbande gelten. In der vorgestrigen Nummer schrieb unser M.-Pariser Korrespondent über den Beschluss der Alliierten: «Dabei behauptet niemand, dass das dem bestehenden Seerecht entspreche. *Auf eine Rechtsverletzung wird eine andere gesetzt.*» Das könnte man ja gelten lassen, wenn das zugegebene Unrecht nur den selbst fehlbaren Kriegsgegner träfe. Aber es trifft sehr heftig auch die nicht fehlbaren Neutralen. Übrigens fängt man jetzt doch im Bezirk der Westmächte an, das Unrecht nicht nur als Repressalie gegen den verschärften Minenkrieg hinzustellen, sondern direkt als ‹Recht› zu frisieren. Dabei beruft man sich auf die eigene Praxis im Weltkrieg, wo man sich auch nicht mehr an das alte Völkerrecht gehalten habe. Merkwürdige Logik! Was würde man im zivilen Leben einem Angeklagten

antworten, der sich mit seinen früheren Sünden brüstet? Man würde ihm als einem Rückfälligen die doppelte Strafe auferlegen.
Aber leider kommt weder das deutsche noch das westmächtliche Unrecht vor ein unparteiisches Tribunal, und darum müssen sich die *Neutralen auch weiterhin* auf das Schlimmste gefasst machen. Der alte Spruch: «Wo zwei sich streiten, freut sich der Dritte», gilt heute nicht mehr. Heute heisst es: «Wo zwei sich streiten, bekommt der dritte von allen beiden Prügel.» Und diese Prügel werden noch versalzen durch die wie Hohn klingende Tröstung des ‹Temps›, die verschärfte Seepraxis liege im direkten Interesse der Neutralen, da sie die Kriegsdauer verkürzen wolle. Mit demselben Argument hätten die Deutschen im Jahre 1914 Belgien trösten können. Auch sie bildeten sich ja damals ein, durch ihre Gewalttat gegen ein neutrales Land den Krieg verkürzen zu können. Gerade so schlimm als diese französische Dialektik ist es, wenn man deutscherseits – vgl. den Aufsatz von Botschafter von Hassell im Oktoberheft der ‹Deutschen Revue› – gar zu dozieren wagt, die Neutralen täten durch die Duldung von Unrecht selbst Unrecht. Ebenso logisch wie absurd müsste man daraus heute für die Neutralen folgern, sie hätten wegen der beiderseitigen Rechtsverletzungen beiden Kriegsparteien den Krieg zu erklären. Dann gäbe es plötzlich keine Neutralen mehr, und die Welt würde noch beträchtlich paradiesischer, als sie heute schon ist!

Russland benützt die Kriegspause
Donnerstag, 30. November 1939
Nach der Niederwerfung Polens hatte Russland, gedeckt durch den Hitler-Stalin-Pakt, Musse für den Spezialkrieg im Norden.

Die Kriegsbedrohung Finnlands

Sowjetrussland hat die diplomatischen Beziehungen zu Finnland abgebrochen. Diese Massregel ist völkerrechtlich zwar keineswegs gleichbedeutend einer Kriegserklärung. Aber im vorliegenden Fall ist sie kaum anders zu deuten. Dass die ganze sowjetrussische Aktion schliesslich doch auf einen Bluffversuch hinausläuft, ist heute immer noch nicht absolut ausgeschlossen, aber es muss als höchst unwahrscheinlich bezeichnet werden. Auf diese unwahrscheinliche Möglichkeit kann die Regierung in Helsinki jedenfalls nicht abstellen, sondern sie muss das *Problem für Finnland* von der Voraussetzung aus beurteilen, dass vielleicht schon morgen der russische Angriff zu Lande, zur See und in der Luft beginnen wird, wenn sie sich nicht duckt. Wie steht es dann mit den finnischen Widerstandschancen? Soweit sie rein *militärisch* sind, entziehen sie sich unserer Beurteilung. Es ist merkwürdig, wie verschieden von fachmännischer Seite zum Beispiel das Moment gewürdigt wird, dass es sich um einen typischen Winterkrieg handelt.

Politisch steht im Vordergrund die Tatsache, dass Finnland völlig isoliert ist. Sympathien findet es in aller Welt, Hilfe nirgends. Seine ‹Nächsten›, die skandinavischen Königreiche, fühlen sich zu schwach, um ihm beizustehen. Die poetische Wahrheit, dass vereinte Kraft auch die Schwachen mächtig machen kann, gilt um die Ostsee herum nicht. Darum liessen sich Estland, Lettland und Litauen der Reihe nach abstechen, und darum werden sich auch, wenn Finnland kapitulieren sollte, Schweden, Norwegen und Dänemark abstechen lassen. Und so wenig wie die Schwachen sind die Starken hilfsbereit. Grossbritanniens Aussenminister verhandelt mit dem Sowjetbotschafter Maisky über Handelsbeziehungen, was dessen Regierung es erleichtern kann, Deutschland, mit dem sie gleichzeitig Wirtschaftsverhandlungen führt, zu schrauben. Ein Druck zugunsten Finnlands wird weder von englischer noch von deutscher Seite ausgeübt. Von Berlin aus bekommt die finnische Regierung zu hören: «Wir schulden den Finnen nichts. Während der letzten zwanzig Jahre haben sie keine Anstrengungen gemacht, unsere Freundschaft zu gewinnen.» Das hat nicht einmal den Vorzug, wahr zu sein. Noch im März des laufenden Jahres hat die finnische Regierung einen sehr dringlichen russischen Wunsch nach Gebietsabtretungen, die die Ostseestellung der Sowjetunion gegen Deutschland hätten verstärken sollen, rundweg abgelehnt, hat also den deutschen Interessen loyal Rechnung getragen. Aber seit der Versöhnung zwischen Hifler und Stalin ist dieses Guthaben im deutschen Hauptbuch offenbar gelöscht worden. «Wir schulden den Finnen nichts!»

Wenn sich diese in der neuesten Geschichte nach Vorbildern für ihr kommendes Verhalten umsehen wollen, so haben sie die Wahl zwischen dem Exempel der Tschechoslowakei und der baltischen

Randstaaten auf der einen und dem Verhalten Polens auf der andem Seite. Also: entweder katastrophöse Kapitulation oder katastrophöser Widerstand. Ein entsetzliches Dilemma! Aber zum Glück für Finnland stimmt vielleicht die Analogie mit dem polnischen Widerstand und dessen Folgen doch nicht ganz. Polen hatte den deutschen und russischen Angreifern kein einiges Volk entgegenzustellen. Seine Bevölkerung bestand zu einem hohen Prozentsatz aus deutschen, litauischen, weissrussischen und ukrainischen Zwangsuntertanen. Und zu den ethnographischen Unterschieden kam der soziale Gegensatz zwischen den adligen Grossgrundbesitzern und dem armen bäuerlichen Proletariat. An solchen Beeinträchtigungen der Volkseinheit leidet Finnland nicht. Seine schwedisch sprechende Minorität ist durchaus staatstreu, und die ländlichen Besitzverhältnisse sind nichts weniger als plutokratisch. Wir lesen in der kleinen Schrift ‹Einiges über Finnland›:

> «Der *Waldbestand* in Finnland beträgt 25,3 Millionen ha oder *73,5% der Gesamtbodenfläche.* Dunkelgrüner Nadelwald bedeckt fast das ganze Land, von den Stränden der Ostsee bis fast ans Nördliche Eismeer hinauf. Finnland besitzt proportional mehr Wald als irgendein anderes europäisches Land. Auch mit Hinsicht auf die Bevölkerungszahl ist Finnland das waldreichste Land Europas. Auf jeden Einwohner kommen 7,4 ha Waldboden. *Der grösste Boden- und Waldbodenbesitzer ist der finnische Staat.* Er besitzt mehr als ein Drittel von Finnlands Wäldern. Im Besitz von Privatpersonen, von denen der grösste Teil Landwirte sind, befinden sich etwa 50%, wohingegen Aktiengesellschaften nur 7,5% Waldboden besitzen. Der Rest gehört *Kommunen und Gemeinden.* Der jährliche Zuwachs an Wald wird mit 44,4 Millionen Kubikmeter berechnet. Aus diesen Ziffern geht hervor, welche grosse Bedeutung Finnlands Wälder im Privathaushalt der Landwirte besitzen. Aber noch wichtiger ist die nationalökonomische Rolle, die sie für das Land überhaupt spielen. Der Aufschwung, den das wirtschaftliche Leben Finnlands während der letzten Jahrzehnte aufweisen kann, beruht in erster Linie auf seinen Wäldern. Sie sind Finnlands ‹Grünes Gold› und schenken uns den Rohstoff, dessen Veredelung einem erheblichen Teil der Bevölkerung Arbeit und Brot gibt. Erst im letzten Jahrhundert ist man zu voller Einsicht gekommen, welche Bedeutung und welchen Wert die Wälder für unser Land haben. Der Staat verausgabt jährlich mindestens 35 Millionen Fmk. für die Verbesserung der Wälder sowohl im staatlichen als auch im privaten Besitz. So werden zum Beispiel jährlich etwa 70 000 ha Sumpfboden trockengelegt. Finnlands Waldbestand wächst.»

Gegen solche Tatsachen der wirtschaftlichen Konstitution Finnlands kommen die Sowjetsender nicht auf mit ihren täglich wiederholten Unwahrheiten über eine finnische Oberschicht, die das arme Volk im Interesse der kapitalistischen Westmächte ausbeute.

Der finnisch-russische Konflikt birgt auch *ein Problem von allgemein internationaler Tragweite* in sich. Man erinnert sich, welch grosse Rolle während der letzten Jahre in den Diskussionen über die Neuordnung der zwischenstaatlichen Beziehungen die Propaganda für *bilaterale Verträge* gespielt hat. Von Deutschland aus wurde konsequent versucht, den kleineren und mittleren Staaten den Übergang vom versagenden Völkerbund zu individuellen, nur zweiseitigen Verbindungen mit den einzelnen Grossmächten zu empfehlen, also *Nichtangriffspakte* von einem Staat zum andern. Wie furchtbar ist nun die Erfahrung der Staaten, die sich auf dieses neue System verlassen haben! Deutschland hatte noch auf Jahre hinaus einen bindenden Nichtangriffspakt mit Polen. Es hat ihn im April zerrissen. Mit Sowjetrussland hatte Polen einen ebensolchen Pakt. Er ist ihm im September vor die Füsse geworfen worden. Und ebenso behandelt nun Stalin den bis 1945 geltenden russisch-finnischen Nichtangriffspakt. Dabei handelt es sich nicht etwa nur um vorzeitige Kündigungen innerhalb der fixen Vertragsdauer, sondern um Vertragsbrüche mit sofortiger Wirkung. Wenn das finnische Lamm nicht alles tut, was ihm der russische Wolf zumutet, so hat es das Wässerlein getrübt und ist zum ‹Angreifer› geworden, also der Wohltat des Nichtangriffspaktes nicht mehr würdig.

Die *New York Times* ziehen aus diesen erschütternden Erfahrungen mit dem System der Nichtangriffspakte den Schluss, «dass die *internationale Anarchie* beendet werden muss, in der ein kleiner Staat jedesmal in Lebensgefahr gerät, wenn er es ablehnt, sich den ungerechtfertigten Forderungen eines mächtigen Nachbarn zu unterwerfen». Gut gebrüllt, Löwe! Aber, wenn die Vereinigten Staaten von Amerika den von ihrem Präsidenten Wilson begründeten Völkerbund nicht im Stiche gelassen hätten, so wäre die europäische Politik nie auf das falsche Geleise der Nichtangriffspakte geraten und also auch der internationalen Anarchie nicht zum Opfer gefallen. Dessen dürften sich gerade die Amerikaner erinnern. Sie bieten heute dem unglücklichen Finnland ihre ‹guten Dienste› für einen Versöhnungsversuch mit Russland an. Gute *Dienste* in diesem Sinn sind nicht mehr als gute *Worte*. Gute *Taten* wird Amerika auf dem Gebiet der internationalen Ordnungsherstellung nur tun können, wenn es einst seine Isolation aufgibt und das Solidaritätsprinzip Woodrow Wilsons wieder anerkennt.

Beginn deutsch-russischer Reibungen und Vermeidungsversuche
Samstag/Sonntag, 9./10. Dezember 1939

Schwierigkeiten zwischen Deutschland und Russland zeigten sich zunächst in der Balkanpolitik. In Berlin hoffte man, sie abzubiegen.

Ablenkung Russlands von Südosteuropa? *Rumänien* fühlt sich gegenwärtig von *Deutschland und Sowjetrussland* bedroht wie von Scylla und Charybdis. Wenn kein Italien existierte und ein wachsames Auge auf die Balkanhalbinsel hätte, müsste man in Bukarest fast verzweifeln. Die deutschen Forderungen nach wirtschaftlichem Entgegenkommen gehen so weit, dass sie ein neutraler und unabhängiger Staat kaum erfüllen kann. Auf der andern Seite beginnt Russland Rumänien auf die gleiche Art zu winken, wie es im Anfangsstadium der Verhandlungen Estland, Lettland, Litauen und Finnland gewinkt hat. Vorerst also nicht unhöflich. Der russische Vertreter hat, wie aus guter Quelle verlautet, in Bukarest zunächst einmal inoffiziell angefragt, wie man sich zu einem ‹Beistandspakt› stellen würde, und hat damit grosse Verlegenheit erzeugt, da die rumänische Regierung genau weiss, dàss ein solches Russenbündnis die britischen und französischen Hilfsversprechungen automatisch hinfällig machen würde und ebenso die Chance eines türkischen Beistandes.

Die etwa auftauchende Vermutung, der Druck auf Rumänien sei zwischen Berlin und Moskau vereinbart, dürfte falsch sein. Es handelt sich diesmal nicht wie gegenüber Polen um ein Kompagniegeschäft, sondern um die einseitige Wahrung sehr divergierender Interessen. Deutschland hat ein akutes Bedürfnis nach rumänischem Petrol und Getreide zu billigstem Preis. Es hat aber für den Fall, dass es seine Südostpolitik als Herrin des Donaulaufes aufrechterhalten kann, auch das logische Bestreben, Rumänien dauernd bis zur Schwarzmeerküste zu beherrschen. Grund genug für Russland, alles zu tun, um Deutschland daran zu hindern, ihm den Landweg nach Konstantinopel zu verlegen. Das Angebot eines Beistandspaktes an Rumänien richtet sich gegen Deutschland, *nur* gegen Deutschland; denn mit den ungeliebten Nachbarn Ungarn und Bulgarien könnte die rumänische Armee auch ohne Grossmachthilfe fertig werden, besonders dann, wenn man sich in Bukarest endlich entschlösse, gemäss dem guten Rat Italiens den ungarischen und bulgarischen Minderheiten vernünftige Konzessionen zu machen und diese dann auch zu halten.

Es ist sehr verständlich, dass Deutschland seine Südostbelange Russland nicht so restlos opfern will, wie es ihm seine Ostseeinteressen geopfert hat. Sonst wird die Russenfreundschaft nachgerade allzu teuer. Aber wie kann man sie, da man schliesslich doch auf sie angewiesen ist, erhalten, ohne weiterhin Wucherpreise dafür zu bezahlen? Die Antwort auf diese schwierige Frage kann man aus dem im ‹Völkischen Beobachter› unter der Schlagzeile ‹Truppenverstärkungen an der Kaukasusfront› erschienenen Artikel herauslesen, der in unserer Mittwochnummer signalisiert worden ist. Kurz gefasst lautet sie: statt Deutschland an der untern Donau in die Quere zu kommen, soll Russland vom Kaukasus her die Türkei überrennen, Vorderasien erobern und schliesslich England in Indien bedrohen. Dieser geniale Plan, für den ausdrücklich auf das Vorbild Alexander des Grossen hingewiesen wird, würde zwei Fliegen auf einen Schlag treffen, wenn Russland ihn verwirklichen wollte und könnte. Erstens wäre Deutschland die unheimliche russische Konkurrenz in der Balkanzone los; denn ein russisches Reich, das bis zum Persischen Golf und zum Indischen Ozean ginge, hätte die Dardanellenpforte zum Mittelmeer nicht mehr nötig. Und zweitens wäre es aus mit der britischen Möglichkeit, den europäischen Kontinent von der See aus zu blockieren. Gibraltar und Suez würden gegenstandslos, wenn Indien unter russischer oder deutscher Herrschaft stünde.

Im ‹Völkischen Beobachter› wird mit Recht daran erinnert, dass ähnliche Konzeptionen auch *Napoleon I.* ernsthaft beschäftigt hätten. Er war der aktive Erfinder der Kontinentalsperre, die England umbringen *sollte,* und das passive Opfer derjenigen Kontinentalsperre, die ihn selbst umgebracht *hat.* Seine ganze Laufbahn war im Grunde ein einziger tragischer Versuch, aus dem europäischen Kontinentalkerker auszubrechen. Als ihm Ende 1797 das Directoire die sogenannte ‹Armee von England› anvertraute, griff er mit dieser keineswegs England an, sondern Aegypten. Mit Aegypten aber war Indien gemeint. Der Plan scheiterte. Als General Bonaparte Kaiser geworden war, kam er auf den einstigen Auftrag des Directoire zurück und bereitete im Lager von Boulogne die Landung in England selbst vor. Aber gegen die drohende britische Flotte war nicht aufzukommen, wie die Seeschlacht von Trafalgar endgültig bewies. Darum griff Napoleon 1806 zur Kontinentalsperre. England, das ihn nicht zum Kontinent herauslassen wollte, sollte dadurch kirre gemacht werden, dass es keine Waren mehr in den Kontinent hinein verkaufen durfte. Im Jahre 1808 hat der Kaiser dann noch vorsorglich Spanien erobert, um auf dem Weg nach Gibraltar und Afrika eine Etappe weiter zu kommen, der spanische Aufstand verrammelte auch diesen Weg. Und, was noch schlimmer war, die napoleonische Kontinentalsperre versagte auf einer Flanke immer mehr, weil das ihr anfänglich angeschlossene Russland sie systematisch verletzte. Konsequenz: Russland musste besiegt werden, um den Ring der Kontinentalsperre wieder zu schliessen. Wäre dies gelungen, so wäre am Ende den Engländern doch der kommerzielle Atem ausgegangen und ihre Kontinentalblockade zu sprengen gewesen. Aber es misslang, und erst als Napoleon am 16. Oktober 1815 in St. Helena landete, durfte oder musste er sich sagen, dass er endlich aus dem Kontinentalkerker hinaus sei, freilich nur, um sein Lebensende in einem Insularkerker zu verbringen.

Armer Napoleon! Warum hat er nicht den Scharfblick gehabt, den man jetzt in Berlin zu haben scheint! Warum hat er nicht erkannt, dass man à tout prix mit den Russen gut stehen muss, wenn man England schliesslich auf die Knie zwingen will? Deutschland gedenkt den napoleonischen Fehler nicht zu wiederholen. Hitler hat durch die Preisgabe der baltischen Randstaaten und Finnlands den treuen Stalin an sich gefesselt, und dieser soll nun die überschüssige russische Kraft zuerst gegen die Türken und später gegen die Engländer in Indien dirigieren, ohne dass das Reich auch nur eine Division einzusetzen brauchte; unterdessen kann es sich ruhig an der Donaumündung festsetzen, vielleicht sogar ohne Krieg durch blosse Überredung der Rumänen. Diese könnten ja nicht mehr auf türkische Hilfe hoffen, wenn der Kaukasus gegen die Russen verteidigt werden müsste und auf englische erst recht nicht, wenn ein Angriff auf Indien zu gewärtigen wäre.

Man wird in Moskau den Artikel des ‹Völkischen Beobachters› mit Interesse zur Kenntnis nehmen und natürlich auch die Risiken prüfen müssen. Klein wären sie nicht. Wenn die Rote Armee, für die sich schon die Eroberung Finnlands keineswegs als Winterspaziergang erweist, im armenischen Hochland sich mit der ganz formidablen türkischen Heereskraft zu messen hätte, dürfte sie keinen Rückschlag erleiden. Sonst würden im Fernen Osten die Japaner gegen Wladiwostok marschieren und im Nahen Osten alle unterworfenen Völker rebellieren. Die georgischen Landsleute Stalins warten auf nichts anderes. Ihre Erhebung würde die für Russland lebenswichtige Petrolzone Baku-Batum blockieren. Im Schwarzen Meer würde eine britische Flotte erscheinen usw. usw.

Wie man sieht, wäre es eine geradezu glänzende Aufgabe und Bewährungsprobe für die Diplomatie des Herrn von Ribbentrop, derartige russische Bedenken durch kluge Überredung zu zerstreuen. Gelänge diese Diversion, so wäre mit einemmal die bisherige Passivbilanz der Russenfreundschaft in ein Aktivum für die deutsche Bekriegung Englands verwandelt. Der alte Englandhasser Napoleon würde sich vor freudiger Beschämung in seinem Prunkgrab im Invalidendom umdrehen.

Bilanz am Jahresende 1939

Samstag/Sonntag, 30./ 31. Dezember 1939

Zum Jahreswechsel in der Kriegszeit! *Als das Jahr 1939* begann, brachte ihm die friedliebende Welt einen gewissen Optimismus entgegen. Er war nicht übermässig stark. Aber er beruhte immerhin nicht auf blossen Gemütsbedürfnissen, sondern auf einer sehr realen politischen Erfahrung.– nach drei Vierteljahren des Hangens und Bangens war im Herbst der ‹Münchner Friede› zustande gekommen, der Grossdeutschland durch das Sudetengebiet vervollständigte und ihm auf Jahre hinaus die Möglichkeit ungestörter wirtschaftlicher Expansion in Südosteuropa zu sichern schien. Man glaubte, das Hitlerreich sei nun einstweilen saturiert, und wurde in diesem Glauben angenehm bestärkt durch die deutsch-französische Erklärung vom 6. Dezember, die der deutsche Aussenminister von Ribbentrop in Paris persönlich mit seinem dortigen Kollegen Bonnet vereinbart und unterzeichnet hatte. Darin hiess es:

«Die deutsche Regierung und die französische Regierung sind übereinstimmend der Überzeugung, dass *friedliche* und *gutnachbarliche Beziehungen* zwischen Deutschland und Frankreich eines der wesentlichsten Elemente der *Konsolidierung der Verhältnisse in Europa* und der Aufrechterhaltung des allgemeinen Friedens darstellen. *Beide Regierungen werden deshalb alle ihre Kräfte einsetzen,* dass eine solche Gestaltung der Beziehungen zwischen ihren Ländern sichergestellt wird.»

Die durch solche Ereignisse und Willensäusserungen entstandene Friedenszuversicht wurde nur etwas gestört durch die zunehmende Heftigkeit, mit der Italien gegen Jahresende seine Ansprüche auf französische Konzessionen im Mittelmeergebiet proklamierte. Man konnte damals in den Strassen Roms den Ruf ‹Tunisia› oft und laut erschallen hören. So entstand der Eindruck, Mussolini, der ein hohes Verdienst um das Zustandekommen des Münchner Friedens gehabt hatte, sei nun ungeduldig geworden und wolle auch für Italien ganz massive Früchte der Achsenpolitik reklamieren, nötigenfalls mit kriegerischer Gewalt.

Wie radikal hat das neue Jahr all diese Erwartungen, die optimistischen und die pessimistischen, enttäuscht! Deutschland und Frankreich, die sich den Einsatz aller Kräfte für die Aufrechterhaltung des allgemeinen Friedens gelobt hatten, stehen sich in bitterster Feindschaft an ihren Festungsfronten kampfbereit gegenüber. Italien aber, von dessen ‹Dynamik› man am ehesten die Friedensstörung erwartet hatte, hat sich bis jetzt nirgends kriegerisch engagiert. Im Gegenteil: es hat seine Truppen loyal aus Spanien zurückgenommen, nachdem sein dortiges Ziel, die Niederwerfung der Volksfrontregierung, erreicht war. Nicht, dass es deswegen auf den dynamischen Charakter seiner Aussenpolitik verzichtet hätte! ‹Dynamik› kommt vom griechischen Wort dynamis, die Kraft. Echte Kraft kann sich nicht nur im Umsichhauen, sondern auch im Wartenkönnen äussern. Und zwar nicht etwa nur in der Kunst des Wartens auf die beste Zeit und Gelegenheit zum Losschlagen, sondern auch in der Fähigkeit, gegebenenfalls seine politischen Ziele ohne Appell an die ultima ratio des Krieges zu erreichen!

Deutschland hätte wohl auch warten *können*, aber es hat nicht warten *wollen*. Das ist der äussere Eindruck, der sich heute aufdrängt. Vielleicht werden ihn die Geschichtsschreiber einmal auf Grund besserer Informationen über die innerpolitischen und wirtschaftlichen Verhältnisse des Hitlerreichs korrigieren können. Aber sicher bekannt ist die unumstössliche Tatsache, dass die Reichsarmee am 15. Tag des deutschen Schicksalmonats März in Prag eingerückt ist und dadurch den Münchner Frieden gebrochen hat. Das war eine unmissverständliche kriegsvorbereitende Tat. Sie erhielt eine diplomatische Ergänzung am 28. April durch die brüske Kündigung des einst zwischen Hitler und Pilsudsky abgeschlossenen deutsch-polnischen Nichtangriffspakts, der rechtmässig vor 1944 gar nicht kündbar war. Von nun an trat auch die Politik der Westmächte klar und deutlich in das Stadium der Kriegsvorbereitung. Sie versuchte, Deutschland durch Allianzen und Beistandsversprechungen diplomatisch einzukreisen. Man wollte das Reich bei einem neuen Expansionsversuch in Osteuropa vor die Wahl zwischen einem durch die Überzahl der Gegner aussichtslosen Krieg und dem Verzicht auf weitere Gewaltaten à la Prag stellen können. Der Versuch ist in der Hauptsache misslungen, weil sich im kritischen Augenblick Hitler und Stalin unter Hintansetzung ihrer ideologischen Gegensätze auf polnische Kosten einigen konnten. Darum wurde dann auch Polen das erste und unglücklichste Opfer des *neuen europäischen Krieges*, der am 1. September infolge Versagens der Einkreisungsmechanik und aller andern Bremssysteme ausbrach.

Weit gediehen ist dieser Krieg, obwohl er nun schon volle vier Monate dauert, bis jetzt noch nicht, auf keinen Fall so weit, dass ein vernünftiger Mensch eine Prognose über seinen Ausgang wagen könnte. Die Festungswälle im deutsch-französischen Grenzgebiet sind so stark, sie scheinen ihren beiderseitigen Besatzungen so uneinnehmbar zu sein, auf der eigenen wie auf der gegnerischen Seite, dass die Armeeleitungen vielleicht, auch wenn sie wollten, ihre Volksheere gar nicht aus dem sichern Obdach in den mörderischen Kampf hinauskommandieren könnten. So ist der ‹klassische› Krieg, der Landkrieg, an der wichtigsten Stelle noch gar nicht ausgebrochen. Stärker entwickelt hat sich der Seekrieg, also der Handelskrieg par excellence. Angesichts dieser merkwürdigen Kriegsverhältnisse ist schon die Behauptung gewagt worden, man stehe nun ganz ohne Beteiligung des konkreten Völkerbundes, eben doch vor dem eigentlichen Typus des ‹Völkerbundskriegs›, das heisst vor einem Versuch, den Gegner ohne Massenabschlachtungen durch wirtschaftliche Mattsetzung niederzuringen.

In einer solchen Rechnung stecken aber natürlich allzu viele Unbekannte, als dass man sich auf sie verlassen könnte. Sie könnte durch Überfälle auf neutral bleiben wollende Staaten oder durch freiwillige Preisgabe der Neutralität seitens bisher unbeteiligter Grossmächte – Italien, Japan, USA – von einem Tag zum andern umgestossen werden. Und umstossen, in glücklicher Art umstossen, könnte diese Rechnung auch eine erfolgreiche Initiative zur Friedensstiftung, gehe sie aus, von wem sie wolle. Es braucht keinen sublimen Altruismus, der in der Politik ja eine grosse Seltenheit ist, sondern nur einige ganz nüchterne Weltkenntnis, um auch den sogenannten ‹Unbeteiligten› das Risiko bewusst werden zu lassen, das die ganze Kulturwelt läuft, wenn der Krieg von 1939 noch lange dauert. Im Jahre 1916 besass der amerikanische *Präsident Wilson* das nötige Quantum solcher Weltkenntnis. Darum schrieb er in seiner Weihnachtsbotschaft den kriegführenden Mächten:

> «Wenn der *Kampf bis zum unabsehbaren Ende durch langsame Aufreibung* fortdauern soll, bis die eine oder die andere Gruppe der Kriegführenden erschöpft ist, wenn Millionen und Abermillionen Menschenleben weiter geopfert werden sollen, bis auf der einen oder der andern Seite nichts mehr zu opfern ist, wenn Erbitterung angefacht werden soll, die niemals abkühlen kann, und Verzweiflung erzeugt wird, von der sich niemand erholen kann, dann werden die *Hoffnungen auf Frieden und freiwilliges Zusammenarbeiten freier Völker null und nichtig.*»

Aber, was Wilson nicht besass, war die politisch-diplomatische Fähigkeit, die Adressaten seiner Botschaft zu bekehren. Gäbe es doch heute irgendwo auf der Welt einen politischen oder geistigen Führer, der nicht nur wagen, sondern auch vollbringen kann, was damals dem amerikanischen Präsidenten zu erreichen versagt blieb! Namen von solchen möglichen Helfern werden ja immer wieder genannt. Jeder von ihnen könnte der herzlichsten Sympathie aller übrigen Neutralen gewiss sein. Auch der Dankbarkeit des *Schweizervolkes!* Einstweilen aber dankt dieses nicht irgendeinem ausländischen Staatsmann, sondern dem lieben Gott dafür, dass ihm die Wahrung seiner Neutralität bisher gelungen ist, und es hofft von Herzen auf deren weitere Erhaltung. Für den Fall aber, dass es anders kommen sollte, blicken wir Schweizer mit höchstem Respekt zum Vorbild unseres *finnischen Brudervolkes* empor. Dessen heldenhafter Widerstand ist so ziemlich das einzige, was es an Erbaulichem vom Jahre 1939 zu verzeichnen gibt. Möge das Jahr 1940 davon mehr bringen!

Bundesrat Motta †
Dienstag, 23. Januar 1940

In der Morgenfrühe des 23. Januar starb im Alter von 68 Jahren Giuseppe Motta, der dem schweizerischen Bundesrat seit 1911 angehört und seit 1920 ohne Unterbrechung dem Politischen Departement als schweizerischer Aussenminister vorgestanden hatte.

An der Bahre eines guten Neutralen Diese Wintertage des Hangens und Bangens um die kommenden Kriegsereignisse sind auch *für die Neutralen* eine *böse* Zeit. Kaum sind die serienweisen diplomatischen und publizistischen Angriffe von deutscher Seite gegen sie verklungen, so hat der britische Marineminister Winston Churchill seine fatale Rede gehalten, die zwar nicht die Handhabung der Neutralität in den verschiedenen Ländern im einzelnen kritisierte, aber, was noch schlimmer ist, das moralische Recht auf Neutralität als solches in Zweifel zog.

Uns Schweizer treffen diese Anfechtungen in einem besonders schmerzlichen Augenblick. Wir stehen an der Bahre von *Bundesrat Motta*, eines Staatsmannes, der sich durch sein jahrzehntelanges nationales und internationales Wirken den Ehrentitel eines Neutralissimus verdient hat. Ja, der Augenblick ist schmerzlich! Aber ist er nicht zugleich erhebend? In Bundesrat Motta hat sich das, was man die ‹Ideologie› der Neutralität nennen kann, wie kaum in einem andern Staatsmanne unserer Zeit verkörpert. Er trat für sie ein nicht aus schwächlichem Opportunismus, sondern aus bewusster, politisch und moralisch begründeter Überzeugung. Und seine eigene Überzeugung hat mit ihrer Kraft auch sein Volk überzeugt und hat, wen sie im Ausland *nicht* überzeugen konnte, doch zur Hochachtung vor dem Manne und seiner Politik genötigt.

Bundesrat Mottas Wirken im Völkerbund und für den Völkerbund war der lebendige Gegenbeweis für die weit verbreitete Anschauung, dass Neutralität und Völkersolidarität unvereinbare Begriffe seien. Er ist mit allem Enthusiasmus, dessen er mit seinem südlichen Temperament fähig war, für den Anschluss der Schweiz an den Völkerbund eingetreten. Viele Basler erinnern sich noch seiner damaligen prächtigen Rede im Grossen Musiksaal. Der Schreiber dieser Zeilen, der ihm mit einigen Worten entgegenzutreten hatte, tat dies im Bewusstsein, dass gegen diesen Schwung echter Begeisterung nicht aufzukommen war. Aber es sei gleich eine weitere Reminiszenz beigefügt. Im Jahre 1920, an einem Genfer Dezembertag, hat Motta durch eine Rede in der Völkerbundsversammlung bewiesen, wie ernst es ihm mit dem vom Bundesrat dem Schweizervolk gegebenen Versprechen war, auf den Ausbau des Völkerbundes der Siegerstaaten zu einem wahrhaft universellen Völkerbund zu dringen. Er trat für die baldige Aufnahme der im Weltkrieg unterlegenen Länder ein. Schon während seiner deutlichen, wenn auch diplomatisch wohl abgewogenen Worte bekam der französische Erste Delegierte Viviani einen violetten Kopf und schrie: «Je demande la parole» und dann entlud sich ein höchst undiplomatisches Donnerwetter über den aufrichtigen Schweizer. Es hat diesen nicht gehindert, die Politik der Universalisierung des Völkerbunds auch weiterhin stramm zu vertreten, und niemand freute sich mehr als er über den Sieg, den diese Versöhnungsbestrebungen Mitte der zwanziger Jahre durch die Aufnahme Deutschlands und die anschliessende Briand-Stresemann-Periode endgültig errungen zu haben schienen.

‹Schienen›! Der Schein hat bekanntlich leider getrogen. Ohne die Schuld ganz der einen oder der andern Seite zuzuschieben, hat Bundesrat Motta eingesehen, dass die Zeit für die volle Verwirklichung der Ideale des Präsidenten Wilson noch nicht gekommen war, hat aber getreulich versucht, zu retten, was noch zu retten war. Im Dienste dieser Tendenz stand seine Arbeit für die europäischen Unionsbestrebungen – obwohl er gewiss empfand, dass die Übertragung des Präsidiums des Genfer Ausschusses an ihn nicht von allen Urhebern ehrlich gemeint war – und in diesem Dienst stand auch sein beharrliches Eintreten für das System von Schiedsgerichtsverträgen von Staat zu Staat ausserhalb des Völkerbundsrahmens. Motta war es bei seiner Genfer Politik nach wie vor in erster Linie an der Universalisierung des Völkerbundes gelegen. Deshalb war er zu jedem Opfer an Sanktionsbefugnissen bereit. Aber er empfand die Gefahr, dass all diese Bemühungen die europäische Katastrophe nicht verhindern könnten, und darum hat er, wie es seine Pflicht als Schweizer war, schliesslich unsere eigensten und direktesten Interessen durch den siegreichen Kampf für die Ablösung vom Sanktionswesen unter Aufrechterhaltung der schweizerischen Abwehrpflicht verfochten. Er war im Jahre 1907 noch als konservativer Parteipolitiker energisch für die neue Militärorganisation eingetreten, und darum hat nachher unser Blatt, obwohl nicht zu seiner Partei gehörend, seine Kandidatur für den Bundesrat gestartet. Hauptmann Motta war nicht nur ein Staatsmann, sondern hatte auch ein gutes schweizerisches Soldatenherz. Je mehr die Bedrängnisse der Dreissiger Jahre wuchsen, desto kräftiger hat dieses wieder geklopft.

Hingebende Treue für den schweizerischen Mikrokosmus und volles Verständnis für den menschlichen Makrokosmus waren in Mottas Person wunderbar vereinigt. Vielleicht hat zu dieser seltenen Kombination seine gemischte Herkunft aus tessinischem Italiener- und urnerischem Germanentum beigetragen. Vielleicht noch mehr aber seine Verwurzelung im universalistischen katholischen Christentum. Und vielleicht am meisten seine grosse menschliche Güte. Ihr konnte sich, wer ihn persönlich kannte, niemand entziehen. Er hat sie sich auch im internationalen Verkehr nicht rauben lassen, auch bei bösen Erfahrungen und Enttäuschungen nicht. Nur noch ein kleiner charakteristischer Zug, ehe wir diesen eiligen Nachruf schliessen müssen! Einmal liess sich Motta bei einem Genfer Privatgespräch über einen ausländischen Staatsmann, der ihn geärgert hatte, zu der Äusserung hinreissen: «Er ist ein ... Affe!» Aber gleich fügte er hinzu: «Ich meine im guten Sinn ein Affe!» So war Motta: bei aller staatsmännischer Einsicht ein herzensguter Mensch, ein Träger nicht nur kluger Politik, sondern auch bester Humanität.

Rededuell in der Kriegspause
Donnerstag, 1. Februar 1940

Den winterlichen Stillstand der kriegerischen Aktionen benutzten die beiderseitigen Staatsmänner zu rhetorischen Gefechten. Ein besonders bemerkenswertes fand am 30. und 31. Januar zwischen Reichskanzler Hitler und Premierminister Chamberlain statt.

Zwei Reden In rascher Folge haben die Staatslenker Deutschlands und Grossbritanniens zur *Welt gesprochen*, nachdem tags zuvor der französische Ministerpräsident Daladier sich hauptsächlich an das eigene Volk gewandt hatte. Die Welt war gespannt darauf, was ihr am Dienstag Reichskanzler

Hitler und am Mittwoch Premierminister *Chamberlain* zu sagen habe. Aber auf ihre Rechnung ist sie weder bei der einen noch bei der anderen Rede gekommen, wenigstens dann nicht, wenn sie Auskunft über die Kriegspläne der beiden Gegenspieler erwartet hatte. Dass nach der ersten Phase des Krieges die zweite kommt, wusste man ja schon vorher. Aber darüber, wo und wie diese zweite Phase sich abspielen soll, haben die beiden Herren geschwiegen, und damit hat man sich trotz aller brennenden Neugier abzufinden. Ein Anspruch auf Auskunft besteht ja wirklich nicht.

Die Rede des *deutschen Reichskanzlers* war hauptsächlich psychologisch aufschlussreich. Es ist interessant, wie sich bei diesem Nachfolger Bismarks heute alles auf persönliche Feindschaft gegen Chamberlain konzentriert und zuspitzt. Hitler scheint ernsthaft zu glauben, sein britischer Partner sei es gewesen, der bewusst und tückisch den ‹Münchner Frieden› gebrochen habe. Das für die Schwenkung Englands in Wirklichkeit bestimmende Moment, die Vernichtung der Tschechoslowakei im März 1939, fällt völlig ausser Betracht. Nein, Chamberlain ist eben der Heuchler von Anbeginn. Er ist der Prediger, der der Welt seine frommen Kriegsziele verkündet, und der Teufel, der mit dem Gebetbuch in der Hand die armen Seelen betört. Er will nur für Gott und die Religion in den Krieg gezogen sein, weil Gott England immer mit Beute beschenkt hat. Er verkündet seine Kriegsziele mit der Bibel in der Hand. Der fromme, die Bibel studierende, sie lesende und sie predigende Herr Chamberlain hat mit dem Atheisten Stalin paktieren wollen. Und wie Chamberlain selbst, so politisierte stets auch England. Es nahm Deutschland die Kolonien weg und sagte, Gott habe das leider so gewollt. Auch die Wegnahme der deutschen Auslandguthaben sei im englischen Sinne ein Streit um die heilige Religion gewesen.

Wer am Radio alle diese besonders betonten und von der Zuhörerschaft bejubelten Beschimpfungen hörte, erwartete jeden Augenblick, als Clou werde am Ende die Wiederholung der Mordanklage gegen England wegen des Attentats im Münchner Bürgerbräukeller kommen. Sie kam aber nicht, so positiv die Anschuldigung seinerzeit auch erhoben worden ist.

Ebenso interessant wie die persönliche Befehdung Chamberlains war Hitlers grundsätzliche Darlegung über die ‹gerechtere Verteilung der Güter dieser Erde›. Da sprach der National*sozialist*;

denn, von der innerpolitischen auf die aussenpolitische Ebene erhoben, handelte es sich um nichts anderes als um die altbekannte sozialistisch-kommunistische Parole ‹Expropriation der Expropriatoren› oder, weniger gelehrt ausgedrückt: «Du hast viel, ich habe wenig, also bin ich berechtigt, Dir wegzunehmen, was Du nach meinem Gefühl zu viel hast.» Die zur Begründung angeführte Quadratkilometer-Rechnung war aber etwas primitiv. Wenn man den ganzen Flächeninhalt des Britischen Reiches zusammenrechnet, geht es nicht an, ihn als Besitz nur den 47 Millionen Einwohnern von England, Schottland und Ulster zuzuschreiben, sondern dann muss man mit der Gesamteinwohnerschaft des Empire, wenigstens mit der weissrassigen, rechnen, also auch mit den Kanadiern, Südafrikanern, Australiern usw.

Aber noch interessanter, allerdings leider auch schwieriger wäre eine Aufrechnung der Güter dieser Erde auf die gesamte Menschheit. Ob dann Deutschland nicht auch zu gut dastünde? Man denkt an J. P. Hebels schöne Geschichte vom Bettler, der mit dem Löwentaler, den ihm der Sultan geschenkt hatte, nicht zufrieden war. Er verlangte ‹brüderliche Teilung›, wurde aber vom Sultan belehrt, dass er in diesem Falle viel weniger als einen Löwentaler zu reklamieren hätte. Auf die volle Erfüllung der deutschen Wünsche könnte man nur kommen, wenn man bei der Verteilungsrechnung die ‹minderwertigen Rassen› grundsätzlich verkürzt. So hat neulich im ‹Angriff› Dr. Ley, der Führer der deutschen Arbeitsfront, gerechnet.

«Der deutsche Mensch kann nicht unter den gleichen Voraussetzungen leben wie der Pole und der Jude. Es ist nun einmal unser Schicksal, dass wir einer hohen Rasse angehören. Wenn wir Nationalsozialisten davon überzeugt sind, dass sich die Menschheit in hohe und niedere Rassen gliedert, so sind wir auch davon überzeugt, dass die Voraussetzungen zum Leben für jede Rasse unterschiedlich sind. *Eine niedrigere Rasse braucht weniger Raum, weniger Kleidung, weniger Nahrung und weniger Kultur als eine höhere Rasse.* Ein Beispiel – so fährt Dr. Ley fort –: Warschau, eine Zweimillionenstadt, hat nicht jenen Wohnraum zur Verfügung wie etwa Köln, München oder Leipzig, d. h. dass in Warschau auf dem gleichen Wohnraum dreimal so viel Menschen leben als in den eben genannten deutschen Städten. Der Pole und erst recht der Jude fühlen sich unter diesen Wohnverhältnissen durchaus wohl. Der Deutsche würde unter den gleichen Verhältnissen untergehen.» ... «Dieser Krieg nun soll und wird die materiellen und ideellen Voraussetzungen schaffen, damit das deutsche Volk künftig auf Jahrhunderte hinaus unter jenen Lebensbedingungen leben kann, die seiner Rasse und seinem Blute entsprechen. Mehr Brot, mehr Kleidung, mehr Wohnraum, mehr Kultur und mehr Schönheit. Das braucht unsere Rasse oder sie stirbt.»

Der *britische Premierminister* ist kein Landkartenkommunist, sondern ein simpler bürgerlicher Wirtschafter. Darum rechnet er nicht mit einer allgemeinen Neuverteilung der Güter dieser Erde, also mit dem endlosen Krieg aller gegen alle, sondern nur mit einer besseren und freieren Neuordnung der wirtschaftlichen Beziehungen von Land zu Land über die ganze Erde hin. Er sagte:

> «Wenn die Stunde der Umwandlung des Kriegs- in den Friedenszustand schlagen wird, wird eines unserer Hauptziele die *Wiederherstellung des internationalen Handels* auf einer Grundlage sein, die die grösstmögliche Gewähr zu einer Hebung der Lebenshaltung und der Kaufkraft der Völker bieten wird.»

Und noch auf eine andere Bemerkung Chamberlains sei besonders hingewiesen: er hat das gute *Recht der Neutralen, vom Kriege fernzubleiben*, ausdrücklich betont. Man wird ihm in allen neutralen Ländern für diese sanfte Korrektur, die er seinem Kollegen von der Admiralität angedeihen liess, dankbar sein.

Dänemark und Norwegen überfallen
Mittwoch, 10. April 1940

Am 9. April überfiel Deutschland Dänemark und besetzte Kopenhagen. Am gleichen Tag erfolgte der kriegerische Überfall auf Norwegen

Die Kriegsausdehnung in Nordeuropa Wie alle Neutralen, so empfinden auch wir Schweizer lebhafte Sympathie für *die überfallenen nordischen Kleinstaaten Dänemark und Norwegen*. ‹Sympathie› ist aber ein nicht ganz eindeutiges Wort. Es kann entsprechend seinem griechischen Sinn heissen ‹Mitleid›. Mitleid hat man mit Dänemark, *nur* Mitleid. Zu mehr kann man sich angesichts der freiwilligen Wehrlosigkeit und der blitzartigen Kapitulationsbereitschaft dieses Landes kaum aufschwingen. Für Norwegen aber darf man aufrichtige Sympathie im modernen Sinne des Wortes hegen, also respektvolles Mitfühlen. Dieses Land hat ja in bezug auf seine Wehrbereitschaft auch nicht geleistet, was es hätte leisten können. Aber in der Stunde der Gefahr hat sich seine Wehrmacht immerhin nicht verkrochen. Selbst das deutsche Oberkommando muss den ‹nennenswerten Widerstand› bei Oslo zugeben. Und auch der norwegische Staat als solcher stellte zunächst seinen Mann.

Wir fühlen uns um so eher veranlasst, an dieser Stelle für das Recht der Sache Norwegens einzutreten, als wir auch das Unrecht, das England durch die Minenlegerei in den Küstengewässern beging, offen als solches dargestellt haben. Eine Frage für sich ist aber, ob die schwere deutsche Neutralitätsverletzung eine Folge der leichteren englischen war, oder ob sie unabhängig von jener erfolgt ist, also durch jene weder entschuldigt, noch auch nur erklärt werden kann.

Paul Reynaud hat sich in seiner Erklärung an den norwegischen Gesandten und Chamberlain hat sich in seiner Unterhausrede bemüht, darzutun, dass der deutsche Überfall auf Norwegen schon in Gang gesetzt war, ehe die Minenlegerei begonnen hatte. Die beiden Ministerpräsidenten stützen sich darauf, dass die Zeitspanne zwischen dem britischen und dem deutschen Akt viel zu kurz war, als dass es sich um eine provozierte Vergeltungsmassnahme hätte handeln können. Wir besitzen nicht genug nautische Kenntnisse, um dieses Argument nachzuprüfen. Es gibt aber einen andern, ganz schlagenden Beweis dafür, dass die Herren recht haben. Das ganze lange Memorandum, mit dem die deutsche Regierung den Neutralitätsbruch motiviert, enthält nicht ein Sterbenswörtchen von der Minensperre in den Küstengewässern. Das Dokument ist verfasst und an den deutschen Gesandten in Oslo zuhanden der norwegischen Regierung geleitet worden, ehe man in Berlin eine Ahnung von dem britischen Übergriff hatte. Die Argumentierung beruht von A bis Z auf etwas ganz anderem: auf angeblichen Truppenlandungsabsichten Englands, also auf etwas, was weder bewiesen, noch auch nur wahrscheinlich ist. Wenn die britische Truppenlandung in Norwegen beabsichtigt gewesen wäre, so hätte sich die Admiralität gewiss nicht zuerst auf die Minenlegerei kapriziert und dadurch Deutschland gewarnt. Wer eine Küste besetzen will, versalzt ihre Gewässer nicht zuerst mit Minen. Desto merkwürdiger klingt nun nachträglich die gestrige Erklärung des Reichsaussenministers von Ribbentrop vor der Auslandspresse. Ganz im Gegensatz zu seinem Memorandum sucht sie Deutschland nicht mehr durch die Landungsabsicht der Engländer, sondern durch die Minensache zu rechtfertigen. Ein rascher, aber nicht überzeugender Argumentationswechsel!

Wie das deutsche Memorandum mit den bösen Absichten Englands, so operierte vor dem Unterhaus Chamberlain mit den bösen

Absichten Deutschlands gegen Norwegen, die er schon lange durchschaut haben will. Das wirft aber auch allerhand Fragen auf. Warum das alle Neutralen irritierende Minenexperiment? Warum glänzte die britische Nordseeflotte durch Abwesenheit, als die Deutschen bis nach Trondheim vorstiessen? Wollte man diese in eine Falle gehen lassen oder war man einfach nicht vigilant genug? Weiss man in London immer noch nicht, was Dynamik ist?

Auf alle Fälle scheint das britisch-norwegische Exempel *Schweden* schwer erschüttert zu haben, was nur natürlich ist. Darum jetzt die schwedische Versicherung, man werde angesichts der Not des Brudervolkes vollständige Neutralität bewahren, wie man dies ‹mit Erfolg› während des russisch-finnischen Krieges getan habe. Die Genugtuung, die aus der Floskel ‹mit Erfolg› spricht, erinnert lebhaft an die Geschichte vom Kyklopen Polyphem, der dem Odysseus als Belohnung für seine schönen Gastgeschenke versprach, er werde ihn zuletzt, nach allen seinen Gefährten, fressen. Wer von den baltischen und skandinavischen Gefährten Schwedens existiert heute noch unangetastet? Aber Schweden hat allerdings ausser Deutschland auch *Sowjetrussland* zu fürchten. Als man gestern erfuhr, dass der deutsche Botschafter in Moskau vier Stunden mit dem Aussenminister Molotow gesprochen habe, wird man sich in Stockholm wohl die besorgte Frage gestellt haben: Meldet sich Stalin schon für die skandinavische Beute an, wie seinerzeit für die polnische? Jetzt lässt der Kreml aber einstweilen abwiegeln.

Für wie lange? Wohl mindestens für so lange, als die in der Nordsee fällige deutsch-englische Seeschlacht nicht geschlagen und entschieden ist! Das Wort haben ja jetzt wohl die Kanonen. Auf sie kommt es an. Je rapider die Staatsverträge abgewertet werden, desto glänzender steht es mit der Aufwertung der Kanonen.

Britische Folge der norwegischen Katastrophe
Donnerstag, 9. Mai 1940

Die mangelhafte Unterstützung, die die norwegische Abwehr durch die britische Flotte fand, hatte im Unterhaus als Konsequenz eine Verurteilung Chamberlains, die einen Kabinettswechsel und die Übernahme der Regierung durch Winston Churchill zur Folge hatte.

Chamberlains Niederlage Das *Kabinett Chamberlain* hat heute nacht im Unterhaus bei der Abstimmung über die Vertrauensfrage mit 281 gegen 200 Stimmen ‹gesiegt›. In Wirklichkeit war der Sieg eine *schwere Niederlage*. Wenn von 615 Unterhausabgeordneten insgesamt und von 428 Vertretern der Regierungsparteien nur 281 einem Ministerium ihr Vertrauen bekunden wollen, so ist dieses geschlagen.

Die Tatsache, dass immerhin eine formelle Mehrheit erreicht werden konnte, wird wohl die Einschaltung einer gewissen Anstandsfrist für den Regierungswechsel ermöglichen. Diese ist um so erwünschter, als die Nachfolgefrage sehr schwer zu lösen sein wird. Es steht kein ‹providentieller Mann› bereit, um Neville Chamberlain zu ersetzen. In einer ähnlich schwierigen Lage im November 1917 stand Lloyd George als solcher zur Verfügung. Aber der ist jetzt 77 Jahre alt! Man kann darauf hinweisen, dass Clemenceau immerhin auch schon 76 Jahre alt war, als er 1917 das Ruder ergriff und Frankreich rettete. Aber Clemenceaus damalige Autorität hat Lloyd George heute nicht. Die Wahl wird wohl einen Mann der konservativen Regierungspartei treffen müssen. Während sie während einiger Tage oder Wochen erwogen wird, vergeht auch die nötige Zeit, um den Eindruck verblassen zu lassen, dass Winston Churchill der Mitgeschlagene Chamberlains ist, und um ihn für die Neubildung des Kabinetts wieder präsentabler erscheinen zu lassen. Entbehrlich ist er ja wohl kaum.

Von den Eindrücken, die die moralische Niederlage des Ministeriums Chamberlains erklären, ist einer der stärksten der, dass es auf den deutschen Vorstoss gegen Skandinavien nicht vorbereitet war. Es rühmt sich dessen, dass es ihn vorausgesehen hat, sieht aber bis zur Stunde nicht ein, dass diese Voraussicht die strikte Pflicht zur Vorbereitung bedeutete. Immer wieder verdrehen seine Sprecher die Sachlage durch das Argument, man habe den Deutschen nicht mit der Sünde der Neutralitätsverletzung zuvorkommen dürfen. Das durfte man wirklich nicht. Aber man durfte und *musste* archiprêt sein, um die deutsche Aktion nach der ersten Minute ihrer Auslösung zu bekämpfen. Und das war man nicht.

Noch peinlicher wirkte die unermüdliche Wiederholung, der Hinweise auf die Höhe der Opfer an Schiffen und an Menschen, die Deutschland für seinen Erfolg bringen musste. Dank dieser Opfer hatte es in den entscheidenden Tagen in Norwegen 125 000 Mann zur Stelle, England nur 12 000, weil es entsprechende Opfer nicht bringen wollte. Churchill ist trotz alledem der Meinung, dass der Überfall auf Norwegen politisch und strategisch einen Kardinalfehler Hitlers darstelle. Aber eine Bilanz, wie sie am 8. Mai 1940 gezogen werden kann, ist das nicht, sondern nur eine Prophezeiung.

Die rein militärischen Angriffs- und Verteidigungsargumente entziehen sich unserer Beurteilung. Aber auch jeder Laie musste beeindruckt werden durch das Bild, das die Enthüllungen über die internen Diskussionen boten, ob und wie in Norwegen ernsthaft vorgegangen werden könne. So geht es in allen Landen in harmlosen Kommissionen und Kommissiönchen zu. Wenn der Kunstverein in Dingsda über den Ankauf eines Bildes berät, den die einen Redner befürworten, die andern bekämpfen, so einigt man sich schliesslich auf den Kompromiss, ein Bild des betreffenden Künstlers zu kaufen, aber nicht das beantragte erstklassige, sondern eines zweiter Güte. In den entscheidenden politischen und militärischen Kreisen Englands betrachteten die einen den Feldzug in Norwegen als absolute Notwendigkeit, die andern als nutzloses Abenteuer. Also führte man ihn durch, aber halbherzig, und das Ergebnis war danach.

Vor einer vorschnellen Verurteilung des Kabinetts Chamberlain und seiner Norwegenpolitik warnt aber schliesslich doch die Möglichkeit, dass die *Absicht, die Kräfte nicht zu verzetteln*, vielleicht doch richtig war. Tragischerweise konnte diese Erwägung in der Unterhausdiskussion zwar angedeutet, aber nicht materiell begründet werden. Es ist eben auch eine halbe Sache mit solchen öffentlichen Parlamentsdebatten. Sie sollen den Eindruck eines offenen demokratischen Ausschwingens erwecken, hindern aber die Regierung, diejenigen Karten auszuspielen, die vielleicht ihre besten sind. Wer weiss, ob nicht schon die allernächsten Tage Ereignisse bringen, die die Hemmungen Englands, sich in Norwegen mit starken Kräften zu engagieren, plötzlich sehr verständlich erscheinen lassen?

Der Einbruch nach Belgien, Holland und Luxemburg
Samstag/Sonntag, 11./12. Mai 1940

Der nordischen Neutralitätsverletzung vom April liess Deutschland am 10. Mai eine ebenso flagrante niederländische folgen, nachdem es dahin gehende Absichten bis zum letzten Augenblick geleugnet hatte.

Dichtung und Wahrheit Dem *deutschen Einbruch* in die *Niederlande* gingen die üblichen Unschuldsbeteuerungen voraus. Noch am Donnerstag, keine vierundzwanzig Stunden vor dem Überfall, liess sich das Deutsche Nachrichtenbureau wie folgt vernehmen:

> «Die Aufdeckung der britischen *Pläne im Südosten Europas* hat auf die betroffenen Völker einen solchen Eindruck gemacht, dass die englischen Kriegshetzer heute zu ebenso *dummen wie plumpen Ablenkungsmanövern* greifen. Sie bedienen sich dabei amerikanischer Presseagenturen, durch die Nachrichten verbreitet werden, nach denen *Holland auf das höchste bedroht* sein soll. Es ist die *alte Methode des ‹Haltet den Dieb!›*, nach der hier verfahren wird. So berichtet die ‹Associated Press›, dass ihr von ‹höchst zuverlässiger Seite› mitgeteilt wurde, zwei deutsche Armeen bewegten sich von Bremen und Düsseldorf auf Holland, und zwar so schnell, dass sie gleich die Grenze erreichen würden. Die zuverlässige Quelle dieses *militärischen Unsinns* ist, wie wir festzustellen in der Lage sind, das britische Informationsministerium. Dieses britische Informationsministerium ist von den deutschen Enthüllungen über die unmittelbar bevorstehenden Absichten Englands und Frankreichs derartig getroffen worden, dass unter allen Umständen dieses *Ablenkungsmanöver* in Szene gesetzt werden musste.»

Redaktionell fügte dem der ‹Völkische Beobachter›, das führende nationalsozialistische Parteiblatt, noch bei:

> «Etwas Blöderes hätte sich das Londoner Informationsministerium allerdings nicht ausdenken können, als die Geschichte von den zwei deutschen Armeen, die von Bremen und Düsseldorf aus mit Windeseile *gegen Holland* vormarschieren. Dass eine amerikanische Nachrichtenagentur sich dazu hergibt, dieses *militärische Ammenmärchen* in die Welt hinauszuposaunen, zeigt allerdings, dass die Leichtgläubigkeit weiter internationaler Kreise es dem Londoner Lügenministerium erspart, sich in geistige Unkosten zu stürzen. *Ist auch die Lüge noch so dumm, sie findet doch ihr Publikum.*»

Wer hat nun gelogen, und wer hat gerufen: «Haltet den Dieb», als er schon die Leiter für den Einbruch angestellt hatte? Die ‹britischen Pläne im Südosten Europas› haben sich als Dichtung erwiesen, die deutsche Angriffsabsicht gegen Holland als grausame Wahrheit. In ellenlangen Kundgebungen versuchen die verantwortlichen deutschen Stellen nun nachzuweisen, dass das *Karnickel angefangen* habe. Vergebliche Mühe! Alles, was gegen die Niederlande vorgebracht wird, beweist höchstens, dass das Karnickel nicht gar so dumm war, wie man es in Berlin gewünscht hätte, sondern sich auf derjenigen Flanke vorsah, auf der es jetzt tatsächlich angegriffen worden ist. Aber es beweist nicht im geringsten, dass von Holland und Belgien konkrete Angriffshandlungen ausgingen. Beiden Ländern wäre es für die ganze Kriegsdauer wohl gewesen, wenn sie ungeschoren geblieben wären. Daher die Timidität, die Belgien veranlasste, sich beim polnischen, statt beim englischen oder französischen Generalstab die nötigen Informationen zu verschaffen! Daher die Ablehnung jeder Konsultierung mit den Alliierten über die Frage von Schutzmassnahmen! Und daher noch am 19. April die feierliche Versicherung des holländischen Ministerpräsidenten de Geer. «Es kann nicht davon die Rede sein, dass wir mit den beiden Parteien und noch weniger mit einer dieser Parteien in vertrauliche Fühlungnahme treten behufs Erörterung der Möglichkeit, dass wir von der andern Partei angegriffen werden sollten. *Wir zählen allein auf uns selbst!*» Jetzt zählen Holland und Belgien wohl oder übel eben doch auf fremde Hilfe. Sie können angesichts der einbrechenden Übermacht nicht anders. Aber das, was sie in der ersten Not allein tun müssen, Zerstörung der Verkehrswege usw., tun sie anscheinend besser, als es die Norweger getan haben.

Sieht man von all den hässlichen Bemühungen, aus dem Überfall der Niederlande eine Aktion ‹zur Sicherstellung der Neutralität› zu machen, ab und betrachtet man das Unternehmen vom reinen Utilitätsstandpunkt, so kommt man nicht um die Vermutung herum, dass das Wasser dem Dritten Reich an den Hals gehen müsse. Wenn die Materialnot nicht sehr gross wäre, hätte Reichskanzler Hitler schwerlich alles auf *eine* Karte gesetzt, sondern hätte seine Politik der Blockadesprengung via Osteuropa fortgesetzt, die allerhand Erfolg zu versprechen schien, aber freilich keinen raschen. Man rät nun hin und her, was der erlösende Endeffekf des niederländischen Unternehmens sein soll. Eine Betrachtung der Agentur Havas stellt die Alternative. entweder handle es sich um die Gewinnung von Stützpunkten gegen England oder um eine Überflügelung Frankreichs jenseits des Maginotschutzes. Wir glauben nicht, dass ein ‹Entweder – Oder› vorliegt, sondern beide Ziele werden erstrebt: in Holland werden Basen für einen Grossluftraid gegen England gesucht, in Belgien der Ausgangspunkt für die Bedrohung Frankreichs. Beides bezweckt, ein rasches Kriegsende herbeizuführen, so oder so. Man hat die Aufklärung durch die von Hitler persönlich geführte Aktion und ihren Verlauf abzuwarten.

Inzwischen aber wird man zugeben müssen, dass *Englands Entschluss,* die norwegische Lage in den zweiten Rang zu rücken, *gerechtfertigt* worden ist, noch schneller, als wir bei der Abfassung der Schlusszeilen des vorgestrigen Tagesberichtes gedacht haben: «Vor einer vorschnellen Verurteilung des Kabinetts Chamberlain und seiner Norwegenpolitik warnt schliesslich doch die Möglichkeit, dass die Absicht, die Kräfte nicht zu *verzetteln*, vielleicht doch richtig war. Tragischerweise konnte diese Erwägung in der Unterhausdiskussion zwar angedeutet, aber nicht materiell begründet werden. Es ist eben auch eine halbe Sache mit solchen öffentlichen Parlamentsdebatten. Sie sollen den Eindruck eines offenen demokratischen Ausschwingens erwecken, hindern aber die Regierung, diejenigen Karten auszuspielen, die vielleicht ihre besten sind. Wer weiss, ob nicht *schon die allernächsten Tage Ereignisse bringen, die die Hemmungen Englands, sich in Norwegen mit starken Kräften zu engagieren, plötzlich sehr verständlich* erscheinen lassen?»

Diese Ereignisse sind nun eingetreten, und mit ihrer Bewältigung hat der König von England den bisherigen Ersten Lord der Admiralität, *Winston Churchill*, als *Premierminister* betraut. Im Alter von fünfundsechzig Jahren übernimmt dieser die schwerste Verantwortung, die je ein britischer Staatsmann zu tragen hatte!

Die niederländische Invasion schreitet rasch fort
Mittwoch, 29. Mai 1940

In der Nacht vom 27./28. Mai kapitulierte nach tapferem Widerstand die belgische Armee, und ihr Oberkommandant König Leopold III. begab sich in deutsche Gefangenschaft

Nach der Kapitulation Leopolds III. Die *militärischen Folgen der Kapitulation der belgischen Armee,* die zweieinhalb Wochen lang so zähe gekämpft hat, werden ohne Zweifel für die Alliierten sehr schwer sein. Aber übersehen lassen sie sich noch nicht, obschon man in Berlin bereits von der Möglichkeit ‹eines plötzlichen katastrophalen Endes› spricht. Unrettbar bedrängt scheint einstweilen die durch das Ausscheiden der Belgier geschwächte Nordarmee der Alliierten zu sein. Es heisst, General Weygand habe schon vor dem belgischen Entschluss auf den Versuch, sie mit seiner an der Somme und an der Aisne stehenden Hauptmacht wieder zu vereinigen, verzichtet gehabt, habe aber auf ihr längeres Standhalten gerechnet und dieses als sehr wertvoll taxiert wegen der Verluste an Truppen und Material, die es den Deutschen hätte verursachen können. Nun ist diesen eine gewaltige Entlastung zuteil geworden. Ob sie sie ausnützen werden, um gegen die Hauptstellung Weygands anzugehen, oder ob sie zunächst den grossen Raid gegen England starten werden, ist ihr Geheimnis.

Wie für militärische Prophezeiungen empfiehlt sich auch für die persönliche Beurteilung des verantwortungsvollen Entscheids, den der König der Belgier getroffen hat, vorsichtige Zurückhaltung, solange man seine Motive nicht genauer kennt. Es ist verständlich, dass Leopold III. in *Deutschland gelobt* und in *Frankreich schwer kritisiert* wird; man begreift die Erbitterung, die die Worte Paul Reynauds am Radio durchzitterte. Das gleiche gilt für die Urteile der französischen Presse. Aber wenn diese den Verrat der Sachsen in der Schlacht von Leipzig zum Vergleich heranzieht, geht sie entschieden zu weit. Es ist denn doch ein grosser Unterschied, ob eine Armee die Waffen streckt oder ob sie zum Feinde übergeht. Insipid ist es, wenn ein englisches Blatt Leopold als ‹Quisling-König› beschimpft; das hat er nicht verdient. Desto bemerkenswerter ist die Zurückhaltung im Urteil der *britischen Staatsmänner. Churchill*: «Ich habe nicht die Absicht, dem Unterhause vorzuschlagen, dass man in diesem Zeitpunkt versuchen solle, die Handlung des belgischen Königs als Oberbefehlshaber der belgischen Armee zu beurteilen.» *Duff Cooper.* «Ich bin der Meinung, dass wir nicht versuchen sollen, diesen Entschluss zu beurteilen.»

Was diktierte den beiden Herren diese Vorsicht? In Deutschland wird man zur Erklärung die oft vorgebrachte, aber bisher nicht bestätigte Behauptung wiederholen, die englische Flandernarmee sei bereits am Einschiffen gewesen, habe also die Belgier im Stich lassen wollen, die ihrerseits mit der Kapitulation die richtige Konsequenz aus dieser bösen Absicht gezogen hätten. Wir glauben an diese Absicht nicht, solange kein Beweis vorliegt; keinesfalls ist sie dem notorisch tapferen General Gort zuzutrauen, der das englische Detachement kommandiert. Aber die Erinnerung an die Einschiffung der Engländer in Norwegen konnte sich der belgische König wohl kaum aus dem Sinn schlagen, auch speziell das Détail nicht, dass damals die norwegischen Bundesgenossen auch nicht rechtzeitig benachrichtigt worden sind. Der deutsche Überfall auf die Niederlande hat ja nachträglich den englischen Rückzug aus Norwegen sehr verständlich gemacht. Dieser bestätigte die alte Wahrheit, dass jede Staatsleitung in den Momenten höchster Krise nicht mehr auf bundesgenössische, sondern nur noch auf eigene Notwendigkeiten Rücksicht nimmt.

Das hat nun auch der belgische König getan, so wie er die belgischen Staatsnotwendigkeiten glaubte beurteilen zu müssen. Zwei Millionen Zivilisten, ein Viertel des belgischen Volkes, waren in der Kriegszone zusammengedrängt und durch Vernichtung mit allen Mitteln des totalitären Krieges, der die nicht kombattante Bevölkerung bekanntlich nicht verschont, bedroht. Sollte der König mehr an diese Unglücklichen oder mehr an den Endsieg der Alliierten denken? Wer zu beten pflegt ‹Führe uns nicht in Versuchung›, wird Gott dankbar sein, wenn ihm selbst solche Entscheidungen zeitlebens erspart bleiben. Leopold III. sind sie nicht erspart worden.

Dieser tragische Entschluss war einstweilen seine letzte Funktion als König der Belgier. Von jetzt an ist er nur noch ein kriegsgefangener General, und die *belgische Staatsleitung* steht der in Paris weilenden und zur Sache der Alliierten stehenden *Regierung Pierlot* zu. Es hat sich als folgenschwer erwiesen, dass die Regierung sich im entscheidenden Moment im Hauptquartier nicht geltend machen konnte. Daraus darf man wohl die Lehre ziehen, dass in ähnlichen bedrängten Kriegslagen der Kontakt zwischen Staats- und Armeeführung nicht durch allzu grosse räumliche Trennung verhindert werden sollte. Aber das ist nun geschehen, und man hat sich damit wie mit der ganzen Tragödie des unglücklichen und tapferen belgischen Volkes abzufinden.

Mussolini entschliesst sich zum Kriegseintritt
Dienstag 11. Juni 1940

Am 10. Juni stellte sich Italien angesichts der deutschen Fortschritte in Frankreich Deutschland an die Seite.

Zur Kriegserklärung Italiens

Italien hat Frankreich und Grossbritannien den Krieg erklärt, und zwar ohne hinhaltende Komplikationen ganz sans phrase. Vielfach hat man erwartet, der Kriegsansage werde ein ultimativer Friedensvorschlag, gerichtet an alle Kriegführenden oder separat an Frankreich, vorangehen. Wenn solche Absichten, was wir nicht wissen, überhaupt je bestanden haben, sind sie schon im Vorstadium fallen gelassen worden.

Die gestrige Rede Mussolinis zeigt denn auch einen solchen Umfang der *italienischen Kriegsziele*, dass eine Beschränkung, die die Voraussetzung eines Friedensultimatums gewesen wäre, kaum denkbar war. Der Duce will vor allem sein dem deutschen Führer gegebenes Wort halten: «Wenn man einen Freund hat, marschiert man mit ihm durch alles.» Dann will er die nationalen Aspirationen Italiens verwirklichen. Er setzt sich zum Ziel, «nachdem wir unsere Grenzen auf dem Festland festgelegt haben, auch unsere Grenzen über den Meeren festzusetzen.» Eine wichtige Definition! Es war in den Polemiken der letzten Wochen manchmal von Savoyen und Nizza die Rede. Diese Gebiete gehören aber zum Festlandbereich, also nicht zum Hauptkriegsziel Italiens, Herrin des Mittelmeers und seiner Ein- und Ausgänge zu werden. Und dann noch das ideologisch-universelle Kriegsziel: «Kampf der armen Völker gegen die Aushungerer, der fruchtbaren und jungen Völker gegen die unfruchtbaren und dem Untergang zuschreitenden Völker» oder, wie sich der ‹Völkische Beobachter›, das führende Organ der verbündeten deutschen Nationalsozialisten, ausdrückt: «Der Krieg zur Niederwerfung der alten kapitalistischen und liberalistischen Weltordnung.»

Fünf Ländern hat der Duce in seiner Rede feierlich erklärt, Italien habe nicht die Absicht, sie in den Krieg hineinzuziehen. Das wohl mit Absicht erstgenannte ist unsere *Schweiz*. Sie ist auch dasjenige unter den Fünfen, dessen absoluter Neutralitätswille am sichersten ist. Die Schweiz hat sich nicht über das befreundete Nachbarland Italien zu beklagen und dieses nicht über sie. Das Neutralitätsinteresse ist, ob man es vom politischen, militärischen oder wirtschaftlichen Standpunkt aus beurteilt, beiderseitig. Auch nachdem wir nun wieder wie vor fünfundzwanzig Jahren ringsherum vom Kriegsgebiet umfasst sind, wird sich unsere ‹Kriegsteilnahme› auf werktätige Hilfe für die Kriegsopfer mit unseren bescheidenen Mitteln beschränken. Und im übrigen wird unsere Armee nach wie vor treu bereit stehen, um unsere Grenzen gegen jeden Angriff, woher er auch kommen möge, zu decken. Eine Steigerung unserer Sorgen bringt der Kriegseintritt Italiens nicht.

Auch die drei von Mussolini genannten Staaten der *Balkanentente*, Jugoslawien, Griechenland und die Türkei, werden schwerlich Lust haben, die Kriegserweiterung mitzumachen. Ihre gemeinsame Politik hat sich während der letzten Monate immer mehr vom Neutralitätswillen leiten lassen. Wenn dieser Wille ganz einseitig balkanisch wäre und von den Grossmächten nicht geteilt würde, könnte er sich vielleicht doch nicht durchsetzen. Aber die komplizierte Verflechtung italienischer, deutscher und sowjetrussischer Interessen auf dem Balkan scheint ihn gegenwärtig zu unterstützen, und die Westmächte sind fern. Mit dem ebenfalls von Mussolini genannten *Ägypten* sieht es anders aus. Seinen Entschlüssen sieht die Welt mit höchster Spannung entgegen.

Würde Ägypten auf dieser oder jener Seite mitmachen, so wäre der Krieg von 1940 kein europäischer Krieg mehr, sondern ein ‹Krieg der Alten Welt›. Noch viel wichtiger als dieses Ausdehnungsproblem in der Mittelmeerzone ist aber die Frage, ob und wie lange die Neue Welt neutral bleiben wird, vor allem ihre führende Grossmacht, die *Vereinigten Staaten von Amerika*. Präsident Roosevelt hat es gestern als Irrglauben bezeichnet, dass Amerika nicht mitbedroht sei und sich für alle Zukunft vom Krieg fernhalten könne. Aber etwas Positives darüber hinaus hat er nicht versprochen, so undiplomatisch er sich auch in seinen Ausdrücken gegen Italien gehen liess, «das das Messer in den Rücken seiner Nachbarn gestossen» habe. Man weiss heute nur, dass die Vereinigten Staaten den bisher von Italien innegehabten Zustand der ‹Nichtkriegführung› angetreten haben, also nicht mehr neutral sind. Den letzten Schritt zur Kriegführung haben sie nicht getan. Roosevelt hat nicht mehr gesagt, als er, der Staatsoberhaupt eines demokratischen Landes ist, ohne Begrüssung der Volksvertretung sagen konnte. Das amerikanische Problem ist somit noch offen.

Zusammenbruch Frankreichs
Freitag, 21. Juni 1940

Auch ohne wesentliche Mithilfe Italiens gelang es der deutschen Armee in den ersten Juniwochen tief nach Frankreich einzudringen und Waffenstillstandsverhandlungen in Compiègne zu erzwingen. Im Folgenden geben wir den Schluss eines Tagesberichts, der die deutsche Agonie von 1918 mit der französischen von 1940 verglich.

Erinnerungen und Vergleiche (Schluss) Welch ein Unterschied zum Verhalten des Marschalls Pétain, der sich mit seiner Radiomitteilung am frühen Nachmittag des 17. Juni so beeilte, dass nicht einmal ein klarer Wortlaut zustandekam! «C'est le cœur serré que je vous dis qu'il faut tenter de cesser le combat» (mit schwerem Herzen sage ich euch, dass *versucht werden muss, den Kampf einzustellen*), so hiess es nachher in der offiziellen Wiedergabe des Textes. Aber das amerikanische Radio hatte vorher die Version verbreitet: «Mit schwerem Herzen gebe ich bekannt, *dass wir die Feindseligkeiten einstellen.*» Ähnlich die Agentur Reuter. «Der Kampf muss eingestellt werden.» Das würde darauf deuten, dass Pétain nicht gesagt hat «qu'il faut tenter de cesser», sondern einfach «qu'il faut cesser».

Die Historiker mögen später verlesen, was Pétain genau gesagt hat; die Textkritik der Radioreden wird ja überhaupt eine der diffizilsten Aufgaben der modernen Geschichtsschreibung werden. Alber fest steht jetzt, was gestern in einer Meldung aus Bordeaux zu lesen war: «Die ungemein schnellen Fortbewegungen, so wird übereinstimmend berichtet, die die deutschen motorisierten Kolonnen in den letzten 48 Stunden erzielten, sind in allererster Linie darauf zurückzuführen, dass die *unglückliche Fassung* des *Aufrufs Marschall Pétains* den Eindruck bei vielen Kommandostellen hervorrief, die Waffen seien niederzulegen. Auf diese Weise ergaben sich zahlreiche Regimenter und Divisionsstäbe kampflos in der völligen Überzeugung, damit dem Befehl der Heeresleitung nachzukommen.»

Wahrheitsgemäss muss freilich beigefügt werden, dass die Serie von panischen Kapitulationen schon vorher begonnen hat, unter dem Eindruck der Räumung von Paris. Der Fall der Festung Verdun, die massiven Einbrüche in die Maginotlinie usw. waren Ursachen, nicht erst Folgen des Entschlusses des greisen Marschalls. Un souffle de défaite, wie sich Zola in der ‹Débâcle› ausdrückte, wehte schon vorher über das unglückliche Frankreich. Man muss auf das *Jahr 1806* und die allgemeine Panik, die Preussen nach der Schlacht von Jena trotz seiner stolzen friderizianischen Tradition ergriff, zurückgehen, um ein Beispiel eines ähnlichen militärischen Zusammenbruchs zu finden. Eine wohlarmierte Festung nach der andern kapitulierte damals vor spärlichen französischen Angreifern. Ein geschlossener Widerstand der Feldarmee konnte sich nirgends mehr bilden. Preussen war dahin – für sieben Jahre. Dann erst folgten die Befreiungskriege. Aber: die Geschichte meldet auch aus dem Jahre 1806 partielle Widerstandsversuche heroischer Truppenkörper und Führer wie Blüchers und Scharnhorsts Zug nach der Ostsee und Nettelbecks Verteidigung von Colberg.

Es war also – damals wie heute – *nicht eine schlechte Armee*, die geschlagen wurde, wohl aber eine in ihrem ganzen Wesen und namentlich in ihrer Gesinnung *veraltete Armee*. Sie hatte sich *materiell* auf ihre scheinbar perfekte Ausrüstung für den Felddienst und ausserdem auf den Rückhalt an formidabeln Festungen verlassen, *moralisch* auf den Ruhm, der ihren Fahnen seit Friedrich dem Grossen anhaftete. Das waren wohl Vorzüge, aber nur relative Vorzüge. Ihre Bewährung im grossen Krieg hing davon ab, ob der Gegner inzwischen nicht noch viel grössere Vorzüge errungen habe. Dieser Gegner war Napoleon, der *lebende* Napoleon. Er hat vernichtend über den verstorbenen alten Fritz gesiegt.

Die französische Kapitulation
Dienstag, 25. Juni 1940

Am 25. Juni traten die Waffenstillstände zwischen Deutschland und Italien einerseits und Frankreich anderseits gleichzeitig in Kraft.

Die Waffenstillstände abgeschlossen! Heute früh, 35 Minuten nach Mitternacht mitteleuropäischer Zeit, sind die *Waffenstillstände zwischen Deutschland und Frankreich* auf der einen und zwischen *Frankreich und Italien* auf der andern Seite in Kraft getreten. Damit sind die Kriege zwischen den Nationen des europäischen Festlandes gestoppt. Der europäische *Krieg aber geht weiter.* Er umfasst zwei weit auseinanderliegende Zonen, diejenige des Ärmelkanals, wo die deutsche Landungsoperation gegen England bevorzustehen scheint, und das Mittelmeer, wo Italien der Hauptbeteiligte ist. Wo und wann in diesen beiden Gebieten die entscheidenden Kämpfe losgehen werden, ob gleichzeitig oder nacheinander, ist das Geheimnis der obersten deutschen und italienischen Kommandostellen, für das Mittelmeer vielleicht auch der britischen.

Ausser den militärischen beschäftigen das Interesse der Welt aber auch zwei *moralische Kriegsschauplätze.* Zwischen den Regierungen von Bordeaux und von London sind peinliche Auseinandersetzungen über Bündniserfüllung und Bündnisbruch im Gange. Und in der innerfranzösischen Sphäre befehden sich die Anhänger und die Gegner der nun vollzogenen Kapitulation mit einer Erbitterung, die verständlich, aber für das eigene Volk und für die neutrale Aussenwelt natürlich wenig erbaulich ist.

Beim *britisch-französischen Disput* über die Verletzung der Kriegsallianz zwischen den beiden Westmächten ist Frankreich, wenn man vom formalen Recht ausgeht, ohne Zweifel im Nachteil. Es hat die Klausel, dass kein Verbündeter ohne Zustimmung des andern die Waffen niederlegen dürfe, die jedem derartigen Vertrag zugrunde liegt, gebrochen. Daran ändern die Sophismen des französischen Propagandakommissars Prouvost nichts. Aber die britischen Klagen ändern auch nichts an der welthistorischen Tatsache, dass Verbündete, denen das Wasser an den Hals geht, in allen Jahrhunderten immer und immer wieder die eigene Rettung der Vertragstreue vorgezogen haben. Kriegsallianzen werden auf gegenseitigen ‹Gedeih und Verderb› abgeschlossen. Wenn aber das Risiko des ‹Verderbs› allzu gross und die Chance des ‹Gedeihs› allzu gering für den einen Partner wird, so pflegt er sich widerrechtlich oder, wie man mildernd zu sagen pflegt, auf Grund des ‹Notstandes› seine Freiheit zu separaten Abmachungen mit dem gemeinsamen Kriegsgegner zurückzunehmen. Statt Dutzenden von Beispielen führen wir nur das für uns Basler nächstliegende an. Am 5. April 1795 hat in unserer Stadt im Holsteiner Hof Preussen mit Frankreich den ‹Frieden von Basel› geschlossen und ist damit unter Preisgabe seiner Verbündeten Österreich, England, Holland und Spanien aus der Ersten Koalition herausgesprungen. Das Urteil der Geschichte pflegt in solchen Fällen nicht auf Grund der Vertragsartikel, sondern im Hinblick auf die grössere oder geringere Notlage des bündnisbrüchigen Staates gefällt zu werden. Im Falle des Friedens von Basel lautete es bekanntlich sehr hart. Wie es im Falle der Waffenstillstände von Compiègne und Rom lauten wird, massen wir uns nicht an, voraussagen zu wollen. Belastet wird Frankreich ohne Zweifel durch die ungeschickte Art bleiben, mit der Marschall Pétain seine Verhandlungsfreiheit beeinträchtigte und die eigene Armee hinderte, die letzten Möglichkeiten zum Widerstand und zur Vernichtung für den Gegner wertvollen Kriegsmaterials auszunützen. Dieses Material wird Deutschland nun im Kampf gegen England dienen. Auf der andern Seite wird man aber nicht vergessen dürfen, dass die militärische Not Frankreichs riesengross war.

Der *Streit zwischen Franzosen* über die Legitimität der kapitulierenden Regierung von Bordeaux und das Recht der um General de Gaulle gescharten Elemente, die den Krieg ausserhalb des Mutterlandes fortsetzen wollen, kann heute auch noch nicht endgültig beurteilt werden, am wenigsten vom Ausland aus. Auch hier handelt es sich weniger um formales Recht als um das Mass von Kraft und Schwäche auf beiden Seiten. Es hat immer von Zeit zu Zeit Staatsmänner und Generäle gegeben, die über die Grenzen der Legitimität hinaus das Recht beanspruchten, die Sache des Vaterlandes ausserhalb des vom Kriegsgegner besetzten Gebietes auf eigene Faust zu vertreten. Man denke an den General York, der sich mit dem russischen ‹Feind› seines Königs eigenmächtig vereinigte. Er wurde im eigenen Land als ‹Hochverräter› angeprangert und wäre

Hochverräter geblieben, wenn ihm die Weltgeschichte nicht recht gegeben hätte. Ihr vorzugreifen, hat auch im heutigen Falle keinen Sinn.

Britisch-französische Spannung
Samstag/Sonntag, 6./7. Juli 1940

Der Verdacht, die in nordafrikanischen Häfen auf die Überfahrt nach Toulon wartenden französischen Kriegsschiffe würden den Deutschen zugeführt werden, veranlasste England, sie überfallen und zum Teil versenken zu lassen. Diese Aktion von Oran (Mers el Kebir) verursachte in Frankreich höchste Empörung.

Ein Weltskandal Wer nur immer auf dem Gebiet der politischen Ethik normal empfindet, stehe er in welchem Lager er wolle oder sei er perfekt neutral, hat sich in diesen Tagen entsetzt über die Tatsache der britisch-französischen Seeschlacht vor Oran. Deren Bedeutung geht weit über die Wirkung auf die aktuelle Kriegslage hinaus. Diese wird kaum sehr stark sein. Auch der Abbruch der diplomatischen Beziehungen ändert nicht viel; denn die beiderseitigen Botschafter waren ja längst schon abgereist. Aber ein so unerhörter Weltskandal kann Folgen haben, die über das Tagesgeschehen hinaus Geschichte machen. Musste er kommen?

Wenn man die Schuldfrage zunächst für *Frankreich* stellt, so ist sie von der heutigen völkerrechtlichen Lage aus zu verneinen. Der deutsch-französische und der französisch-italienische Waffenstillstand sind in Kraft getreten, und Frankreich musste sich, wenn es nicht wortbrüchig werden und dadurch den Kriegsgegnern alle Freiheit zurückgeben wollte, an den Wortlaut und Sinn dieser Verträge halten. Es war nur loyal, dass die Regierung Pétain die vor Oran liegenden Schiffe anwies, sich dem Ultimatum des Admirals Somerville mit Gewalt zu widersetzen. Da gab es wirklich nichts mehr zu markten. Die französische Schuld liegt in einem viel früheren Stadium, in den Tagen des Zusammenbruches, die dem Abschluss der Waffenstillstände vorangingen. Damals hätte die französische Regierung, als sie unter dem Druck der Not die Allianz mit England brechen wollte, dem Verbündeten wenigstens einen letzten grossen

Dienst erweisen können, wenn sie ihre Flotte schleunigst in dessen Schutzbereich dirigiert hätte. Das hat sie in ihrer panischen Pressur versäumt. Aber dieses Versäumnis durch Verletzung der Waffenstillstandsbedingungen nachträglich korrigieren durfte sie nicht. Bei der Prüfung der Schuld *Englands* ist vorweg festzustellen, dass die Londoner Polemik einen falschen Eindruck zu erzeugen versucht, indem sie das Informationsministerium – vgl. die Reuterdepesche in der Donnerstagsnummer – behaupten lässt, die französische Regierung habe sich ‹verpflichtet, die französischen Schiffe dem Gegner zu übergeben›. Der klare Text von *Artikel 8 des Waffenstillstandes von Compiègne* sagt vielmehr:

«Die französische Kriegsflotte ist – ausgenommen jener Teil, der für die Wahrung der französischen Interessen in ihrem Kolonialreich der französischen Regierung freigegeben wird – in näher zu bestimmenden Häfen *zusammenzuziehen und unter deutscher bzw. italienischer Kontrolle demobil zu machen und abzurüsten.* Massgebend für die Bestimmung der Häfen soll der Friedensstandort der Schiffe sein. *Die deutsche Regierung erklärt der französischen Regierung feierlich, dass sie nicht beabsichtigt, die französische Kriegsflotte, die sich in den unter deutscher Kontrolle stehenden Häfen befindet, im Krieg für ihre Zwecke zu verwenden,* ausser solchen Einheiten, die für Zwecke der Küstenwacht und des Minenräumens benötigt werden. Sie erklärt weiterhin feierlich und ausdrücklich, dass sie nicht beabsichtigt, eine Forderung auf die französische Kriegsflotte bei Friedensschluss zu erheben. Ausgenommen jenen zu bestimmenden Teil der französischen Kriegsflotte, der die französischen Interessen im Kolonialreich zu vertreten hat, sind alle ausserhalb Frankreichs befindlichen Kriegsschiffe nach Frankreich zurückzurufen.»

Die französische Regierung hatte sich also nicht verpflichtet, die Kriegsflotte dem Gegner zu übergeben. Aber die *britische* Regierung hatte dessen feierlicher Erklärung nicht getraut, dass er die Verwendung der abzurüstenden Kriegsschiffe nicht beabsichtige. Über dieses weitgehende Misstrauen Churchills gegenüber den Deutschen ist nicht mit ihm zu rechten. Kriegsgegner pflegen sich gegenseitig das Schlimmste zuzutrauen, heutzutage noch mehr als in den Zeiten der soignierten Kabinettskriege. Und zudem sehen die beiden Waffenstillstandsverträge, die Frankreich hat unterzeichnen müssen, ja vor, dass sie von den Siegern ‹mit sofortiger Wirkung gekündigt werden können, wenn die französische Regierung die von ihr durch den Vertrag übernommenen Verpflichtungen nicht erfüllt›. Über Erfüllung oder Nichterfüllung entscheiden die Sieger selbst. Die britische Regierung konnte also das Gefühl haben, eine absolute Garantie gegen die Nichtverwendung der französischen Flotte besitze sie nicht.

Aber selbst *wenn* sie dieses Gefühl hatte ...! Hat sie nicht durch ihre gewalttätigen Vorkehrungen gegen ein eventuelles, keineswegs sicheres Zukunftsübel für ihre eigene Sache mehr Schaden gestiftet, als sie mit gutem Gewissen verantworten kann? Die Seeschlacht von Oran ist ein so furchtbar eindrückliches Ereignis für das französische Volk, dass dadurch der Gang der Geschichte auf Jahrzehnte oder auf noch längere Zeit beeinflusst werden kann. Jedenfalls haben dadurch die Elemente Wind in die Segel bekommen, die einem Bündnis mit den Angelsachsen für immer abgeschworen haben und das Heil Frankreichs in einem romanischen Staatenblock mit Italien und Spanien erblicken. In Schönheit ist die britisch-französische Allianz wirklich nicht gestorben!

Der politische Systemwechsel in Frankreich
Mittwoch, 17. Juli 1940

Am 10. Juli gab der in Vichy zusammengetretene Torso der französischen Nationalversammlung Philippe Pétain Blankovollmacht für die Aufstellung einer neuen Verfassung. Der Marschall erliess diese am 11. Juli und begründete damit sein diktatoriales Régime, das die Dritte Republik und ihren Parlamentarismus aufheben sollte.

Der Parlamentarismus in Frankreich †

Die Anstandsregel ‹De mortuis nil nisi bene› kommt den verstorbenen Menschen zugute, wenigstens den Privatleuten. Für politische Institutionen gilt sie nicht. Wenn deren Todesstunde gekommen ist, wird rücksichtslos über sie abgeurteilt. So geht es gegenwärtig dem der Kur von Vichy erlegenen *französischen Parlamentarismus*. Sein Sündenleben wird so heftig und so einmütig kritisiert, dass man sich nur wundern kann, wie es siebzig Jahre lang dauern konnte, ohne der Volksmehrheit längst schon verleidet zu sein. Mehr als hundert Kabinette hat der Parlamentarismus der Dritten Republik in dieser Periode konsumiert. Der Totentanz der Ministerien wirbelte durch sieben Jahrzehnte ununterbrochen dahin. Und das Parlament durfte fröhlich dazu geigen, bis ihm selbst endlich Marschall Pétain zum letzten Tanz aufspielte.

Da die Franzosen aber bekanntlich weder ein dummes noch ein indolentes Volk sind, muss ihre Geduld doch sonst irgendwie begründet gewesen sein. Einiges, was sie verständlich macht, kann man in dem Buch ‹Le Gouvernement de la France› (Payot, Paris 1939) von *Joseph-Barthélemy* lesen. Der berühmte Staatsrechtslehrer weist darauf hin, dass der rasche Wechsel der Regierungen im bürokratisch aufgebauten Frankreich die einzige Möglichkeit gewährte, in die stabile Verwaltung einige frische Luft des Volkswillens eindringen zu lassen. Er teilt den Glauben oder Aberglauben vieler Zeitgenossen an die alleinseligmachenden ‹Fachmänner› nicht und findet, es sei ganz wohltätig, wenn der Minister mit seinem Amte nicht so lange verwachsen könne, bis er selbst nur noch der Oberste eines Fachbonzenkollegiums sei. Gladstone habe mit Recht gesagt, er kenne keine Reform, auch nicht die wohltätigste und in der Praxis bewährteste, die bei ihrem ersten Auftauchen von den Fachmännern nicht einstimmig verworfen worden sei. Ludwig XIV. hat in seinen 68 Regierungsjahren vier Minister des Auswärtigen gehabt, die Dritte Republik während einer gleichen Zeitdauer deren 37. Gegenüber diesen Extremen lautet Barthélemys Urteil: in medio stat virtus.

Das Unselige an der französischen Parlamentsmacht war eigentlich nicht, dass sie der Verwaltung auf dem Nacken sass und diese intensiv kontrollieren konnte, sondern dass sie, die Kontrollinstanz selbst, keine wirkliche Kontrolle über sich hatte und sich darum jede Willkür leisten konnte. Ein ungebremsteres Parlament als das französische und un-geniertere Parlamentarier als die französischen gab es in aller Welt nicht. Jedes Ministerium als Ganzes und jeder Minister für sich musste vor Misstrauensvoten zittern und war deshalb den Anregungen – um das unhöfliche Wort ‹Erpressungen› zu vermeiden – jedes Abgeordneten oder wenigstens jeder einigermassen bedeutenden Gruppe von Abgeordneten ausgesetzt, wenn sie ihm auf die Bude stiegen. Durch gegenseitigem Vor- und Nachgeben stellte sich dann die Kameraderie her, die mit Korruption manchmal eine verzweifelte Ähnlichkeit hatte.

Das war nicht ‹*der* Parlamentarismus›, wie man heutzutage oft behaupten hört, sondern eine spezifisch französische Abart des Parlamentarismus. Das englische Unterhaus, die Mutter der Parlamente, konnte und kann stets auch Ministerien bedrohen. Aber wenn es einen Stürzungsversuch macht, so bedeutet dieser immer auch eine Bereitschaft zum eventuellen Selbstmordversuch; denn die Regierung kann durch Parlamentsauflösung und Neuwahlen an das Volk appellieren. In Frankreich war durch das Requisit der Senatszustimmung diese Appellationsmöglichkeit praktisch fast total verrammelt. Ein anderer Typus von Parlamentsbremse ist unsere schweizerische Unabsetzbarkeit der Regierungen. Wohl wählt das Parlament den Bundesrat. Aber dann sitzt dieser für vier Jahre fest im Sattel, von Verfassungswegen, praktisch aber sogar x-mal vier Jahre. Joseph-Barthélemy empfiehlt dieses System, dass sich die Amtsdauer der Regierungen mit denen der Parlamente decken sollen, aber merkwürdigerweise nur mit dem Beispiel der Maires und der Munizipalräte in Frankreich und nicht mit dem naheliegenden Beispiel unseres Landes, das damit eine so unerhörte Regierungsstabilität erreicht hat. Er ignoriert auch eine andere Spezialität des schweizerischen ‹Halbparlamentarismus›, die eine Bremsung für das Parlament und für die Regierung zugleich bildet: die demokratischen Volksrechte, Initiative und Referendum. Vielleicht unterliegt er auch dem Wahn, dass die Unbequemlichkeit, ja Unanwendbarkeit dieser Volksrechte in besonderen Notzeiten sie auch für normale Zeiten unpraktikabel mache.

Barthélemys und vieler anderer einsichtiger Kritiker Reformvorschläge sind zu sanft ausgefallen oder zu spät gekommen. Darum ist der französische Parlamentarismus an seinen Lastern gestorben oder hat sogar unter ihrem Gewissensdruck Selbstmord begangen, wie die starke Stimmenmehrheit der Nationalversammlung von Vichy zeigt. So wie er war, wird er kaum je wieder auferstehen. Er hat allzu sehr abgewirtschaftet. An seiner Bahre aber steht als nicht sehr heftig trauernde Witwe die *französische Bürokratie*. Sie hat, wie es auch in menschlichen Verhältnissen etwa zu gehen pflegt, seinem schlimmen Wandel seufzend zugesehen, hat dessen Folgen für den Staat durch ihre eigene Stabilität zu mildern verstanden und überlebt ihn nun. Ohne Zweifel mit dem Vorsatz, nach dem Hinschied des mässig geliebten Gefährten sehr selbständig in Haus und Geschäft zu schalten und zu walten, um Frankreichs *und* um ihrer selbst willen! Ob das neue System sich diese fortgesetzte oder sogar erweiterte Herrschaft der Bürokratie wird gefallen lassen, ist eine interessante Zukunftsfrage. Es ist ja nicht in der Lage, Frankreich sofort einen Ersatz für den Machtfaktor Bürokratie zu präsentieren. Ein Fascismus oder ein Nationalsozialismus lässt sich nicht improvisieren. Aber vielleicht liegt in der Institution der zweiundzwanzig Provinzen mit zweiundzwanzig nur dem Staatsoberhaupt verantwortlichen Gouverneuren eine Möglichkeit, die Bureaukratie schliesslich auch so zu depossedieren, wie man den Parlamentarismus beseitigt hat. Dann erst könnte man von einem wirklich *neuen Frankreich* sprechen.

Der Völkerbund legt sich schlafen
Mittwoch, 31. Juli 1940

Am 26. Juli wurde das Schreiben veröffentlicht, in dem der Generalsekretär des Völkerbundes, Joseph Avenol, dessen Mitgliedstaaten seine Demission mitteilte unter Vorbehalt der ‹zweckmässigsten Massnahmen zur Sicherung der Fortdauer der Verwaltung und der Tätigkeit des Sekretariates›.

Zur Demission Joseph Avenols Der Generalsekretär des *Völkerbundes*, Herr Joseph Avenol, hat demissioniert. Das in unserer Sonntagsnummer wiedergegebene Schreiben, mit dem er seinen Entschluss begründet, zeigt, dass es mit dem Völkerbund noch viel schlimmer steht, als meist angenommen wurde. Dass der Völkerbund seit Jahr und Tag kein Organ der internationalen Politik mehr ist, wusste man schon allgemein. Aber man hoffte, er werde sich als Träger internationaler Wohlfahrtsbestrebungen über seine Krise hinwegretten können. Die Resignation seines Chefs zeigt nun, dass auch diese Funktion kaum mehr möglich ist. Der Völkerbund ist so schwach geworden, dass er nicht einmal als universelle ‹Gesellschaft des Guten und Gemeinnützigen› – um uns eines Basler Terminus zu bedienen – weiterwirken kann.

Auch Reichskanzler Hitler hat in seiner Rede vom 19. Juli des Völkerbundes gedacht. Die Worte, die er ihm widmete, zeugten natürlich nicht von Liebe, erfassten aber scharf das Übel, dem der Völkerbund erlegen ist:

«Die Tatsache, dass schon während der Abfassung dieses Diktats (Versailles) einsichtige Männer auch auf der Seite der Gegner vor der endgültigen Verwirklichung der Bestimmungen dieses Wahnsinnswerkes warnten, ist ein Beweis für die sogar in diesen Reihen herrschende Überzeugung der Unmöglichkeit, dieses Diktat für die Zukunft aufrechterhalten zu können. Ihre Bedenken und ihre Proteste wurden allerdings mit der Versicherung zum Schweigen gebracht, dass der neugebildete *Völkerbund* in seinen Statuten die *Möglichkeit einer Revision* dieser Bestimmungen sicherstelle, ja dafür zuständig sei. Die Hoffnung auf eine Revision war demnach zu keiner Zeit als etwas Ungebührliches betrachtet worden, sondern als etwas Natürliches. Leider hat *entsprechend dem Wollen der verantwortlichen Männer* des Versailler Diktats die Genfer Institution sich *nicht als eine Einrichtung zur Herbeiführung vernünftiger Revisionen* betrachtet, sondern von Anfang an nur als *Garant der rücksichtslosen Durchführung* und Aufrechterhaltung der Versailler Bestimmungen.»

Diese Darstellung nimmt Bezug auf die sogenannte ‹Perle› des Völkerbundspaktes, den *Artikel 19*, der ‹die Nachprüfung der unanwendbar gewordenen Verträge sowie der internationalen Verhältnisse, deren Fortdauer den Frieden der Welt gefährden könnte›, vorsieht. Diese Bestimmung war leider ‹ein Messer ohne Heft, das keine Klinge hat›. Ihre Anwendung durch die Völkerbundsversammlung unterstand der Einstimmigkeitsklausel. Bekanntlich betrachten aber die glücklichen Nutzniesser eines Vertrags, mag dieser noch so obsolet sein, diesen nie als unanwendbar, und da in jedem konkreten Falle ihre Zustimmung zur Erreichung der Einstimmigkeit erforderlich gewesen wäre, ist es nie zu einer gewaltlosen Revision der Friedensverträge von 1919 gekommen. Der ‹Friede der Welt› war und blieb gefährdet, bis er im vorigen Herbst ganz dahin war. Der Völkerbund als solcher war nicht der Sünder. Das Versagen des Artikels 19 war ein Geburtsfehler, für den nicht er verantwortlich ist, sondern seine Versailler Väter.

Wenn man über dieses Pakthindernis hinaus noch tiefer auf die Leidensgeschichte des Völkerbundes eingehen will, so kann man als eigentliche Crux den Anspruch bezeichnen, zugleich das geltende Recht und den Frieden zu garantieren. Das ist so schwer wie die Quadratur des Zirkels. Die internationale Rechtsordnung beruht auf historischen Ge-gebenheiten und auf gültigen Staatsverträgen, also nicht auf dem ‹Recht› im sublimen Sinne, auf ‹göttlichem› Recht. Die Staatsverträge sind auf Grund einstmaliger, aber nicht ewig dauernder Verhältnisse zustande gekommen; zum guten Teil waren sie ‹Diktate›, und zwar keineswegs erst seit Versailles. Das Völker*recht* gebietet ihre Aufrechterhaltung: pacta sunt servanda. Aber der Völker*friede* kann, wie eine tausendfache Erfahrung beweist, durch diese Aufrechterhaltung gefährdet werden, sobald der unter dem Vertragsrecht leidende Staat mit Gewaltanwendung droht. Dann kommt es darauf an, ob der bedrohte Staat stark genug ist, der Gewalt Gewalt entgegenzusetzen. In den Fällen, wo er nicht stark genug ist, kann die eigene Kraft durch die Kraft von Bundesgenossen ersetzt oder ergänzt werden.

Diese Kraftspende an Schwache zu leisten, wurde dem Völkerbund zugemutet, und man verlieh ihm zu diesem Zweck das Sanktionsrecht. Das ist die eine Seite des Völkerbundssystems. Die andere Seite ist die Friedenserhaltung. Sie ist aber bereits gescheitert, wenn zu militärischen Sanktionen gegriffen wird. Es hätte sich also darum gehandelt, den Völkerbund *entweder* mit so viel *Befugnis zur Schaffung anwendbaren Rechts* auszustatten, dass keines seiner Mitglieder mehr sich über ‹ungerechte› Verträge zu beklagen gehabt hätte, *oder* ihm so starke *Gewaltmittel* zu verleihen, dass er jeden ‹rechtswidrigen› Versuch, lästige Verträge militärisch zu korrigieren, hätte verhindern oder unterdrücken können. Der Völkerbundpakt beruhte aber nicht auf dem ‹Entweder› und auch nicht auf dem ‹Oder›. Er enthielt von beiden Möglichkeiten ein Quantum, aber von beiden ein unzulängliches. Darum konnte der Völkerbund weder neues Recht schaffen noch vorhandenes Recht schützen. Das war seine Tragik.

Sie machte sich schon in den ‹guten Jahren› des Völkerbundes ab und zu spürbar. Weltoffenkundig aber wurde sie beim abessinischen Konflikt von 1935. Damals war das vertragliche Recht auf der Seite des Negus, und der Völkerbund traf keine Anstalten, diesem mit sanftem Nachdruck klarzumachen, dass das Beharren auf dem Schein verdammt gefährlich sei. Er half weder das Recht den Verhältnissen anpassen noch half er es schützen, als die italienische Gewalt in Funktion trat. Das heisst: er half schon ein bisschen, aber wirklich nur ein bisschen! Als es sich zeigte, dass dieses Bisschen, die wirtschaftlichen Sanktionen, nicht genüge, scheute er vor der Hürde der militärischen Sanktionen und liess seinen Schützling im Unglück stecken. Ein ganz typisches Beispiel des Unsegens der völkerbundlichen Halbheit! Am Ende war sowohl das Vertragsrecht als der Friede in der Panne. Weil der Völkerbund eine Doppelaufgabe lösen sollte und wollte, hat er weder die eine noch die andere einfache Aufgabe, weder die Schaffung haltbaren Rechts noch die

Friedenssicherung, gelöst. Und damit begann in Genf ‹der Nibelungen Not›. Die Jämmerlichkeiten des letzten Vorkriegsjahrfünfts waren nur konsequente Anwendungen des abessinischen Exempels.

Gerne möchten wir zum erbaulichen Schluss einige Auferstehungshoffnungen anknüpfen. Es gibt Leute, die solche in Hülle und Fülle hegen. So die Idealisten und Ideologen von der englischen Federal Union-Bewegung, die schon das Statut eines neuen Völkerbundes mit allen Rechten und Vollzugsmöglichkeiten einer *inner*staatlichen Ordnung bereithalten. Warum soll nicht, sagen sie, das Weltrecht einmal so sicher und vollziehbar werden wie das Landrecht? Wer eine weite Sicht für die Menschheitsentwicklung hat, wird ihnen zustimmen. Aber um zu glauben, dass schon aus dem heutigen Chaos eine perfekte internationale Rechtsordnung hervorgehen könne, dazu gehört ein Optimismus, den wir nicht aufbringen können. Trotz diesem Geständnis möchten wir jedoch an der Völkerbundsidee nicht verzweifeln; denn sie bedeutet die logische Krönung jeden Strebens nach einer weltumfassenden Friedensordnung. Der Schreiber dieser Zeilen war nie blindgläubig in bezug auf den Versailler Völkerbund und hat darum den Eintritt der Schweiz nach Kräften bekämpft. Er war aber ebenso wenig blind für die grosse Summe von echter und auch praktischer Friedensarbeit, die der Völkerbund in seiner guten Zeit geleistet hat. Weitaus am erspriesslichsten und fruchtbarsten kam uns immer die Gelegenheit vor, die der Völkerbund den Staatslenkern aus aller Welt zum persönlichen Zusammenkommen und Sichaussprechen bot. Es wäre schade, wenn diese Gelegenheit in der kommenden Nachkriegsperiode nicht mehr vorhanden wäre. Eine, wenn auch noch so lockere, internationale Organisation sollte immerhin aus den kommenden Friedensverträgen hervorgehen. Sonst werden unsere Kinder und Kindeskinder, nachdem unsere Generation alle Schrecken zweier grosser Länderkriege gesehen hat, die zehnfachen Schrecken der Grosskriege von Kontinent zu Kontinent erleben und deren Ende: die Niederlage Europas!

Hitler propagiert seine Ideologie
Donnerstag, 12. Dezember 1940

Reichskanzler Hitler versuchte in einer grossen Rede, die er am 10. Dezember vor Berliner Arbeitern hielt, sein System als Kampf gegen den ausbeuterischen Kapitalismus der Angelsachsen darzustellen.

Kampf zweier Welten Reichskanzler *Hitler* hat am Dienstag zu der Belegschaft der Berliner Borsig-Werke gesprochen, um nicht nur sie, sondern die *gesamte deutsche Arbeiterschaft* mutig und stark für die Fortsetzung des Kampfes mit England zu machen. Er packte seine Zuhörer von der ideologischen Seite her. Das haben grosse Kriegsherren schon seit Urzeiten zuweilen getan, aber namentlich seit der Verbreitung des Christentums, das dies, wenn es wollte, als eine Art Kompliment betrachten konnte. So hat Karl der Grosse nicht etwa schlechtweg Deutschland erobert, sondern ‹die Sachsen bekehrt›. Die Kreuzzüge galten nicht der Gewinnung der Levante, sondern der Befreiung des Heiligen Grabes. Die weltweiten Eroberungen der spanischen Monarchie standen im Dienste des rechtgläubigen Katholizismus. Und ganz gross waren stets die Engländer in der Plakatierung ideologischer Kriegsmotive. Alle diese Fälle, die sich um Dutzende von Beispielen vermehren liessen, darf man nicht einfach als Produkte politischer Heuchelei abtun wollen. Sehr oft oder sogar meist haben nicht nur die Geführten, sondern auch die Führer selbst an ihre ideologischen Devisen geglaubt.

Auch Adolf Hitler glaubt wohl fest an das sozialoptimistische Kriegsziel, das er seinen Arbeitern dargelegt hat. Er ist ebenso überzeugt von der schönen Zukunft, die er ihnen für den Fall des Sieges ausmalte, wie von der Jämmerlichkeit des britischen Arbeiterschicksals. Die Richtigkeit jenes Zukunftsbildes lässt sich ohne Prophetengabe nicht kontrollieren, wohl aber die des Gegenwartsbildes, das er vom Feindesland entworfen hat. Wir glauben, dass man gegen Ende des neunzehnten Jahrhunderts die britischen Zustände mit etwelcher Übertreibung ungefähr so hätte darstellen können, wie es Hitler, der die heutige angelsächsische Welt nicht kennt, für die Gegenwart tut. Damals war England im Vergleich zu Deutschland sozialpolitisch entschieden ins Hintertreffen geraten. Es hatte zwar mit dem Gröbsten, lange bevor es in Deutschland überhaupt einen Arbeiterschutz gab, aufgeräumt. So war die schauerliche Sklaverei in den Bergwerken, über die sich nach den Enthüllungen der vierziger Jahre die ganze Welt entsetzt hatte, beseitigt. Aber den grossen Vorstoss für die Arbeiterwohlfahrt während der spätbismarckischen und wilhelminischen Zeit machte England nicht mit. Nach dem neunzehnten kam jedoch das zwanzigste Jahrhundert und mit ihm eine Entwicklung, von der Hitler offenbar keine Kenntnis hat.

Schon rein politisch ist ohne jede ‹Revolution› Umstürzendes passiert. Das englische Mutterland ist höchstens noch primus inter pares neben den emanzipierten Dominien. Von Ausbeutungsmöglichkeiten ihnen gegenüber ist gar keine Rede mehr. Das Missverhältnis zwischen den Opfern, die England für die Erhaltung des Empire bringen muss, und dem Gewinn, den es daraus ziehen kann, wird immer augenfälliger. Und emanzipiert hat sich im ganzen Reich auch die Arbeiterschaft. Der ‹gehobene Arbeiter›, also nicht mehr wie im achtzehnten Jahrhundert der Lord oder im neunzehnten Jahrhundert der Grosskapitalist, ist heute der eigentliche Herr der angelsächsischen Welt. Dem Kapital setzt er noch engere Betätigungsschranken als der Nationalsozialismus, was schon viel heissen will. Notabene: dieser Arbeiter ist nicht mit dem Proletarier zu verwechseln. Elend arme Proletarier gibt es in England, namentlich in London, noch relativ viele. Und die gehobene Arbeiterschaft nimmt sich trotz ihrer politischen Macht ihrer wenig an. Daher die Weiterexistenz der Slums, deren jämmerlicher Anblick fremde Besucher der englischen Grossstädte leicht zu verallgemeinernden Fehlurteilen verleitet. Zu diesen tragen auch die städtebaulichen Folgen des Erbpachtsystems nicht wenig bei. Diese Dinge zeugen vom politischen und sozialen Egoismus der herrschenden Arbeiterschaft, sind aber keine Argumente gegen die Tatsache ihrer grossen Macht.

Nur glaube man nicht, dass diese Arbeiter*macht* auch immer dem Arbeiter*interesse* diene. Sie ist schuld an der jahrzehntelangen Unüberwindlichkeit der englischen Arbeitslosigkeit. Stures Festhalten am Lohnstandard verhinderte die nötigen industriellen Umstellungen in den Krisenjahren. Der Arbeitslose wurde mit verhältnismässig sehr hohen Unterstützungen abgespiesen, aber Arbeit bekam er nicht. Die Arbeiterpartei war und blieb durch dick und dünn pazifistisch. Also war an ein Experiment wie die Hitlersche Massenumstellung auf Rüstungsproduktion, die den Arbeitsmarkt in Deutschland so radikal entlastet hat, nicht zu denken. Oder vielmehr: zu denken war daran schon, aber nichts war durchzusetzen. Hitler beschuldigt Churchill als ‹den gemeinsten Kriegshetzer›, er habe seit sieben Jahren erklärt: «Ich will den Krieg.» Das hat Churchill nie erklärt, wohl aber hat er, weil er den Krieg nicht wollte, seit sieben Jahren oder noch länger eine der deutschen ebenbürtige Aufrüstung gepredigt, aber nicht erreicht, weil die Arbeiterschaft nicht dafür zu haben war, ob sie nun in der Regierung oder in der Opposition sass.

Ähnliches lässt sich von der angelsächsischen Welt jenseits der Meere sagen. In den Vereinigten Staaten gibt es keine Sozialdemokratie und keine Arbeiterpartei. Aber dennoch oder deswegen beherrscht der Arbeiter seit Jahrzehnten immer mehr die grossen Linien der Staatsführung. Er hat vor allem, weil er keine neuen Konkurrenten auf dem Arbeitsmarkt dulden wollte, die Einwanderung und damit die Expansion der amerikanischen Wirtschaft stillgelegt. In Kanada ist sie schon in einem Frühstadium gestoppt worden. Das Land, das nach seinen klimatischen Verhältnissen ein Eldorado grosser Industrie hätte werden können, ist dadurch im Zustand einer Monstre-Getreidefarm stecken geblieben und ist ganz unverhältnismässig menschenarm. Australien und Neuseeland desgleichen. Dort herrschen uneingeschränkt die Arbeiterparteien über künstlich an der Bevölkerungsvermehrung verhinderte Territorien. In den noch nicht verselbständigten britischen Kolonien ist die Entwicklung noch nicht ganz so weit. Aber Freiland für kapitalistische Ausbeutung sind sie längst nicht mehr. Wirtschaftlich hat der Weltkrieg mit ihrer Emanzipation begonnen, und der neue Krieg ist im Begriff, sie zu vollenden.

In England, in seinen Dominien und Kolonien und im angelsächsischen Amerika gibt es dabei immer noch ‹Kapitalisten›. Aber nirgends in diesen Ländern sind sie mehr Herren der Wirtschaftslage, sondern müssen sich mit dem abfinden, was ihnen die Arbeiterkaste noch lässt, und make the best of it. Hitler versicherte in seiner Rede, ein paar hundert gigantische Kapitalisten dirigierten die angelsächsischen Völker; aber deren breite Masse interessiere sie nicht; deren Leben sei ihnen vollkommen gleichgültig. Tatsächlich war es aber gerade der angelsächsische Kapitalismus, der zuerst die entscheidende Wichtigkeit der prosperity der Massen für das Kapital entdeckt hat. Aber die Arbeiterschaft besitzt das entsprechende Verständnis für die Existenzmöglichkeit der Kapitalbesitzer nicht, sondern presst ihnen durch Steuern das Blut unter den Nägeln hervor. Die ‹unbegrenzten Kriegsgewinne›, von denen Hitler erzählte, werden durch die erhöhten Einkommensteuern und durch enorme Kriegsgewinnsteuern ganz kurz geschoren. Das begann schon mit dem Weltkrieg. Darum die Verarmung der englischen Geburts- und Geldaristokratie, darum die unzähligen Landsitze und Stadtpalais, die zu kaufen sind!

So steht es in den Ländern, die Hitler als die Zonen der ‹Besitzenden› seinem Deutschland der ‹Habenichtse› gegenüberstellt. In Wirklichkeit ist der alte Kapitalismus des neunzehnten Jahrhunderts in England wie in Deutschland vernichtet. Nur hat man in beiden Ländern die Kapitalisten nicht wie in Sowjetrussland massakriert. Wir können also, da England tatsächlich längst keine ‹Plutokratie› mehr ist, nicht an den von Hitler konstruierten deutsch-englischen Gegensatz glauben. Aber an den deutsch-englischen Krieg *müssen* wir wohl glauben, nach der vorgestrigen Kanzlerrede mehr denn je.

Hoffnungsarmer Jahreswechsel
Dienstag, 24. Dezember 1940

Krieg auf Erden! Wir beneiden auch heuer alle Mitmenschen, die keine Weihnachts-Artikel schreiben müssen. Denn wenn man im Jahre des Unheils 1940 das Engelswort ‹*Friede auf Erden*› kommentieren soll, bekommt man Anwandlungen von Schreibkrampf. Es steht mit der Sache des Friedens ja noch viel, viel schlimmer als vor einem Jahr. Damals wütete allerdings schon seit vier Monaten der Krieg. Aber man konnte immerhin noch an gewisse vage Möglichkeiten einer baldigen Beilegung denken. Kurz vor Weihnachten hatte Graf Ciano zu den italienischen Kammerabgeordneten gesagt: «Das fascistische Italien fährt mit wachem Geiste fort, die Entwicklung der Ereignisse zu verfolgen, und ist, *wenn es möglich sein wird*, bereit, noch einmal seinen Beitrag zur *Befriedung der Welt* zu leisten.» War es möglich oder war es unmöglich? Das ist eine müssige Frage gegenüber der

Tatsache, dass heute die Welt weniger denn je befriedet ist. Eine ganze Reihe von Völkern, denen nichts lieber gewesen wäre als die Erhaltung des Friedens, ist inzwischen mit Krieg überzogen worden, und das Problem einer vielleicht schon nahen Zukunft ist, ob der Krieg Europas sich nicht zum Weltkrieg auswachsen wird. Die eine Kriegspartei hofft auf die Teilnahme Japans und befürchtet die Teilnahme Amerikas. Bei der andern Kriegspartei gehen Hoffnungen und Befürchtungen in umgekehrter Richtung. Wenn die Teufel singen könnten, so würden sie heute den Lobgesang anstimmen ‹Krieg auf Erden!›.

Wir verpönten Neutralen, denen man zurzeit höchstens noch einen Seltenheitswert zubilligt, lassen uns aber gerade am Weihnachtstag die Sehnsucht nach dem irdischen Frieden nicht ausreden. Manchen Leser wird es geschüttelt haben, als er im gestrigen Abendblatt las: «Edens Rückkehr ins Foreign Office wird sich, wie man in London meint, zweifellos rasch fühlbar machen; es müsse nämlich nunmehr als völlig ausgeschlossen betrachtet werden, dass irgendwo und in irgendeiner Sphäre noch in der Politik des ‹appeasement› gemacht werde. Eden ist die Verkörperung einer starken Politik gewesen, und Churchill könnte es sich kaum leisten, ihn zum Leiter der Aussenpolitik zu machen, wenn das Land nicht durch seine grossen Anstrengungen in die Lage versetzt wäre, auch eine starke Politik zu treiben.» So weit ist man heute in beiden Kriegslagern: die Politik der Befriedung gilt als Schwächezeichen und ist bei einem starken Politiker ausgeschlossen. An dieser Bewertung können wir ketzerischen Neutralen die Kriegführenden nicht hindern, aber bekehren lassen wir uns nicht zu ihr. Im Gegenteil: nach unserer Überzeugung käme der höchste Ruhm der Stärke gerade dem Staatsmanne zu, der, stehe er, wo er wolle, mit der grössten Energie eine Politik des appeasement triebe und durchsetzte. Die Kulturwelt hätte ihm auf den Knien zu danken. Wir glauben nicht, dass sich die heute noch Krieg führenden Völker von dieser Dankbarkeit ausschlössen, sobald der Friede ihre gebundenen Zungen lösen würde.

Aber wo auf Erden ist dieser starke Friedefürst? Und wie ginge es ihm, wenn er aufträte? Ein wirkliches Erlebnis, das wir vor wenigen Tagen hatten, kommt uns wie eine Vision vor. Im Bundeshaus spukte während der letzten Sessionstage ein junges Mädchen herum, das sich zu einer Friedensmission berufen fühlte; plötzlich stand es im Nationalrat und fing an zu predigen; aber noch plötzlicher wurde es von zwei Weibeln gepackt und zappelnd hinausbefördert. Manche Zuschauer lachten. Mir war's eher zum Heulen; denn in dieser ‹komischen› Szene lag die ganze Tragik der hilflosen Friedenssehnsucht unserer jammervollen Zeit. Aber dem Jüngferchen hat die ihm widerfahrene Ordnungsgewalt hoffentlich nichts geschadet. Ihm gilt ja schliesslich doch die Verheissung der Bergpredigt: «Selig sind die Friedfertigen; denn sie werden Gottes Kinder heissen.»

Der weihnachtliche Friedenstrost dieses Jahres scheint also ganz auf dem irrationellen Gebiet des Glaubens zu liegen. Oder findet er vielleicht nicht doch durch gewisse Erwägungen nüchterner Vernunft eine zaghafte Unterstützung? In jedem Krieg gibt es ein Optimum des für den Sieger Erreichbaren und ein Pessimum der Opfer, die er dafür bringen muss. Irgendwo schneiden sich diese beiden Kurven. Es kann der Moment kommen, wo kein noch so durchschlagender Sieg die Verluste mehr aufwiegt, die für seine Erringung erlitten werden mussten. Je furchtbarer die modernen Kriegsmittel sind, desto rascher tritt die Überholung des denkbaren Gewinnes durch den sicheren Verlust ein. Das Herannahen dieses Verhältnisses noch rechtzeitig zu erkennen und durch Friedensschluss zu verhüten, ist in allen Ländern die Sache einer klar blickenden Staatsleitung. Da handelt es sich weniger um Kraft oder Schwäche, sondern um Vernunft oder Unvernunft. Ist man ein sträflicher Optimist, wenn man trotz allen bisherigen Erfahrungen noch an solche Vernunftregungen zu glauben wagt?

Dienstag, 31. Dezember 1940

Was kam, und was kommen kann *Das Jahr 1940* wird in die Weltgeschichte eingehen als das Jahr des *französischen Zusammenbruchs*. Ob dieser in seinem bisherigen Umfang schon abgeschlossen ist oder ob unserem unglücklichen Nachbarvolk noch schwerere Prüfungen bevorstehen, wird sich im neuen Jahr zeigen. Jedenfalls aber hat durch ihn der Kriegsverlauf die grosse Wendung erfahren, die dem abgelaufenen Jahr die Signatur gibt.

Charakteristisch für die Lage zu Ende 1939 war ja gerade die Stagnation an der deutsch-französischen Front. Wir schrieben in unserem damaligen Silvester-Rückblick:

«Der ‹klassische› Krieg, der *Landkrieg*, ist an der wichtigsten Stelle *noch gar nicht ausgebrochen*. Stärker entwickelt hat sich der Seekrieg, also der Handelskrieg par excellence. Angesichts dieser merkwürdigen Kriegsverhältnisse ist schon die Behauptung gewagt worden, man stehe nun, ganz ohne Beteiligung des konkreten Völkerbundes, eben doch vor dem eigentlichen Typus des ‹Völkerbundskrieges›, das heisst vor einem Versuch, den Gegner ohne Massenabschlachtungen durch wirtschaftliche Mattsetzung niederzuringen. In einer solchen Rechnung stecken aber natürlich *allzu viele Unbekannte*, als dass man sich auf sie verlassen könnte. Sie könnte durch *Überfälle auf neutral bleiben wollende Staaten* oder durch *freiwillige Preisgabe der Neutralität seitens bisher unbeteiligter Grossmächte* – Italien, Japan, USA – von einem Tag zum andern umgestossen werden. Und umstossen, in glücklicher Art umstossen, könnte diese Rechnung auch eine erfolgreiche Initiative zur Friedensstiftung, gehe sie aus, von wem sie wolle.»

Der ‹klassische Krieg› ist 1940 dann also gekommen, und zwar mit einer mehr als klassischen, über alle geschichtlichen Vorbilder hinausgehenden Vehemenz. Eingesetzt hat er am 8. April mit dem deutschen Angriff auf Norwegen, und abgeschlossen wurde er schon am 25. Juni mit dem Waffenstillstand von Compiègne. Keine elf Wochen hat die deutsche Armee gebraucht, um die skandinavischen Staaten Dänemark und Norwegen, die niederländischen Staaten Holland, Luxemburg und Belgien und dann schliesslich die Grossmacht Frankreich niederzuzwingen. Inzwischen war auch einer der freiwilligen Kriegseintritte erfolgt, die um die Jahreswende als möglich gegolten hatten: am 10. Juni stellte sich Italien militärisch an die Seite Deutschlands, was dann am 28. Oktober die unfreiwillige Kriegsbeteiligung Griechenlands im Gefolge hatte. Von einem freiwilligen Kriegseintritt kann man aber auch bei einem bisher als ganz unkriegerisch geltenden Staate reden: Thailand, das ehemalige Siam, rückt der französischen Kolonialarmee in Indochina täglich ernsthafter auf den Leib. Das ist vielleicht nur ein Vorzeichen von viel Furchtbarerem, was die weisse Rasse noch erleben kann, wenn sie sich weiterhin selbst zerfleischt. Man denke daran, dass China, das 450 Millionen Einwohner zählt, immer intensiver militarisiert wird. Wie auch sein Kampf mit Japan ausgehen möge, hier haben sich Massenheere gebildet, die unter nationaler oder japanischer Führung einst den europäischen und den amerikanischen Weissen zur Existenzbedrohung werden könnten.

Nicht vollzogen hat sich im alten Jahr der Kriegseintritt der Vereinigten Staaten von Amerika und Japans. Es ist nicht sehr wahrscheinlich, dass im neuen Jahr eines dieser beiden Ereignisse ohne das andere eintreten wird; denn die beiden Möglichkeiten sind vinkuliert. Im europäisch-asiatischen Dreimächtepakt, den Deutschland und Italien am 27. September in Berlin mit Japan abgeschlossen haben, ist vorgesehen, dass die Achse dem fernöstlichen Partner militärisch beistehen wird, wenn ihn die amerikanische Union angreift, und vice versa, dass Japan den Achsenmächten Kriegshilfe zu leisten hat, wenn sie von den Vereinigten Staaten angegriffen werden. Der Ausdruck ‹angreifen› ist bekanntlich sehr interpretationsfähig, würde also, wenn alle drei Partner des Berliner Vertrags einig sein sollten, kein Kriegshemmnis darstellen. Entscheidend wird sein, ob die ‹Nichtkriegsbeteiligung› Amerikas, die sich schon sehr weit von wirklicher Neutralität entfernt hat, für Deutschland, Italien und Japan das grössere oder das kleinere Übel ist im Vergleich zur Kriegsbeteiligung sans phrase. Im Achsenbereich gewinnt die Anschauung an Boden, sie sei das grössere Übel; denn die volle Kriegsbeteiligung würde wegen der Inanspruchnahme der amerikanischen Rüstungsindustrie für die eigene Wehrmacht den Engländern mehr schaden als helfen. Das ist nicht ganz plausibel. Wenn Amerika und England Seite an Seite fechten wollen oder müssen, so werden sie sich schon über eine Disposition ihrer gemeinsamen Kräfte arrangieren können, die ihnen nützlich ist. Aber dennoch kann man sich fragen, ob England mit einem formell neutralen Amerika nicht besser fährt als mit einem verbündeten, wie auch der Kriegseintritt Italiens bisher kein Reingewinn für die Achse war. Die vom Präsidenten Roosevelt vorgesehene Arbeitsteilung zwischen den beiden Mächten – auf der einen Seite des Atlantik die kombattanten Engländer, auf der andern die sie beliefernden Amerikaner – stellt vielleicht doch das Optimum für das Angelsachsentum dar, wenn der Kongress in Washington ihr in den nächsten Wochen zustimmt.

‹In den nächsten Wochen›?! Aber was können diese nächsten Wochen im Gebiete des Ärmelkanals nicht alles bringen, was alle britischen und amerikanischen Berechnungen über den Haufen wirft! Es ist nicht sicher, aber wohl möglich, dass Reichskanzler Hitler schon sehr bald den Moment für den Grossangriff auf England für gekommen hält. Unser Korrespondent hat letzter Tage aus Rom berichtet, dass nach dortiger Ansicht dieser Augenblick ‹eher im Januar als im Februar oder März› eintreten werde. Generalfeldmarschall von Brauchitsch hat zu Weihnachten an der Kanalküste ins Radio gesprochen: «Der Meereswall wird England nur so lange schützen, als es uns passt.» Die Annahme liegt nahe, es passe Deutschland eigentlich schon lange nicht mehr, und darum sei der schicksalsschwere Angriffsversuch fällig.

Deutschland und Italien
Samstag/Sonntag 11./12. Januar 1941

Im Winterhalbjahr, das dem deutsch-russischen Kriegsausbruch voranging, bemühte sich Deutschland immer mehr um die Konsolidierung der Achse, namentlich durch engere Heranziehung Italiens.

Realunionen Wahrscheinlich mockiert man sich in den eingeweihten Kreisen Berlins und Roms gegenwärtig über die Beflissenheit, mit der das feindliche und das neutrale Ausland die Zone und den Zeitpunkt des nächsten Vorstosses der Achse zu erraten versucht. Denn ob diesem trotz seiner relativen Wichtigkeit doch sekundären Zukunftsproblem wird allzu wenig Beachtung der bereits vollzogenen Tatsache einer *starken Konsolidierung der Achse* geschenkt.

Es handelt sich dabei um einen sowohl politischen als auch militärischen Vorgang. Politisch ist er erkennbar geworden durch den feierlichen Beschluss des italienischen Ministerrats vom 7. Januar, die unerschütterliche Treue Italiens zum Achsenpakt zu bestätigen. Man beachte auch den gestrigen Hinweis unseres Römer Korrespondenten auf die von Frankreich zu wenig gewürdigte ‹Gemeinsamkeit des Willens Italiens und Deutschlands› und auf die ‹italienisch-deutsche Gemeinsamkeit der Ziele, der Bestrebungen *und der Mittel* seit der Ankunft des deutschen Fliegerkorps in Italien›. Es kommt aber nicht nur das Fliegerkorps in Betracht, sondern auch eine weit darüber hinausgehende Truppenverschiebung. Der deutsche und der italienische Teil der Achsenarmee durchdringen sich immer mehr. Vielleicht kann das aus dem erwähnten Römer Telegramm geschlossen werden, dass für den Fortgang dieses Prozesses die Beanspruchung des Wegs durch das Rhonetal erwogen wird.

Jedenfalls aber steht man auf der ganzen Linie vor einem Phänomen, das man unter Zuhilfenahme eines naturwissenschaftlichen Begriffs als *deutsch-italienische Symbiose* bezeichnen kann. Das gerade Gegenteil einer Entwicklung, die vielfach für 1941 erwartet worden ist! Noch vorgestern verzeichnete ‹United Press› in einem Überblick über die Neujahrsprognosen der fremden Diplomaten in London die Ansicht, ‹dass England in diesem Jahr gute Aussichten habe, mit Italien zu einem Sonderfrieden zu gelangen, obschon man sich darüber im klaren ist, dass Deutschland alles tun würde, um einen solchen Friedensschluss zu verhindern›. Wenn die Dinge wirklich einmal so gestanden haben, so stehen sie jetzt eben nicht mehr so, sondern Deutschland *hat* bereits ‹alles getan›, und England hat die Gelegenheit, Italien Avancen zu machen, wenn sie je bestanden hat, verpasst.

Die deutsch-italienische Symbiose oder, wenn man einen andern Ausdruck vorzieht, *Realunion* ist nicht aus den gängigen Begriffen von politischer und militärischer Bundesgenossenschaft heraus zu verstehen, so wenig wie das parallele Verhältnis, das sich im angelsächsischen Bereich zwischen dem britischen Empire und der amerikanischen Union zu entwickeln scheint. Dagegen findet sich im *hohen Mittelalter* ein Analogon in Gestalt des deutsch-italienischen Imperiums mit seinen universalen Prätentionen. Wer sich das überlegen will und Freude an Zentenarfeiern hat, der blättere im Buch der Geschichte um genau sieben Jahrhunderte zurück bis 1241. Das war das Jahr, das gemeinhin als der Kulminationspunkt der glänzenden Laufbahn des Hohenstaufenkaisers Friedrich II. gilt. Wir lesen in einer Geschichtsdarstellung zu jenem Jahr: «Sein Glücksstern leuchtete damals im schönsten Glanz.»

Friedrich II. war nicht ein Deutscher, der Italien bezwang, und war ebenso wenig ein Italiener, der Deutschland bezwang. Sondern er war der Herkunft nach halb Deutscher, halb Italiener, dem Genie nach vielleicht etwas mehr Italiener als Deutscher. Hauptsächlich aber war er ein auf seine Zeit ganz anachronistisch wirkender hochmoderner Mensch, ein autoritärer Staatsmann und Zentralisator par excellence. Ganz durchsetzen konnte er seinen Staatswillen ja nur in seinem sizilianisch-süditalienischen Erbland. Dort hat er durch sein Gesetzbuch, die ‹Constitutionen›, eine Regierungs- und Steuermaschinerie eingeführt, wie sie das feudale Mittelalter bisher nie erlebt hatte. Dort setzte er ganz à la 20. Jahrhundert ein straffes staatliches Aussenhandelsmonopol durch. Das Geldwesen manipulierte er ebenfalls hochmodern. Da es noch keine Papiernotenpressen gab, setzte er Ledergeld in Zirkulation, zog es aber löblicherweise im Glücksjahr 1241 wieder aus dem Verkehr. Gerne hätte er ganz Italien und ganz Deutschland nach seinem System gleichgeschaltet. Aber in Deutschland war der Feudalismus sehr stark, und in Italien gab es neben den kaisertreuen Ghibellinen auch energische Guelfen und namentlich ein sehr mächtiges Papsttum mit ganz entgegengesetzten Idealen. So war denn Friedrichs II. ganze Herrschaft ein halbes Jahrhundert unausgesetzter Kriege, obwohl er sein Kaisertum stets als Friedensgarantie proklamierte. Nebenbei noch etwas zum ‹Glücksjahr› 1241. In dieses Jahr fiel auch die blutige Niederlage, die die bis nach Schlesien vorgedrungenen Mongolen den Ostdeutschen bei Liegnitz bereiteten. Die Mongolen waren im 13. und 14. Jahrhundert für Europa und Asien der gleiche Völkerschreck wie die Bolschewiken im 20. Jahrhundert. Aber Friedrich II. hatte das unerhörte Glück, dass die Mongolen wie durch ein Wunder trotz ihres Sieges plötzlich nach Südosten abbogen und das ausserrussische Europa fürderhin in Ruhe liessen.

So hat denn Friedrich II. im Jahre 1250 die Augen schliessen können, ohne das Auseinanderbrechen seines deutsch-italienischen Imperiums erleben zu müssen. Die Katastrophe und das Interregnum, ‹die kaiserlose, die schreckliche Zeit›, kam erst nach seinem Tode. Sieben Jahre später war es so weit, dass ein reicher Engländer, Richard von Cornwallis, Bruder König Heinrichs III., die deutsche Königswürde von den deutschen Fürsten gegen bar kaufen konnte. Das Imperium Friedrichs II. war eben ein Produkt ererbten und persönlichen Hohenstaufengenies gewesen, nicht eine Erfüllung der zeitgenössischen politischen und wirtschaftlichen Möglichkeiten. Nie wieder während 700 Jahren hat sich deutscher und italienischer Staatswille so durchdrungen. Nie wieder erstand ein einheitliches Reich von der Nord- und Ostsee bis zum sizilischen Meer. Aber im Volke lebte der deutsch-italienische Kaiser weiter. Die Sage vom ‹alten Barbarossa, dem Kaiser Friederich› bezieht sich nicht, wie das bekannte Gedicht will, auf Friedrich I., sondern auf seinen Enkel Friedrich II. Ist dieser nun in der Doppelgestalt der Duumviri Hitler und Mussolini wieder erstanden? Ist überhaupt die Zeit des Eigenlebens der europäischen Nationalstaaten vorbei?

Vielleicht waren schon Winston Churchill und Paul Reynaud dieser Ansicht, als sie unmittelbar vor dem französischen Zusammenbruch eine bundesstaatliche Union ihrer beiden Länder konzipierten. Im britischen Entwurf vom 16. Juni 1940 für eine gemeinsame Erklärung hiess es ausdrücklich:

> «Beide Regierungen erklären, dass *Frankreich und Grossbritannien nicht länger zwei Einheiten*, sondern eine *französisch-britische Union* bilden sollen. Die Verfassung der Union soll *gemeinsame Organe für die Verteidigung, für die Aussenpolitik, für das Finanzwesen und für die Wirtschaftspolitik vorsehen*. Jeder französische Staatsbürger gelangt sofort in den Genuss der britischen Staatsbürgerschaft, jeder britische Untertan wird französischer Bürger. Beide Länder übernehmen gemeinsam die Verantwortung für die Wiedergutmachung der Kriegsschäden, wo sie auch auf ihrem Territorium vorkommen mögen, und zu diesem Zwecke sollen die Hilfsmittel beider Staaten eingesetzt werden. Während des Krieges soll es *nur ein einziges Kriegskabinett* geben, und sämtliche Streitkräfte Englands und Frankreichs zu Land, zu Wasser und in der Luft werden seiner Leitung unterstellt. Das Kriegskabinett wird von dem geeignetsten Orte aus regieren. Die *beiden Parlamente* werden förmlich *vereint*.»

Über diesen Plan ist dann der Krieg vernichtend hinweggeschritten. Aber dafür nähert sich, wie bereits erwähnt, das *Verhältnis zwischen dem Britischen Reich und den Vereinigten Staaten von Amerika* allmählich auch dem System der Realunion. Die ‹gegenseitige Abhängigkeit›, die nach dem gestrigen Depeschenteil ein sehr seriöser ‹Times›-Artikel proklamiert, ist nicht viel anderes.

Sicher liegen solche Wandlungen der Verhältnisse von Staat zu Staat in der Luft. Aber die heutige Luft ist eine Kriegsluft, und darum ist nicht gesagt, dass, wenn einmal wieder Friedenslüfte wehen, das Eigenleben der Nationalstaaten nicht wieder zu seinem Rechte kommen kann. Man hört allerdings die Behauptung, die grossen staatlichen Gruppenbildungen hätten als Rationalisierungsmassnahmen eine über die Kriegszeiten hinaus dauernde Begründung. Wir fürchten nur, dass sie wieder zu Kriegsvorbereitungskonzernen werden können. In diesem Falle hätte ihr Weiterbestehen sicher nichts mit einer wirklichen Rationalisierung, also ‹Vernünftigung›, der internationalen Beziehungen zu tun.

Blick auf Griechenland
Donnerstag, 30. Januar 1941

Das von Italien im Herbst 1940 überfallene und dann auch von Deutschland mitbekriegte Griechenland wehrte sich lange mit überraschendem Erfolg gegen die Übermacht. Aber es verlor schon am 29. Januar durch den Tod seines politischen und militärischen Führers Metaxas den wichtigsten Garanten der dauernden Abwehr.

† General Metaxas Als der italienische Gesandte in Athen Grazzi am 28. Oktober 1940, morgens um 3 Uhr, den nahezu siebzigjährigen *Ministerpräsidenten General Metaxas* wecken liess und ihm das auf drei Stunden befristete Ultimatum überreichte, sah er sich nicht einem ‹schlaftrunkenen Greis, der sich nicht zu helfen weiss›, sondern einem wachen und ruhigen Manne gegenüber. Der las das Schriftstück mit Bedacht und machte dazu die schlichte Bemerkung: «Alors c'est la guerre.» Dann fuhr der Italiener in seine Gesandtschaft zurück, und Metaxas machte sich an die Arbeit, an die militärische und an die politische. Diese Arbeit hat nun, kaum ein Vierteljahr nach Kriegsbeginn, der Tod unterbrochen. Am letzten Samstag musste sich Metaxas einer Operation unterziehen. Gestern ist er einem ‹Herzschlag›, also wohl einer Embolie, erlegen, nachdem er bis zuletzt klaren Geistes geblieben war und sich mit seinen Vertrauten über die Nachfolgefrage besprochen hatte.

Damit endete die Laufbahn eines ganz ungewöhnlichen Mannes. Johannes Metaxas wurde am 12. April 1871 auf der Insel Kephalonia – nicht, wie eine andere Version lautet, auf Ithaka – geboren. Er war der Spross einer seit dem Jahre 1080 in der byzantinischen Geschichte hervorgetretenen Familie und erhielt deren traditionellen Vornamen Johannes nach dem Vorfahren, der 1453 mit dem Kaiser Konstantin Palaeologos bei der türkischen Eroberung Konstantinopels gefallen war. Nach der Katastrophe blieben die Metaxas zum Teil im Phanar in der Umgebung des Oekumenischen Patriarchats. Dort hat einer von diesem Zweig im 17. Jahrhundert die erste Buchdruckerei gegründet und ist nebenbei für den Übergang der griechisch-orthodoxen Kirche zum Protestantismus eingetreten. Der andere Zweig wanderte nach den jonischen Inseln aus und machte in hervorragenden Stellungen deren Schicksale unter venezianischer, französischer und britischer Herrschaft mit. Zu ihm gehörte ein Konstantin Metaxas, der schon 1821 am Aufstand der Neugriechen gegen die Türken teilnahm, ein Andreas, der unter König Otto, dem Wittelsbacher, Ministerpräsident wurde, und ebenso der nun verstorbene General Metaxas. Dieser wandte sich von vornherein der Offizierslaufbahn zu und bildete sich am ‹Euelpiden-›, das heisst Aspiranteninstitut in Athen dafür aus, um dann später drei Jahre lang die Kriegsakademie in Berlin zu durchlaufen. Dort hat er als ungewöhnlich begabter Schüler ein Andenken hinterlassen, das noch letzten Herbst lebendig war und etliche Stirnen sich runzeln liess, als man vernahm, dass die Achsenfreunde diesem Zögling preussischer Kriegskunst auf Schlachtfeldern entgegenzutreten wünschten. Unterdessen hatte es Metaxas nach bester Bewährung in den beiden Balkankriegen 1915 zum Generalstabschef gebracht. Aber dann kam sein Konflikt mit Venizelos und sein Übergang zur Politik. In deren Irrgärten hat er sich wie irgendein politisierender Balkangeneral zwei Jahrzehnte lang bewegt und hat dabei die üblichen Abenteuer, mehrfache Verbannung und auch ein Todesurteil, heil überstanden. Die Details interessieren heute kaum mehr, ausser vielleicht die Tatsache, dass unter seinen Verbannungsorten einmal auch Korsika war, wo ihm wohl etliche napoleonische Inspirationen zuteil wurden. Jedenfalls aber haben ihm langwierige Exile in Frankreich und in Italien Gelegenheit zu fruchtbarem Studium der dortigen Armeen geboten.

Nachdem im November 1935 mit der Rückkehr König Georgs II. in Griechenland die Monarchie wieder eingeführt worden war, begann für Metaxas der endgültige politische Aufstieg. Im April 1936 wurde er Ministerpräsident, und schon in der Nacht vom 3. zum 4. August machte er sich durch einen gründlichen Staatsstreich zum Diktator. Er hat seither ohne Parlament und unter Stillegung aller politischen Parteien allein regiert und ist dabei nie gefährlich angefochten worden. Er selbst war überzeugt, dass sein Volk, das innert einer einzigen Generation fünf blutige Kriege durchgemacht hatte, und ein Land, das während derselben Zeit seinen Umfang verdoppelt und seine Einwohnerzahl nahezu verdreifacht hatte, eine lange innerpolitische Ruhepause brauche, und wusste diese Überzeugung auch um sich zu verbreiten. Wer sich nicht mit ihr abfinden *wollte*, der *musste*. Metaxas liess seine Gegner zwar nicht umbringen, wohl aber einsperren und namentlich gerne verbannen. Aber diese Gewaltmittel hätten, wie die mehr als hundertjährige Geschichte Neugriechenlands zeigt, seine Herrschaft schwerlich auf die Dauer gesichert, wenn sie nicht durch ihre Erfolge zusehends populärer geworden wäre. Alles, was zwanzig Jahre lang im Hin und Her der innern Wirren für die Hebung des Arbeiter- und Bauernstandes und für die Bildung der Jugend versäumt worden war, wurde unter Metaxas im Eiltempo nachgeholt.

Aber dann kam unversehens, was Metaxas nicht gewollt hatte: der Krieg mit Italien. Die Aussenpolitik des Diktators hatte sich weislich von der Tradition seiner Vorgänger entfernt. Sie neigte weder zu den Achsenmächten noch zu England, sondern war einfach griechisch, also stramm neutral. Er hat sie am 4. August 1940, dem vierten Jahrestag seiner Machtergreifung, mit den Worten umschrieben:

> «In diesem furchtbaren Konflikt, der die Grundlagen Europas erschüttert, ist *Griechenland*, das zur Wahrung seiner territorialen Integrität, seiner Unabhängigkeit und seiner Ehre die grössten Opfer auf sich zu nehmen bereit ist, *neutral* und wird neutral bleiben. Griechenland ist nicht neutral aus Egoismus oder Gleichgültigkeit, sondern weil es sich mit Rücksicht auf seine Kräfte und Mittel und seine geographische Lage bewusst ist, dass der beste Dienst, den es Europa leisten konnte, darin besteht, zur Erhaltung des Friedens, wenigstens in Südosteuropa, beizutragen. Deshalb war und ist diese *Neutralität immer aufrichtig*, aber die Neutralität Griechenlands will besagen, dass wir *entschlossen* sind, uns *jeder Verletzung unserer Neutralität zu widersetzen*. Griechenland ist überzeugt, dass die andern Staaten die neutrale Haltung Griechenlands anerkennen und respektieren werden.»

Als diese Überzeugung durch den italienischen Angriff zuschanden geworden war, zeigte es sich, dass Metaxas auch für diesen Fall vorgesorgt hatte. Sein Regime hatte etwas fertig gebracht, was keinem Vorgänger gelungen war: die Entpolitisierung der Armee. Es klingt wie ein Märchen, aber es ist so: der politisierende General par excellence war im Innersten genug General geblieben, um diese Notwendigkeit nicht nur einzusehen, sondern auch praktisch zu verwirklichen. Die Armee war von oben bis unten in Ordnung, als sie für die Landesverteidigung antreten musste. Ob es wahr ist, dass Minister und Generäle sich vom Ausland reichlich Bestechungsgelder hatten auszahlen, diese aber einem Geheimfonds für Festungsbauten hatten zufliessen lassen, wie die Fama erzählt, wissen wir nicht. Jedenfalls aber war auch ein Festungssystem gebrauchsbereit: die sogenannte Metaxaslinie. Diese unterschied sich von der Maginotlinie dadurch, dass sie nicht verwendet wurde, um die Armee hinter ihr verschlampen zu lassen. Metaxas fiel es nicht ein, sich in diese Deckung zu verkriechen, sondern er liess, wie er es auf der preussischen Kriegsakademie gelernt hatte, den oberkommandierenden General Papagos so offensiv vorgehen, wie es die Umstände erlaubten. Erst, wenn wirklich Not an den Mann gekommen wäre, hätte der Schutz der Metaxaslinie funktionieren müssen. Dieser Fall ist bekanntlich einstweilen nicht eingetreten.

Aber nun ist der Mann tot, auf dem Griechenlands Hoffnung beruhte, dass der böse Fall der Rückzugsnotwendigkeit überhaupt nie eintreten werde, und es erhebt sich das Problem der Nachfolge. Vorläufig ist der Nationalbankpräsident Coryzis in die Lücke getreten. Aber kann Metaxas überhaupt ersetzt werden? Er war in einer Person Aussenminister, Kriegsminister, Marineminister, Luftfahrtsminister, Erziehungs- und Kultusminister, und er war faktisch auch Generalissimus. Die eigentlichen Ämter wird man ja verteilen können. Aber die Macht eines Diktators kann man nicht verteilen und überhaupt nicht übertragen, wenn kein Träger von gleicher Kraft bereitsteht. In ihrer nächsten Umgebung pflegen die Diktatoren Elemente von solchem Kaliber nicht heranzuzüchten. Metaxas schwebte vor, er selbst könne den Diktaturzustand eines Tages auch wieder stoppen. In der bereits erwähnten 4. August-Proklamation sagte er selbst, er wünsche diesem Zustand ein rasches Ende, und wusste warum. Er hatte keinen einzigen Mitarbeiter, der etwas anzuordnen wagte, ohne ihn vorher zu fragen.

Das ist nun die schwere Sorge, die zu der Trauer Griechenlands um seinen grossen Sohn hinzukommt. Der ‹grosse Sohn› war übrigens, wie viele andere grosse Männer, klein von Gestalt. Namentlich in seinen alten Tagen sah der wohlbeleibte, bebrillte Herr gar nicht martialisch aus, sondern eher wie ein Professor. Er gebärdete sich auch gelegentlich wie ein solcher. Zwar war er ein sicherer Pilot, aber es soll ihm doch passiert sein, dass er einmal mit einem Wasserflugzeug auf einer Wiese landen wollte. Im letzten Augenblick hinderte ihn sein Adjutant und veranlasste ihn, korrekt im Hafen Piräus zu wassern. Aber dann hatte Metaxas schon wieder vergessen, dass das keine Wiese war, öffnete den Schlag und plumpste prompt ins Meer. Er ist dort nicht wie weiland sein Landsmann Ikarus ertrunken, sondern wurde glücklich herausgezogen und ist darum schliesslich dem ganz prosaischen Schicksal allzu gewissenhafter Staatsmänner erlegen. Nachdem er dauernd sechzehn bis achtzehn Stunden täglich gearbeitet hatte, versäumte er den rechten Moment, einer Krankheit nachzugeben und sich zu pflegen. So kam er zu spät auf den Operationstisch und war nicht mehr zu retten.

Ein Seitenblick auf Spanien
Samstag/Sonntag, 1./2. März 1941

Spanien passte sich im zweiten Weltkrieg mit wenig Eleganz, aber immerhin einer gewissen Konsequenz den Konjunkturen auf den Kriegsschauplätzen an und rettete seine Neutralität. Der am 28. Februar 1941 erfolgte Tod seines vertriebenen Königs erinnerte die Welt daran, mit wie viel mehr Geschick dieser im ersten Weltkrieg eine ähnliche schwierige Situation zu meistern verstanden hatte.

† **Alfons XIII.** Der im römischen Exil gestern verstorbene Alfons XIII. von Spanien kam am 17. Mai 1886 als König zur Welt. Sechs Monate zuvor war sein Vater Alfons XII. gestorben und hatte keinen männlichen Thronerben, wohl aber zwei Töchterchen und eine Gattin in gesegneten Umständen hinterlassen. Wäre deren noch ungeborenes Kind weiblichen Geschlechts gewesen, so hätte das älteste der Mädchen, die Infantin Mercedes, die Königskrone bekommen. Aber zur Freude des Volkes genas die Königin-Witwe eines Knaben, und dieser wurde als Alfons XIII. zum König proklamiert. Er hatte auch noch sieben andere Vornamen, zum Beispiel Isidor, und abergläubische Leute fanden, man hätte als Ruf- und Königsnamen einen von diesen wählen sollen, um das Kind nicht mit der ominösen Ordnungsnummer 13 zu belasten. Aber andere wiesen darauf hin, dass gleichzeitig auf dem Stuhl Petri Leo XIII. sass, ohne Zweifel einer der besten und erfolgreichsten Päpste.

Alfons XIII., wie der Knabe nun also definitiv hiess, wurde bis zu seiner Volljährigkeit von seiner Mutter Marie Christine, einer österreichischen Erzherzogin und Schwester des allen Baslern in bester

Erinnerung stehenden ‹Erzi›, gut erzogen. Und auch streng! Sie besfrafte den Jungen sogar gelegentlich mit Arrest. Der brachte es aber doch einmal fertig, auf den Balkon des Königspalastes zu entweichen und von dort aus das Publikum jammernd zu bitten, es möge die Wachen alarmieren, da man den ‹König› gefangen halte. Als er sechzehn Jahre alt war, hörte die Regentschaft der Mutter auf, und von da an regierte Alfons direkt. Es war seine Chance, dass die furchtbare Katastrophe des Krieges mit den Vereinigten Staaten von Amerika im Jahre 1898, somit lange vor seinem Regierungsantritt, erfolgt war und er also auch mit dem bösesten Willen nicht für den Verlust des spanischen Kolonialreiches in den Antillen und Philippinen behaftet werden konnte.

Nach väterlicher und mütterlicher Tradition regierte Alfons XIII. zunächst jahrzehntelang streng konstitutionell nach dem ‹Rotativsystem›. Das heisst, er liess die Konservativen und die Liberalen regelmässig in der Herrschaft abwechseln. Wenn ein Ministerium lange genug im Amte gewesen war und sich abgezappelt hatte, wurde es schmerzlos durch ein Kabinett der Gegenpartei ersetzt, und dieses machte dann sofort Wahlen mit absolut sicherer ‹Volkszustimmung› und regierte, bis auch ihm wieder die Stunde der Ablösung schlug. Also Abwechslung nach englischem Vorbild, nur mit dem grossen Unterschied, dass das Volk praktisch gar nichts dazu zu sagen hatte! Im Ausland höhnte man etwa über diese spanische ‹Drehbühnen-Politik›. Aber die Monarchie fuhr dabei nicht schlecht; denn ihr Träger konnte, unberührt von den Wandlungen der Popularität der grossen Parteien, als höhere Macht über den Wolken schweben. Wenn Alfons XIII. jeweils merkte, dass ein Ministerium überreif geworden war, gab er ihm gerne noch einen kleinen Stupf, den ihm die Betroffenen nachher nicht lange verübelten.

Gestolpert und schliesslich zu Falle gekommen ist der verstorbene König gerade dadurch, dass er ein einziges Mal den tragischen Fehler beging, selbst eine schwere Verantwortung zu übernehmen. Das war im Rifkrieg von 1921, als er hinter dem Rücken der Regierung und des Kriegsministers den General Silvestre zu der verhängnisvollen marokkanischen Offensive antrieb, die mit dem blutigen Gemetzel von Anual endigte. Seither stand der König unter dem Druck der Angst vor Enthüllungen, die ihn den Thron zu kosten drohten. Er ergriff vor dieser Gefahr die ‹Flucht in die Diktatur›, übte diese aber nicht persönlich aus, sondern überliess sie nach einem mit seiner Konnivenz zustandegekommenen Staatsstreich vom September 1923 dem General Primo de Rivera. Dieser war kein so strenger Diktator wie die ihm mit der Machtergreifung vorangegangenen Benito Mussolini in Italien und Kemal Pascha in der Türkei, aber auch kein so sattelfester. Alfons XIII. hatte wohl von Anfang an die Absicht, ihn zu gegebener Zeit wieder ‹abzuschäufeln›, und führte sie 1930 auch aus. Aber nun erwies es sich, dass die Diktatur eine Kutsche ist, die man unschwer besteigen, aber, wenn sie einmal ins Fahren gekommen ist, nicht heil wieder verlassen kann. Diesmal hatte sich nicht nur der Ministerpräsident, sondern der König selbst abgezappelt. Die Wahlen vom April 1931 – es waren zur Abwechslung *echte* Wahlen! – führten zu einem vollen Sieg der Republikaner und zur Absetzung des Königs. Sie wurde in den anständigsten Formen vollzogen, so dass Alfons XIII. seither im Exil in Frankreich, in der Schweiz und in Italien als reicher Grandseigneur leben und einer weiteren Drehung des Glücksrades harren konnte.

Aussenpolitisch ist der König während seiner ganzen Regierung die Wege gegangen, die für Spanien die einzig richtigen waren. Er hielt das Land von den grossen europäischen Parteiungen fern. Persönlich, aber wirklich nur rein persönlich, sympathisierte er während des Weltkrieges mit der Entente, im Gegensatz zur spanischen Oberschicht und wohl auch zur Volksmehrheit. Zu einem fremden Besucher sagte er damals: «En Espagne tout le monde est pour l'Allemagne, sauf moi et la Canaille.» Es wird behauptet, seine antideutsche Einstellung sei auf eine Brüskierung durch Wilhelm II. zurückzuführen. Dieser habe ihn 1908 bei einer Flottenschau in Vigo wegen eines Etikettefehlers angeschnauzt und sich das kollegiale ‹Du› verbeten. Aber um politische Konsequenzen aus diesem Ärger zu ziehen, war Alfons XIII. zu gescheit. An hoher Intelligenz und diplomatischer Finesse fehlte es ihm zeitlebens nicht. Menschlich war er überaus liebenswürdig und gewinnend, was eine gewisse habsburgisch-bourbonische Herzenskälte im Innersten nicht ausschloss. Er war kein typischer Spanier. Intransigenz und Pathos waren ihm völlig fremd. Besser als seine Untertanen vom Schlage Don Quixotes verstand ihn der Typus Sancho Pansa.

Er gehörte diesem aber selber auch nicht an; denn er war bis in seine alten Tage hinein ein mutiger, geradezu enragierter Sportsmann. Die einzige Ministerkrise, bei der er im Herzen dabei war, ereignete sich unter einem Ministerium Maura, dessen Chef dem König den in seinem gefährlichsten Anfangsstadium stehenden Automobilsport verwehren wollte. Aber Tapferkeit grössten Stils zu zeigen hatte Alfons XIII. nur allzu oft Gelegenheit bei den gegen ihn und seine Minister unternommenen Attentaten. Deren furchtbarstes ereignete sich, als er nach seiner Hochzeit im Juli 1906 mit seiner jungen Gattin in Madrid einzog. Es kostete 13 Soldaten und 11 Zivilisten das Leben, verschonte aber das Brautpaar. In allen diesen Fällen bewahrte der König heldenhafte Ruhe. Nach der Ermordung seines Ministerpräsidenten Canalejas überrannte er die spanische Hofetikette, die den Königen verbietet, hinter dem Leichnam eines Untertanen herzugeben. Und zum Andenken an alle persönlichen Gefährdungen gründete er ein interessantes kleines Museum im Königspalast. Dessen erste Nummer war ein ‹Nuggi›, mit dem man ihn im Alter von acht Monaten zu vergiften versucht hatte. Es folgten zahlreiche grössere Stücke, sogar das Skelett eines Pferdes, das beim Pariser Attentat von 1905 umgekommen war.

Das traurigste Kapitel im Leben des verstorbenen Königs waren seine Familienverhältnisse. Er hatte eine Liebesheirat mit der englischen Prinzessin Victoria Eugenia von Battenberg, einer Nichte Eduards VII., geschlossen. Das wurde als heilsames Abgehen von der spanisch-bourbonischen Tradition der Familienheiraten begrüsst. Die Protestantin, die ihm zuliebe katholisch wurde, konnte eine Rassenauffrischung bringen. Aber ‹der Teufel wurde mit dem Beelzebub ausgetrieben›! Die englisch-hessische Verbindung brachte wie in die Zarenfamilie auch in das spanische Königshaus die Bluterkrankheit (Haematophilie). Ein Bruder der Königin fiel ihr als Leichtverwundeter im Weltkrieg zum Opfer, und auch ihre männlichen Kinder – das Übel befällt die Frauen nicht, wird von ihnen aber auf die Söhne übertragen – wurden davon ergriffen. Nur Prinz Juan, zu dessen Gunsten Alfons XIII. vor wenigen Wochen auf den Thronanspruch verzichtet hat, soll davon ausgenommen sein. Das familiäre Unglück störte auch die Beziehungen zwischen den Ehegatten. Diese lebten während der letzten Jahre fast andauernd getrennt.

Als Alfons XIII. nach seiner Absetzung in Karthagena das Schiff bestieg, das ihn ins Exil führen sollte, riefen Umstehende ‹Viva el

Rey›. Er liess zur Antwort nicht die Monarchie, sondern Spanien hochleben. Es wird sich nun zeigen, ob dieses Spanien wieder einen König haben will. Der Rückblick auf die fünfundvierzig ‹Dienstjahre›, die Alfons XIII. dem Lande gewidmet hat, würde diesen Wunsch nicht ganz unverständlich erscheinen lassen. Denn schliesslich ist es Spanien trotz allem Auf und Nieder in jener Periode doch viel besser gegangen als in den zehn königslosen Jahren, die seither vergangen sind.

Deutsches Ausgreifen nach Südost
Samstag/Sonntag, 5./6. April 1941

Ende März wurde die Absicht Deutschlands klar, gütlich oder ungütlich nach dem Balkan vorzustossen. Die Regierung Jugoslawiens zeigte sich willfährig, wurde aber durch einen Putsch gestürzt, und das nachfolgende Kabinett Simowitsch versuchte, das Land weiterhin neutral zu halten, worauf am 6. April der deutsche Einmarsch erfolgte. Inzwischen hatte aber auch der Druck auf Ungarn so stark eingesetzt, dass dessen Ministerpräsident Graf Teleki sich der ausweglosenSituation durch Selbstmord entzog.

Zum Tode des Grafen Teleki Etwas mindestens hat *Graf Teleki* mit seinem *freiwilligen* Tod erreicht: Er hat die Aufmerksamkeit des eigenen Volkes und der ganzen Welt auf die Lage seines Landes gelenkt. Der Schuss, der in der Nacht zum Donnerstag aus seiner Pistole aufblitzte, fiel im verschwiegenen Schlafgemach, hat aber die Nöte Ungarns wie ein starker Scheinwerfer beleuchtet. Es wirkt furchtbar eindrücklich, wenn der Chef einer Regierung selbst Hand an sich legt. Uns ist ein einziger Präzedenzfall bekannt: In der Neujahrsnacht von 1881 erschoss sich der neugewählte schweizerische Bundespräsident Fridolin Anderwert. Aber seine Motive waren persönlicher Natur. Im Falle des Ministerpräsidenten Teleki zweifelt niemand ernstlich an politischen Beweggründen.

Ungarn ist seit dem Weltkrieg von einer schwierigen Lage in die andere geraten. Der harte Friede von Trianon, den ihm die ‹Grosse Entente› aufzwang, brachte ihm nicht nur gewaltige Gebietsverluste, sondern setzte es jahrelanger Bedrängnis durch die ‹Kleine

Ententeʾ aus. Diese konnte oder wollte nicht einsehen, dass schliesslich doch eine Schicksalsgemeinschaft die Nachfolgestaaten der untergegangenen Donaumonarchie und überhaupt den ganzen Donauraum verbindet, und dass es nicht angehe, auf die Dauer eine Politik der alten k.k. – Ressentiments zu treiben. Der mittel- und südosteuropäische Machtumschwung brachte dann Ungarn die Genugtuung einiger territorialer Reparationen auf tschechoslowakische und rumänische Kosten. Aber diese Gebietserweiterungen befriedigten die nationalen Aspirationen der Magyaren nur teilweise und waren keineswegs unentgeltlich. Eine freie Politik konnte Ungarn nun erst recht nicht treiben.

Kleinstaaten und mässig starke Mittelstaaten haben auf dem gefährlichen Gebiet der internationalen Politik ein allerhöchstes Interesse: nicht zum *Objekt* der Grossmächtepolitik zu werden. Das einfachste Mittel, dieser Gefahr zu entgehen, wendet traditionell die Schweiz an. Sie verzichtet darauf, *Subjekt* internationaler Politik zu sein, und begnügt sich mit der Wahrung ihrer Selbständigkeit, niemandem zu lieb und niemandem zu leid. Andere Staaten aber, die aus Ehrgeiz oder aus geschichtlicher Notwendigkeit heraus den Trieb haben, international aktiv zu wirken, sind stets von einem Umschlagen ihrer Aktivität in politische Gebundenheit bedroht. Das war natürlich auch den mit reicher Erfahrung und ansehnlicher politischer Erbweisheit ausgerüsteten Magyaren bewusst. Sie haben sich darum in den letzten Jahren zwar der Achsenpolitik angeschlossen, aber nicht ganz unterworfen. Immer hofften sie dabei, sich wenigstens zwei wichtige Reservate erhalten zu können, erstens die Freihaltung ihres Landes von Kriegshandlungen und zweitens ein gutes Verhältnis zum südlichen Nachbarn Jugoslawien. Sie sind bis an die äusserste Grenze der möglichen Konzessionen an die Achse gegangen, aber nicht darüber hinaus. Ungarn hat deutsche Truppentransporte auf seinen Eisenbahnen toleriert, und es ist dem Dreimächtepakt beigetreten, wohl in der Annahme, dieser werde nach und nach den ganzen Donauraum umfassen. Als am 25. März Jugoslawien in Wien aufgenommen wurde, schien diese Voraussetzung erfüllt zu sein und Graf Telekis bescheidenes Minimalprogramm seine Bewährungsprobe bestanden zu haben. Ungarn konnte hoffen, aktiv und passiv kriegsverschont zu bleiben und seine Freundschaft mit Jugoslawien weiterpflegen zu können.

Eben erst am 12. Dezember hatten die beiden Länder sie durch den Vertrag von Belgrad bekräftigt. Dessen erster Artikel lautet:

> «Zwischen dem Königreich *Jugoslawien* und dem Königreich *Ungarn* wird *ständiger Friede* herrschen und *ewige Freundschaft* bestehen.»

Nun kam aber der Belgrader Putsch vom 27. März und musst auf den Grafen Teleki als Träger dieser Politik den Eindruck eines Erdbebens machen. Mit einem Schlag schien für Ungarn die Gefahr der Kriegsverwicklung wieder riesengross zu werden, und zwar der Kriegsverwicklung gerade mit dem Staat, den man sich am allerungernsten verfeindete. Mit jeder Faser seines politischen Instinkts hatte Graf Teleki die Notwendigkeit empfunden, sich wenigstens *einen* guten Nachbarn gleichen Machtkalibers zu erhalten. Das Verhältnis zur Slowakei stellt, solange sie die ungarische Krönungsstadt Pressburg behält, mehr einen Waffenstillstand als einen Frieden dar. Gegenüber Rumänien klingt schon die Bezeichnung ‹Waffenstillstand› fast übertrieben. Vor anderthalb Wochen hat der Staatsführer General Antonescu proklamiert:

> «Weder ich, noch das Volk haben jemals die Lage, der ich mich gegenübersah und vor der ich mich beugen musste, angenommen und werden sie jemals annehmen. *Die Welt wird in dieser Ecke Europas nicht zur Ruhe kommen, solange dem rumänischen Volk nicht Gerechtigkeit widerfährt oder es selber sich Gerechtigkeit verschafft.* Aber Gerechtigkeit wird kommen. Durch meine Stimme proklamiere ich alle diejenigen, die bereit sind, ihr Leben zu opfern, das heisst alle Soldaten des Landes, ich selber mit *eingeschlossen*. Das rumänische Volk achtet fremde Ehre, aber es erwartet auch, dass seine Ehre geachtet werde.»

Und noch etwas: Ungarn hat mit Sowjetrussland eine gemeinsame Grenze von 550 Kilometern, und diesseits dieser Grenze wohnen auf seinem Gebiet *Karpathorussen*! In solcher Lage *muss* man sich doch wenigstens den einzigen guten Grenznachbarn erhalten, den man noch hat!

Graf Teleki aber ist daran verzweifelt, ihn erhalten zu können. Seine Politik brach zusammen und er mit ihr. Nun heisst es, dass unter seinem Nachfolger von Bardossy in dieser Politik keine Änderung eintreten werde. Das ist doch kaum wörtlich zu verstehen. In einer Sackgasse gibt es kein Verweilen, wenn man Ziele hat. Aber Ziele, die in welcher Richtung liegen? Man liest, Teleki selbst habe durch seinen Opfertod diese Richtung gewiesen. Ja, vielleicht in seinem Abschiedsschreiben an den Reichsverweser Horthy! Wer dessen Inhalt, der wohl noch lange geheim bleiben wird, nicht kennt, kann sich für Ungarn nur die Alternative denken: entweder rückhaltloser Anschluss an die Achsenpolitik, auch wenn diese zum Krieg mit Jugoslawien führt, oder Abwendung von ihr mit dem Risiko, von deutschen Armeen überflutet zu werden und wie Holland eine Regierung in partibus infidelium bilden zu müsssen. Auf keinen Fall lässt sich Telekis Politik des behutsamen Leisetretens mehr durchführen. Noch vor kurzem hatte er seine Landsleute ermahnt, vorsichtig zu sein mit dem, was sie glauben, und ‹zu lernen, mit den Augen zu zwinkern›. Unsere Zeit erlaubt das Augenzwinkern und die Politik der Hintergedanken nicht mehr. Wahrscheinlich noch ehe Deutschland sich selbst entschieden hat, ob es Jugoslawien zum Biegen oder zum Brechen bringen will, wird Ungarn Farbe bekennen und damit seinen Kurs auf Jahre oder Jahrzehnte hinaus bestimmen müssen. Der Steuermann Teleki hat es im Stich gelassen. Er war eine tragische Gestalt, die menschliches Verständnis und respektvolle Sympathie auch des Auslandes verdient, aber ‹heroisch›, wie man jetzt behauptet, war er eben nicht. Der Selbstmord kapituliert vor dem Schicksal, er überwindet es nicht.

Neutralitätspakt zwischen Russland und Japan

Mittwoch, 16. April 1941

Im Frühjahr, als infolge des deutschen Balkanvorstosses die Beziehungen zwischen Deutschland und Russland immer kritischer wurden, machte der japanische Aussenminister Matsuoka eine Europareise. Diese schloss zu allgemeiner Überraschung in Moskau am 13. April mit der Unterzeichnung eines russisch-japanischen Neutralitätspaktes ab.

Die Bedeutung des Moskauer Vertrags Wenn es nicht traurig wäre, so wäre es lustig, dem Pressedisput in den Kapitalen der kriegführenden Länder über die Tragweite des *japanisch-sowjetrussischen Neutralitätspaktes* zuzuhören. Auf beiden Seiten bemüht man sich nach Kräften um den Nachweis, dass das, was die Herren Matsuoka und Molotow zusammen ausgeknobelt haben, im Grunde die europäische Gegenpartei benachteilige. Wer Krieg führt, hat nun einmal den Beziehungstrieb und kann sich nicht vorstellen, dass eine Abmachung zwischen dritten Staaten nicht unbedingt für die eigene Sache ‹phil› oder ‹phob› sein muss. Der Gedanke, die beiden Moskauer Vertragspartner könnten im Hinblick auf die Kriegsparteien empfinden, was Friedrich August von Sachsen mit seinem Kernspruch «Macht eiern Dregg alleene!» ausgedrückt hat, würde sowohl in London als in Berlin und Rom als schauerliche Lästerung empfunden.

Dennoch rechtfertigt sich der Versuch, den Pakt in erster Linie aus den natürlichen Interessen derer heraus zu erklären, die ihn unter sich geschlossen haben. Bei dieser Betrachtungsweise *muss* man zugeben, dass der Pakt in seiner Art gut ist. Beide Partner kommen dabei rebus sic stantibus durchaus auf ihre Rechnung, wenn auch die Zugeständnisse auf den ersten Blick nicht ganz gleichmässig verteilt zu sein scheinen. Die Unterzeichnung mag Sowjetrussland etwas härter angekommen sein als Japan.

Dieses hat sich die russische Anerkennung der territorialen Integrität und Unantastbarkeit seines Vasallenstaates Mandschukuo gesichert, was vorweg ein sehr dekorativer diplomatischer Erfolg ist. Sowjetrussland hatte sich ja bisher immer noch auf den Grundsatz der territorialen Integrität Chinas kapriziert, und dieses reklamiert die Mandschurei als chinesische Provinz für sich. Es ist ein Schmerz für China, wenn das befreundete Sowjetrussland nun plötzlich die Fiktion des selbständigen Kaiserreichs Mandschukuo mitmacht, und eine Freude für Japan, denn dieses hat jene Fiktion ausgedacht. Wenigstens eine *vorläufige* Freude! Denn natürlich lacht Molotow auf seinen stockrussischen Stockzähnen über den betreffenden Passus der gleichzeitig mit dem Neutralitätspakt unterzeichneten gemeinsamen Deklaration und reserviert sich für eine nahe oder ferne Zukunft die Möglichkeit Sowjetrusslands, eines schönen Tages das Prinzip der Unantastbarkeit Mandschukuos Japan selbst unter die Nase zu reiben. Für die Gegenwart aber ist vom japanischen Standpunkt aus wichtig und wertvoll das russische Neutralitätsversprechen im zweiten Artikel des Paktes. Es schützt, wenn es gehalten wird, Japan im Kriegsfall mit den Angelsachsen vor der Gefahr, dass seine Flotte von Wladiwostok her durch russische Luft- und Seeangriffe im Rücken belästigt wird. Ob Japan wirklich Kriegsabsichten gegen England und Amerika hat oder nicht, weiss man ja noch nicht und wird es wohl mindestens so lange nicht erfahren, als der Kampf um Suez unentschieden ist. Aber schon während dieser Wartezeit ist es für Japan erspriesslich, dass es nun dem sehr unfreundlich gesinnten Amerika gegenüber mit der sowjetrussischen Rückendeckung auftrumpfen kann.

Der Wert des Vertrags für Sowjetrussland liegt darin, dass er es, wenn er gehalten wird, im Kriegsfalle mit Deutschland vor einer gegnerischen Parteinahme Japans schützt. Die transsibirische Bahn wird dann für Truppentransporte aus Fernost und als Verbindung mit der Aussenwelt für Kriegsmateriallieferungen vielleicht lebenswichtig für das Sowjetreich, und ihr Tracé liegt bekanntlich stellenweise der mongolischen Grenze ganz bedenklich nahe. Also muss man in Moskau sehr froh sein, wenn dort keine Abschneidung durch einen japanischen Vorstoss droht. Aber nicht nur undekorativ, sondern geradezu hart ist für das Väterchen aller Bolschewiken, dass es um dieser Sicherung willen ausgerechnet mit Japan paktieren muss, welchen Staat es seinem ganzen asiatischen Anhang stets als den baren Teufel hingemalt hat. Aber ähnliche Schmerzen hat es ja 1939 beim Hitlerpakt auch gehabt und überstanden. Immerhin begreift man, dass der ‹Prawda›-Kommentar zum Moskauer Pakt sehr zurückhaltend, ja fast übellaunig klingt. Noch nicht die Erreichung eines befriedigenden Zieles, sondern einstweilen erst ‹ein grosser Schritt vorwärts in der Richtung einer Besserung der Beziehungen› wird festgestellt.

Mit allem Meditieren über die Tragweite des Paktes müss übrigens daran erinnert werden, dass die Öffentlichkeit dessen ganzen Wortlaut noch nicht kennt. Und auch, *was* man kennt, ist nicht übermässig klar. Die Neutralität der Partner wird versprochen für den Fall, dass ‹eine der vertragsschliessenden Parteien Objekt kriegerischer Handlungen von seiten einer oder einiger dritter Mächte wird›. Der casus foederis wird also nicht wie sonst in ähnlichen Veträgen vom Vorliegen eines ‹Angriffs› Dritter abhängig gemacht. Ist dieser Unterschied Zufall oder Absicht? ‹Objekt kriegerischer Handlungen› pflegt man ja auch zu werden, wenn man selbst angegriffen hat! Für den Fall eines amerikanisch-japanischen Konflikts kann diese Nuancierung unter Umständen Bedeutung gewinnen.

Aber kommt man sich nicht doch ein bisschen blöd vor, wenn man sich über dergleichen Finessen hintersinnt? Unsere Generation steht vor einem Scherbenhaufen zerschlagener Nichtangriffs-

und Freundschaftspakte und soll sich wieder einmal dumm stellen, wie wenn es in der Küche der hohen Politik überhaupt unzerbrechliches Geschirr gäbe!

Erfolge Deutschlands im Balkanfeldzug
Samstag/Sonntag, 19./20. April 1941

Der militärische Widerstand Jugoslawiens wurde unerwartet rasch überrannt und die britisch-griechische Armee immer mehr zurückgedrängt.

Jugoslawien besiegt Gestern mittag um zwölf Uhr ist die *Kapitulation der gesamten jugoslawischen Wehrmacht* in Kraft getreten. Knapp dreizehn Tage nach Kriegsbeginn hat eine ansehnliche und tapfere Armee die Waffen gestreckt. Nicht, dass es überhaupt dazu gekommen ist, aber dass es so rasch dazu kam, ist schwer verständlich. Auf keinen Fall kann es restlos dadurch erklärt werden, dass die Mobilisation in der kurzen Frist zwischen dem Belgrader Putsch vom 27. März und dem deutschen Angriff vom 6. April nicht vollendet werden konnte. In welchem Grad dies die Abwehr geschwächt hat, ist eine rein militärische Frage.

Ebenfalls militärisch, aber zugleich sehr *politisch* ist das Problem, weshalb sich die jugoslawische Wehrmacht so offenbar unzweckmässig zersplittert hat und en petit paquets schlagen liess, statt auf aussichtslose Widerstände zu verzichten und sich dorthin zu konzentrieren, wo in Verbindung mit den Griechen und Engländern eine massive Verteidigung eher möglich gewesen wäre. Also nach Süden! Das hätte aber die Preisgabe des ganzen oder fast des ganzen Staatsgebietes an die einrückenden Feinde bedingt. Als wir am 26. März an dieser Stelle verständlich zu machen suchten, weshalb sich die frühere Regierung Zwetkowitsch dem deutschen Druck fügte und dem Dreimächtepakt beitrat, schrieben wir:

> «Wenn die jugoslawische Armee nicht Gefahr laufen wollte, zwischen dem Donau- und dem Vardartal von zwei starken deutschen Armeen eingekesselt zu werden, hätte sie sich mit *der Verteidigung des eigenen Bodens nicht sehr lange aufhalten können,* sondern hätte *resolut Front gegen* Süden machen und den Versuch unternehmen müssen, die in Albanien stehenden Italiener zu überrennen und sich *mit den Griechen und Engländern zu vereinigen.* Das hätte im Fall des

Gelingens eine Wiederholung des heroischen, aber furchtbaren Experiments bedeutet, das die serbische Armee im Weltkrieg gemacht hat: Preisgabe des eigenen Landes und Vereinigung mit den Bundesgenossen auf fremdem Boden, in der Hoffnung auf Reparation des Schadens beim Friedensschluss.»

Als einen Tag später durch den Belgrader Putsch die Regierung Simowitsch ans Ruder kam, stand sie natürlich genau vor dem gleichen Problem, dem ihre Vorgängerin durch Beugung unter das deutsche Joch hatte ausweichen wollen. Aber, ob sie sich davon Rechenschaft gegeben hat? War sie statt dessen naiv genug, den Fünfer und das Weggli zu wollen, das heisst, sich vorzustellen, die jugoslawische Armee könne sich als nützliches Glied in das Streben nach dem Endsieg der Alliierten einordnen und dennoch das ganze Staatsgebiet decken? Da der Regierungschef General Simowitsch selbst militärischer Fachmann ist, kann man nur schwer an eine solche Illusionsfähigkeit glauben. Aber mit der Regierungsübernahme war er eben auch Politiker geworden, und es scheint, dass ihm unter dem Eindruck der politischen Gefährlichkeit eines freiwilligen Rückzugs nach Süden die Erkenntnis für die katastrophale militärische Unzweckmässigkeit der verzweifelten Landesverteidigung verloren gegangen ist.

Die politischen Bedenken wogen ja gewiss sehr schwer. Jugoslawien ist ein junger Staat ohne solides historisches Gefüge. Von den vierzehn Millionen seiner Gesamtbevölkerung stellt das Kernvolk, die Serben, nur etwa acht. Vier Millionen stellt der kroatische Landesteil, und der Rest verteilt sich auf Nationalitäten und Nationalitätensplitter von verschiedenster Herkunft und Vergangenheit. Kroatien ist ein besonders heikles Gebiet, nicht nur weil es konfessionell – als römisch-katholisch – und kulturell nach Westen neigt, sondern auch darum, weil es während der zwei Jahrzehnte der jugoslawischen Staatsexistenz zeitweise durch den Belgrader Zentralismus höchst ungeschickt traktiert worden ist; die bessere Einsicht kam wohl, aber sie kam reichlich spät. Unter solchen Umständen war das politische Risiko, das eine kampflose oder doch eilige Preisgabe umfangreichen Staatsraums bedeutet hätte, wirklich gross. Jugoslawien ist nicht das weiträumige Russland, und der junge König Peter II. ist nicht der Zar Alexander I., der achselzuckend zusehen konnte, wie hinter seinen zurückmarschierenden Heeren die Grosse Armee Napoleons sein Reich überflutete.

Und dennoch hätte die jugoslawische Staats- und Armeeleitung das innerpolitische Risiko auf sich nehmen und alle Prestigerücksichten hintanstellen müssen. Dem Krieg kann man ausweichen, wie es die Regierung Zwetkowitsch tun wollte. Wenn man aber mutig genug ist, ihn zu riskieren, dann soll man nur Eines wollen: siegen. Und dem Siegeswillen muss man alle andern Rücksichten, auch die allereinleuchtendsten innerpolitischen Bedenken, opfern. Das Hängen der Hochverräter, die bei der Gebietsräumung sofort mit dem Landesfeind gemeinsame Sache machen, mag man sich geduldig für die Zeit nach dem Siege aufsparen. Darunter leidet kein Staatsinteresse. Aber ein paar Tage lang Truppen in einem exponierten Landesteil stehen zu lassen und dadurch den Ausbruch des Hochverrats ein bisschen zu verzögern, ist unverantwortlich, wenn diese Armeeteile nachher dank der Rückzugsverspätung verloren gehen und infolge solcher Partialverluste an allen Ecken und Enden schliesslich keine kampffähige Gesamtarmee mehr vorhanden ist.

Nun müssen die *Griechen* und *Engländer* ohne die wertvolle Unterstützung durch eine intakte Armee Jugoslawiens zusehen, ob sie Thessalien dennoch gegen die Deutschen halten können. Ja, für die griechische Armeeleitung stellt sich vielleicht sogar schon das gleiche schwere Problem wie vor zwei Wochen für die jugoslawische: Rückzug, solange er ohne massive Verluste noch möglich ist, oder Verteidigung Nord- und Mittelgriechenlands mit dem Risiko der Abschneidung vom Peloponnes, der letzten griechischen Festlandbastion? Über die Opportunität der einen oder der andern Lösung mögen militärische Fachleute urteilen. Aber auch der Laie kann ermessen, dass ein Rückzug über die schmale Landenge von Korinth unter dem unmittelbaren Druck des nachströmenden Feindes eine furchtbar gefährliche Sache wäre, trotz britischer Flottendeckung.

Unterdessen vollziehen die Achsenmächte die *politische Liquidierung Jugoslawiens*. Dieses soll bestenfalls auf das serbische Stammland beschränkt werden und als Nationalitätenstaat zu existieren aufhören. Was der Dynastie Karageorgiewitsch droht, bleibt abzuwarten. Aber man erinnert sich unwillkürlich des napoleonischen Machtspruchs: La dynastie des Bourbons a cessé de régner. Ein selbständiges Kroatien ist bereits anerkannt, und weitere Gebietsteile sollen Deutschland, Italien, Ungarn, Rumänien und Bulgarien zufallen. Auch im Weltkrieg haben ja die Zentralmächte mit der balkanischen Neuordnung nicht abgewartet, ob sie den Endsieg erreichen würden, sondern haben im Frieden von Bukarest am 7. Mai 1918 Rumänien neue und engere Grenzen gegeben. Diesem Staate ging es aber noch verhältnismässig gut. Er durfte als Vertragspartei mit verhandeln, während über Jugoslawien, wie man aus Berlin vernimmt, ein ‹Gremium› entscheiden wird, in dem es nicht vertreten sein soll. Gewiss auch sein Freund Sowjetrussland nicht! Dieser hat zwar diesmal noch kein Brest-Litowsk erlebt, aber gefragt wird er nicht.

Stalin wird Ministerpräsident
Donnerstag, 8. Mai 1941

Am 7. Mai erfuhr man durch das Moskauer Radio, dass Stalin den ‹Vorsitz im Rat der Volkskommissare› übernommen habe, also Ministerpräsident der Sowjetunion geworden sei.

Der Entschluss Stalins Auch heute noch fahndet man vergebens nach sicheren Erklärungen für den Entschluss des sowjetrussischen Diktators *Stalin*, persönlich das *Präsidium des Rats der Volkskommissäre* zu übernehmen, also Ministerpräsident zu werden. Dass er, wie man etwa liest, seinen Einfluss und seine Macht dadurch vermehren wolle, sagt nicht viel. Seine Macht in Sowjetrussland war schon bisher unbeschränkt. Sie kann also kaum noch übersteigert werden.

Was Stalin jetzt tut oder tun muss, ist eine Art Anpassung an normale staatsrechtliche Formen, die seine Diktaturkollegen schon bei ihrer Machtübernahme vollzogen haben. Hitler ist ‹Führer›, aber auch Reichskanzler, Mussolini ‹Duce›, aber auch Ministerpräsident. Stalin dagegen war weder Staatsoberhaupt noch Regierungschef. Er übte seine ganze Macht ausserhalb des offiziellen Staatsgefüges aus und dokumentierte damit, dass die russische Revolution eigentlich noch nicht zu Ende sei. Vielleicht hat er als junger Schüler im Priesterseminar von Tiflis einst gelernt, dass auch das römische Imperium Hemmungen hatte, seine unbeschränkte Macht formell dem republikanischen Staatsapparat aufzuopfern. Julius Cäsar ist ermordet worden, als er im Begriff war, diese Hemmungen zu überwinden und den Königstitel anzunehmen. Solche ambitiöse Gelüste sind Stalin ganz fremd. Er, dem ja auch seine ärgsten Feinde keine ‹Laster› allzu menschlicher Art vorwerfen können, war stets nur auf den wirklichen *Besitz* der Macht, niemals auf den *Schein* der Macht bedacht.

Es ist zwar nicht ganz richtig, dass Stalin niemals Staatsämter bekleidet hat. Lenin nahm ihn zeitweilig in sein Ministerium auf und liess ihn nacheinander als Volkskommissär für das Nationalitätenwesen und für die Arbeiter- und Bauerninspektion fungieren, erlebte aber nicht viel Freude an ihm. Als Rädchen einer grossen bürokratischen Maschine schien ihm Stalin nicht brauchbar, auch nicht als wichtigstes Triebrad. Darum betrachtete er ihn auch nicht als seinen prädestinierten Nachfolger. Aber Stalin war es ganz recht, der Langweilerei kleiner und grosser Amtsstuben enthoben zu sein. Schon im Jahre 1922 fand er seinen passenden Wirkungskreis als Generalsekretär des Zentralkomitees der Kommunistischen Partei. Dort konnte er wie die Spinne am Netz sitzen; denn dort hatte er die Macht, Ämter zu vergeben und Ämter zu entziehen, ohne selber Zeit und Kraft an eine Amtsausübung verschwenden zu müssen. Fast zwei Jahrzehnte lang blieb er in dieser Stellung, ohne je ‹avancieren› zu wollen. Er hat im Gegenteil sogar auf das Schmuckwort ‹General-› vor dem ‹Sekretär› verzichtet. Dabei war er jedoch nicht etwa eine ‹graue Eminenz›. Wo sein Hervortreten aus Popularitätsgründen nützlich war, stellte er sich immer vor die russische Öffentlichkeit. Aber namentlich dem Ausland gegenüber wusste er sich rar zu machen und unterhielt sich nur höchst selten mit fremden Diplomaten oder Journalisten. Aber desto eifriger las er, was ihm auf offiziellen oder geheimen Wegen aus dem Ausland zugetragen wurde. Noch im Jahre 1929 setzte er sich hin und lernte deutsch. Er hat gearbeitet wie ein Stier, aber keine Minute an bloss dekoratives Treiben gewandt. Allmählich fand sich Russland und fand sich die Welt mit dieser Besonderheit ab.

Und nun bricht also Stalin plötzlich mit seinem ganzen Lebensstil! Nicht ganz ausgeschlossen ist, dass bei diesem Entschluss das Vorbild Lenins eine gewisse Rolle gespielt hat. Dem russischen Volk wurde seit Jahren gepredigt: «Lenin ist Allah, und Stalin ist sein Prophet.» Lenin aber war das, was Stalin jetzt erst wird: Ministerpräsident. Seit der Oktoberrevolution von 1917 bis zu seinem Tode führte er das Präsidium des Rats der Volkskommissäre. Warum also, kann man sagen, soll es sein Prophet und Stellvertreter auf Erden nicht auch führen? Auch wenn Stalin selbst nach wie vor seine Bedenken gegen eine solche Nachahmung hätte, wäre denkbar, dass andere führende Persönlichkeiten verstanden haben, ihn in die neue Rolle hineinzudrängen, um Verantwortungen auf ihn abzuwälzen. Zur Verantwortungsfreudigkeit hat ja Stalin seine Umgebung sicher nicht erzogen. In sehr wichtigen Fällen hat er die Schrittmacher seiner Politik beseitigt, ehe er vollzog, was sie begonnen hatten. Man denke nur an den Untergang des Marschalls Tuchatschewski um seiner ‹Deutschfreundlichkeit› willen. Solche Erinnerungen könnten Leute in sehr hohen Stellen der Regierung und der Armee bewogen haben, Stalin dringend zu bitten, die Staatsleitung offiziell vor dem ganzen russischen Volke zu übernehmen, statt sie nur hinter den Hecken der Kommunistischen Partei zu besorgen.

Die aussenpolitische Krisis, die Sowjetrussland in diesen Tagen durchmacht, ist gewiss heftig genug, um solche Wünsche verständlich zu machen. Stalin ist der konsequente Träger der Idee, sein Land müsse sich vom Kriege fernhalten, bis die ‹kapitalistischen› Mächte ermattet und darum fallreif seien. Er ist der Mann, der warten wollte und bisher auch konnte. Aber er gebietet nur über Russland und kann nicht verhindern, dass ihm andere die Frage der Kriegsbeteiligung früher stellen, als er sebst sie gerne stellen möchte. Molotow und alle andern Staats- und Armeegewaltigen müssen darum dringend wünschen, dass er auch selbst die Schicksalsfrage beantwortet, wenn sie auftaucht. Die Wendung im offiziellen Communiqué, dass Molotow ‹auf eigenes Ersuchen› vom Ministerpräsidium befreit worden sei, ist also wahrscheinlich diesmal keine Phrase.

Ein Vergessener
Donnerstag, 5. Juni 1941

Am 4. Mai starb in Doorn, seinem holländischen Exil, der ehemalige deutsche Kaiser Wilhelm II., ohne dass die Hitlerregierung in Berlin offiziell Anteil nahm.

† **Kaiser Wilhelm II.** In seinem dreiundachtzigsten Altersjahre ist im holländischen Exil der ehemalige deutsche Kaiser *Wilhelm II. gestorben.* Er war längst ein stiller Mann geworden und hat es verschmäht, durch persönliche Apologetik die Aufmerksamkeit der heutigen Welt auf sich zu lenken. Darum hat seine tragische Gestalt auch Anspruch auf leidenschaftsloses Gedenken. Eine ganz solid begründete Würdigung seines kaiserlichen Tuns und Lassens ist unserer Generation ja noch nicht möglich. Die historische Distanz ist nicht gross genug.

Wer versuchen will, zu verstehen, was heute schon verstanden werden kann, muss sich in das Dreikaiserjahr 1888 versetzen. Am 9. März war der 1797 geborene Kaiser Wilhelm I. gestorben. Am 15. Juni folgte ihm sein Sohn Friedrich III. im Tode nach. Mit einer Zwischenregierung von kaum hundert Tagen ging also die Kaiserkrone von einem einundneunzigjährigen auf einen neunundzwanzigjährigen Träger über; denn Wilhelm II. war am 27. Januar 1859 geboren. Er hatte den natürlichen Drang, ‹Politik der Jugend› zu treiben. Dieser Drang hatte sich mit dem Herrschaftswillen des dreiundsiebzigjährigen Reichskanzlers Fürst Bismarck auseinanderzusetzen, und schon am 20. März 1890 kam es zum Bruch. Dieser war – wenn auch nicht in der unschönen Form, so doch in der Sache – unvermeidlich. Der *alte* Herr wähnte, ‹heimlicher Kaiser› bleiben zu können, und der *junge* Herr war in der ebenso unmöglichen Vorstellung befangen, er könne ‹sein eigener Kanzler› sein. Er glaubte nicht an die Wahrheit des weisen Spruches: «Le roi règne, il ne gouverne pas.» Die Staatsmänner und Feldherren, die mit seinem Grossvater das Kaiserreich der Hohenzollern auf die Füsse gestellt hatten, bezeichnete er als ‹Handlanger›. Verhängnisvoller-, aber logischerweise haben darum ihm selbst fast nur Handlanger zur Verfügung gestanden, für seine innere wie für seine äussere Politik.

Innerpolitisch stand Deutschland beim Regierungsantritt Wilhelms II. vor Verfassungsproblemen, die das Genie Bismarcks mehr verhüllt als gelöst hatte. Das Reich war ein Bundesstaat, unter dessen Dynastien der Kaiser formalrechtlich eigentlich nicht viel mehr als ein primus inter pares war. Wilhelm II. aber betrachtete sich faktisch und staatsrechtlich nicht als den Präsidenten, sondern als den obersten Herrn der Bundesfürsten. Dadurch ist viel lobenswertes politisches Leben erstickt worden. Die Bundesstaaten hätten für das oberste Reichspersonal die natürliche Vorschule sein können; aber diese Möglichkeit wurde nur in Ausnahmefällen ausgenützt, weil dem Kaiser das einzelstaatliche Reservatgebiet fremd blieb. Eine viel grössere Schwierigkeit aber lag in der Tatsache des latenten Konflikts zwischen dem Wesen des Reichs als konstitutioneller Monarchie und der absolutistischen preussischen Tradition, der Wilhelm II. mit Leib und Seele anhing. Der Reichstag als Vertretung des demokratischen Prinzips hatte formell eine sehr ansehnliche Macht, aber diese war rein negativ. Er konnte durch sein finanzielles Bewilligungsrecht auf die Gefahr der Staatsschädigung hin schwer auf die Regierung drücken, konnte dem Kaiser aber niemals einen Kanzler aufzwingen und blieb so letzten Endes einflusslos auf das entscheidende Staatsgebaren. Bismarck war Bismarck und hat sich durch das konstitutionelle Gestrüpp, ohne es grundsätzlich säubern zu wollen, immer wieder durchzuhauen vermocht. Wilhelm II. hat sich darin wund gerissen und litt schwer unter den beständigen Konflikten zwischen seinem kaiserlichen und dem parlamentarischen Willen. Darum ist er zu seinem tiefsten Leidwesen nie wirklich volkstümlich geworden. Die sicher vorhandene Möglichkeit, die Arbeiterschaft für den Staat zu gewinnen, blieb ihm verhüllt. Er kam über den republikanischen und antimilitaristischen Kram, mit dem ihn die doktrinären Sozialistenführer reizten, nicht hinweg und wusste die politische Kraftquelle, die der Monarchie gerade in der Arbeiterschicht hätte nutzbar gemacht werden können, nicht sprudeln zu lassen. Manchmal drohte ihn die Erbitterung über dieses Unvermögen zu gewaltsamen Lösungen zu drängen. Aber endgültig ist er der Versuchung nicht erlegen, weil er im tiefsten Innern kein Gewalttäter war, sondern sein Volk durch das materielle Gedeihen zu gewinnen hoffte, das Arbeit und guter Wille auf beiden Seiten immer mehr zu sichern schien.

Voraussetzung für die Erfüllung dieser Hoffnung aber war die Erhaltung des *äusseren* Friedens. Auch sie lag auch Wilhelm II. am

Herzen. Hin und wieder hat er ja furchtbar kriegerisch getan, wenn er gerade seinen ‹Rappel› hatte. Aber die Linie seiner Aussenpolitik lief nach jedem Zickzack doch wieder in der Richtung der Kriegsvermeidung. Nur ahnte er nicht, wie kriegsgefährlich seine Eskapaden waren und wie verdächtig er damit das Reich dem Ausland machte. Er hatte im Unterschied zu den besten Vertretern der Hohenzollerndynastie eine fatale Freude an äusserlichem Tamtam und brachte es zum Beispiel fertig, seine im Grunde gar nicht übertriebene Flottenpolitik zum Schreckgespenst Europas zu machen, und namentlich Englands! Diese Grossmacht hat Wilhelm II. zu einem ihr vorher ganz fremden Chauvinismus erzogen. Man könnte ihn beinahe ‹des Britischen Reiches Schmied› nennen. Dabei gab er sich der Illusion hin, durch Benützung der dynastischen Versippung mit fremden Höfen könne er spielend alles wieder in Ordnung bringen, was er an gefährlichen Volksinstinkten aufgescheucht hatte. Auch das Verhängnis von 1914 projizierte sich in seinem Kopf zunächst als eine hochfürstliche Angelegenheit, die durch das vernünftige Einlenken einiger allerhöchster Herrschaften entgiftet werden könnte. Dass dahinter das unheilbare Siechtum Österreich-Ungarns steckte, merkte er erst, als das verbündete Donaureich sein eigenes mit ins Verderben zog.

Für die Kraftprobe des Weltkriegs gebrach es Wilhelm II. an der Kraft. Er führte nicht, weder politisch noch militärisch, sondern liess das Schicksal treiben, wohin es treiben wollte. Sein passives Verhalten war freilich auch für diejenigen eine Überraschung, die ihn für einen gefährlichen Soldatenspieler gehalten und ihm dilettantische Eingriffe in die Kriegsleitung zugetraut hatten. Den Zusammenbruch von 1918 liess er über sich ergehen, ohne sich an seinem Volk durch Entfesselung eines aussichtslosen Bürgerkriegs zu versündigen. Und im Exil wahrte er die Würde einer gefallenen Grösse. Er konnte sich, weil sein Gewissen ihn von der Anklage bösen Wollens freisprach, auf ein gnädiges Urteil der Weltgeschichte verlassen. Wenn vor deren Richterstuhl einst sein ‹Prozess› revidiert wird, werden sich nicht nur mildernde Umstände ergeben, sondern es wird sich auch zeigen, dass die angelsächsische Hauptanklage falsch war, er sei persönlich für die Katastrophe Europas verantwortlich.

Das, was man rühmend oder verdammend ‹das wilhelminische Zeitalter› nennt, hat Wilhelm II. selbst um mehr als zwei Jahrzehnte überlebt. Wir wissen nicht, was er von der Gegenwart dachte, und ob er die neuen Wege Deutschlands für glücklich oder unglücklich hielt. Aber, wie sehr sie von seinen Wegen abweichen, ist ihm gewiss voll bewusst geworden. Sein unerfülltes politisches Testament ist in den Worten niedergelegt, die er am 22. März 1905 in Bremen gesprochen hat:

> «Ich habe mir gelobt, auf Grund meiner Erfahrungen aus der Geschichte, niemals nach einer öden Weltherrschaft zu streben. Denn was ist aus den grossen sogenannten Weltreichen geworden? Alexander der Grosse, Napoleon der Erste, alle die grossen Kriegshelden, im Blute haben sie geschwommen und unterjochte Völker zurückgelassen, die beim ersten Augenblick wieder aufgestanden sind und die Reiche zum Zerfall gebracht haben. Das Weltreich, das ich mir geträumt habe, soll darin bestehen, dass vor allem das neuerschaffene Deutsche Reich von allen Seiten das absoluteste Vertrauen als eines ruhigen, ehrlichen, friedlichen Nachbarn geniessen soll, und dass, wenn man dereinst vielleicht von einem deutschen Weltreich oder einer Hohenzollernweltherrschaft in der Geschichte reden sollte, sie nicht auf Eroberungen begründet sein soll durch das Schwert, sondern durch gegenseitiges Vertrauen der nach gleichen Zielen strebenden Nationen, kurz ausgedrückt, wie ein grosser Dichter sagt: Aussenhin begrenzt, im Innern unbegrenzt.»

Die deutsche Wehrmacht greift Russland an

Montag, 23. Juni 1941 (Morgenblatt)

Am frühen Sonntagmorgen, 22. Juni, begann durch deutschen Einbruch der Krieg mit Russland. Er wurde mit der Beschuldigung motiviert, die Sowjetunion habe im Balkan mit England kooperiert

Russenkrieg! Es ist jetzt ungefähr vier Monate her, seitdem wir den bestimmten Tip erhielten, schon Sonntag, den 25. Mai, werde der *deutsch-russische Krieg* beginnen. Die Quelle war nicht schlecht, aber wir sind gewöhnt, uns aller vorgeschriebenen Zurückhaltung zu befleissigen, und begnügten uns deshalb mit der folgenden vagen Andeutung am Schluss des Tagesberichtes vom 27. Februar:

> «Auch wenn in Europa und um das Mittelmeer herum dieses Ziel (die Eroberung der englischen Mutterinsel) erreicht werden sollte, hätte Deutschland den Krieg noch nicht gewonnen, es wäre denn, dass mit England auch seine Dominien zusammenbrächen und die Vereinigten Staaten versagten. Dies erst würde den deutschen Weltsieg bedeuten. Gelingt es im Laufe der Frühlingsoffensiven von 1941 nicht oder nur halb, so läuft auch ein partiell siegreiches Deutschland

Gefahr, die Herrschaft in einem ‹Hungerturm Europa› ausüben zu müssen, also ganz auf die russische Zufuhr angewiesen zu sein. Das weiss man natürlich auch in Moskau und rüstet darum fieberhaft für den Fall, dass Deutschland nach einigen Siegen über England, die ihm den Rücken frei machen, die Belieferung mit russischem Getreide durch Einrücken zu erzwingen versuchen sollte. Die gegenwärtige Diskretion der Sowjetpolitik spricht eher für als gegen das Bestehen russischer Ängste. Aber einstweilen glaubt *Stalin, noch drei Monate Zeit zur neutralen Beobachtung der Frühlingskämpfe zu haben.*»

Stalin bekam aber dann nicht nur drei, sondern fast vier Monate Zeit. Das Frühjahr 1941 war in ganz Europa gar kein Frühjahr, sondern ein verlängerter Winter, und das hatte natürlich seine Konsequenzen für die militärische Wegsamkeit des russischen Bodens. Man kann nach Russland hineinmarschieren, neuerdings hineinfliegen, aber nicht hineinwaten. Das gebot eine Verzögerung. Aber allzu lange durfte diese natürlich auch nicht dauern. Napoleons Grosse Armee hat am 24. Juni 1812 den Njemen überschritten, was für die Verhältnisse der ‹nichtmotorisierten Aera› schon zu spät war, wenn der Sommer richtig hätte ausgenutzt werden sollen. Heute leben wir in der motorisierten Aera, und die Hinausschiebung des kriegsschöpferischen Sonntags um vier Wochen dürfte daher nicht von grossem Belang sein. Es heisst, dass jetzt für die siegreiche Durchführung des russischen Feldzuges anderthalb Monate vorgesehen seien.

Über die Möglichkeit oder Unmöglichkeit solcher Terminierungen und überhaupt über die Risiken und Chancen des militärischen Unternehmens steht der Presse kein Urteil zu. Leider fehlen uns aber auch zuverlässige Unterlagen, um irgendeine Prognose über die innerpolitischen Rückwirkungen der kommenden Ereignisse auf den Sowjetstaat wagen zu können. Sowohl Siege als Niederlagen können das Regime Stalin beeinflussen. Einstweilen fragt man sich gespannt, ob der deutsche Angriff und die Bedrohung der wiedergewonnenen Randgebiete einen allgemeinrussischen, über dem Bolschewismus stehenden Patriotismus wird mobilisieren können oder nicht.

Den *welthistorischen Rahmen*, in den sich die deutsche Kriegserklärung stellt, können wir nicht besser andeuten, als indem wir wieder einmal zitieren, was Leopold von Ranke über den Zusammenprall zwischen der Kontinentalbeherrscherin Frankreich und Russland geschrieben hat:

«Das war nun die Stellung der beiden grossen Mächte unmittelbar vor dem Krieg: Russland entschlossen, sich den Handel mit den Neutralen nicht entreissen zu lassen, weil es seine inneren Verhältnisse nicht erlaubten; Napoleon zum Angriff fertig, um seinem Kontinentalsystem in dem Kriege gegen Russland das Siegel der Vollendung aufzudrücken. Alexander repräsentierte die Unabhängigkeit eines grossen Reiches, Napoleon lebte und webte in der Tendenz, jeden widerstrebenden Willen zu beugen ... Sagen wir es mit einem Worte: es sollte *nur noch einen Willen auf dem Kontinent geben*, eben den, welcher in den Dekreten Napoleons ausgesprochen wurde. Der Gedanke ist verwegen, grandios und des Kopfes würdig, der ihn fasste. In *Russland* meinte Napoleon *auch England zu bezwingen*. Das französische Reich würde Europa und dadurch die Welt beherrscht haben.»

Der gegenwärtige Krieg ist von Deutschland nicht von allem Anfang an in diesem ganz Europa umfassenden Sinne konzipiert worden. Er galt zunächst nur der Sicherung und Abrundung des Grossdeutschen Reiches. Aber erschwert wurde die Beschränkung schon sehr bald durch die Einschiebung Russlands als Partner in Polen und als Angreifer auf Rumänien. Entscheidend war dann vollends der italienische Angriff gegen Griechenland. Er nötigte Deutschland zur Eroberung der Balkanhalbinsel, also einer grossen Zone, die Russland als eigenes Gehege ansah. Der Krieg war damit im vollsten Sinne ‹europäisch› geworden. Er ging um ganz Europa. So bestätigte sich die alte Wahrheit, dass man Europa nicht halb erobern und dann irgendwo stehen bleiben kann, ohne mit der osteuropäischen Grossmacht in Konflikt zu kommen.

Wie Frankreich im Jahre 1812, so hat Deutschland im Jahre 1941 die westliche Grossmacht *England* beim Angriff auf Russland im Rücken. Es ist vielfach vermutet worden, das Reich werde diesen Umstand dadurch zu beseitigen versuchen, dass es im Moment des östlichen Losschlagens ein Friedensangebot an die angelsächsische Welt richte, und der Flug von Rudolf Hess wurde damit in Zusammenhang gebracht. Das hat sich aber als untunlich erwiesen, oder es war überhaupt nie ein wahres Wort daran. Jedenfalls zeigt die heutige Proklamation Adolf Hitlers, dass er nicht daran denkt, Versuche zur Vermeidung des Zweifrontenkrieges durch eine Annäherung an England zu machen. Sein Aufruf gründet sich im Gegenteil auf die Annahme einer angelsächsisch-bolschewistisch-jüdischen Weltsolidarität. An diese glauben wir nicht. Bestünde sie, so hätte sich England längst der russischen Zumutung, die baltischen Randstaaten preiszugeben, gefügt, und die Mission von Sir

Stafford Cripps wäre ebenso gelungen, wie sie tatsächlich misslungen ist. Aber auch ohne die Voraussetzung einer Weltkoalition gegen Deutschland muss man nun anerkennen, dass sich die Basis des Kriegs gewaltig ausgeweitet hat und dass sich das Problem von Sieg und Niederlage in neuer Form stellt.

Die propagandistische Bemäntelung
Dienstag, 24. Juni 1941

Sofort nach dem Friedensbruch begann in Berlin die Bearbeitung des In- und Auslandes, namentlich auch der Schweiz, mit der Parole, es handle sich um einen deutschen Kreuzzug gegen den Bolschewismus, mit dem man fast zwei Jahre lang zusammengearbeitet hatte.

Kreuzzug? Sofort nach dem Bruch der Achsenmächte mit der
Beutezug? Sowjetunion wird jetzt in der deutschen und in der
Kriegszug? italienischen Presse zugleich die Parole ausgegeben, der beginnende *Russenkrieg* sei ein *Kreuzzug*.
Es ist anzunehmen, dass eine Weltpropaganda mit dieser Kreuzzugsidee bevorsteht. In Wirklichkeit handelt es sich aber nicht um einen Kreuzzug in der üblichen Bedeutung eines ideologisch begründeten Krieges, sondern höchstens um einen ‹Hakenkreuzzug›. Man hat Adolf Hitler, als er sich beim Kriegsausbruch vor zwei Jahren mit der Sowjetunion verständigte, zu Unrecht vorgeworfen, er gebe damit seine antibolschewistische Gesinnung preis. Ebenso falsch wie jener Vorwurf ist aber auch der heutige Versuch, eine militärische Offensive als antibolschewistische Gesinnungsoffensive zu drapieren. So wenig wie 1939 wird 1941 mit Weltanschauungen und auf Weltanschauungen geschossen.

Es hat in der Weltgeschichte ein paar echte und allerhand falsche Kreuzzüge gegeben. Schon unter den Orientexpeditionen der christlichen Westvölker gegen die Ungläubigen, also unter den Kreuzzügen par excellence, waren nicht alle achtzehnkarätig. Der Kaiser Friedrich II., den man den ersten modernen Menschen genannt hat und dessen Andenken heutzutage, wie hier früher schon gezeigt wurde, wieder merkwürdig aktuell wird, machte auch einmal einen Kreuzzug, obwohl er gerade im grossen Kirchenbann war. Das Unternehmen lief schliesslich auf ein elegantes diplomatisches

Geschäft mit dem Sultan von Ägypten hinaus und sicherte den Christen, was sie billigerweise einzig beanspruchen konnten, den störungsfreien Besuch der Wallfahrtsorte Palästinas. Aber das hat dem Hohenstaufen keinen Ruhm eingetragen. Es war zu wenig für die echten Kreuzzugsideologen. Solche hat es später immer wieder gegeben, mit den verschiedensten Ideologien, und gibt es heute noch. Stets waren sie eine Verlegenheit für die politischen Regierungen. In den angelsächsischen Ländern sind sie besonders mächtig. Darum begreift man eine gewisse Aufregung Winston Churchills über den neuesten Kurs seines Rivalen Hitler. Er scheint wegen der möglichen Einwirkungen von dessen antibolschewistischer Devise auf die Kampffreudigkeit der Engländer und Amerikaner ernsthaft besorgt zu sein und hat deshalb vor aller Welt noch einmal beteuert, er selbst sei der grösste Gegner des Bolschewismus in den letzten fünfundzwanzig Jahren gewesen und nehme heute kein Wort zurück. Aber die Russen muss er doch unterstützen, weil sie nun einmal mit den Engländern in der gleichen Feuerlinie stehen.

Das materialistische Gegenstück des Kreuzzuges ist der *Beutezug*. Um der Kreuzzugspropaganda entgegenzuwirken, wirft man den Deutschen vor, ihr russisches Kriegsziel sei nicht der Sieg über den Bolschewismus, sondern nur das Getreide der Ukraine und das Petrol von Baku; es handle sich also einzig um die Erbeutung von höchst notwendigem Kriegsbedarf, der einem friedlichen Nachbarvolk gehöre. Diese Anklage ficht mit gewissen Stellen aus Adolf Hitlers Buch ‹Mein Kampf›, missbraucht sie aber. Wer sich die Mühe des Nachlesens gibt, wird feststellen, dass die Voraussetzungen einer ganz andern Situation als der heutigen entsprechen. Hitler wollte, als er das Buch schrieb, den Germanendrang nach dem Westen gegen Osten umbiegen, wollte sich mit England gut stellen und in Russland den deutschen Bauern Siedlungsland verschaffen. Eine geopolitische Konzeption, die längst überholt ist! Heute kämpft Deutschland nicht um östliche Getreidefelder, sondern um die Herrschaft über Europa, und zwar *gegen* England. Nach den Versicherungen seiner Fachleute ist es dafür nicht auf die russischen Lebensmittel und Rohstoffe angewiesen. Wenn es ihm nur darauf ankäme, hätte es sich mit Stalin in Minne arrangieren können. Das Experiment der gewaltsamen Beschaffung hat es 1917 und 1918 gemacht und ist damit trotz den beiden ‹Brotfrieden› von Brest-

Litowsk und Bukarest schlecht gefahren. Also warum dies wiederholen? Die auch von uns eine Zeitlang geteilte Annahme, die Ursache der deutsch-russischen Spannung liege auf dem Versorgungsgebiet, wird schon dadurch unwahrscheinlich gemacht, dass von den heftigen Anklagen, die Deutschland jetzt der Sowjetunion entgegenschleudert, keine einzige auf mangelhafte Erfüllung der vertraglichen Lieferungsverpflichtungen Russlands geht. Auf die Weitererfüllung wäre jedenfalls sicherer zu zählen gewesen als auf die gewaltsame Einbringung der Ernte von 1941 in der Ukraine. Die russischen Bauern haben sich schon im Frieden als unfreiwillige Zerstörer von Traktoren und anderm modernem Ackergerät einen Weltruf errungen. Wie werden sie sich erst bei der freiwilligen Zerstörung bewähren!

Wer nun weder an den Kreuzzug noch an den Beutezug recht glauben kann, der hält sich auf der Suche nach dem deutschen Kriegsmotiv doch wohl am besten an das im Kriege nächstliegende: an einen *Kriegszug* schlecht und recht, also an ein *militärisches Unternehmen* mit *militärischem Zweck*. Diese einfache Erklärung wird bekräftigt durch die jetzt bekannt gewordene Tatsache, dass es der Oberkommandierende der Wehrmacht, Marschall Keitel, war, der in Berichten an das Auswärtige Amt immer wieder die *militärische* Notwendigkeit eines Einmarsches in Russland unterstrichen hat, unter scharfem Hinweis auf die russischen Vorbereitungen für Offensivoperationen. Ob seine Deutung der Truppenbewegungen jenseits der deutschen Grenze richtig oder falsch war, tut nichts zur Sache. Jedenfalls glaubte die Wehrmacht an die russische Gefahr und wollte ihr zuvorkommen, solange mit der Präventivaktion noch kein wirklicher Zweifrontenkrieg zu riskieren war, also solange die amerikanische Hilfe für England sich noch nicht praktisch ausgewirkt hat. Die russische Gegentendenz war gegeben: durch alles mögliche Entgegenkommen, sogar durch Demütigungen wie die Verjagung der Gesandtschaften Jugoslawiens und Griechenlands aus Moskau, Zeit zu gewinnen, bis das amerikanische Gegengewicht hergestellt gewesen wäre. Bei diesem Kampf um Zeitgewinn ist die Diplomatie der Sowjetunion unterlegen, und jetzt hat ihn die rote Armee zu führen. Sie muss also versuchen, den deutschen Vormarsch während der gefährlichen Sommermonate so wirksam zu bremsen, als es ihr irgend möglich ist.

Die ganze Entwicklung der deutsch-russischen Beziehungen lehrt wieder einmal, wie gut man daran tut, in Kriegszeiten alle politischen Urteile auf die militärischen Elementartatsachen zu gründen und sich durch nichts darin beirren zu lassen. Man hat am Sonntag durch die Proklamation Adolf Hitlers mit vielen Einzelheiten erfahren, dass eigentlich schon im November beim Berliner Besuch Molotows die beiderseitigen Dolche bereits gezückt waren. Aber damals las man im *offiziellen Communiqué des Deutschen Nachrichtenbüros:*

> «Der Meinungsaustausch verlief in einer *Atmosphäre gegenseitigen Vertrauens* und führte zu *beidseitigem Einvernehmen in allen wichtigen Fragen,* die Deutschland und die Sowjetunion interessieren.»

Politisch schien also am 14. November noch alles in Butter zu sein. Aber: die Politik denkt, die Armee lenkt. Dieser Satz gilt wenigstens für Kriegszeiten. Da hat die Armee und ihre Denk- und Lenkweise das Primat.

Britische Abklärung
Samstag/Sonntag, 2./3. August 1941

Edens   Die Rede, die der britische Aussenminister
Friedensprogramm *Anthony Eden* am Dienstag als Gast des Verbandes der ausländischen Presse an einem Londoner Lunch gehalten hat, war in mancher Beziehung sehr lehrreich. Sie stellte zwar nicht eine offizielle, aber doch hochoffiziöse Auseinandersetzung mit der Erscheinung dar, die man als ‹Rudolf Hess-Komplex› bezeichnen kann. Obwohl nun zwölf Wochen seit der sensationellen Landung des prominenten Nationalsozialisten vergangen sind, beschäftigt dieses Ereignis viele Engländer noch sehr intensiv, und zwar nicht durchwegs in einem der Regierung Churchill erwünschten Sinne. Es gibt Gespensterseher, die immer noch *fürchten,* Hess werde massgebende Leute beeinflussen können. Und es gibt umgekehrt auch Friedensfreunde, die dies *erhoffen.* Nach diesen beiden entgegengesetzten Seiten wollte Eden absolute Klarheit schaffen durch den Passus seiner Rede:

«Wenn Hitler in diesem Jahr den deutschen Frieden nicht erringen kann – und er wird ihn niemals erringen – dann wird er einen *Kompromissfrieden anbieten, aber gleichzeitig planen, den Weg zum Siegfrieden später neuerdings zu beschreiten.* Die britische Regierung hat alle Veranlassung festzustellen, dass Hitlers Gedankengänge dahin gehen, etwas später würden sich günstigere Überraschungsmomente ergeben und die Nationen dann weniger bereit sein, wieder zu den Waffen zu greifen. Im Namen der britischen Regierung habe ich kürzlich festgestellt, dass wir *nicht bereit sind, zu irgendeinem Zeitpunkt über irgendein Thema mit Hitler zu verhandeln.* Mit Hitler gibt es keinen Frieden und nur einen fragwürdigen Waffenstillstand, der ihm die Zeit geben soll, die Kriegsmaschine zu überprüfen, in Schwung zu setzen, unterdessen aber dem deutschen Volk eine Atempause zu geben, bevor es unter seiner Führung den Krieg wieder aufzunehmen hat. Hitler wird den Krieg als solchen niemals aufgeben, sondern ihn lediglich aus taktischen Gründen oder militärischer Notwendigkeit unterbrechen.

Wir Engländer dürfen aber nicht die Anziehungskraft des Phantoms unterschätzen, das unsere Augen blenden wird. Wir wissen bereits, dass die *Blitzfriedensofferte* äusserst geschickt aufgezogen werden wird und dass sie ein Monument an Bescheidenheit, angenehmster Vernunft und Verstellungskunst darstellen wird. Die Offerte wird vielen Völkern viel versprechen, vielleicht sogar die Befreiung einiger besetzter Länder, vielleicht die Wiederherstellung Frankreichs als Grossmacht mit der Hinzufügung einer besonderen Garantie. Deutschland, so wird man uns sagen, wird als guter Nachbar und guter Europäer bereit sein, bei der Wiederherstellung des Handels mitzuwirken. Aber wir wissen, dass Hitler eine Diplomatie mit zweierlei Waffen führt: mit den Kanonen und dem Friedenszweig. Jahrelang diente dieser Friedenszweig als Tarnung für die Kanonen. Diese Art von Diplomatie hat viele, einschliesslich Grossbritanniens, getäuscht und brachte uns schliesslich in eine tödliche Gefahr, und nun stehen wir vor einer Periode, in der dieser Friedenszweig bald wieder erscheinen wird.»

Das ist der *negative* Teil der Eden-Rede. Er schneidet alle weiteren Mutmassungen über befürchtete oder erhoffte Absichten des Kabinetts Churchill, durch Vermittlung von Rudolf Hess ins Gespräch mit Deutschland zu kommen, radikal ab. Man begreift aber, dass es Eden bei dieser reinen Negation nicht ganz wohl war, und dass er das lebhafte Bedürfnis empfand, den anwesenden Ausländern und dem einheimischen Zeitungspublikum, das die Rede lesen würde, auch etwas *Positives* zu geben, ein Bild von den Vorstellungen, die man sich an der obersten Regierungsstelle in London vom *künftigen Frieden* macht. Darum sagte er in der Schlusspartie seiner Rede:

«Auf militärischem Gebiet muss verhindert werden, dass Deutschland die Welt wieder einmal binnen zwanzig Jahren in den Krieg stürzen kann. *Unsere Friedensbedingungen* werden darauf abzielen, jede Wiederholung solcher Untaten zu verhindern. Dies bedeutet aber keineswegs, dass es unsere Absicht sei, Deutschland oder irgend ein anderes Land zum wirtschaftlichen Zusammenbruch zu verurteilen. Ein verhungerndes und bankerottes Deutschland inmitten Europas würde alle seine Nachbarn vergiften. Das ist keine sentimentale Erkenntnis, sondern einfacher gesunder Menschenverstand, und deshalb hoffen wir im Gegenteil, *dass nach* diesem Kriege Deutschland mit uns gemeinsam an der Erhaltung des Friedens arbeiten wird, den unsere Waffen erringen werden. Am Ende dieses Krieges wird ein *erschöpftes Europa* stehen. Eine *gewaltige Aufgabe* wird gelöst werden müssen. Wir sind überzeugt, dass die Vereinigten Staaten, die uns jetzt bereits Hilfe zur Besiegung Deutschlands geben, mit dem britischen Empire zusammenarbeiten werden, um den gewonnenen Frieden auch zu bewahren, und uns im Prozesss der Wiedergesundung Europas zur Seite stehen werden. Wir hatten zu lernen, dass der Preis des Friedens ständige Wachsamkeit, Bereitschaft und Mut ist, und diese Lektion werden wir nicht mehr vergessen. Aber während wir Wache halten, wird es unsere Pflicht sein, sofort mit einer *Neuformung* der Welt im versöhnlichsten Geiste zu beginnen. Gründe der Rivalität müssen allmählich schwinden und, wie wir hoffen, schliesslich wegfallen. Nach diesem, und *nur* nach diesem Massstab des Heilungsprozesses werden wir unsere Wachsamkeit abschwächen können.»

So knapp und notgedrungen lückenhaft diese Darlegung ist, so wird sie doch bei jedem neutralen Leser nach der Frage rufen: ist ein *neues Versailles* geplant? In *einer* Beziehung muss die Frage bejaht werden: offenbar ist wieder eine totale oder fast totale Entwaffnung Deutschlands vorgesehen. Die Erfahrung der Zwischenkriegszeit, dass man das grösste Volk Mitteleuropas gar nicht wehrlos machen *kann*, ist anscheinend vergessen. In einer andern Beziehung aber scheint man in London durch Schaden klug geworden zu sein: Eden sagte kein Wort von Reparationen; er macht sich offenbar die einstige Illusion ‹le Boche payera› nicht mehr zu eigen. Im Gegenteil: er will Deutschland zu erspriesslicher Mitarbeit an der wirtschaftlichen Wiedergesundung Europas heranziehen. Aber auch Amerika! Er möchte nicht noch einmal die traurige Erfahrung mit der amerikanischen Absentierung beim Aufbauwerk machen. Die Konsequenz dieses Willens wäre natürlich eine Friedensgestaltung, die im Gegensatz zu Versailles den Amerikanern die Mitarbeit nicht verleidet.

Sehr bemerkenswert, aber auch sehr verständlich ist, dass Eden mit keinem Wort auf territoriale Friedensbedingungen einging. Er durfte zum Beispiel nichts über Elsass-Lothringen sagen, weil er Vichy in seiner Position nicht ermutigen kann, anderseits die französischen Hoffnungen auf latentes Weiterbestehen der britischen

Solidarität auch nicht dämpfen darf. Wie heikel die Territorialfragen überhaupt sind, hat man ja ganz neuerdings auch daraus ersehen können, dass die polnisch-sowjetrussische Verständigung sie offen lassen musste.

In dieser wie in noch so vielen Beziehungen muss also die Welt Geduld haben und sich den Wunsch nach noch mehr Belehrung verkneifen. Es wird ihr dies um so leichter werden, als ja die Rede Edens wie jede ähnliche Äusserung von kriegführender Seite rein hypothetischen Charakter hat, weil sie den Sieg voraussetzt. Einstweilen hat niemand den Krieg gewonnen und niemand ihn verloren. Also ist jede Diskussion über Friedensbedingungen, die man dem Gegner auferlegen will, ein Streit um das Bärenfell. Nach den Andeutungen unserer Korrespondenten in Berlin und Rom gedenkt man dort nicht, auf ihn näher einzutreten. Deutscherseits vermutet man für die Edenrede das Motiv ‹Friedensströmungen im eigenen Lande hervorzurufen›. Wir zweifeln etwas an der Richtigkeit dieser Vermutung. Aber wenn dem so wäre? Läge es dann nicht doch im deutschen Interesse, diese Friedensströmungen durch Beteiligung an der Diskussion in Fluss bringen zu helfen? Wir glauben zwar nicht, dass damit schon ein greifbares Ergebnis für die Befriedung der Welt zu erreichen wäre, glauben aber auch nicht, dass es der Friedenssache schaden könnte, wenn man von beiden Seiten erfahren würde, wie sich die Kriegführenden die Zukunft denken.

Die Ernährung Europas

Samstag/Sonntag, 6./7. September 1941

Das Umsichgreifen des Krieges und der Besetzung von Ländern, von denen der Lebensunterhalt Europas abhing, machte für beide Parteien das Ernährungsproblem immer kritischer.

Das Hungerproblem Je näher der Winter herankommt, desto dringlicher wird das *Ernährungsproblem Europas*. Offiziell befassen sich mit ihm die Regierungen und Armeeleitungen, inoffiziell, aber nicht weniger intensiv, viele Millionen geängstigter Menschen. Über die *deutsche Auffassung* erhalten wir von unserm Berliner Korrespondenten die nachstehende Darstellung:

«*Berlin*, 5. Sept. (Privattel.) Der dritte Kriegswinter rückt diesesmal in verstärktem Ausmass die Frage nach der Lebensmittelversorgung der europäischen Länder in den Vordergrund. Mit Ausnahme weniger Staaten sieht sich *ganz Europa vor abnormalen Verhältnissen*. Mit am stärksten betroffen sind neben den kriegführenden Nationen die besetzten Gebiete, die ausser dem eigenen Bedarf bis zu einem sehr hohen Grade auch noch für die Verpflegung der Besetzungstruppen aufzukommen haben.

Was *Deutschland* anbetrifft, sehen die zuständigen Stellen keinerlei Gründe, die zur Besorgnis Anlass geben. Einschränkungen über die bisher gültigen Lebensmittelrationen hinaus sind nicht zu erwarten, so dass das Niveau des Vorjahres mit Ausnahme der schon im Sommer vorgenommenen Senkung der wöchentlichen Fleischrationen von 500 auf 400 Gramm gehalten werden dürfte. Deutschland geht somit *ohne Sorgen* dem dritten Kriegswinter entgegen. Die Lebensmittelreserven sind trotz der erhöhten Beanspruchung durch die Armee im Osten nach deutscher Darstellung hinreichend.

Darüber hinaus scheint jedoch mit geringen Ausnahmen keinerlei Neigung zu bestehen, die in- und ausserhalb des Reiches aufgestapelten *Vorräte den von der Wehrmacht besetzten Ländern zur Verfügung zu stellen*. Die Wilhelmstrasse erklärte gelegentlich, dass *für das Reich völkerrechtlich keinerlei Verpflichtungen im Hinblick auf die Ernährungsprobleme der besetzten Gebiete bestünden*. Die internationale Landkriegführung sehe im Gegenteil vor, dass die besiegten und besetzten Länder für die Verpflegung der Besatzungstruppen aufzukommen hätten.

Man meint, auf die möglichen Komplikationen hinsichtlich der Ernährungslage in den besetzten Gebieten sei in den internationalen Abmachungen deshalb nicht Rücksicht genommen worden, weil bei dieser Festlegung der Begriff der *Freiheit der Meere* noch in seinem vollen Umfang bestanden habe. Ehe England die Blockade als Kriegswaffe eingeführt habe, sei es allen Ländern freigestellt gewesen, sich die notwendigen Lebensmittel bei den nichtkriegführenden Ländern zu kaufen. Die meisten augenblicklich von der Wehrmacht besetzten Länder seien die Besitzer ausreichender Geldmittel im Ausland. Die Versuche dieser Staaten, sich damit Lebensmittel für die Zivilbevölkerung zu kaufen, seien jedoch *von England durchwegs sabotiert* worden. Die *Verantwortung* für die Lebensmittelversorgung dieser besetzten Gebiete falle deshalb *ausschliesslich auf England* zurück, das im Gegensatz zum Reich Lebensmitteltransporte zur Unterstützung der Zivilbevölkerung nicht erlaube.»

Das Reich scheint somit Verantwortlichkeit und Verpflichtungen für die Ernährung der Bevölkerung der besetzten Gebiete (Polen, Dänemark, Norwegen, Belgien, Luxemburg, Holland, Teile von Frankreich, Jugoslawien, Griechenland, Teile von Sowjetrussland) abzulehnen. Es beruft sich bei dieser Ablehnung auf die internationale Landkriegführung. Damit ist gemeint das ‹Vierte Abkommen der Zweiten Haager Friedenskonferenz betreffend die Gesetze und

Gebräuche des Landkriegs› vom 18. Oktober 1907. Dort steht keinerlei Bestimmung über Verpflichtungen der Besetzungsmacht für die Ernährung der Bevölkerung. Wohl aber heisst es in Artikel 52:

«*Naturalleistungen* und Dienstleistungen können von Gemeinden oder Einwohnern *nur für die Bedürfnisse des Besetzungsheeres gefordert* werden. Sie müssen im *Verhältnisse zu den Hilfsquellen des Landes stehen* und solcher Art sein, dass sie nicht für die Bevölkerung die Verpflichtung enthalten, an Kriegsunternehmungen gegen ihr Vaterland teilzunehmen.»

Es ist also richtig, dass nach dem Haager Völkerrecht die Besetzungsmächte nicht für die Bevölkerungsernährung verantwortlich gemacht werden. Im Gegenteil wird die Verpflichtung der Bevölkerung für die Ernährung der Besetzungstruppen ausdrücklich anerkannt: von den Einwohnern können Naturalleistungen für die Bedürfnisse des Besetzungsheeres gefordert werden. Aber allerdings mit zwei wichtigen Einschränkungen: ‹nur für die Bedürfnisse des Besetzungsheeres› und ‹im Verhältnis zu den Hilfsquellen des Landes›. Deutschland kann sich somit auf das Haager Recht nur berufen, wenn es seine Nahrungsmittelrequisitionen in den besetzten Ländern auf den Bedarf seiner dort stehenden Truppen beschränkt hat. Es ist aber bekannt, dass darüber hinaus beträchtliche Bezüge für den deutschen Inlandbedarf gemacht worden sind. Wenn das unterblieben wäre, und wenn das ‹Verhältnis zu den Hilfsquellen des Landes› überall berücksichtigt worden wäre, so stände es mit der Ernährung der Bevölkerung der besetzten Gebiete weithin besser. Es ist also unrichtig, wenn einzig die britische Blockadepraxis für die Notstände des kommenden Winters verantwortlich gemacht wird. Mit dieser Feststellung soll aber nicht jeder Verantwortungsanteil Englands bestritten werden. Es ist daran zu erinnern, dass diese Macht während des Weltkrieges unter Verzicht auf ihre Seerechtsdoktrin jahrelang die amerikanische Verproviantierung der hungernden Belgier gestattet hat. Warum sollte, was damals human war, nicht auch heute human sein?

Ein Kapitel für sich in der traurigen Materie des Ernährungsproblems bildet der *sowjetrussische Fall*. Man erinnert sich, dass *Stalin* anfangs Juli seinem Volke zugerufen hat (‹Basler Nachrichten› Nr. 180):

«Im Falle des Rückzuges der Roten Armee muss das gesamte Rollmaterial mitgeführt werden. Kein Wagen und keine Lokomotive darf in die Hand des Feindes fallen. Dem Feind darf nicht ein Kilo Korn und kein einziger Liter Brennstoff zurückgelassen werden. Die Bauern müssen den *ganzen Viehbestand* mitnehmen und das Getreide den staatlichen Organisationen übergeben, die es ins Hinterland schaffen. Petrol muss unbedingt vernichtet werden, wenn es nicht mitgenommen werden kann. In den vom Feind besetzten Gebieten sind Partisanendetachemente zu Fuss und zu Pferd neben Gruppen von Diversionsagenten zu schaffen, die gegen die feindlichen Einheiten zu kämpfen, überall den Kleinkrieg zu entfachen, die Telephon- und Telegraphenleitungen zu zerstören und Wälder, *Depots* usw. *in Brand zu stecken* hätten. In den überfallenen Gebieten sind für den Feind unerträgliche Verhältnisse zu schaffen. Er muss auf Schritt und Triff verfolgt und vernichtet werden.»

Die *deutsche Antwort* auf diesen Vernichtungsbefehl Stalins verzeichnete unser Berliner Korrespondent in einem Telegramm vom 4. Juli (Nr. 181):

«Es werde sich Deutschland hierdurch nicht schrecken lassen. Seine Armeen würden nicht hungern. Aber *nicht ein Gramm würde an die Bevölkerung abgegeben werden, so dass sie verhungern werde, wenn sie jetzt ihre eigenen Quellen vernichte.*»

Das war logisch und verständlich. Aber wäre es nicht auch logisch, gerade aus dieser Bedrohung einer Bevölkerung, die ihre Vorräte selbst vernichtet, abzuleiten, dass eine Bevölkerung, die solches unterlässt, Anspruch auf Schutz vor dem Verhungern hat? Vielleicht ist es aber besser, Wörter wie ‹Anspruch› zu vermeiden und das ganze Problem weniger von der völkerrechtlichen als von der rein kriegspolitischen Seite aus anzusehen. Ob eine Besetzungsmacht das Recht hat oder nicht, sich am Ernährungszustand der eroberten Gebiete zu desinteressieren, fällt praktisch nicht so sehr in Betracht wie die Frage, ob eine erfolgreiche Kriegführung überhaupt möglich wäre, wenn im Rücken der vorgehenden Armeen weit herum Hungersnot herrschte und Hungeraufstände losbrächen. Die Dynamik des Hungers ist ein Faktor, den keine Heeresleitung übersehen kann. Wir glauben deshalb nicht, dass die von unserem Berliner Korrespondenten gemeldete Ablehnung einer völkerrechtlichen Verpflichtung das letzte Wort Deutschlands zu diesem Problem sein wird.

Japans Kriegseintritt

Dienstag, 9. Dezember 1941

Sonntag, den 7. Dezember, machte die japanische See- und Luftflotte dem langen Warten auf eine Entscheidung der Regierungen von Tokio und Washington ein Ende, indem sie die Amerikaner in Pearl Harbour und die Briten an der Küste der malaischen Halbinsel massiv angriff. Damit waren die Kämpfe im Fernen Osten eröffnet und der europäische Krieg endgültig zum Weltkrieg geworden.

Krieg überall! ‹Gott ist allgegenwärtig›, so lehrt die christliche Kirche. ‹Der Teufel ist allgegenwärtig›, so könnte man ergänzend beifügen, wenigstens wenn man den Krieg und den Teufel identifizieren will, was für die geplagte Menschheit unserer Zeit ja wirklich nicht fern liegt. Aber, wie dem auch sei, jedenfalls ist durch den *Überfall Japans auf die angelsächsischen Stützpunkte* in Ostasien der europäische Krieg zu einer weltumspannenden Katastrophe geworden.

Nicht dass diese Kriegsausdehnung nach langem Hin und Her schliesslich kam, ist die grosse Überraschung dieser Dezembertage, wohl aber, dass sie so plötzlich kam. Mindestens in Amerika scheint man bestimmt damit gerechnet zu haben, dass Japan eine gewisse Vorbereitungsfrist zwischen den Abbruch der Verhandlungen von Washington und den Kriegsbeginn legen werde. Entgegen all seinen Traditionen! Es hat 1904 den Krieg gegen Russland ohne Kriegserklärung mit dem Überfall auf die russische Flotte in Port Arthur begonnen. Es hat 1914 die nichtsahnenden Deutschen in Kiautschau überrumpelt und 1931 die Chinesen in der Mandschurei. Wusste man dies in den Vereinigten Staaten nicht? Sicher hat man es gewusst! Dass man sich dennoch überfallen liess, kann nicht auf Unkenntnis der japanischen Gewohnheiten beruhen. Aber vielleicht – eine andere Erklärung steht bis jetzt nicht zu Gebote – besass man in Washington Informationen aus Tokio, wonach die japanische Regierung einstweilen nicht losschlagen wolle, auch wenn die Verhandlungen am toten Punkt angelangt sein würden. Solche Informationen können ganz richtig und dennoch irreführend gewesen sein, wenn man zur Erklärung des Widerspruchs eine Hypothese zu Hilfe nimmt, wonach die Regierung des Tenno tatsächlich nicht zum Kriege entschlossen gewesen, aber durch eigenmächtiges Vorprellen der Flotte vor die vollendete Tatsache des Ausbruchs gestellt worden wäre, worauf sie wohl oder übel den Bomben mit ein paar Stunden Verspätung die Kriegserklärung hätten folgen lassen müssen.

Wir verzeichnen diesen Erklärungsversuch ohne Stellungnahme. Sehr leicht zu glauben ist es ja nicht, dass gerade eine Regierung, deren wichtigste Ressorts von Admirälen besetzt sind, von der Flotte ahnungslos übermannt wird. Der Sinn der Regierungsübernahme durch General Tojo war doch wohl von Anfang an, mit der Politik des Fürsten Konoye zu brechen, der alle Kraft auf die Niederwerfung Chinas konzentrieren und die angelsächsischen Grossmächte menagieren wollte. Das Scheitern der Mission Kurusu ergab denn auch, dass Amerika für eine Verständigung auf Kosten Chinas nicht zu haben sei. Also blieb nur die Wahl zwischen dem Nachgeben auf der *ganzen* Linie und dem Kriegsrisiko. Die Regierung Tojo hat das Kriegsrisiko vorgezogen, weil sie überzeugt ist, dass es durch Siegeschancen gerechtfertigt sei, während die friedfertige Unterwerfung überhaupt keine Chancen böte, sondern nur die Aussicht auf Verewigung hoffnungsloser politischer, militärischer und wirtschaftlicher Ohnmacht. In diesem Gedankengang können Flotte und Regierung einig gewesen sein. Die ungeheure Chance für eine dem Krieg fernbleibende Grossmacht, nach gegenseitiger Zerfleischung der andern Grossmächte noch eine intakte Wehrmacht und eine arbeitsfähige Wirtschaft zu besitzen, stellte man offenbar nicht in Rechnung.

‹Wenn schon Krieg, dann auch Überfall!› Nach diesem historischen Grundsatz Japans wurde nicht abgewartet, bis sich die angelsächsischen Kriegsschiffe, wie es mit einem Tag Verspätung schliesslich geschehen ist, auf hohe See begeben hätten, sondern sie wurden dort gepackt, wo sie wie auf dem Präsentierteller für die Beschiessung durch Flugzeuge und Tauchboote bereit lagen, nämlich in den Häfen, die man euphemistisch ‹Stützpunkte› nennt. Den Vorteil dieser Methode scheint Japan wirklich eingeheimst zu haben. Aber das Weitere ist jetzt abzuwarten. Noch weiss man nicht, wo sich die beiderseitigen Kräfte entscheidend messen werden. Japan hat so ziemlich überall angegriffen, und an der Gegenpartei wird es sein herauszufinden, wohin sich die Abwehr und dann auch die Offensive konzentrieren muss. Bemerkenswert sind immerhin zwei Unterlassungen der japanischen Kriegsleitung: Bis zur Stunde, da diese Zeilen geschrieben werden, verlautet nichts über japanische Vorstösse gegen russisches und gegen niederländisches Gebiet. Dass Insulinde einstweilen verschont blieb, mag darauf beruhen, dass zuerst die vorgelagerten Philippinen erledigt werden müssen, vielleicht auch darauf, dass Japan die niederländischen Petrolgebiete gerne unzerstört vorfände. Die vorläufige Verschonung von Wladiwostok ist schwerer zu erklären; denn von jener Region aus sind die holzgebauten japanischen Städte rasch und leicht aus der Luft zu bedrohen. Vielleicht folgt der Vorstoss gegen Sowjetrussland, sobald sie evakuiert sind. Vielleicht zöge man aber in Tokio überhaupt vor, den Russen die Angreiferrolle zu überlassen, weil dann, wie gestern unser Berliner Korrespondent nachwies, durch Artikel 3 des Dreimächtepakts automatisch die Kriegshilfe der Achse fällig würde. Russland steht es ja nicht mehr ganz frei, ob es sich am ostasiatischen Krieg beteiligen will oder nicht. Es hat nach dem Prinzip ‹Der Feind meines Freundes muss auch mein Feind sein› die Kriegsbeteiligung Englands gegen Finnland durchgezwängt. Per analogiam könnte jetzt England von Russland die Kriegserklärung an Japan fordern. Aber selbstverständlich nur, wenn sie in das britische Gesamtkonzept passt!

Die Lösung dieses weitern Kriegsausdehnungsproblems ist einstweilen unbekannt. Und ebenso weiss man auch noch nicht, ob die Vereinigten Staaten genug Einfluss auf Lateinisch-Amerika besitzen, um dessen Kriegsbeteiligung durchsetzen zu können. Am gesamten Weltbild aber wird sich dadurch nicht viel ändern. Wesentlich ist, dass nun auch die grössten Optimisten nicht mehr auf eine Versöhnung zwischen den Angelsachsen und der Achse hoffen können. Ein Weltkrieg schliesst partielle Friedensschlüsse aus. Die ganze Menschheit hat sich mit ihm und seinen furchtbaren Folgen – Verschwinden des letzten frien Schiffsraums und darum zunehmende Hungersnot! – abzufinden. Alles andere liegt im grauen Nebel der Zukunft. Wir wissen nicht einmal, ob der Kriegseintritt Japans für die Achse einen grossen Vorteil bedeutet im Vergleich zum bisherigen Bedrohungszustand, über den wir am 23. Oktober an dieser Stelle schrieben: «Man wird sich im europäischen Achsenbereich über die asiatische Vorsicht nicht allzusehr beklagen; denn tatsächlich leistet Japan seinen Partnern vom Dreiländerpakt schon einzig durch sein demonstratives Insgewehrtreten grosse Dienste, auch ohne dass es das Gewehr gleich braucht.» Aber jetzt ist das Gewehr also losgegangen!

Ab andere Gewehre dafür eine Zeitlang zu Pyramiden zusammengestellt werden, bis der Winter vorüber ist? Man lese den gestrigen Heeresbericht* und den dazu gehörenden Kommentar des offiziellen Sprechers. Diese Lektüre ist vielleicht ebenso interessant wie die der ostasiatischen Kriegsberichte.

*Im *Heeresbericht* vom 8. Dezember hiess es: Der zuständige deutsche Militärsprecher gab heute abend bekannt, dass die *Operationen grossen Stils an der Ostfront für die Dauer des Winters zu Ende seien,* da der Winter aussergewöhnlich früh eingesetzt habe. Moskau werde, so stellte der Sprecher fest, nicht vor dem Frühling erobert werden.

Kriegsziele und Kriegsrisiken
Samstag/Sonntag, 13./14. Dezember 1941

Die weltweite Ausdehnung des Kriegs machte auch Leuten, die bisher nichts gemerkt hatten, bewusst, welch furchtbare Gefahr die weisse Rasse laufe.

Worum wird gekämpft? Auch mitten im Sturm der militärischen Ereignisse lohnt sich gelegentlich ein Blick auf die *Kriegsparolen* der kämpfenden Parteien. Dafür bot sich gerade in dieser Woche wieder allerhand Anlass, und zwar auf beiden Seiten. Man kämpft zu Lande, zur See und in der Luft mit furchtbareren Werkzeugen als je gegeneinander. Aber daneben glaubt man doch weder hüben noch drüben, das geistige Geschütz entbehren zu können.

Auf der angelsächsischen Seite lautet die gangbarste Parole ‹Verteidigung der Demokratie gegen die Diktaturmächte›. Sie wollte schon von Kriegsbeginn an nicht ganz stimmen; denn Polen, der erste Staat, den zu verteidigen versucht wurde, war eine Militärdiktatur reinsten Wassers. Das galt später auch vom Griechenland des Generals Metaxas. Und vollends der Hinzutritt des Bolschewikenreiches raubte der propagandistischen Stützung auf das demokratische Prinzip einen wesentlichen Teil ihrer Berechtigung. Diese Woche hat sich dem angelsächsisch-russischen Konzern» nun auch noch China angeschlossen. Fast unbeachtet wegen des sonstigen welthistorischen Hochbetriebes hat es am 8. Dezember durch seinen Aussenminister den Krieg gegen Japan, Deutschland und Italien verkündet. Nun: dieses China des Marschalls Chiang Kai-schek ist ebenfalls kein demokratischer Staat, sondern eine Militärdiktatur. Wenn man die Gesamtheit der an Seite Grossbritanniens und Amerikas stehenden Völker überblickt, so kann man etwa die Hälfte als demokratisch, die andere Hälfte als diktatorial regiert einschätzen. Alle ringen um Staats*macht* und Staats*existenz*, aber nicht um Staats*formen*.

Ähnlich steht es mit der Kriegsparole auf der Seite des Dreimächtebundes ‹Verteidigung und Ordnung Europas.› Sie ist in Deutschland aufgekommen, sehr im Gegensatz zur Politik Bismarcks, die deutsch und *nur* deutsch orientiert war. Der Kanzler Wilhelms I. diktierte im Jahre 1876 einmal seinem Sohne Herbert: «Ich habe das Wort Europa immer im Munde derjenigen Politiker gefunden, die von andern Mächten etwas verlangten, was sie im eigenen Namen nicht zu fordern wagten.» Und zur gleichen Zeit schrieb Bismarck an den Rand eines Aktenstückes: «Qui parle Europe a tort.» Die ‹Frankfurter Zeitung› vom 2. Oktober, der wir diese Zitate entnehmen, legte dar, Bismarcks hart formuliertes Wort treffe heutzutage nur noch Politiker wie Roosevelt und Churchill, das neue Deutschland dagegen brauche die Europa-Parole mit vollem Recht. Die vorgestrige Rede des Reichskanzlers Hitler war nun ein wahrhaft klassisches Plädoyer für die neudeutsche Europa-Politik. Und doch: in ihrer wichtigsten und aufschlussreichsten Partie zeigte sie, dass die rapid verlaufende Weltkriegsevolution bereits darüber hinausgeht. Deutschland, dessen historische Verdienste um die Brechung des Mongolensturmes im 13. Jahrhundert der Kanzler mehrfach betonte, hat sich mit Japan, der heute führenden mongolischen Militärmacht, gegen seine angelsächsischen Kriegsgegner verbündet.

In der neutralen Schweiz sieht man heute nicht die demokratische Staatsform oder die europäische Ordnung als in erster Linie umkämpft an, sondern *die weisse Rasse*. Ihr ist, wie schon eine einzige ostasiatische Kriegswoche gezeigt hat, in Gestalt Japans ein furchtbarer Gegner erwachsen. Man erinnert sich des oft gebrauchten Bildes vom Kampf zwischen Seestaaten und binnenländischen Mächten: der Walfisch und der Bär sind beide in ihrer Art mächtige

Wesen, aber trotz ihrer Kraft können sie einander nicht beikommen; denn der Walfisch kann nicht am Land und der Bär nicht im Wasser kämpfen. So exemplifizierte man zur Zeit der napoleonischen Kriege, des Krimkrieges und des Weltkriegs, wenn keine Entscheidungen eintreten wollten. Das heutige Japan aber ist ‹Bär› und ‹Walfisch› zugleich und darum für die angelsächsischen Seemächte so überaus gefährlich. Es erweist sich als gleich aktiv, ob es zur See kämpft oder seine Landtruppen vorgehen lässt. Wenn seine Rüstungen für einige Kriegsmonate hinreichen, wird es die ganze Kolonialzone der weissrassigen Mächte überrennen können, nicht nur im eigentlichen Ostasien, sondern bis nach Indonesien, Indien, Australien und Neuseeland. Dann ist der weissrassige ‹Lebensraum› verloren, nicht nur die Kolonien, Dominien und Protektoratsstaaten, sondern über sie hinaus Wirtschaftsbeziehungen und Seeverkehr.

‹Wenn!› – Ob es so kommen *wird*, wie es kommen könnte, ist eine Zukunftsfrage, die kein vernünftiger Mensch zu beantworten sich heute schon vermessen kann. Aber eine Vergangenheitsfrage und darum beantwortbar ist: wer hat Japan so mächtig gemacht, wie es heute ist?

Der erste weisse Mann, der sich dieses Verdienst erwarb, war der amerikanische Commodore Perry, der 1853 mit Flottengewalt das mit mittelalterlichen Feudalkämpfen be-schäftigte Land aufbrach und weltzugänglich machte. Der britische Vizeadmiral Sir Archibald Douglas wurde dann zum Vater der modernen Kriegsflotte Japans. Unzählige englische Seeoffiziere haben in den japanischen Marineschulen gelehrt; unzählige Japaner haben in britischen Marineschulen und auf britischen Kriegsschiffen gelernt. Gut gelernt! An die entsprechende Tätigkeit des preussischen Generals Meckel für die japanische Landmacht haben wir vor vierzehn Tagen an dieser Stelle erinnert. Im Weltkrieg wirkte sie sich gegen, heute für Deutschland aus. Anderseits: die chinesischen Offiziere und Soldaten, die heute gegen die drei Mächte kämpfen, sind samt ihrem Generalissimus Chiang Kai-schek die gelehrigen Schüler des preussischen Generalobersten von Seeckt. Keine weissrassige Macht hat sich je versagt, die Ostasiaten kriegstüchtig zu machen. Jetzt erproben sie diese Kriegstüchtigkeit.

Es gibt Momente, wo man das Wort nicht hinunterschlucken kann: «Die Weltgeschichte ist das Weltgericht.»

Übergang 1941/42
Mittwoch, 31. Dezember 1941

An der Jahreswende Der *Übergang von 1941 auf 1942* ist politisch und militärisch so sturmbewegt, dass mehr als alles, was hinter uns liegt, das interessiert, was in der Gegenwart vor sich geht, oder gar das, was die Zukunft des neuen Jahres bringen wird – wenn man ihren Schleier lüften könnte. Und doch war das alte Jahr an wichtigen Ereignissen reich und überreich!

Der letzte Winter war wie der vorletzte eine ‹tote Zeit› Diese Feststellung ist natürlich sehr relativ gemeint. Die Landfronten waren mit Ausnahme der nordafrikanischen wo die Engländer in den ersten Jahreswochen bis Benghasi vorstiessen, ruhig. Ein grosses Kriegsgewitter erwartete man am ehesten für die Zone des Ärmelkanals; denn Feldmarschall von Brauchitsch hatte zu Weihnachten an dessen Küste das Drohwort ins Radio gesprochen. «Der Meereswall wird England nur so lange schützen, als es uns passt!» Aber zum Invasionsversuch kam es dann doch nicht. Es blieb bei den verheerenden Luftbombardementen über London und vielen andern englischen Städten, ohne dass die erhoffte demoralisierende Wirkung eingetreten wäre. Aber am 6. April brach dann der grosse Landkrieg wieder aus und traf den Balkan als richtiger Blitzkrieg wie im Vorjahr um die gleiche Jahreszeit Skandinavien, die Niederlande und Frankreich. Der Triumph Deutschlands über Jugoslawien und Griechenland war auf dem Festland in weniger als Monatsfrist vollständig erreicht, und Ende Mai setzten dann deutsche Fallschirmspringer durch einen gloriosen Raid nach Kreta noch das Tüpflein auf das i. Die Engländer hatten durch einen vergeblichen Versuch, den Griechen zu Hilfe zu kommen, ihre Kräfte zersplittert und wurden schon im April durch das deutsche Afrikakorps an die ägyptische Grenze zurückgeschlagen.

Entsprechend der bisherigen deutschen Stossrichtung nach dem südöstlichen Mittelmeer erwartete man nun eine Fortsetzung mit anatolischen Eroberungszielen. Aber sie blieb aus. Die Engländer konnten sich ungestört im Mai Französisch-Syrien und Irak sichern und, wie vorgreifend gleich beigefügt sei, im August auch Iran, dessen Neutralität sie so wenig abschreckte wie zuvor Deutschland die

Neutralität einer Reihe europäischer Staaten. Nachträglich begriff man, weshalb das Reich seinen Balkanfeldzug nicht in eine Unternehmung gegen Vorderasien auslaufen liess. Dieser sollte eine viel grössere Aktion einleiten, nämlich den am 22. Juni beginnenden Krieg gegen Sowjetrussland. Für ihn wollte es die Balkanflanke frei haben. Wie er bisher verlief, ist in frischester Erinnerung: anfangs wieder Blitzkrieg mit Eroberung ganz riesiger Landstrecken, dann zähe Kämpfe mit dem über alles Erwarten starken und gut geführten Gegner, schliesslich seit Anfang Dezember Beginn eines Rückzugs nach Winterstellungen. Geschlagen im wirklichen Sinne des Wortes wurde keine der beiden Parteien. Auf deutscher Seite rechnet man mit der Wiederaufnahme der Offensive in besserer Jahreszeit, auf russischer Seite mit der Möglichkeit, der deutschen Armee den Winter hindurch so zuzusetzen, dass ihr die Kraft dazu fehlen wird.

Inzwischen ist aber der europäische Krieg zum Weltkrieg geworden durch den Zugriff Japans, das am 7. Dezember die fernöstlichen Stützpunkte der Vereinigten Staaten von Amerika und Grossbritanniens überfiel. Neuer Blitzkrieg! Es zeigte sich, dass die angelsächsischen Mächte die japanische Schlagfertigkeit gerade so merkwürdig unterschätzt hatten wie die Deutschen die Kraft Russlands. Es ist bereits so weit gekommen, dass die Amerikaner und Engländer in wenig hoffnungsvoller Defensive sind. Wenn diese ganz zusammenbrechen sollte, so kann der deutsch-italienisch-japanische Dreiverband an eine Vereinigung der Kräfte zum Zwecke der Abtrennung und Isolierung Russlands vom Indischen Ozean und vom Persischen Meerbusen aus denken. Voraussetzung dafür wäre natürlich der Beitrag, den die europäischen Achsenmächte in der Mittelmeerzone durch Siege über England zu leisten hätten, das einstweilen in Nordafrika wieder Erfolge errungen hat. Ist das Britische Reich der neuen Lage und deren grossen Gefahren gewachsen? Im militärischen Bereich wäre es vermessen, eine Antwort auf diese Frage zu wagen. Politisch leisten seine führenden Staatsmänner, was sie nur irgend leisten können. Man vergleiche die Lage, vor der sie Ende 1940 standen, mit der heutigen. Damals stand England ganz für sich allein; es hatte nur noch geschlagene Bundesgenossen in partibus infidelium. Heute ist es mit der gewaltigen russischen Landmacht, mit der amerikanischen

Industrie- und Seemacht und mit National-China eng verbündet. Wirklich ‹eng›? Ja, wenn man auf den gemeinsamen Willen abstellt, Deutschland zu schlagen! Nein, wenn man die immer noch lockere Struktur des riesigen Bündnissystems in Betracht zieht! Dieses schreit förmlich nach zweckmässiger Koordination seiner Kräfte. Und das Koordinierungswunder können weder amerikanische noch sowjetrussische Politiker vollbringen, sondern nur britische. Darum der unerhörte Zustand, dass wochenlang der Premierminister König Georgs VI. in Washington und Ottawa und gleichzeitig sein Aussenminister in Moskau weilen musste, um zusammenzuknüpfen, was so schwer zusammenzuknüpfen ist!

Das Problem ist, ob die natürlichen Egoismen der heterogenen, über die ganze Welt verteilten Bundesgenossenschaft so überwunden werden können, dass jeder Teil der Sache des Ganzen Opfer bringt, die über alles einfache Volksverstehen hinausgehen. Das ist schon schwierig, sehr schwierig sogar, innerhalb der britischen Reichsgemeinschaft. Wie soll zum Beispiel das verängstigte Australien begreifen, dass für das Mutterland und dessen Bündniskonzern sein Schutz gegen Japan viel weniger wichtig ist als die Sicherung der südlichen Verbindungswege mit dem materialhungrigen Russland? Und dann die Vollendung der Bekehrung Amerikas! Zu einem guten Teil haben sie ja die japanischen Bomben besorgt, die auf Pearl Harbor herunterprasselten. Es war ein furchtbares Erwachen, als die Yankees plötzlich merken mussten, dass ihr ganzes politisches Konzept seit einem Vierteljahrhundert auf einer Illusion beruht hat. Sie hatten sich schon im ersten Weltkrieg vorgestellt, die Rolle spielen zu können, die England zwei Jahrhunderte lang mit glänzendem Erfolg gespielt hat, das heisst, ihre Kriege durch andere Völker führen zu lassen unter ausgiebiger Bewilligung von Subsidien an diese. Im Jahre 1917 wurde es dann allerdings nötig, den Dollars Truppen nachzuschicken, aber der Krieg ging zu Ende, ohne dass diese schweren Blutzoll zu entrichten gehabt hätten. Nachher war man ehrlich entrüstet, als man das geliehene Geld nicht zurückbekam, und wollte sich im neuen europäischen Krieg durch ein perfektes Barzahlungssystem gegen die Wiederholung solcher Erfahrungen schützen. Langsam, sehr langsam kam es anders. Man begann, grosszügig Kriegsmaterial ohne Deckung zu liefern, und war bereit, die industriellen und finanziellen Opfer noch zu steigern, bis Deutschland endlich niedergeworfen sei. Erst der japanische Überfall hat den Vereinigten Staaten mit einem Schlage klar gemacht, dass es sich nun nicht mehr nur um das Mitzahlen, sondern um das Mitbluten handle, und zwar in ganz anderem Massstab als in den Jahren 1917 und 1918. Das Mitbluten nützt aber nichts, wenn es nicht an den zweckmässigsten Stellen des Erdrundes geleistet wird, und das können ganz andere Stellen sein als die von japanischen Tauchbooten und bald wohl auch von Fliegern beunruhigte amerikanische Küste. Es ist nicht sicher, aber es sieht nachgerade so aus, als ob die Staatsleitung in Washington dies begriffen habe und der angelsächsischen Solidarität schwere Opfer zu bringen gewillt sei.

Jedenfalls liegt die Schaffung einer aktionsfähigen Schutz- und Trutzgemeinschaft aller Angelsachsen im Bereich des Möglichen, während Sowjetrussland, der Dritte im Bunde, ein sehr viel unsicherer Faktor ist und wohl auch bleiben wird. Es hat bis heute Japan nicht den Krieg erklärt und Japan ihm nicht. Das kann Gründe haben, die auch die beiderseitigen Verbündeten als rationell anerkennen müssen. Vielleicht auch andere Gründe, die man 1942 oder später kennen lernen wird. Wer die Politik Stalins berechnen will, hat entweder aus der Geschichte der drei letzten Jahre nichts gelernt oder er ist ein Hellseher. Wir verzichten gerne auf solche Künste und gedenken zum Abschluss dieser Übersicht lieber als einer unbekannten einer bekannten Grösse im weltpolitischen Rechenexempel. Das ist die Neutralität der Schweiz, die wir auch im neuen Jahre so ehrlich wie in allem durchhalten und mit Gottes Hilfe verteidigen werden, wenn sie angefochten werden sollte. Ernste Anzeichen für ihre Bedrohung sind, das dürfen wir zuversichtlich feststellen, an diesem Jahreswechsel nicht vorhanden.

Die Mission des Sir Stafford Cripps
Samstag/Sonntag, 11./12. April 1942

Die nationalistische Kongresspartei in Vorderindien sah im Frühjahr 1942 ihren Weizen blühen, da die asiatische Stellung des Britischen Reichs durch die Japaner schwer bedroht war. Das Londoner Kabinett war dementsprechend nachgiebig und sandte sein Mitglied Sir Stafford Cripps zu Verhandlungen nach New Delhi. Aber diese scheiterten an der indischen Forderung ‹Alles oder Nichts›, und so versäumten die Kongressisten die günstige Konjunktur der Kriegszeit und erreichten damit nichts.

Kurzschluss in Indien? Mit 1500 Worten hat der Altindische Kongress die Verwerfung der letzten Vorschläge begründet, die ihm *Sir Stafford Cripps* nach sechzehn Verhandlungstagen gemacht hatte. Der britische Lordsiegelbewahrer aber wird denken, was Thoas zu Goethes Iphigenie gesagt hat: «Man spricht vergebens viel, um zu versagen. Der Andre hört von allem nur das Nein.» Es sieht nun wirklich so aus, als ob mit der Kongresspartei nicht mehr zu reden wäre und die Verhandlungen endgültig gescheitert seien. Immerhin, nochmals sei an den Umstand erinnert, auf den wir in den letzten Wochen an dieser Stelle wiederholt hingewiesen haben: Schauplatz des Dramas ist der Orient, und auf einem morgenländischen Bazar braucht ein Geschäft noch nicht als endgültig gescheitert zu gelten, auch wenn Verkäufer und Kunde die Stunde ihrer Geburt verfluchen, die Hände verwerfen und sich anschicken, in entgegengesetzter Richtung davonzuspringen. Sir Stafford ist noch nicht abgereist, und so lange er in New Delhi weilt, ist nicht jede Möglichkeit einer Einigung abgeschnitten. Aber hochkritisch ist die Lage ganz gewiss.

Die Wendung ist sehr überraschend gekommen. Noch am Freitagnachmittag konnte der Berichterstatter der ‹United Press› aus New Delhi melden:

«In dem Augenblick, da die *letzten Einzelheiten über das indisch-britische Abkommen ausgearbeitet* werden, appellieren die politischen Führer Indiens bereits an die Nation, eine gewaltige Streitmacht aufzustellen, um sich den Japanern entgegenwerfen zu können. Pandit Jawaharlal Nehru erklärt in einem Aufruf an das indische Volk: ‹Wir werden Indien verteidigen und halten, bis der Tod uns trennt. Für uns wird es keine Evakuierungen aus unserem geliebten Lande oder von einem Gebiet nach einem andern geben. Was gibt es denn für eine Sicherheit für uns, wenn Indien in Gefahr ist? Wer wünscht noch zu leben, wenn Indien untergeht?› Nehru appellierte an alle im Ausland lebenden Inder, heimzukehren und zu kämpfen.»

Was ist nun plötzlich dazwischengekommen? Das Haupthindernis der Einigung, die Differenz über die Militärgewalt, schien doch weggeräumt zu sein. Es sah so aus, als ob die Häupter der Kongresspartei, obgleich sie sich in der Vergangenheit mehr als grundsatztreue Sektierer denn als Staatsmänner bewährt hatten, realpolitisch zu denken begonnen und eingesehen hätten, dass man ins Wasser gehen muss, um schwimmen zu lernen. Ohne Bild gesprochen: Sir Stafford Cripps hatte ihnen weitgehende Zugeständnisse in bezug auf sofortige Beteiligung an der Regierungsmacht angeboten; sie sollten das Kriegsministerium und andere wichtige Ressorts in die Hände bekommen; das Kabinett des Vizekönigs sollte überhaupt durchwegs mit Indern besetzt werden, also im Effekt eine Nationalregierung sein, die ihnen Gelegenheit zu staatsmännischer Leistung geboten hätte und die denkbar beste Zwischenstufe für den Übergang zum souveränen Regieren beim Inkrafttreten des Cripps-Plans nach Kriegsende gewesen wäre. Man vermutete wohl mit Recht hinter diesem Vorschlag den guten Rat des Obersten Johnson, der im Auftrag des Präsidenten Roosevelt während der letzten Tage eifrig als ehrlicher Makler zu wirken verstanden hatte. Aber nun sind sich die Kongressführer plötzlich bewusst geworden, dass das vorgeschlagene System ja doch nicht ganz den Doktrinen über souveränes Regieren in der Demokratie entspreche, die sich auf englischen und amerikanischen Colleges eingeprägt hatten: das Vetorecht des Vizekönigs sollte erst nach Herstellung des vollen Dominionstatus wegfallen.

Eine ‹undemokratische› staatsrechtliche Institution sollte also so lange weiterbestehen, bis Indien zur Einigung über seine künftige Dominionverfassung gelangt wäre. Die bösen Engländer wollten der Kongresspartei nicht ‹die Katze im Sack abkaufen›, wollten ihre letzten Herrschaftsrechte nicht aufgeben, ehe Indien sich sowohl im Krieg als in der zivilen Verwaltung als handlungsfähig erwiesen und seine Völker geeinigt hätte. Das doktrinäre Beharren auf dem letzten Tüpfelchen der wahren Demokratie macht sich sehr schön, ist aber im Grunde doch ganz grotesk; denn die ganze demokratische Basis der Neuordnung ist ja doch eine reine Fiktion. Eine Partei, die

die Regierungsgewalt ohne vorangehende Wahlen nur aufgrund der Behauptung, sie vertrete den wahren Volkswillen, übernehmen will, sollte nicht Zeter und Mordio schreien, wenn sich die Gegenseite ein Restchen von autoritärer Befugnis reservieren will. Das ganze Getue ist so merkwürdig, dass man kaum um die Vermutung herumkommt, es sei noch ein anderer Faktor als nur weltfremder Doktrinarismus beteiligt. Dieser Faktor kann nach Lage der Dinge wohl nur *Japan* sein!

Ob dieser Verdacht richtig ist oder nicht, wird sich bald zeigen, wenn Sir Stafford Cripps wirklich unverrichteter Dinge heimreisen muss und dann eine japanische Invasion nach Indien erfolgt, die mit dem Verrat der Einheimischen nach burmesischem Beispiel rechnet. Aber noch weiss man gar nicht sicher, ob das kontinentale Indien wirklich auf die grosse Verteidigungsprobe gestellt werden wird. Die japanische Armee in Burma steht ja bekanntlich nahe an seiner Grenze. Aber niemand ausserhalb ihrer Führung kann heute schon beschwören, dass sie über diese Grenze hinaus nach Assam und Bengalen vorstossen oder dass sie sich damit begnügen werde, die Verbindung zwischen China und Indien abzuschneiden. Die Zersplitterung der nicht unbegrenzten Kräfte ist ja das gefährliche Zentralproblem der weiteren japanischen Erfolge. Dank der Kapitulation der amerikanisch-philippinischen Armee auf der Halbinsel Bataan, die nach viermonatigem heldenhaftem Widerstand unvermeidlich geworden ist, werden jetzt beträchtliche japanische Truppenbestände für anderweitige Verwendung frei. Aber ob sie für einen indischen Kontinentalfeldzug ausreichen? Indien ist ein grosser Brocken! Gewiss deutet heute alles darauf hin, dass die Kriegspartei des Dreiverbands nach Vereinigung trachtet, von Westen her über Ägypten, Suez und Syrien, von Osten her über Indien. Aber unter ‹Indien› können auch die indischen Gewässer und die Insel Ceylon verstanden werden, ohne dass bedeutende Operationen gegen das kontinentale Indien gerichtet werden. Der maritimen Vereinigung im persischen Meerbusen könnte, ohne dass Indien zuerst erobert wird, der gemeinsame Vorstoss der Achse und Japans durch Iran folgen, um den ersehnten Kaukasus von Süden und von Norden in die Zange zu bekommen. Wenn aber wirklich eine Invasion Indiens zu Lande geplant sein sollte, so darf man sich in Tokio vor Vergnügen über die neuesten Nachrichten aus Delhi die Hände reiben!

Zunehmende Vergewaltigung Frankreichs
Mittwoch, 15. April 1942

Seit dem Herbst 1941 rang Marschall Pétain mit wechselndem Erfolg gegen den deutschhörigen Pierre Laval. Am 14. April 1942 endete dieser Kampf unter schwerstem deutschem Druck mit Lavals vollständigem Siege. Er konnte nicht nur die Ministerpräsidentschaft übernehmen und das Kabinett umbilden, sondern erhielt über den Kopf Pétains hinweg auch besondere Vollmachten.

Die Krise von Vichy Gestern kam eine wichtige Nachricht über *Frankreich* nach der andern: Vertagung des Prozesses von Riom, Entlassung des Kabinettschefs des Marschalls Pétain, Dumoulin de la Barthète, und zuletzt die Hauptsache, *Umbildung der Regierung unter Beteiligung Lavals,* des Vertrauensmannes der deutschen Besetzungsmacht und bisherigen Hauptopponenten gegen die Aussenpolitik des Staatsoberhauptes.

Es ist also klar, dass die ‹neuen Grundsätze›, nach denen Frankreich laut Havas-OFI. regiert werden wird, auf *aussenpolitischem* Gebiet liegen, deutlicher gesagt, dass sie das *Verhältnis zu Deutschland* umgestalten sollen. Darum seien in aller Kürze und unter Beschränkung auf die von aussen sichtbaren Tatsachen die wichtigsten Wandlungen in diesem Verhältnis seit dem Waffenstillstand von Compiègne vom 24. Juni 1940 rekapituliert. Vier Monate nach der Unterwerfung Frankreichs, am 24. Oktober 1940, fand in Montoire die historische Begegnung zwischen Reichskanzler Hitler und Marschall Pétain statt. An sie knüpfte sich die Erwartung einer über die formelle Regelung des Verhältnisses zwischen Sieger und Besiegtem hinausgehenden Versöhnung zwischen beiden Ländern. Diese Erwartung wurde aber bald enttäuscht. Pierre Laval, der stellvertretende Ministerpräsident und Aussenminister Pétains, hatte versucht, den Marschall in der Richtung der Politik von Montoire gegen dessen Willen weiter zu treiben, als dieser sie verstanden haben wollte, erlitt aber mit diesem Versuch Schiffbruch und wurde am 13. Dezember 1940 nicht nur Knall auf Fall entlassen, sondern sogar kurze Zeit gefangen gehalten. Eine sehr vehemente deutsche Intervention stellte dann wieder ein gewisses Gleichgewicht der Kräfte her. General de Laurencie und andere Persönlichkeiten, die mit Recht oder Unrecht als Gegner Lavals galten, mussten im Hintergrund verschwinden. Dieser selbst konnte von Paris aus eine konsequente Opposition gegen Vichy durchführen, nur zeitweilig gehemmt durch das Versailler Attentat vom 27. August 1941, das ihn beinahe das Leben gekostet hätte. In Vichy dirigierte Admiral Darlan als Nachfolger Lavals und führender politischer Kopf tant bien que mal eine Politik des Mittelwegs zwischen dem zähen Neutralitätswillen des Marschalls und den Bestrebungen, Frankreich ganz in die deutsche Europapolitik einzurangieren. Diese Bestrebungen nahmen gegen Ende des Jahres 1941 an Intensität zu. Ihr Opfer war General Weygand, der am 20. November als Oberkommandierender von Französisch-Nordafrika entlassen und in Alterspension geschickt wurde. Kurz darauf, am 1. Dezember, begegneten sich in St-Florentin die Marschälle Göring und Pétain, was noch mehr als die Entlassung Weygands im Sinne einer erheblichen Besserung der deutsch-französischen Beziehungen gedeutet wurde.

Um die Jahreswende 1941/42 sah es aus, als ob sich Frankreichs Stellung zwischen den Kriegführenden gehoben habe, infolge der Ereignisse auf dem russischen Kriegsschauplatz einerseits und auf dem ostasiatischen anderseits, und als ob Pétain nun freier an Ausgleichsverhandlungen mit Deutschland herantreten könne. Desto mehr überraschte der tiefe Pessimismus, der aus Pétains Neujahrsproklamation sprach. Der nahezu sechsundachtzigjährige Marschall klagte, Frankreich habe sich seine Hilfsmittel wegnehmen lassen und sich an ein Trugbild gehalten, das einen falschen Frieden vortäusche (un mirage décevant: «une fausse paix»); für die Existenz und Einigkeit des Landes bestünden grosse Schwierigkeiten usw. Der Prozess von Riom hat die Stimmung des Marschalls sicher nicht verbessert. Er löste unliebsam öffentliche Attacken gegen dessen eigene Vergangenheit aus und, was politisch noch mehr ins Gewicht fiel, er verschlimmerte die Beziehungen zu Deutschland, das einen ganz andern Verlauf erwartet hatte. Es hatte auf Blossstellung und schwere Bestrafung der nach seiner Doktrin für den Krieg verantwortlichen Franzosen gerechnet. Statt dessen wurde nur über die Veranwortlichkeit für die mangelhafte Kriegs*vorbereitung* verhandelt, was entschieden etwas anderes ist. Mit scharfen Worten äusserte sich Reichskanzler Hitler in seiner Rede an der Berliner Heldengedenkfeier vom 15. März dazu:

«Es findet nun in diesen Tagen in Frankreich ein Prozess statt, dessen charakteristisches Merkmal es ist, dass *mit keinem Wort die Schuld der Verantwortlichen für diesen Krieg beklagt* wird, sondern ausschliesslich die zu geringe Vorbereitung des Krieges. Wir blicken hier in eine *Mentalität*, die uns *unverständlich* erscheinen will, die aber vielleicht besser geeignet ist als alles andere, die Ursachen des neuen Krieges zu enthüllen.»

Es überrascht also nicht, dass in einem Zug mit den übrigen Vorgängen des gestrigen Tages der Prozess von Riom vertagt worden ist, sine die, ohne Fristansetzung für die Wiederaufnahme. Zunächst, so heisst es in dem Vertagungsdekret, müsse die Untersuchung gegen diejenigen geführt werden, «die vor oder nach dem 4. September 1939 Handlungen begangen haben, die dazu geeignet waren, die sich aus der geschaffenen Lage ergebenden Folgen zu erschweren». Prozessgegenstand soll also auch die ganze Kriegführung sein. Eine Unmöglichkeit. Es besteht viel Anlass zur Vermutung, dass es sich um eine Vertagung ad calendas Graecas handelt, nach bekanntem französischem Muster: Prozess gegen den Mörder von Jaurès, Prozess gegen die Attentäter von Marseille, die König Alexander von Jugoslawien und Minister Barthou umgebracht haben.

Doch wir sind von den gestrigen Hauptereignissen abgeschweift. Vorbereitet wurden diese durch eine Zusammenkunft zwischen Pétain und Laval, die am 26. März 1949 bei Randan in der Nähe von Vichy stattfand. Sie war anscheinend ergebnislos verlaufen. Aber als man gestern aus Berlin – nicht etwa aus Vichy! – erfuhr, dass Marschall Pétain seinen Kabinettschef Dumoulin de la Barthète entlassen habe, wusste man anderen Bescheid. Dieser Mann hat bei der Lavalkrise vom Dezember 1940 eine Rolle gespielt, die ihm der Betroffene offenbar nie vergessen hatte. Laval ist jetzt, wenn nicht alle Zeichen trügen, der ‹starke Mann› im unbesetzten wie im besetzten Frankreich. Dass auch de Brinon gleich nach Vichy herbeigeeilt ist, vervollständigt den Eindruck von einem Siege der deutschen Richtung unter den Franzosen.

Weshalb hat der bisher so willens- und gesinnungszähe Marschall Pétain das Steuer umgestellt? Diese Frage hat er eigentlich schon in seiner erwähnten Neujahrsproklamation beantwortet: «falscher Frieden», «Schwierigkeiten für die Existenz des Landes». Mit dem Ausdruck ‹falscher Frieden› wollte er wohl auf den Umstand hinweisen, dass Deutschland nach den Bestimmungen des Waffenstillstandes diesen jeden Tag aufheben kann, wenn nach seinem souveränen Urteil die Bedingungen französischerseits nicht eingehalten werden. Und unter den Existenzschwierigkeiten verstand er den furchtbaren Druck, den Deutschland durch die Ernährungssperre ausüben kann. Das französische Volk muss während der ominösen Frist, die bis zur neuen Ernte vergeht, verhungern, wenn Deutschland nicht einlenkt. In den Städten ist keine Nahrung vorhanden. Die Bauern rücken, wie behauptet wird, mit ihren Vorräten nicht heraus oder haben tatsächlich zu wenig Vorräte. Was aus den Kolonien zur See herangeführt werden kann, geht zu 75 Prozent nach Deutschland, zu 5 Prozent nach Italien weiter. Die übrig bleibenden 20 Prozent stillen die Hungersnot nicht.

Nur ganz massive Belieferungen durch die Aliierten, von denen Frankreich abgefallen ist, hätten diese Zwangslage abwenden können. Sie sind nicht in genügendem Masse erfolgt. Erst vor einer Woche hat Amerika wieder ein paar Schiffe freigegeben, und zwar nur nach Nordafrika, nicht nach Frankreich selbst. Ob der politische Effekt der Sperre die angelsächsischen Reiche nun überraschen wird? Oder haben sie ihn einkalkuliert in der Annahme, dass ein neutrales Frankreich die Aktionen, die sie vielleicht planen, moralisch mehr genieren würde als ein von Laval beherrschtes?

Zwischenbilanz
Mittwoch, 27. Mai 1942

Am 27. Mai bot der tausendste Tag seit Kriegsbeginn Anlass zu pessimistischen Betrachtungen über die denkbaren Folgen für Sieger und Besiegte.

1000 Tage Krieg Heute ist der *tausendste Tag des Krieges* der am 1. September 1939 mit dem Einmarsch in Polen begonnen hat. Wenn die Kriegführenden diese Rechnung auch machen, mögen sie versuchen, die Summe der tausend Tage in ‹Glückstage› und ‹Unglückstage› aufzuteilen. Ein Vergleich der Ergebnisse wäre interessant. Vielleicht würde es sich sogar zeigen, dass gewisse Tage von *beiden* Seiten als Glückstage registriert werden, zum Beispiel der 22. Juli 1941, an dem Russland in den Krieg einbezogen wurde. Die meisten Neutralen aber denken anders: für sie sind die tausend Kriegstage samt und sonders ohne Ausnahme dies nefasti, Tage des Unheils. Das mag daher kommen, dass wir kein Bedürfnis und keine Verpflichtung fühlen, die Weltlage besser zu sehen, als sie ist. Die Kriegführenden dagegen *müssen* glauben, dass der Krieg, wenn er auch an sich kein Glück ist, doch künftiges Völkerglück verheisst. Sie hoffen erstens, den Krieg zu gewinnen, und zweitens, *durch* den Krieg zu gewinnen. Sonst würden sie eben nicht Krieg führen.

Welche der beiden Parteien *den Krieg gewinnen* wird, und ob ihn überhaupt jemand gewinnen kann, das zu beurteilen fühlen wir uns nicht berufen. Es handelt sich dabei um rein militärische Berechnungen und Überlegungen, bei denen sogar fraglich ist, ob die Fachleute sie mit einiger Sicherheit heute schon anstellen können. Man nehme zur Probe einmal einen Abriss der Ereignisse des ersten Weltkrieges zur Hand und durchblättere die Seiten, die den Monaten vor und nach dem damaligen tausendsten Kriegstag gewidmet sind, also den Feldzügen des Jahres 1917. Wer zu jener Zeit mit wachen Sinnen zuschaute, musste finden, es geschehe unerhört Wichtiges, an der Somme, bei Arrast, an der Aisne, in Flandern, am Isonzo, bei Tarnopol, in Ostgalizien, in der Bukowina und überall. In der heute möglichen Rückschau aber sieht das ‹unerhört wichtige› Kriegsgeschehen von 1917 ziemlich unwichtig aus. Ob die beidseitigen Armeen etliche Dutzende oder Hunderte von Kilometern vorstiessen oder zurückfluteten, hat zur Kriegsentscheidung im Herbst des nachfolgenden Jahres 1918 wenig beigetragen Und, was wirklich wichtig *war*, die inneren Veränderungen, die im Geist und in der Verfassung der Stossarmeen durch den Blutverlust eintraten, wurde – mit Ausnahme des Zarenheers – 1917 noch wenig sichtbar. Das mahnt doch sehr zur Vorsicht bei der Abwägung der heutigen Siegerchancen.

Aber die Hoffnung, *durch den Krieg zu gewinnen*, kann sich deswegen doch kein kriegführendes Volk versagen, solange es durchhalten will. Je furchtbarer die Gegenwart ist, desto schöner malt man sich die Zukunft im kommenden Frieden aus. Auch da können wir Neutrale nicht einfach mitmachen. Wir nehmen an, dass es *den Besiegten schlechter* gehen wird als den Siegern. Das ist der Gang der Weltgeschichte, nicht ausnahmslos, aber meistens. Aber ob es *den Siegern gut* gehen wird? Rein materiell gesehen sicher nicht! Man kann die heutige Menschheit mit den Bewohnern einer Ortschaft vergleichen, die sich parteienweise den Besitz neiden, einander hassen, gegenseitig die Felder verwüsten und die Häuser anzünden; schliesslich besiegt die eine Partei die andere, vertreibt sie ins Elend und wohnt und regiert im einzig übrig gebliebenen Gebäude, im Armenhaus; dort hat sie es aber weniger gut, als sie es je gehabt hat, ehe der Streit begann. Alles ist relativ. Man kann andere noch tiefer ins Unglück treiben, als man selbst hineingelangt, aber glücklich wird man dadurch nicht. Unserm Eindruck nach haben die tausend ersten Kriegstage schon hingereicht, um den sicheren Verlust auch der siegenden Partei grösser zu machen, als der grösstmögliche Gewinn für sie je noch werden kann. Von diesem Standpunkt aus könnte man den Krieg eigentlich nachgerade abbrechen, namentlich den Krieg unter den Europäern, die ja doch neunzig Prozent der Zeche werden zahlen müssen.

Aber über diese materialistischen Überlegungen hilft man sich hinweg durch idealistische Utopien von einer besseren und vernünftigeren Menschheit, in der sich Sieger und Besiegte einst wieder zusammenfinden können, wenn man den Krieg nicht vorzeitig abbricht, ehe er zum Sieg der ‹Guten› geführt hat. Aus was für Elementen wird sich in den Kriegsländern diese den Krieg überlebende und weise Lehren aus ihm ziehende Menschheit zusammensetzen? Zu einem starken Teil aus denen, die nicht zu mutig waren, um sich als Soldaten im kritischen Augenblick der Gefahr zu entziehen, und aus den Leuten im Hinterland, die klug genug waren, um dem Risiko des Verhungerns auszuweichen. Das ist vielleicht eine intellektuelle, aber doch kaum die moralische Elite, die man sich gerne in der vordersten Linie beim Aufbau der neuen Menschheit und bei der Nachzucht der künftigen Generationen vorstellt. Es bleibt doch immer dabei, dass der Krieg das Gegenteil der Darwinschen Zuchtwahl besorgt. Nicht die Besten überleben ihn. Wir können uns nicht versagen, auch an dieser Stelle noch einmal die Verse Carl Friedrich Wiegands zu zitieren, die unsere Leser gestern aus dem Nachruf für den verstorbenen Zürcher Dichter mit Erschütterung werden vernommen haben:

>Wieviel sind's, Kameraden,
>Wie viele traf das Blei?

Die besten Marschbrigaden
Der Menschheit sind dabei.
Eintausend Divisionen
Am Tage des Gerichts!
Hört! Dreizehn Millionen
Sind tod! Wofür? *Für nichts!*

Wirklich für nichts? Es wäre entsetzlich und würde allen Christenglauben Lügen strafen, wenn dem so wäre. Aber aus der kurzen Distanz, die uns vom ersten Weltkrieg, dem die Verse galten, trennt, kann man schwer zu einem besseren Urteil gelangen als zu dem Verdikt ‹für nichts!› Immerhin: wenn heute auch nur ein halbes Dutzend der verantwortlichen Staatsmänner in beiden kriegführenden Lagern aus dem ersten Weltkrieg eine ähnliche Bilanz zöge wie Carl Friedrich Wiegand, so wären die damaligen Kriegsopfer doch ‹für etwas›, also nicht ganz ‹für nichts›, gefallen: sie könnten unserer Menschheit die Augen öffnen helfen für die Erkenntnis, dass tausend Kriegstage nicht zu wenig, sondern schon viel zu viel sind.

Der anglo-russische Bündnisvertrag
Samstag/Sonntag, 13./14. Juni 1942

Der russische Aussenminister Molotow brachte von seinen Flügen nach London und Washington einen äusserst günstigen Bündnisvertrag mit Grossbritannien und eine ebensolche Entente mit USA nach Hause.

Molotows Ernte Der *russische Aussenkommissar Molotow* wird nicht finden, dass er seine gefährlichen Überland- und Ozeanflüge nach England und Amerika vergebens unternommen habe. Er ist mit reichem Ertrag nach Moskau heimgekehrt. Wenn er seinen orthodoxen Kinderglauben nicht verloren hätte, würde er der Muttergottes von Kasan eine baumdicke Kerze stiften.

Vor jedem näheren Eingehen auf den politischen Gehalt des *anglo-russischen Vertrags* ist festzustellen, dass dessen einer Partner das Vereinigte Königreich ist, nicht das Britische Reich. Die Dominions sind, wie es in solchen Fällen Brauch ist, über die Verhandlungen auf dem laufenden gehalten worden, hätten wohl auch Bedenken äussern können, wenn sie solche gehabt hätten, aber mitunterzeichnet haben sie nicht. Die Lektüre des Vertragstextes zeigt, dass ihr Beiseitebleiben nur natürlich ist. Es handelt sich ja um einen im wesentlichen durchaus *europäischen* Vertrag. Er richtet sich nicht gegen die ganze Gemeinschaft des Dreimächtepaktes, also nicht gegen Japan, mit dem Sowietrussland bekanntlich im Frieden lebt, sondern nur ‹gegen Deutschland und alle diejenigen Staaten, die mit ihm bei den Aggressionsakten *in Europa* verbunden sind›. Grösserer Deutlichkeit halber wurde diese Formel im Text nicht weniger als siebenmal angebracht. Sie ist unpräzis höchstens in bezug auf Bulgarien, das Russland nicht den Krieg erklärt hat, aber immerhin an ‹Aggressionsakten› gegen Englands Bundesgenossen Griechenland und Jugoslawien teilgenommen hat.

Das Wesentliche und Wichtige am Vertragsinhalt ist, dass er die englische und die russische Kriegführung auf Gedeih und Verderb bis zum bittern oder zum guten Ende miteinander verbindet. Nur im gegenseitigem Einvernehmen der Vertragspartner können Waffenstillstands- und Friedensverhandlungen begonnen und abgeschlossen werden. Auch wenn England noch so sehr auf einen Friedensschluss drängen sollte und wenn ihm die von Deutschland erreichbaren Bedingungen noch so sehr passen sollten, ein russisches Veto könnte es zur Kriegsfortsetzung zwingen. Es müsste auch an der Seite eines weiterhin kriegswilligen Russland bleiben, wenn sein anderer grosser Bundesgenosse, Amerika, den Friedensschluss mit Deutschland einmal wünschte. Für Russland gilt die gleiche Bindung. Sie ist für beide Partner um so gewichtiger, als über die Kriegsziele nur ganz allgemeine Vertragsbestimmungen getroffen worden sind. In bezug auf territoriale Fragen wurde nichts Positives vereinbart, sondern nur in Artikel 5 die negative Feststellung, man wolle im Einklang handeln nach dem Prinzip, ‹nicht nach territorialen Erwerbungen für sich selbst zu streben›. Welcher territoriale Status Russlands liegt dieser Abschwörung zugrunde? Seine Vorkriegsgrenzen oder die Grenzen, die es bis zum Beginn des Krieges mit Deutschland durch zünftige ‹Aggressionsakte› auf Kosten des Baltikums, Polens, Finnlands und Rumäniens erweitert hat? Für diese Staaten klingt die Formulierung des Prinzips, ‹nicht nach territorialen Erwerbungen für sich selbst zu streben›, kaum sehr tröstlich, eher vielleicht die Festlegung Russlands auf die Grundsätze der Atlantikcharta vom 14. August 1941. Aber man vergesse nicht, Russland ist Herrin aller Interpretationen, weil ohne seinen freien Willen überhaupt kein Friede geschlossen werden kann!

Das gilt auch von den Abmachungen für die Nachkriegszeit. Grundsätzlich ist eine Vereinigung gleichgesinnter Staaten in Aussicht genommen zum Zwecke der Erhaltung des Friedens und des Widerstandes gegen den Angriff, also ein neuer Völkerbund. Kommt aber kein solcher zustande, so gilt die anglo-russische Schutz- und Trutzallianz unkündbar zwei Jahrzehnte lang weiter. Und Russland hat es ganz in der Hand, den neuen Völkerbund zustande kommen zu lassen oder auch nicht; denn das beiderseitige Einvernehmen ist wie für den Friedensschluss auch für die Überflüssigerklärung dieser Allianz vorbehalten. Wir erinnern uns keines geschichtlichen Beispiels, wo sich zwei kriegsverbündete Grossmächte so fest für die Nachkriegsjahrzehnte aneinandergeschmiedet hätten. Russland hat bekanntlich ganz spezielle Ansichten über das Wesen des Völkerbunds und ist derenthalben schliesslich exmittiert worden. Aber hinfort wird es durch Androhung der Verhinderung des beiderseitigen Einvernehmens dafür sorgen, dass seine Ansichten durchdringen, selbst wenn sie zum Beispiel den Vereinigten Staaten nicht konvenieren und diese vom Beitritt zum neuen Völkerbund abhalten sollten. Erst nach zwanzig Jahren fällt diese Servitut dahin.

Eher englisch als russisch influenziert ist wohl die scharfe Formulierung der Ablehnung jeglicher Verhandlungen mit der Regierung Hitlers, die 1939 nicht anders war als heute und doch damals in Moskau auf keine Bedenken gegen ihre Vertragsfähigkeit stiess. In diesem Punkt sind die Engländer unerschütterlich. Aber dass sie auch Verhandlungen mit jeder ‹potentiellen Regierung in Deutschland, wie sie etwa eine Vertretung der Generäle darstellen würde›, ablehnen, entspricht nur einer gestern von unserem Korrespondenten signalisierten Londoner Ansicht. Im Vertragstext steht kein Wort davon. Man tut gut daran, diesen Text immer wieder zu lesen; denn die Weltpresse interpretiert allerhand in ihn hinein, was nicht drin steht. Auch von der in Europa schon 1942 aufzustellenden zweiten Front spricht der Vertragstext nicht, wohl aber die Communiqués von London, Washington und Moskau. In irgendeiner Form, zu Lande oder in der Luft, wird die zweite Front nun wohl sicher kommen, es wäre denn, dass sie unnötig würde oder wohl nötig bliebe, aber aus irgendwelchen Gründen undurchführbar würde.

Mit den *Vereinigten* Staaten hat Molotow keinen Vertrag geschlossen und keinen schliessen können. Nach der amerikanischen Verfassung ist Präsident Roosevelt zu einem solchen Abschluss nicht voll legitimiert; denn kein Staatsvertrag erlangt Gültigkeit, dem der Senat nicht mit zwei Dritteln der anwesenden Mitglieder zustimmt. Es ging unmöglich an, eine Senatsdebatte über das Verhältnis zum Sowjetreich zu entfesseln, um ähnliche Bindungen, wie sie England sich gefallen liess, für die Vereinigten Staaten beliebt zu machen. Und das Risiko, zu verhandeln ‹als ob›, auf sich zu nehmen, um später einmal die Tragik Wilsons erleben zu müssen, gelüstete Roosevelt wohl nicht im geringsten. Auch in Amerika lernt man bisweilen aus der Geschichte. Wohl aber war der Präsident als oberster Kriegsherr seines Landes zu militärischen und militärwirtschaftlichen Abmachungen für die Kriegsdauer durchaus befugt. In dieser Zone liegen die nach den beiderseitigen Communiqués sehr erheblichen Washingtoner Erfolge Molotows. Aber auch hier gilt es aufzupassen. Von amerikanischen und russischen Abmachungen über Abbau der Handelsschranken und eine liberale Handelspolitik nach dem Krieg liest man nur in einem Exchange-Telegramm, nicht in den amtlichen Communiqués. Auch hier tritt vielleicht die Atlantik-Charta, nachdem sie von Russland anerkannt ist, bis zu einem gewissen Grade in die Lücke.

Das Hauptergebnis von Molotows weiten Flügen ist und bleibt wohl, dass ein *deutsch-russischer Separatfrieden,* der bisher, wenn auch höchst unwahrscheinlich, so doch nicht absolut unmöglich schien, *ekartiert* ist; es wäre denn, dass wie im Jahre 1917 im einen oder im andern Lande eine Grundwelle das herrschende System hinwegspülen würde. Ganz ausser Spiel dagegen bleiben, wie zum Schluss nochmal betont sei, alle fernöstlichen Möglichkeiten und Unmöglichkeiten. Molotow hat in London und Washington nur über europäische Schicksale verhandelt.

Norwegen und sein König aufrecht
Samstag/Sonntag, 1./2. August 1942

Am 3. August huldigten alle patriotischen Norweger in der besetzten Heimat und im englischen Exil ihrem König Haakon zum siebzigsten Geburtstag und gelobten unerbittliche Fortsetzung des Widerstandes.

Geburtstag im Exil Übermorgen, am 3. August, begeht *König Haakon von Norwegen* seinen *siebzigsten* Geburtstag in einem Schloss in der Nähe von London. Dort ist, seitdem er vor zwei Jahren sein Land unter dem Druck der deutschen Invasion verlassen musste, die Stätte seines Exils. Er führt aber nicht das melancholische Müssiggängerdasein eines roi en exil, wie man es sich gemeinhin vorstellt, sondern lebt und arbeitet kräftig als norwegischer König, berät mit seinen Ministern und besucht die mit ihm emigrierten oder später angekommenen und für die Sache der Alliierten tätigen Soldaten und Seeleute. Das Radio gewährt ihm die erwünschte Möglichkeit, die verbannte Könige früher nicht hatten, von Zeit zu Zeit zum Volk in der Heimat sprechen zu können, wenn auch mit grossem Risiko für die heimlichen Zuhörer.

Haakon ist nicht ‹Haakon› getauft worden, sondern ‹Christian Friedrich *Carl* Georg Waldemar Axel›, und an seiner Wiege ist ihm nicht gesungen worden, dass er einst König von Norwegen sein werde. Er war ein dänischer Prinz, Sohn des nachmaligen Königs Frederik VIII. von Dänemark und dessen Gemahlin, der Prinzessin Louise von Schweden und Norwegen. Auf den norwegischen Thron brachte ihn im Jahre 1905 die Aufhebung der monarchischen Personalunion zwischen diesen beiden Königreichen, und zwar erst nach einigen Weiterungen. Die Norweger wollten sich damals absolut von Schweden emanzipieren. Warum, wurde im Ausland wenig verstanden; denn die lockere Verbindung mit Schweden, die sich auf die Gemeinsamkeit der Krone und der Diplomatie beschränkte, bedeutete nicht im entferntesten eine schwedische Fremdherrschaft. Warum sollten zwei durch Sprache und Rasse einander nahe verwandte Völker von zusammen sieben Millionen Seelen mit eng verbundenen Wirtschaftsinteressen nicht formell eine gemeinsame Staatsspitze haben? Als dann in den folgenden Jahrzehnten Henrik Ibsen und Björnstjerne Björnson in der weiten Welt bekannter wurden, begriff man schon eher, dass die norwegischen Individualisten auch staatlich ein ‹Ding für sich› haben mussten. Aber von einem Schwedenhass war in Norwegen keine Rede. Darum ersuchte der schliesslich friedlich getrennte Staat denn auch die schwedische Krone um Abtretung eines Prinzen als König. Erst nach dankender Ablehnung gelangte man mit demselben Ersuchen an Dänemark und fasste den damals dreiunddreissigjährigen Prinzen Carl ins Auge. Aber auch der schnappte nicht einfach zu, sondern verlangte zunächst die einwandfreie Feststellung, ob das norwegische Volk überhaupt die Monarchie wolle. Alles ging perfekt demokratisch her. Am 13. August 1905 stimmten 368000 Norweger für und nur 184 gegen die Trennung von Schweden, und am 13. November desselben Jahres stimmten ihrer 259563 dafür und 62264 dagegen, dass die Regierung die Wahl des Dänenprinzen Carl zum König betreiben solle. Nun konnte dieser mit gutem Gewissen annehmen. Fünf Tage nach der Volksabstimmung wählte ihn der Storthing einstimmig zum König. Als solcher erst nahm er den Namen Haakon VII. mit altnorwegischem Klang an. Haakon Haakonarson der Alte, bekannt aus Ibsens Schauspiel ‹Die Kronprätendenten›, war der erste Träger dieses Königsnamens. Er regierte von 1217 bis 1263 und hat Norwegen die fernen Gebiete Island und Grönland einverleibt, welch letzteres ja auch in der Gegenwart wieder in seinem östlichen Teil ein dänisch-norwegisches Streitobjekt bildet.

Als norwegischer König hat nun Haakon VII. während dreieinhalb Jahrzehnten streng konstitutionell regiert, soweit ihm die norwegische Verfassung überhaupt das gestattete, was man ‹regieren› nennt. Aber, so eng begrenzt seine königlichen Kompetenzen waren, er hat gewissenhaftesten Gebrauch davon gemacht. Er gilt als der ‹Staatsbürger, der über soziale Fragen Norwegens am besten Bescheid weiss›. Was aber in manchen konstitutionellen Monarchien ein wichtiges Reservat des Königs zu sein pflegt, die Möglichkeit, die Landesverteidigung als oberster Kriegsherr zu fördern, blieb ihm versagt. Darum war Norwegen militärisch ganz ungenügend vorbereitet, als es anfangs April 1940 der deutschen Invasion zum Opfer fiel. König Haakon musste sich mit der kleinen Armee unter ständiger Bedrohung durch deutsche Flugzeuge, die das Hauptquartier visierten, von Etappe zu Etappe zurückziehen und verlor alles, nur die Ehre nicht und den Mut. Er hat sich auf dem Rückzug konsequent jedem Kompromiss mit dem vordringenden Sieger widersetzt und ist Meister über alle derartigen Neigungen bei den Staatsspitzen geworden. Hochgemut und unter voller Wahrung aller Souveränitätsansprüche fuhr er anfangs Juni auf einem englischen Schiff ins Exil und hat dort seine tapfere Haltung beibehalten. Damit hat er erst der Monarchie bei seinem Volke die volle Popularität erworben. Ihr Fortbestand ist auch dadurch gesichert, dass Haakons Sohn, der heute neununddreissigjährige Kronprinz Olaf, der mit der schwedischen Prinzessin Märtha verheiratet ist, ebenfalls einen Sohn hat. Dieser ist 1937 geboren. Es war seit 567 Jahren das erste Mal, dass in Norwegen selbst ein unmittelbarer Thronerbe zur Welt kam.

Aber im Gotha von 1942 gibt es keine norwegische Dynastie mehr. Die deutschen Okkupanten haben ihren Untergang beschlossen, sorgen jedoch durch ihr Verhalten gegenüber den im Lande gebliebenen Einwohnern eher dafür als dagegen, dass Norwegens Eigenstaatlichkeit absoluter Volkswille bleibt. Daran ist nicht die militärische Härte schuld, die mit jeder kriegerischen Besetzung unvermeidlich verbunden ist, sondern die unverständliche Zähigkeit, mit der versucht wird, dem Volke die Herrschaft des Hochverräters Quisling aufzuzwingen, statt, wie es das Haager Abkommen von 1907 vorsieht, einfach die öffentliche Ordnung und das öffentliche Leben aufrecht zu erhalten, «und zwar, soweit kein zwingendes Hindernis besteht, unter Beachtung der Landesgesetze». Fast tägliche Meldungen aus Norwegen zeigen, dass das gewählte System politisch unglücklich ist und die Widerstände nicht dämpft, sondern entfacht. Ob es rein militärisch erspriesslich ist, könnte sich zeigen, wenn je die in letzter Zeit wiederholt aufgetauchte Vermutung sich bestätigen sollte, dass der skandinavische Norden als Schauplatz der ‹Zweiten Front› ausersehen sei. Wir Schweizer, die wir heute in Frieden unsern vaterländischen Feiertag begehen dürfen, möchten aber dem unglücklichen norwegischen Volke eine Probe auf dieses Exempel gewiss nicht wünschen.

Nach drei Kriegsjahren
Dienstag, 1. September 1942

Zum Kriegsgedenktag
Heute beginnt das *vierte Jahr des Krieges*, der am 1. September 1939 begonnen hat. Auf die Gefahr hin, bei unentwegten Lesern in den kriegführenden und neutralen Zonen Ärgernis zu erregen, müssen wir an diesem Gedenktag wieder einmal unser ceterum censeo stammeln, der Krieg habe lange genug gedauert, und es wäre an der Zeit, *Frieden* zu schliessen, je eher, desto besser. Seitdem wir gegen Ende des Frühjahrs in den Tagesberichten vom 27. Mai und vom 18. Juni diese Meinung zum letzten Male vertreten haben, ist der Hochsommer gekommen und gegangen, und nichts ist eingetreten, was darauf hindeuten würde, dass die eine der beiden grossen Parteien sich schon genug abgezappelt habe, um das Spiel aufzugeben. Kriegs*müde* sind ja beide. Aber ihre Müdigkeit äussert sich nicht in Unfähigkeit weiterzukämpfen, sondern im Mangel an Kraft, mit kühnen Entschlüssen neue Wege einzuschlagen, die zum Frieden führen.

Damit könnte man sich abfinden, wenn die These richtig wäre, dass proportional mit der Dauer des Krieges die Chance wachse, einen dauerhaften Frieden zu erreichen. Wir haben dies schon sehr oft behaupten, aber noch nie beweisen hören, weder mit historischen noch mit logischen Argumenten. Konsultiert man die unserer Generation am nächsten liegende Erfahrung, so wird man eher die Vermutung äussern dürfen, der erste Weltkrieg hätte mit einem solideren Frieden geendet, wenn er nicht gar so lange gedauert hätte. Er währte 4 Jahre und 3 Monate, lange genug, um so viel Schaden zu stiften, dass die siegende Partei ohne einen harten Frieden nicht glaubte auskommen zu können. Das war menschlich begreiflich. Weniger verständlich war dann schon, dass sie meinte, dieser harte Friede gestatte ihr, zwei Jahrzehnte dahinzudämmern, ohne sich genügend auf den aus ihm unvermeidlich erwachsenden Revanchekrieg zu rüsten. Und doch gibt es immer noch Leute, die versichern, das System von Versailles sei an seiner Milde gescheitert. Nicht die Milde war das Verhängnis, sondern die politische Unmöglichkeit, angesichts der erlittenen Schäden, milde genug zu sein, ‹unmenschlich milde›. Da wir es jetzt wie damals mit Menschen zu tun haben, nicht mit Engeln, ist anzunehmen, dass die Verlängerung des heutigen Krieges sich auch nach einem noch so ‹entscheidenden› Sieg der einen oder andern Partei früher oder später wieder als kriegsträchtig erweisen wird.

Dafür sorgt schon die ungeheuerliche Grösse der materiellen Kriegsschäden. Diese übertreffen in beiden Lagern längst schon alles, was der erste Weltkrieg angerichtet hat. Und in beiden Lagern greift geheim oder offen die Überzeugung um sich, dass man sich nach dem Sieg nicht mit finanziellen Reparationen werde behelfen können, sondern die unterlegenen Völker zu dauernder Sklaverei werde anhalten, also eine Kulturschande wieder einführen müssen, deren Überwindung der Ruhm des neunzehnten Jahrhunderts war. Kein Kriegsgefangener mit gesunden Gliedern soll heimkehren dürfen – notabene: wenn es bei Kriegsende überhaupt noch Überlebende von den gemeldeten Gefangenenmillionen gibt – «Kain, wo ist Dein Bruder Abel?» – nötigenfalls werden auch die Frauen und Kinder in die Sklaverei geschleppt. Diese Zukunftsgreuel gehen weit über die noch so furchtbaren Zerstörungsschäden an Gebäuden, Maschinen und Verkehrsmitteln hinaus. Der Hass, den sie erzeugen, ist für die Zukunft gefährlicher als die Verarmung. Er schwächt nicht nur, er vergiftet, vergiftet namentlich die europäische Rasse im Lebensmark.

Aber trotz alledem soll man sich mit seiner Friedenssehnsucht vernünftigerweise noch ein bisschen gedulden? Unter dem ‹bisschen› verstehen manche zwei bis vier Jahre, andere nur die paar Wochen, die bis zum Anfang des Winters noch vergehen werden, oder den Winter selbst mit seiner Kälte und seinen heissen Städtebränden. Man mag in seiner tragischen Verlegenheit den Termin für ein ‹vernunftgemässes› Kriegsende so oder so ansehen, uns kommt noch immer das früheste Kriegsende als das weitaus vernünftigste vor. Dabei können wir aber nicht bestreiten, dass die Argumentation, irgendein günstiger Moment müsse noch abgewartet werden, ein Symptom ehrlicher Ratlosigkeit ist. In der ganzen internationalen Diskussion um Kriegs- und Friedensziele ist ja unseres Wissens leider noch kein Projekt aufgetaucht, das die Bezeichnung ‹Verständigungsfriede› beanspruchen könnte. Man hört wohl gelegentlich Vorschläge, die irgendeine kriegführende Nation glimpflich behandeln, aber nur unter der Voraussetzung, dass sie ihre Bundesgenossen preisgäbe. So weit ist man noch auf keiner Seite. Tatsächlich ist das Friedensproblem heute *intellektuell* noch einfach nicht lösbar.

Aber das Grosse und Gute in dieser Welt ist ja nicht immer dank intellektueller Vorbereitung entstanden. Manchmal ist der *Wille* wichtiger als der Weg. Überwindet er die menschliche Herzensträgheit, so öffnen sich unversehens die Wege. Wie viele von den Mächtigen auf Erden haben heute einen wirklichen Friedens*willen*? Wäre ihre Zahl auch nur einen Millionstel so gross wie die unabsehbare Masse derer, die sich für den Krieg geopfert haben und weiterhin opfern, so könnte am 11. November 1942, zwei Dutzend Jahre nach dem Kriegsende von 1918, ein universeller Waffenstillstand zustandekommen – Das kann niemand beweisen, aber glauben darf man es dennoch; denn in der Bergpredigt heisst es: «Selig sind die Friedfertigen.»

König Christian von Dänemark reizt Hitler
Mittwoch, 7. Oktober 1942

Da die Deutschen ihre bei der Besetzung Dänemarks gegebenen Versprechungen nicht hielten und die Propaganda für ‹Grossgermanien› zunahm, verschärfte sich die dänisch-deutsche Spannung.

Dänisch-deutsche Schwierigkeiten? Im gestrigen Depeschenteil waren aus Schweden stammende und von angelsächsischen Agenturen verbreitete Alarmnachrichten zu lesen über eine Verschlechterung der *Beziehungen zwischen dem Deutschen Reich und Dänemark* und über angebliche deutsche Pläne, den vollkommenen Anschluss des skandinavischen Königreiches an Deutschland durchzusetzen. Die Krisis sei provoziert worden durch ein ‹unhöfliches› Danktelegramm des Dänenkönigs, der dem Reichskanzler Hitler auf einen ausführlichen und herzlichen Glückwunsch zu seinem 72. Geburtstag am 26. September nur geantwortet habe: «Ich danke Ihnen. Christian Rex.»

Weder der Hauptinhalt noch das Detail des Alarms ist inzwischen bestätigt worden. Aber dass eine Spannung bestanden hat und bis zu einem gewissen Grade weiter besteht, ist nicht unwahrscheinlich. Schon zu Anfang des letzten Monats fand es der dänische Ministerpräsident Buhl, der im Mai an die Stelle des verstorbenen Stauning getreten ist, nötig, das Volk durch eine Radiorede vor unüberlegten und für das Land gefährlichen Sabotageakten zu warnen. Auch durch die temporäre Rückkehr des dänischen Kontingents von Russland-Freiwilligen und dessen Benehmen scheint ein Element der Unruhe entstanden zu sein. Die dänischen Nationalsozialisten und ihr Führer Fritz Clausen haben sich während der Besetzungsperiode nicht beliebter gemacht, als sie zuvor waren. Sie bilden eine ganz kleine Minderheit und haben im Folkething, der zweiten Kammer, nur 3 von 149 Sitzen inne. Dänemark hat seit dem Frühjahr 1940 den Status eines nicht freiwillig unterworfenen, aber ohne militärischen Widerstand unter bloss diplomatischem Protest besetzten Landes. Das Deutsche Reich gab der dänischen Regierung für den Fall des Verzichts auf Widerstand in ihrem Memorandum vom 9. April 1940 das feierliche Versprechen:

«Im Geiste der seit jeher guten deutsch-dänischen Beziehungen erklärt die Reichsregierung der königlich-dänischen Regierung, dass *Deutschland nicht die Absicht hat, durch seine Massnahmen die territoriale Integrität und politische Unabhängigkeit des Königreichs Dänemark jetzt oder in der Zukunft anzutasten.*»

Dänemark schuf durch passives Gewährenlassen der Invasion, das dem Reich die Niederwerfung Norwegens sehr erleichterte, die Voraussetzung für die Erfüllung dieses Versprechens, und seither ist es der deutschen Politik noch weiter entgegengekommen, indem seine Regierung zum Verdruss des vergebens demonstrierenden Volkes im November vorigen Jahres dem Antikomintern-Pakt beitrat. Stimmungsmässig ist das dänisch-deutsche Verhältnis keineswegs brillant, aber tatsächlich und politisch ist bisher nichts passiert, was Berlin veranlassen könnte, mit dem Dänenprinzen Hamlet festzustellen. «Etwas ist faul im Staate Dänemark.» Wirtschaftlich ist das Land total in den deutschen Bezugs- und Lieferungsring eingeschlossen, und 40000 bis 50000 seiner Arbeiter dienen im Reich der deutschen Kriegsindustrie. Es ist gar nicht einzusehen, was Deutschland gewinnen könnte, wenn es diesen Zustand mit dem einer latenten Rebellion vertauschte, wie er in Norwegen herrscht.

Um dennoch böse Absichten Berlins glaubhaft zu machen, hat man auf die nach schwedischen Nachrichten angeblich geplante ‹*Proklamation Grossgermaniens*› hingewiesen, eines neuen Staatsgebildes, dem neben Deutschland zwangsweise Holland und Norwegen und freiwillig Dänemark beitreten sollen. Aber auch dem gegenüber stellt sich die Frage nach einem praktischen Zweck, solange der Weltkrieg unentschieden ist. Dieser ist ja kein ‹germanisches› Sonderunternehmen. Reichsmarschall Göring hat allerdings in seiner Sonntagsrede zum Erntedankfest das Kriegsziel in dem Satz zusammengefasst: «Ob der Jude oder *der Germane die Welt beherrschen* soll, darum geht es letzten Endes.» Aber durch diese Ausdrucksweise wird die Tatsache nicht umgestossen, dass an des germanischen Deutschlands Seite gegen die germanischen Angelsachsen und das slawische Russland, das romanische Italien und Rumänien, die Slawenstaaten Kroatien und Slowakei, die Länder finnisch-ugrischer Rasse Ungarn und Finnland und namentlich das ganz andersrassige Japan kämpfen. Äusserungen darüber, ob diese Bundesgenossen für die germanische Weltherrschaft kämpfen wollen, liegen bis jetzt nicht vor. Aber es ist schwer zu denken, dass man in Berlin solche Auseinandersetzungen über die Kriegsziele der Achsenmächte und ihrer Verbündeten durch grossgermanische Aktionen zu provozieren wünscht. Deshalb empfiehlt sich auch Vorsicht gegenüber allen skandinavischen Meldungen über solche angeblichen Pläne im Zusammenhang mit der Lage in Dänemark.

Eine Rede des Marschalls Smuts
Samstag/Sonntag, 24./25. Oktober 1942

Am 21. Oktober hielt der südafrikanische Premierminister Marschall Smuts vor den Mitgliedern des Ober- und Unterhauses in London eine mutige Rede für Kriegsfortsetzung bis zum Sieg und einen nachherigen Versöhnungsfrieden.

Die Weisheit des alten Boeren

Die Rede, die General Smuts – er lässt sich lieber ‹General› als ‹Marschall› nennen, obwohl ihm der König am 24. Mai vorigen Jahres diesen höchsten Militärtitel des Empire verliehen hat – am Mittwoch vor den vereinigten Mitgliedern beider Häuser des Parlamentes in London gehalten hat, war ein Muster staatsmännischer Beredsamkeit. Sie unterschied sich von den Herbstreden, die während der letzten Wochen im Lager beider kriegführenden Parteien gehalten wurden, durch etwas, was man beinahe ‹Distanz› nennen könnte; denn sie führte weit über den Bezirk der aktuellen Polemik hinaus. Aber so angenehm dies für den neutralen Leser sein mag, ganz unbefriedigt blieb dessen militärische Neugier. Smuts hat der aktuellen Kriegslage kaum drei Minuten gewidmet. Dass den Russen alle Hilfe, die man ihnen angedeihen lassen ‹kann›, in vollem Mass und eilig gegeben werden müsse, hat man ja schon manchmal vernommen, und aus dem Satz: «Die defensive Phase ist beendet; die Vorbereitungen für die letzte Offensive sind getroffen», kann man heraushören, was man will. Insbesondere ist aufgefallen, dass die Ansprache des grossen Afrikanders weder in militärischer noch in politischer Beziehung eine Rede pro Africa war. Dagegen denkt man bei der Lektüre manchmal daran, dass Jan Christian Smuts nicht nur Politiker und Militär, sondern auch Philosoph ist; in den grossen Burenkrieg ritt er mit einem griechischen Neuen Testament und Kants Kritik der reinen Vernunft in der Satteltasche.

Der Haupteindruck der Rede aber ist der, wie sehr sich der über zweiundsiebzig Jahre alte einstige Boerenführer mit seinem ganzen Denken und Fühlen der britischen Reichsidee der Gegenwart angepasst hat. Welch ein Bruch mit seiner Vergangenheit! Er war schon als ganz junger Mann politischer Schüler und juristischer Mitarbeiter des Transvaal-Präsidenten Paul Krüger; seine wissenschaftliche Ausbildung hatte er auf den Universitäten von Cambridge, Leyden und Strassburg geholt. Der Burenkrieg um die Jahrhundertwende machte ihn zum Militär. Er führte die Aufständischen in der Kapkolonie an. Nach dem tragischen Zusammenbruch des heldenhaften Widerstandes schloss. er 1902 an der Seite General Bothas Frieden mit den Engländern. Aber dieser Friede war keine Versöhnung. Nachher schrieb er in seinem Buch ‹A Century of Wrong›, die Taten der Briten stellten eine vollständige Verleugnung alles dessen dar, was Recht, Sittlichkeit und Menschlichkeit heisst; die Missachtung jedes internationalen Rechts sei sehr bezeichnend für ein Volk, das sich stets als den berufenen Richter über alle anderen Nationen aufspielt. Also ganz ähnliche Töne, wie sie Smuts jetzt nach Verlauf von vier Jahrzehnten gegen die Deutschen anschlägt. Es ist kein Wunder, dass die deutsche Presse, wie ein gestriges Berliner Privattelegramm meldete, jene antibritischen Reminiszenzen jetzt hervorholt.

Aber inzwischen hat eben die britische Staatslenkung ihr grosses Wunder in Südafrika vollbracht. Unter der Ägide des Liberalen Campbell-Bannerman gelang ihr 1907 das grosse Versöhnungswerk, aus dem dann die Südafrikanische Union hervorging. Briten und Boeren wurden vereint treue Glieder des Empire, weil man in London die grosse Kunst des ‹Umgangs mit Menschen› verstand. Auch mit verfeindeten und besiegten Menschen. Zwar brach bei Beginn des ersten Weltkriegs noch einmal unter General Dewet ein lokaler Boerenaufstand los. Aber General Smuts konnte ihn rasch unterdrücken und kommandierte dann seine Boeren in den schweren, aber schliesslich erfolgreichen Kämpfen um Deutsch-Südwest- und Deutsch-Ostafrika. Im neuen Weltkrieg kam es zu keinem Boerenaufstand mehr. Die Südafrikanische Union tat ihre Pflicht wie die andern Dominien. Man hörte allerdings nach der zunächst unerklärlichen Kapitulation von Tobruk im Sommer dieses Jahres, es sei daran Verrat von Boeren beteiligt gewesen, die die für die Verteidiger unentbehrliche Wasserleitung gesprengt hätten. Aber schliesslich stellte sich heraus, dass die Garnison nicht wegen Wasser-, sondern wegen gänzlichen Munitionsmangels hat kapitulieren müssen. Smuts selber glaubt nicht im geringsten an die Gefährlichkeit der Boerenopposition, die ja innerpolitisch in Südafrika unter General Hertzog immer noch sehr rege ist. Er hat von diesen Leuten gesagt: «Sie sind gute Kerle; sie kommen schon zu uns herüber.»

In der Zwischenkriegszeit hat Smuts vorwiegend politisch in höchsten Regierungsstellen, aber insofern auch militärisch gewirkt, als er zum Reformator der südafrikanischen Armee wurde. Dazu drängte ihn seine Einsicht in die Hinfälligkeit des Friedens von Versailles. Er hat diesen in seiner jetzigen Rede sanft kritisiert, aber 1919 schrieb er Lloyd George, dem er jetzt so freundliche Anerkennung gezollt hat, offen heraus: «Ich glaube, wir errichten ein Kartenhaus.» Er hat auch offiziell gegen den von ihm mitunterzeichneten Vertrag protestiert, weil er der Meinung war. «Dieser Vertrag atmet den Geist giftiger Rache.» Was er in zahlreichen Äusserungen zur Entgiftung des Vertrags und seiner Durchführung – zum Beispiel im Moment der Ruhrbesetzung – tun konnte, hat er getan. Im Jahre 1929 reichte er General Lettow-Vorbeck, seinem ebenbürtigen Gegner aus den Kämpfen um Deutsch-Ostafrika, an einem Londoner Meeting feierlich die Hand zur Versöhnung. Aber seine

Hoffnung, der Völkerbund könne gutmachen, was in Versailles schlecht aufgezogen worden ist, ging nicht in Erfüllung. Jetzt hat er wieder völkerbundliche Zukunftsideen. Aber ihm schwebt, wie seiner Rede zu entnehmen ist, jetzt nicht eine Wiedererweckung der Genfer Institution, sondern eine neue Konzeption in Anlehnung an das Gebilde der ‹Vereinigten Nationen› vor.

Näheres hat Smuts nicht darüber mitgeteilt, konnte es auch nicht. Aber seine Rede ist doch ein wertvolles politisches Testament des alten Kriegers und Staatsmannes. Ihr ganzer Schlussteil läuft auf die Lehre für die künftigen Friedensunterhändler hinaus: «Macht es diesmal gescheiter als 1919!»

Die Neutralen und die Neutralitätsverletzungen

Samstag/Sonntag, 31. Oktober/1. November 1942

Die Besetzung liberianischer Häfen durch die Amerikaner glaubte die deutsche Presse zu Predigten an die Neutralen benützen zu können.

Liberias In einem recht vehementen Artikel ihrer letzten
‹**Neutralität**› Sonntagsnummer betitelt ‹Die Hüter der Neutralität›, greift die ‹Frankfurter Zeitung› die Schweizerpresse wegen ihrer Stellungnahme oder vielmehr Nichtstellungnahme zu der *Besetzung von liberianischen Häfen durch die Amerikaner* an. Gutgläubige Leser, meint das Blatt, hätten erwarten dürfen, dass «die Gemüter der Schweizer schäumen vor Empörung, als am vergangenen Sonntag amerikanische Truppen die Häfen der Republik Liberia besetzen». Weiter: «Welch eine ausgezeichnete Gelegenheit für alle die feurigen Anhänger der Neutralität und von dem angebotenen Recht der kleinen Staaten, um ihre Leidenschaft in *flammenden Anklagen* gegen die Brecher dieses Rechtes verströmen zu lassen!»

Dazu ist in erster Linie zu sagen, dass, wie die ‹Frankfurter Zeitung› eigentlich wissen könnte, der Schweizerpresse unter dem kriegsbedingten Zensurregime das Schäumen vor Empörung und die flammenden Anklagen untersagt sind. Wer sich solches dennoch gestattet, verfällt der Beschlagnahme und wird in schwereren Fällen unter Vorzensur gestellt oder ganz verboten. Dagegen ist der Schweizerpresse immerhin erlaubt, das Kind beim Namen zu nennen, das heisst, ohne Schaum und Flammen völkerrechtliches Unrecht Unrecht zu heissen. Von dieser Möglichkeit haben wir in den Fällen Dänemarks, Norwegens, Hollands, Belgiens, Luxemburgs, Griechenlands und Jugoslawiens Gebrauch gemacht. Aber nicht *nur in diesen* Fällen, sondern auch dann, wenn das *Unrecht von der anderen* Seite der kriegführenden Parteien ausging! So haben wir, als Streitkräfte der Alliierten die portugiesische Kolonie Timor besetzten, im Tagesbericht vom 20. Dezember letzten Jahres ruhig, aber deutlich von «*einer offenkundigen Völkerrechtsverletzung gegenüber einem neutralen Staat*» gesprochen und haben beigefügt: «*Das gute Recht des ehrlich Neutralen* ist, von beiden Seiten unangefochten zu bleiben. Und am ehrlichen Neutralitätswillen Portugals ist nicht zu zweifeln.»

Hätten wir uns nun über den Fall *Liberias* mit gleichen Worten aussprechen sollen? Nein; denn der Fall ist nicht gleich, und darum können auch die Worte nicht gleich sein! Wer die Geschichte und die heutigen Zustände Liberias auch nur einigermassen kennt, wird dies verstehen. Die Republik Liberia war nie und ist auch jetzt nicht ein unabhängiger neutraler Staat. Sie ist ein klassisches Beispiel dessen, was man ‹Protektorat› nennt. Ihre Protektoren waren stets die Vereinigten Staaten von Amerika. Sie waren auch ihre Gründer, indem sie seit den zwanziger Jahren des vorigen Jahrhunderts befreite Negersklaven an der Pfefferküste ansiedelten, deren Nachkommen noch heute die einzigen Stimmberechtigten in der Republik Liberia sind. Der Hauptstadt wurde der Name ‹Monrovia› nach dem US-Präsidenten Monroe verliehen. Formell anerkannten die Vereinigten Staaten 1847 die ‹Unabhängigkeit› der Republik. Aber diese war und blieb ein Mummenschanz; denn es fehlte gänzlich das tragende Element einer fähigen Staatsbürgerschaft. Der deutsche Afrikakenner Freiherr von Schweiger-Lerchenfeld fasste 1886 das allgemeine Urteil über Liberia in die Worte zusammen:

> «Die Negerrepublik *Liberia ist die wahre Caricatur eines freien Staatswesens.* Zwar die Freiheit, wie sie der Neger meint: die schrankenlose, persönliche Willkür und Zügellosigkeit in Familie und Gemeinde steht in voller Blüte, wie ja am Ende auch der Giftbaum Knospen, Blüten und Früchte treibt. Die Republik verdankt ihre Entstehung einer Regierungsmassnahme in den Vereinigten Staaten von Nordamerika, indem nach vorausgegangener Erwerbung des betreffenden Landstriches, die infolge der Sclaverei freigewordenen Schwarzen in Afrika angesiedelt wurden. Dies geschah im Jahr 1822; ein Vierteljahrhundert später erklärte sich die

Colonie als unabhängige Republik, und seitdem haben die sozialen Zustände in dieser wunderlichen Republik eine höchst klägliche Entwicklung genommen. Von einer Moral ist kaum die Rede; Männer verkaufen für ein paar Blätter Tabak ihre Frauen, Eltern ihre oft im zartesten Alter stehenden Töchter. Im übrigen entzieht sich das unflätige Treiben der ‹Republikaner› der Berichterstattung.»

Wir nehmen gerne an, dass sich seither die hier geschilderten *kulturellen* Zustände gründlich geändert haben, aber *politisch* hat sich Liberia nicht zu einem wirklich souveränen Staate entwickelt. Keine Macht ausser USA hat ihm die Ehre angetan, einen wirklichen Gesandten bei seiner Regierung zu akkreditieren. Man begnügt sich mit Chargés d'affaires und Konsuln. Der autoritative deutsche Staatsrechtslehrer F. v. Liszt schreibt in seinem ‹Völkerrecht› von Liberia, es würde richtiger als ‹der Völkerrechtsgemeinschaft nahestehender, aber ihr nicht voll angehörender Staat› bezeichnet; es sei auch an den Haager Konferenzen nicht vertreten gewesen. Aber den ersten Weltkrieg durfte Liberia mitmachen! Vier Monate nach seiner Protektoratsmacht durfte es Deutschland den Krieg erklären und logischerweise dann auch den Versailler Vertrag mitunterzeichnen. Auch das war Mummenschanz; denn selbst in seinen innern Verhältnissen dominierten amerikanische Kommissäre. Seit 1910 dirigieren solche – nach Abmachung mit Deutschland, England und Frankreich – die Finanzen, das Militär, die Agrikulturverwaltung und die Grenzpolizei der Republik. Im Gotha von 1942 sind die Namen der vier massgebenden Yankees zu lesen.

Auch wenn wir ‹vor Empörung schäumen› und ‹flammende Anklagen verströmen› lassen *dürften*, hätten wir also kaum Anlass, für die Souveränität und Neutralität Liberias in die Arena zu treten. Diesem protegierten Staat ist durch die Besetzung seiner Häfen widerfahren, was die Protektoratsmacht wollte. Es wird wie beim Eintritt Liberias in den ersten Weltkrieg zugegangen sein: «Da war's um ihn geschehn; halb zog sie ihn, halb sank er hin» und so weiter nach Goethes Lied vom Fischer.

In Afrika die ‹Zweite Front›
Montag, 9. November 1942 (Morgenblatt)

Nachdem die Weltpresse ein Jahr lang hin- und hergeraten hatte, ob und wo es zu der von Russland zu seiner Entlastung dringend geforderten Errichtung einer zweiten Front durch die westlichen Alliierten kommen werde, trat das Ereignis am Sonntag, 8. November, ein. Amerikanische Truppen, unterstützt von einer grossen anglo-amerikanischen Armada, landeten an den Küsten Marokkos und Algeriens.

Die seit genau einem Jahr erörterte und beinahe schon zerschwatzte *Zweite Front* liegt nun plötzlich nicht mehr nur in der Luft, sondern in *Nordafrika*, obwohl die Russen sie eher nach Europa gewünscht hätten. Amerikaner und Engländer sind sowohl an der mittelländischen als an der atlantischen Küste Nordafrikas gelandet. In Kombination mit dem westägyptischen Vorstoss der Engländer erscheint das Unternehmen sehr verständlich. Aber über dessen Aussichten lässt sich innert der ersten 24 Stunden natürlich noch gar nichts sagen.

Politisch ist die amerikanische Firmierung bemerkenswert. Sie ist offenbar als captatio benevolentiae für die Franzosen gewählt worden, deren Sympathien für Amerika um ein paar Grade wärmer geblieben sind als die für England. Aber das offizielle Vichy-Frankreich ist höchst entrüstet, obwohl es seit der scharfen Parteinahme des Ministerpräsidenten Laval in dessen grosser Rede an die Arbeiter für Deutschland auf ein solches Ereignis gefasst sein konnte. Vieler Franzosen Herz schlägt bei allem Bedauern mit dem schwer betroffenen Marschall Pétain für den aus der deutschen Kriegsgefangenschaft entwichenen General Giraud. Dieser hat sich und seine Anhängerschaft sofort auf die Seite der angelsächsischen Landungsarmee gestellt. Auch General Weygand scheint in Nordafrika zu weilen. Man hat aber nichts Neueres über ihn gehört.

Die Reaktion der Deutschen
Mittwoch, 11. November 1942

Deutschland reagierte schon zwei Tage nach der angelsächsischen Landung in Nordafrika durch den waffenstillstandswidrigen Einmarsch in das bisher unbesetzte französische Gebiet.

Einmarsch nach Vichy-Frankreich Die *deutschen Truppen* marschieren heute in das nach den Waffenstillstandsbestimmungen bisher *unbesetzte Gebiet Frankreichs* ein. Damit hebt das Deutsche Reich den Waffenstillstand auf. Es ist anzunehmen, dass sich diese Politik auf die Regel ‹Not kennt kein Gebot› stützt. Der Notstand beruht auf der Tatsache, dass die Alliierten seit Sonntag einen Einbruch grossen Stils in die nordafrikanischen Gebiete Frankreichs begonnen haben und dadurch auch eine Invasion der Mittelmeerküste des französischen Mutterlandes vorbereiten.

Ausserdem könnte sich Deutschland darauf berufen, dass sich der französische Ministerpräsident Laval seit seinem Amtsantritt im Frühjahr immer mehr mit der deutschen Kriegspolitik solidarisiert hat. Zuletzt geschah dies in klaren Worten in seiner an die Arbeiterschaft gerichteten Radiorede vom 20. Oktober. Damals sagte *Pierre Laval*:

«*Das oberste Interesse Frankreichs* verlangt, dass wir eine *Politik des Einvernehmens mit Deutschland* befolgen. Es wird zuweilen gesagt, dass diese Politik eine Täuschung sei, da sie von der Grossmütigkeit des Siegers abhängig wäre. Sicherlich liess der Sieger seit dem Waffenstillstand grossmütige Handlungen eintreten, wie zum Beispiel die Freilassung von mehr als 600000 Gefangenen, und die französische Regierung sprach Hitler ihren Dank dafür aus. Es ist indessen nicht weniger wahr, dass die Beziehungen zwischen den beiden Völkern dauerhaft sein können, wenn die beiden Völker sich volle Rechenschaft von ihren Interessen ablegen. Wir werden immer die Nachbarn Deutschlands sein, und immer werden wir uns schlagen, so lange zwischen uns nicht eine *endgültige Einigung* zustande kommt. Es gibt eine offensichtliche Tatsache, die ich immer wiederholen muss: diese Einigung hätten wir auch am Tage nach unserem Siege machen können. Wir müssen sie heute herbeizuführen trachten, und es bleibt dies durchaus möglich unter Wahrung der Ehre und der vitalen Interessen unseres Landes. Das im Entstehen begriffene *Europa* kann nur leben und sich entfalten, wenn es die Unabhängigkeit und die Vaterlandsliebe der Völker respektiert, die sich zusammenschliessen müssten.

Die Ereignisse, die sich in der Welt abspielen, haben eine klare Bedeutung: *Deutschland* richtet sich mit allen, die an seiner Seite kämpfen, als Bollwerk auf zwischen *uns und dem Bolschewismus* es hält ihn in Schach und verhindert ihn, über Europa herzufallen. Ich bin überzeugt, und ihr dürft keinen Augenblick daran zweifeln, dass ich die Wahrheit sage, dass die Sowjets morgen in Europa das Gesetz diktieren würden, wenn Deutschland geschlagen werden sollte. Dann wäre es aus mit der Unabhängigkeit und dem Patriotismus der Nationen, dann wäre es aus mit jener humanen und grossmütigen Politik, mit dem wahren Sozialismus, der, hervorgegangen aus den Trümmern eines Kapitalismus, welcher seine Macht missbrauchte, morgen in Europa erstehen wird unter Respektierung des unabhängigen Geistes eines jeden Volkes ... Ich denke an Frankreich, an die Beibehaltung seines Territoriums, ich denke auch viel an das französische Empire.»

Mit diesen Worten hat der Chef der französischen Regierung nicht nur A, sondern auch B bis Y gesagt. Und nun wird ihm eben zugemutet, auch Z zu sagen, was er gewiss lieber vermieden hätte.

Und das französische Staatsoberhaupt *Marschall Pétain* erst recht! Dessen ganze Politik bricht nun zusammen. Ob er selbst der Ansicht ist, dass der Waffenstillstand von der Gegenseite gebrochen worden sei, und dass er also seine volle Entschlussfreiheit gegenüber Deutschland zurückgewonnen habe, weiss man zur Stunde, wo diese Zeilen in Druck gehen, noch nicht. Vielleicht wird man es auch nicht so rasch erfahren. Für den Fortgang der Ereignisse wird es, so gross die moralische Autorität des greisen Heerführers und Staatsmannes noch immer sein mag, auch weniger entscheidend sein als die Stellung, die die französische Armee in Nordafrika zu der neuen Lage im Mutterland einnehmen wird. Diese Armee kann die These, dass sie das Organ eines am Weltkrieg nicht mehr beteiligten Frankreichs sei, nun kaum mehr aufrecht erhalten. Sie steht vor der Wahl, ob sie hinfort ein Bundeskontingent der Achsenmächte sein oder ob sie sich durch einen Waffenstillstand auf eigene Faust mit den angelsächsischen Invasionstruppen arrangieren will.

Dass die wirtschaftliche Lage der Schweiz dadurch, dass Vichy-Frankreich nun zum Kriegsgebiet wird, noch schwieriger geworden ist, als sie ohnehin schon war, ist leider unverkennbar. Tröstlich ist nur, dass unsere Versorgung mit Nahrungsmitteln für den Winter dank der Leistungen der schweizerischen Bauernschaft und der straffen Rationierungspolitik des Bundesrates gesichert ist. Auf überseeische Belieferung werden wir nun auf geraume Zeit zu verzichten haben. Auch der Postverkehr wird neuen Hemmungen unterliegen. Immerhin ist anzunehmen, dass die Eigenschaft der Schweiz als diplomatische Schutzmacht der meisten kriegsbeteiligten Länder sie vor einem allzu hermetischen Abschluss nach der bisher offenen französischen Seite hin bewahren wird. Auf keinen Fall ändern die neuen kriegspolitischen Tatsachen etwas an unserem aufrichtigen Neutralitätswillen!

Admiral Darlans tragisches Ende
Samstag/Sonntag, 26./27. Dezember 1942

Am Heiligen Abend fiel der französische Hochkommissär in Nordafrika, Admiral Darlan, einem Attentat zum Opfer.

Mord in Algier Am Heiligen Abend ist in Algier der französische Hochkommissär Admiral *Darlan* einem *Attentat* zum Opfer gefallen. Die meistumstrittene Gestalt der Zeitgeschichte ist damit durch rohe Gewalt beseitigt. Die heftigen Kämpfe um seine Person sind an dieser Stelle am 9. Dezember unter dem Titel ‹Die Darlan-Fresser› erörtert worden. Jener politischen Bewertung könnten wir heute nichts Neues beifügen.

Aber wir sollten jetzt eigentlich einen Nekrolog des Ermordeten schreiben und fühlen uns dazu leider ausserstande. – Nicht wegen der Weihnachtsstimmung. – Aber beim Durchblättern des biographischen Materials müssen wir feststellen, wie bedenklich trübe die Quellen fliessen. Der am 7. August 1881 geborene François Darlan ist, so brillant seine seemännische und administrative Karriere auch war, erst nach dem Waffenstillstand vom 24. Juni 1940 unter der Ära Pétain in das Licht der Weltöffentlichkeit getreten, und alles, was seither über ihn geschrieben wurde, ist ‹von der Parteien Gunst und Hass verwirrt›. Der Wirrwarr geht sogar bis in die Ahnenreihe Darlans zurück. Sein Urgrossvater hat in der Seeschlacht von Trafalgar mitgekämpft. Aber nach einer Version war er nur Oberkanonier, hat jedoch ausgerechnet den Schuss abgefeuert, der Nelson tödlich traf, und hat dann in seiner gascognischen(!) Heimat friedlich ausgelebt. Nach einer andern Version ist er vor Trafalgar als Fregattenkommandant samt seinem Schiff heroisch untergegangen. Darauf kommt es für die Beurteilung seines Urenkels schliesslich wenig an. Aber wichtig sind die Differenzen in der Bewertung von dessen Leistungen als oberster Chef der französischen Marine vor und nach dem Ausbruch des neuen Kriegs.

Einig ist man nur darin, dass Darlan mit höchster Energie den Ausbau der französischen Schlachtflotte gefördert hat. Im ersten Weltkrieg hatte er deren Unverwendbarkeit am eigenen Leibe erfahren. Er musste mit seinen Marinegeschützen an allen Fronten kämpfen, aber stets nur an *Land* fronten, wie zum Beispiel bei Verdun, wo er sich als Artillerist glänzend auszeichnete. Diese Ausschaltung der Kriegsflotte wollte er nicht ein zweitesmal erleben. Aber an diesem Punkte gehen die Meinungen auseinander. Von den einen wird er beschuldigt, dem verzweifelt kämpfenden Landheer mit verhängsnivoller Wirkung die verfügbare Schiffsartillerie vorenthalten zu haben. Seine Verteidiger dagegen sagen, deren Eingreifen hätte das Ergebnis des Feldzuges von 1940 doch nicht ändern können, dank Darlan aber sei die französische Flotte samt ihrem Material intakt und für ein geeignetes Stadium im spätern Verlauf des Krieges verfügbar geblieben; für die Enttäuschung dieser Hoffnungen durch die Katastrophen von Mers-el-Kebir und Toulon habe Darlan nichts gekonnt; so lange er unter Marschall Pétain innen- und aussenpolitisch der mächtigste Mann im Lande war, sei trotz allen Anfechtungen und aller Misère nichts geschehen, was die einzig richtige Politik des ‹Attentismus› verunmöglicht und Frankreich vorzeitig in den Strudel gerissen hätte.

Unter Laval ist es dann so weit gekommen, und das Weitere steht in frischer Erinnerung. Aber auch dabei ist Darlans Rolle aufs heftigste umstritten. Seine Gegner klagen ihn an, mit der Absicht, von Pétain abzufallen, nach Algier gereist zu sein, unter dem gemeinen Vorwand, dort seinen kranken Sohn besuchen zu wollen. Aber dieser Sohn war tatsächlich todkrank und ist in den ersten Novembertagen seinem Lungenleiden erlegen. Und der sogenannte ‹Abfall› Darlans von Pétain ist nicht vor, sondern erst nach dem Moment des Einmarschs der Deutschen in die unbesetzte Zone erfolgt, als Darlan mit Fug und Recht annehmen musste, der Marschall sei nicht mehr freier Herr seiner Entschlüsse.

Die Tragödie Darlan-Pétain wäre schon traurig genug gewesen, aber sie wurde an Bitternis noch übertroffen durch die peinlichen Auseinandersetzungen, die nun zwischen Darlan und seinen neuen angelsächsischen ‹Freunden› folgten: zuerst loyale Verständigung mit dem amerikanischen Oberkommandanten Eisenhower, dann Einsetzen des britischen Misstrauens und Erwirkung einer halben Abschüttelung durch Präsident Roosevelt, verstärkter Ansturm der Gaullisten und Sowjetrussen bei den alliierten Regierungen, neue Hatz in der Londoner Presse und im Parlament, schliesslich Belassung Darlans in seinem Amt als Hochkommissär, aber ‹mit Verdacht› und moralischer Distanzierung. Um im Interesse Frankreichs mehr als einen Monat lang diese Misshandlung zu ertragen, brauchte Darlan ein hartes Fell. Er hatte ein solches. Aber physisch kugelfest war es eben doch nicht. Darum liegt der Admiral jetzt auf der Totenbahre. Seine Tragödie ist zu Ende, und der Vorhang fällt.

Hätte der Mörder nicht getroffen, so wäre es Darlan vielleicht schliesslich doch gelungen, sein französisches Volk von seinen patriotischen Motiven und die alliierten Regierungen von den guten Diensten, die er ihnen weiterhin leisten könne, zu überzeugen. Politiker sind belehrbar, Fanatiker sind es nicht. Für diese bleibt ein Mann, der aus einem andern Lager in das ihrige übergegangen ist, er mag sich bewähren, wie er will, stets ein Gegenstand des Hasses und des Argwohns, und wenn die Vorsehung ihn gewähren lässt, so greifen sie mit gewaltsamer Korrektur ein. Darum traf der Mordstahl des François Ravaillac den König Henri IV. Der war einer der besten Männer der französischen Geschichte. Aber er hatte vom Protestantismus während der Schrecken der Bartholomäusnacht zum Katholizismus hinübergewechselt, hatte sich zurückbekehrt und war dann um des innern Friedens Frankreichs willen noch einmal katholisch geworden. Also war er in den Augen Ravaillacs ein Schuft und musste beseitigt werden. Was Henri IV. passiert ist, ist jetzt auch Darlan widerfahren, obwohl wahrscheinlich auch er ein ehrlicher ‹Kompromissler› gewesen ist. Die Geschichte mag über ihn urteilen. Wirklich schuftige Virtuosen des Gesinnungswechsels wie Fouché pflegen geschickt genug zu sein, um sich ein hohes und ruhiges Alter zu sichern.

Jedermann ist jetzt gespannt darauf, wie sich die alliierten Mächte mit der neuen Situation abfinden werden. Ist es denkbar, dass sie nun General de Gaulle zur Nachfolge Darlans verhelfen werden, obschon er seit der amerikanischen Landung in Nordafrika eigentlich nur bewiesen hat, dass er ein untraitabler Steckkopf ist? Das Problem Frankreich ist nicht nur für die Deutschen, sondern auch für die Alliierten diffiziler als je geworden. Es kommt sehr darauf an, ob es die überlegungsfähigen Staatsmänner lösen werden oder die entrüsteten Moralisten vom besseren Genre Hydepark-Corner!

Vierte Kriegsweihnacht und viertes Kriegsneujahr
Donnerstag, 24. Dezember 1942

Friede auf Erden? Es ist ein Jammer, dass man auch an der heurigen *vierten Kriegsweihnacht* vom Frieden auf Erden nur unter Beifügung eines Fragezeichens schreiben kann. Eigentlich müssten es sogar gleich zwei oder drei Fragezeichen sein. Man hat die grösste Mühe, während der gegenwärtigen Klimax des Weltkriegs überhaupt nur an den Gesang der Engel über dem Stalle zu Bethlehem zu denken. Eher als der 24. und 25. Dezember könnte der achtundzwanzigste Tag dieses Monats, der ‹Kindleintag›, wie er im Kalender heisst, als typischer Feiertag für 1942 gelten. Er ist dem Andenken der von Herodes gemordeten unschuldigen Kindlein geweiht.

Wenn man für den Frieden nichts tun kann, so möchte man doch wenigstens mit den Kriegführenden über ihn sprechen können. Aber man fände taube Ohren. In beiden Kriegslagern würde man als diabolischer Versucher angesehen, dem es nur darum zu tun ist, in elfter Stunde die zum Endsieg ansetzende Partei um diesen zu betrügen, sie zu einem faulen Kompromiss zu beschwatzen, der nach einem oder zwei Jahrzehnten einen neuen Krieg gebären werde, mit besseren Chancen für ihren dannzumaligen Gegner. Diejenigen Kriegführenden, die heute überhaupt etwas von Verhandlungsmöglichkeiten tuscheln, denken nicht an einen allgemeinen, sondern nur an einen partiellen Frieden mit dem oder jenem erschöpften Bundesgenossen ihres Hauptfeindes. Dabei gehen sie von Voraussetzungen aus, die nicht ganz phantastisch, aber doch wohl verfrüht sind. Es spricht allerhand dafür, dass der Krach innerhalb der heute noch auf Gedeih und Verderb zusammengeschlossenen Kriegskonsortien irgend einmal kommen wird, und zwar sowohl im Falle des Gedeihs als im Falle des Verderbs. Aber Ende 1942 ist es nicht so weit. Einstweilen glaubt man überall noch ziemlich fest, dass der gemeinsame Einsatz einen gemeinsamen Gewinn bringen werde, dessen Grösse jeden Streit unter den Siegern ausschliesse.

Wir Neutrale sehen eher den gemeinsamen Verlust, den bereits in furchtbarem Masse eingetretenen und den in noch höherem Masse kommenden, an dem Sieger und Besiegte und wir selbst obendrein teilhaben werden. Darum kommen wir nicht von der Frage los, ob der Verzicht auf die noch denkbaren Gewinnchancen im Hinblick auf die sicheren Verlustchancen nicht doch gescheiter wäre. Wenn wir aber diesen Gedanken antippen, kommt man uns immer wieder mit der Einrede: ein Friede ohne vorherige Kriegsentscheidung würde keine Aufhebung, sondern nur eine gefährliche Hinausschiebung der Verlustgefahren sein; im unbesiegten Lager des Gegners würden die ‹Kriegsverbrecher› am Ruder bleiben und über kurz oder lang für die Wiederaufnahme des Krieges sorgen, da sie bei ihren Völkern den Kredit nicht eingebüsst hätten.

Das kann man behaupten, aber beweisen kann man es nicht. Es ist eben doch eine grosse Frage – und wir neigen zu deren Bejahung – ob dieser Kredit der Kriegsspekulanten nicht bereits erschöpft ist. Man sollte kein Volk für gar zu dumm halten. Verglichen mit dem Risiko, dass bei einem Kompromissfrieden die Lust zum Wiederanfangen weiterglimmen könnte und die entsprechende Führerschaft an der Herrschaft erhalten würde, ist nach unserer festen Überzeugung die Gefahr viel grösser, dass ein gründlicher Siegfrieden durch Not und Hass der Unterworfenen kriegsträchtig werden muss. Nur müsste ein *echter* Kompromissfrieden geschlossen werden, also einer, bei dem beide Parteien leidlich existieren könnten.

‹Leidlich!› An etwas besseres zu denken wäre schon jetzt und bei längerer Kriegsfortsetzung erst recht auf Jahrzehnte hinaus eine Illusion. Aber dieser Illusion hängt man eben heute noch in beiden Parteilagern mit glühender Überzeugung nach. Hüben und drüben macht man Beveridge- und andere Pläne, deren Verwirklichung nicht einen allgemeinen Scherbenhaufen, sondern ‹die beste aller Welten› voraussetzen würde. Psychologisch sind diese Milchmädchenrechnungen nur allzu verständlich. Sie kompensieren in den Volksseelen die aufdämmernde Erkenntnis der schon vorhandenen und noch kommenden Armut. Durch illusionslose Neutrale können sie unmöglich widerlegt werden. Von uns kann man nur das eine mit Recht verlangen: dass wir bei den Kriegführenden wenigstens nicht ins Feuer blasen, wenn es da oder dort endlich einmal herunterzuglimmen beginnen wird. Ein resignierter Freund sagte uns kürzlich, wir hätten uns damit abzufinden, dass wir in ein neues Vandalenzeitalter hineingeboren seien und hilflos darüber Leid tragen müssten. Der Name der Vandalen erinnert uns aber an eine historische Reminiszenz, die in Nr. 341 dieses Blattes von gelehrter Seite verzeichnet worden ist: in der algerischen Stadt Bône, von deren Bombardierungen fast täglich der Depeschenteil berichtet, dem alten Hippo regius, verschied im Jahre 430 der greise Kirchenvater Augustinus mitten während der Schrecken einer Belagerung durch die Vandalen, die damals Nordafrika wie andere weite Gebiete des römischen Reichs verwüsteten. Nach ungefähr einem Jahrhundert gab es dann schon nirgends mehr Vandalen; sie hatten sich zu Tode vandalisiert. Der heilige Augustinus aber lebte in der Geistesgeschichte der christlichen Völker, der reformierten wie der katholischen, weiter bis heute. Freuen wir uns in diesen unseligen Weihnachtstagen wenigstens darüber, dass der Krieg den Geist nicht umbringen kann. Und der Sieg des Geistes wird es sein, der schliesslich den ‹Frieden auf Erden› herbeiführt. Trotz der bösen und den verblendeten Menschen!

Donnerstag, 31. Dezember 1942

An der Jahreswende Einen politischen *Rückblick auf das Jahr* 1942 zu schreiben, ist ein wenig interessantes und undankbares Geschäft. Was ist in diesem Zeitraum in politicis wichtiges passiert? Vielleicht allerhand, dessen Bedeutung noch nicht zu ermessen ist. Was aber offen und übersichtlich zu Tage trat, war nicht sehr bedeutend.

Ein paar lateinisch-amerikanische Republiken haben sich dem Krieg angeschlossen oder doch angenähert, während die europäischen Neutralen neutral geblieben sind; Spanien ist sogar etwas neutraler geworden, als es zuvor war, und hat sich mit Portugal zu einem Iberischen Block vereinigt. In Indien ist den Engländern die Versöhnung mit der einheimischen Opposition misslungen, aber ebenso auch den Japanern deren Aktivierung für ihre Kriegszwecke. Darum ist noch keine wirkliche Aktionsgemeinschaft innerhalb des Dreiverbands zustande gekommen. Japan ficht im Fernen Osten auf eigene Rechnung und hat mit der europäischen Achse keine Zange gegen die Alliierten bilden können oder wollen. Anderseits ist in deren Konzern Sowjetrussland nicht so mächtig geworden, dass es die Bildung der vielerörterten ‹Zweiten Front› in Europa zu seinen Gunsten hätte erzwingen können. Deren Surrogat, die nordafrikanische Front, verhilft den Russen freilich sehr viel mehr zu einer spürbaren Entlastung, als alles fernöstliche Kriegsgeschehen den Deutschen und Italienern nützt.

Was Frankreich 1942 erlebt und erlitten hat, bildet ein Kapitel für sich. Ein tragisches Kapitel, das von einem vollständigen Zusammenbruch der französischen Waffenstillstandspolitik erzählt! Nach den Niederlagen des Jahres 1940 stand das Land vor der Wahl zwischen zwei Systemen. Es hätte wie Holland und Belgien sein europäisches Gebiet dem Feind überlassen und irgendwo eine Exilregierung bilden können, die mit Hilfe der intakt gebliebenen Flotte und gestützt auf den weltweiten Kolonialbesitz den Widerstand fortgesetzt hätte. Unter der Autorität des Marschalls Pétain wählte es aber das andere System: den Waffenstillstand mit den Deutschen, der den Franzosen einen Teil des Mutterlandes unbesetzt zur eigenen Verwaltung überliess und hauptsächlich den weiteren Blutverlust des Volkes, der im ersten Weltkrieg übermässig gross gewesen war, verhindern sollte. Ob mehr deutsche oder mehr französische Schuld zum Scheitern dieses Systems beigetragen hat, wird einst die Geschichte feststellen. Vielleicht werden aber unparteiische Forschungen ergeben, dass viel mehr unentrinnbares Verhängnis als politische Schuld dazu geführt hat, dass sich die ganze Waffenstillstandspolitik als unhaltbar erwies. Ihre Voraussetzung, das baldige und für Deutschland siegreiche Kriegsende, hat sich nicht verwirklicht, und darum wurde Frankreich zur Alternative zurückgedrängt: Wiederaufnahme des Krieges oder totale Unterwerfung. An der Qual dieser Wahl ist die Einheit Frankreichs zerschellt. Es gibt Ende 1942 zwei Frankreiche: ein absolut deutschlandhöriges und ein absolut deutschfeindliches. Jenes hat keine Armee und keine Flotte mehr, dieses verfügt über keinen Quadratmeter des mutterländischen Bodens, aber: es kämpft. Die nicht zahlenstarke, aber tapfere Kolonialtruppe in Nordafrika leistet gegenwärtig in der sehr heiklen tunesischen Zone mehr für die Alliierten als alle Armeesplitter der andern von Deutschland in Europa besiegten Staaten zusammen. Sie ist ein französischer Lebensbeweis, der die Welt mehr beeindruckt als das sterile Gezänk der exilierten Politiker untereinander. Es sieht jetzt so aus, als ob dieses, wenn auch nicht beigelegt, so doch durch etwas wie einen Waffenstillstand unterbrochen werden könnte.

In der deutschen Presse konnte man gegen das Jahresende hin täglich Betrachtungen über einen andern politischen Kampf im gegnerischen Lager lesen: Amerika sei im Begriff, England und dessen Empire vollständig aus der Macht zu drängen, schon jetzt im Krieg und vollends für die kommende Friedenszeit. Das mag seine Richtigkeit haben im Falle, dass Deutschland siegt. Aber dann ist England eben von Deutschland und nicht von Amerika geschlagen. Dieses hat dann nicht England überwunden, sondern erbt einfach, was davon übrig bleibt. Vorläufig, so lange der Krieg ganz unentschieden weiterdauert, haben wir nicht den Eindruck, dass die hie und da – zum Beispiel im Falle Darlan – auftauchenden anglo-amerikanischen Differenzen sehr wichtig seien. Die Vereinigten Staaten haben sich militärisch in den Krieg mit aller Kraft eingeschaltet, aber ihre politische Einschaltung hat sich noch nicht sehr intensiv bemerkbar gemacht.

Der starke Mann des angelsächsischen Blocks ist noch immer Winston Churchill. Er hält sich in dieser Stellung mit einer staunenswerten Energie, die ihn keinen Flug nach Washington und keinen nach Moskau scheuen lässt, wenn es gilt, seine Führung durchzusetzen. Dabei macht ihm die Hemmungslosigkeit seiner politisch dilettierenden Landsleute das Leben schwer genug, und manchmal ist man auch versucht, Erschwerungen durch politisch disziplinlose Armeestellen zu vermuten, zum Beispiel, wenn britische Armeeflieger konsequent und systematisch das Gegenteil von dem tun, was die Regierungspolitik mit ihrer völkerrechtlichen Theorie verficht. Aber exempla sunt odiosa. Churchill ist jetzt achtundsechzig Jahre alt. Davon, ob er seine volle Kraft behält, wird viel abhängen, während des Krieges und, wenn dieser mit dem Siege der Alliierten endigen sollte, erst recht nach dem Krieg bei der Auseinandersetzung mit dem russischen Bundesgenossen.

‹Wenn der Krieg mit dem Siege der Alliierten endigen sollte!› Das ist nach bald dreieinhalb Kriegsjahren nur eine Möglichkeit, keine Gewissheit. Wer wollte sich zu prophezeien anmassen, dass die im Jahre 1942 verbesserten militärischen Chancen der Alliierten deren sicheren Sieg verbürgen? Voraussetzung dafür wäre, dass sich die Erfolge sowohl in Russland als in Nordafrika als im Fernen Osten und, wo der Krieg im neuen Jahr auch noch ausbrechen mag, gleichmässig fortsetzen und nicht wieder, was in der einen Zone erreicht wird, in der andern durch Niederlagen kompensiert wird à la 1942. Angesichts dieser Ungewissheit kommt auch an diesem Jahresende niemand darum herum, sich in Geduld zu fassen, ob seine Sympathien nun diese oder jene Kriegspartei begleiten. Nicht nur die kriegführenden Nationen selbst und deren unglückliche gefangene oder gequälte Opfer stehen unter diesem Zwang zur Geduld, sondern auch wir neutralen Schweizer. Wir wollen aber nicht nur geduldig, sondern auch Gott dafür dankbar sein, dass unser Anteil an der Kriegsnot noch nicht grösser geworden ist. Und wenn er im Jahre 1943 wachsen sollte, wollen wir uns mannhaft halten, sowohl die Armee unter den Fahnen als das Volk in den Städten und Dörfern.

Zukunftsmusik
Donnerstag, 14. Januar 1943

Noch war das Völkerringen nicht weit über ‹Halbzeit› hinaus gediehen, als sich in allen Ländern mehr und mehr das Bedürfnis geltend machte, das zunehmende Kriegselend durch utopische Ausblicke in eine friedliche Zukunft zu kompensieren. Dabei zeigte sich aber, dass der Sinn für das Völkerrecht schon bedenklich gelitten hatte.

Europaplan Nr. II Je länger sich der Krieg hinzieht und je müssiger es deshalb ist, schon jetzt das Bärenfell verteilen zu wollen, desto mehr wächst merkwürdiger Weise in beiden Lagern der Trieb, Apokalypsen einer besseren Zukunft zu produzieren. Wir haben am Samstag an dieser

Stelle auf Präsident Roosevelts amerikanische und universelle Wohlfahrtspläne hingewiesen. Heute ist es ein höchst instruktiver Artikel der Londoner ‹Times›, der auch im neutralen Europa Beachtung erfordert. Über seinen Inhalt teilt ‹Exchange Telegraph› unterm 12. Januar das Folgende mit:

«Durch eine aufsehenerregende Veröffentlichung der ‹*Times*› ist die Frage der *Nachkriegsgestaltung Europas* wieder in den Mittelpunkt der Diskussionen gerückt. Der Artikel befasse sich insbesondere mit der *Organisation der öffentlichen Dienste Europas, wie der Verkehrsmittel und der Stromversorgung.* Die ‹Times› betonen, dass, wie immer auch die politische Gestaltung Nachkriegseuropas aussehen möge, die *Vereinheitlichung dieser Unternehmungen unerlässlich* sei. Das Blatt weist darauf hin, dass ‹diesmal der Zusammenbruch Deutschlands eine weit grössere Unordnung nach sich ziehen wird als 1918›, da die Deutschen in vielen Fällen die lokale und nationale Verwaltung zerstört und sie durch die Zentralisation in Berlin ersetzt hätten. Wenn nun die von den Deutschen in den betreffenden Orten eingesetzten Beamten beseitigt würden, so könne der frühere Verwaltungsstab nicht einfach zurückkehren, ‹weil er nicht mehr existiert›. Die Wiederherstellung der Ordnung und der Lebensmittelverteilung, die Repatriierung der Flüchtlinge und Gefangenen sowie die Demobilisierung würden gebieterisch eine *einheitliche Lenkung und Leitung* des europäischen Verkehrsnetzes fordern.

Aber auch auf lange Sicht sei eine Vereinheitlichung notwendig. Der technische Fortschritt fordere die Erweiterung der Bahn-, Post-, Telegraphen- und Stromnetzsysteme über das Gebiet der *kleinen Staaten* hinaus, die niemals die höchste Leistungsfähigkeit erzielen könnten. Die grossen Überlandstromnetze der Vereinigten Staaten versorgen durch ein Leitungssystem von 220000 und mehr Volt Gebiete, die zehnmal so gross sind wie die *Schweiz.* Die gleiche Entwicklung hat sich in England und Russland durchgesetzt. Es besteht also nach Ansicht alliierter Kreise, so wie sie sich in dem Artikel der ‹Times› äussern, weder ein technischer noch ein wirtschaftlicher Grund dafür, die Lokomotiven und das Zugspersonal sowie die Stromspannungen an jeder Grenze zu wechseln und die Autobusreisenden an der Grenze umsteigen zu lassen. Deutschland habe diese Dienste für ‹falsche Zwecke› zentralisiert und aus ‹falschen Gesichtspunkten heraus› Immerhin habe diese Zusammenfassung ihre konstruktive Seite, so geben die ‹Times› zu. ‹Die teilweise Rationalisierung der öffentlichen Dienste in Mitteleuropa, die Deutschland zu seinem eigenen Nutzen begann, sollte von den Vereinten Nationen im Interesse ganz Europas beendet werden.›

Hitler sei nicht der Erfinder der Zentralisationsbestrebungen. Lange vor ihm hätten Organisationen zur Zusammenarbeit bestanden, wie die Internationale Eisenbahnunion, der Internationale Eisenbahnkongress, die europäischen Passagier- und Güterzug-Fahrplankonferenzen, die Durchgangsverkehrskonferenzen, das Internationale Transitkomitee des Völkerbundes, das Internationale Transportbureau der Berner Konvention sowie die zentralen Frachtbureaux und die Tarif-Clearinghäuser. Die Donau war international kontrolliert. Der Postverkehr besass den Weltpostverein, der internationale Telegraphenverkehr die ‹Union Télégraphique Universelle›, die Autofahrer und Autobusgesellschaften verfügten über internationale Verbindungen, die Rundfunkgesellschaften über die ‹Union Universelle de Radiodiffusion›. Die Weltkraftkonferenz, die ‹Union Internationale des Producteurs et Distributeurs d'Energie›, die ‹Conférence Internationale des Grands Réseaux électriques à haute tension› und das Standardkomitee bearbeiteten die Vereinheitlichung der Stromerzeugung und -verwertung. In einem gewissen Rahmen wurde der Strom auch über die Grenze verkauft, so beispielsweise von der *Schweiz* aus, ebenso wie es internationale Durchgangszüge gab.

Weiter heisst es in den ‹Times›: Die volle Rationalisierung kann jedoch *nur unter der Kontrolle einer europäischen Autorität* durchgesetzt werden. Um diese Autorität zu errichten, müssen die Vereinten Nationen durch Überredung und Verhandlung, wenn nötig auch durch Druck die natürlich unvermeidlichen Widerstände überwinden, die von den einzelnen Staaten als Eigentümer ihrer eigenen Systeme erhoben werden. Diese Systeme und Dienste, die von Privatkonzernen betrieben werden, müssten in manchen Fällen erworben werden. Es folgt jedoch daraus nicht unbedingt, dass die oberste Kontrollinstanz der direkte Verwalter und Besitzer aller Systeme wird, vorausgesetzt, dass eine *strikte Kontrolle der Politik* anderweitig gesichert werden kann. Die Vereinten Nationen werden für mehrere Jahre nach dem Kriege eine starke politische und finanzielle Verhandlungsposition besitzen, und die Reden Sumner Welles› und Wallaces drückten kürzlich die Ansicht aus, dass der ‹Nationale Egoismus› niemals die allgemeine Wohlfahrt behindern dürfe. Ein ‹*Oberster Europäischer Rat für die Öffentlichen Dienste*› könnte gegründet werden, dessen Tochterunternehmen, die die verschiedenen Dienste betreiben sollten, in ihren Operationen autonom, jedoch in den Angelegenheiten der allgemeinen Politik der höchsten Instanz unterworfen wären. Diese höchste Instanz könnte etwa wie das Internationale Arbeitsamt – eines der erfolgreichsten Genfer Erzeugnisse – aufgebaut sein. Die Operationen dieser Dienste für friedliche paneuropäische Projekte statt für nationale militärische oder private Gewinnzwecke könnten dazu beitragen, einen ‹*europäischen Geist*› zu erzeugen. Die europäische Kontrolle der grossen öffentlichen Dienste stellt darüber hinaus eine der besten Sicherungen gegen das Wiedererstehen des deutschen Wirtschaftsimperialismus dar, ohne Deutschland daran zu hindern, eine konstruktive Rolle zu spielen.»

Jeder unbefangene Leser dieser Inhaltsangabe wird erstaunt darüber sein, wie sehr diese englische ‹*Europäische Ordnung*› der deutschen, die man längst kennt, ähnelt. Man ist versucht auszurufen: «Die gleiche Couleur in Grün!» Aber immerhin: mutatis mutandis. Der Hauptunterschied zwischen dem Europaplan I der Deutschen und diesem Europaplan II englischer Herkunft ist der, dass nach dem deutschen Konzept die Autorität, die das kontinentale Wirtschaftssystem dirigieren soll, als Kontinentalmacht mitten drin sitzen wird, also selbst am Wohl und Wehe direkt beteiligt wäre, während die Engländer durch die Kanalschranke und die Russen durch die Breitspurigkeit ihrer Eisenbahnen abseits von der Vereinheitlichung des Verkehrssystems bleiben würden und nur von aussen hineinzuregieren hätten. «Durch Überredung und Verhandlung, wenn nötig auch durch Druck», wie es in dem ‹Times›-Artikel so schön heisst! Die Betroffenen könnten darüber disputieren, was für sie komfortabler wäre. Man könnte sagen, wenn die dirigierende Autorität selbst beteiligt sei, so habe sie mehr Grund zu ‹pfleglicher Behandlung› ihrer Herrschaftszone, da sie die Folgen von Fehlgriffen direkt mitzutragen hätte. Aber anderseits könnte man auch vermuten, dass die Beherrschung von innen naturgemäss härter wäre als die Beherrschung von aussen. Wie dem auch sei, so würde befohlen werden und müsste gehorcht werden. Imperialismus so oder so!

Genau wie die deutsche Propaganda den ihrigen, so schildert auch der ‹Times›-Artikel seinen Europaplan als reines Glück für die Betroffenen. Das Rationalisieren ist heute Mode, und es bedeutet ja tatsächlich eine Rationalisierung grossen Stils, wenn man die Bahn-, Post-, Telegraphen- und Stromnetzsysteme über alle Landesgrenzen hinaus erweitert und vereinheitlicht. Logisch und wohl auch zwangsläufig wäre dann, dass man nicht in diesen Zonen stecken bliebe, sondern auch das wichtigste aller Verkehrsmittel, die Währung, vereinheitlichte. Wenn, wie die ‹Times› schreiben, weder ein technischer noch ein wirtschaftlicher Grund dafür vorhanden ist, an den Landesgrenzen die Lokomotiven und das Zugspersonal zu wechseln, warum soll man dann das Geld wechseln müssen? Also: kontinentale Einheitswährung = kontinentale Einheitswirtschaft! Und dann als Tüpfelchen auf das i noch ein bisschen Politik dazu! Oder nicht nur ein bisschen; «strikte Kontrolle der Politik», schreiben die ‹Times›. Das englische Wort ‹control› bedeutet ja viel mehr als das deutsche ‹Kontrolle›. Es heisst nicht nur ‹Überprüfung›, sondern ‹Beherrschung›. Das geht über die innerpolitische Autonomie hinaus, die der deutsche Europaplan den angeschlossenen Kontinentalstaaten reservieren zu wollen versichert – bis die Quislinge auch dieses Gebiet in Ordnung gebracht haben werden.

Wir wollen aber in der Ausmalung der Konsequenzen nicht zu weit über den konkreten Inhalt des ‹Times›-Artikels hinausgehen, sondern bei dessen Hauptthema bleiben: Vereinheitlichung der kontinentalen Verkehrsmittel und der Stromversorgung. Was würde es für die *Schweiz* bedeuten, wenn sie sich an diesem kontinentalen Pool beteiligen müsste? Nichts anders als den Verzicht auf die souveräne Bewirtschaftung ihres Nationalvermögens, so weit es in öffentlicher Hand liegt! In unseren Eisenbahnen sind vier Milliarden gute Schweizerfranken investiert, davon drei Milliarden in den SBB. In den elektrischen Stromproduktions-, Übertragungs- und Verteilungsanlagen stecken 2,8 Milliarden, wovon der weitaus grösste Teil gemeinwirtschaftlicher oder gemischtwirtschaftlicher Besitz ist. Der elektrische Strom, die ‹weisse Kohle› ist so ziemlich der einzige ‹Rohstoff›, den wir in bescheidener Menge exportieren können. Von einer Kompensation für dessen internationale Konfiskation – zum Beispiel Beteiligung der Schweiz an universellen Treibstoff- oder Kautschukmonopolen – schreiben die ‹Times› nichts. Wir hätten einfach unser Nationaleigentum in die europäische Konkursmasse zu werfen und das Weitere dem ‹Obersten Europäischen Rat für die Öffentlichen Dienste› anheimzugeben, wie wenn wir für die Anstiftung des zweiten Weltkrieges gebüsst werden müssten.

Vielleicht erscheinen einem ausländischen Leser die mitgeteilten Zahlen von 4 und 2,8 Milliarden geringfügig. Uns Schweizern, die wir noch nicht durch die Höhe der Kriegsschulden ‹nullenblind› geworden sind, kommen sie hoch vor. Sie bedeuten immerhin 1700.– Fr. pro Kopf eines Viermillionenvolkes, Mann und Weib und Kind. Darum könnten wir es, abgesehen von der Politik eines freien Landes und Volkes, schon vom bloss finanziellen Standpunkt aus nicht recht fassen, wenn man mit einem solchen englischen Europaplan Propaganda treiben wollte. Hat man in England keine Kunde davon, wie der deutsche Europaplan auf die Neutralen gewirkt hat? *Wenn* schon mit Nachkriegsphantasmen von London aus Propaganda getrieben werden müsste, so wäre sicher viel wirksamer ein Versprechen, die ‹Freiheit der Meere› so garantieren zu wollen, dass in künftigen Kriegen kein Neutraler mehr darben müsste. Die freie Fahrt auf allen Weltmeeren wäre eine grössere Verkehrserrungenschaft als ein international rationalisiertes Eisenbahnsystem in Kontinentaleuropa. Aber wir Neutralen verlangen heute überhaupt keine Versprechungen von den kriegführenden Mächten. Wir werden ihnen allen schon sehr dankbar sein, wenn sie uns zur Kriegszeit ungeschoren lassen und *nach* dem Krieg mit tunlichster Eile und grossem Verständnis dafür sorgen, dass der europäischen Armutei so gut als möglich abgeholfen und die Weltwirtschaft in *freie* Bahnen zurückgelenkt wird.

Angelsächsische Einigung in Casablanca

Donnerstag, 28. Januar 1943

Nach der erfolgreichen Landung der westlichen Alliierten in Nordafrika trafen sich Churchill und Roosevelt zum vierten Mal, um die Politik der angelsächsischen Grossmächte zu koordinieren.

Casablanca Europa und Amerika haben sich in Afrika getroffen. Zehn Tage lang hat der britische Premierminister Winston Churchill mit dem Präsidenten der Vereinigten Staaten Roosevelt konferiert, der zu diesem Zweck sein White House in Washingion mit der Casa blanca an der Westküste Marokkos vertauschen musste. Nachdem die erste Begegnung im August 1941 auf hoher See im nördlichen Atlantik, die zweite um die darauf folgende Jahreswende und die dritte im Juni 1942 in Washington stattgefunden hatten, war dies das vierte Zusammentreffen der beiden Staatslenker während des gegenwärtigen Krieges.

So sensationell die Bekanntmachung des Ereignisses wirkte, so brachte sie dem Publikum der angelsächsischen Länder, wie einem gestern unter ‹Letzte Nachrichten› mitgeteilten Telegramm unseres Londoner Korrespondenten zu entnehmen war, doch eine gewisse Enttäuschung. Die amerikanische Presse hatte es auf einen Akt der engern Koordination der Kriegführung unter der Leitung eines amerikanisch-britisch-chinesisch-russischen ‹Strategierates› vorbereitet. Davon war nun offenbar in Casablanca gar nicht die Rede. Vielleicht war der Plan überhaupt nur ein aus der theoretischen Wünschbarkeit hervorgegangenes Phantasieprodukt. Möglich oder sogar wahrscheinlich ist aber eher, dass man, wie es in jedem Koalitionskrieg vorzukommen pflegt, über ein solches Rationalisierungsprojekt gesprochen hat, dass es aber schon in den Vorverhandlungen scheiterte und somit an der britisch-amerikanischen Zweierkonferenz nicht mehr zur Diskussion stand. Churchill und Roosevelt haben unter sich einen langen Kriegsrat gehalten, haben aber keinen permanenten Organismus gestiftet, weder zu zweit noch gar

mit den weiter abliegenden Bundesgenossen Stalin und Chiang Kai-schek.
Diese waren an der Konferenz von Casablanca weder persönlich beteiligt noch vertreten. Stalin konnte sich, während die Winterschlacht auf einem Höhepunkt steht, unmöglich aus Russland absentieren. Selbst wenn die führenden Staatsmänner der angelsächsischen Bundesgenossen sich selber zu ihm bemüht hätten, hätte er keine Zeit gehabt, sich zehn Tage lang mit ihnen an den grünen Tisch zu setzen. Er ist ja nicht nur wie Roosevelt formeller Oberbefehlshaber, sondern, wie es Hitler seit fünf Vierteljahren ist, auch wirklicher Generalissimus, also für Erfolg und Misserfolg höchstpersönlich verantwortlich. Es geht um Sein und Nichtsein für sein Volk und für seine Person. Aber er hätte natürlich politische und militärische Bevollmächtigte delegieren können, wenn es ihm darum zu tun gewesen wäre, sich einem gemeinsamen Kriegsplan mit den Angelsachsen einzugliedern. Es war ihm offenbar *nicht* darum zu tun! Vermutlich denkt er im Hochgefühl über seine gegenwärtigen Erfolge in Variation einer einstigen italienischen Devise: «Russia farà da se». Das wird ihn nicht hindern, die der Entlastung Russlands dienenden angelsächsischen Entschlüsse gerne zur Kenntnis zu nehmen und von deren Ausführung zu profitieren, wenn sie rechtzeitig unternommen wird und gelingt. Vielleicht waren die Konferenzteilnehmer von Casablanca nicht einmal sehr betrübt über das Ausbleiben der Russen. Deren Beteiligung hätte zu einer Überhastung führen können, zumal bei der nicht ganz zu verkennenden russischen Tendenz, England und Amerika gegeneinander auszuspielen. Diese beiden Mächte mussten zunächst einmal untereinander ins Reine kommen, und alles, was man über den Konferenzverlauf vernimmt, macht den Eindruck, dass ihnen dies geraten ist. Versagt hat anscheinend nur der Versuch, eine solide Einigung zwischen den feindlichen Brüdern Giraud und de Gaulle herbeizuführen. Aber das ist ein besonderes Kapitel und beeinträchtigt die Koordination der britisch-amerikanischen Kriegführung in Nordafrika und später eventuell in Europa nicht. Mit Spannung erwartet man vorläufig einmal, ob und wie sich die Entschlüsse von Casablanca auf die Neuordnung der angelsächsischen Oberbefehlsverhältnisse in Tunesien auswirken werden. Es scheint eine Tendenz zu bestehen, den amerikanischen General Eisenhower, der nicht so viel Pul-

ver gerochen hat wie die nachgerade kriegsgewohnten englischen Generäle, auf verbindliche Art zu ersetzen. Aber darüber spricht sich das Konferenz-Communiqué natürlich nicht aus. Und noch etwas sehr Wichtiges steht nicht im Communiqué, ist aber sowohl von Roosevelt als von Churchill mit unmissverständlicher Deutlichkeit ausgesprochen worden: ohne vorangehende bedingungslose Kapitulation Deutschlands wollen die angelsächsischen Mächte keinen Frieden schliessen. Das Schlagwort ‹Unconditional surrender!›, das im Oktober 1918 auf allen Strassen Washingtons erschallte, ist damit zur verbindlichen politischen Parole geworden. Die Parallele dazu ist im Tagesbefehl Stalins vom Montag an seine Rote Armee (vgl. Nr. 25) zu lesen: «Vorwärts zur *endgültigen Vernichtung* des Eindringlings!» Es weht heute keine Friedensluft durch die Welt, und der in Berlin noch vor kurzem in gewissen Kreisen ventilierte Gedanke an eine baldige Kriegsbeendigung à la partie remise ist zurzeit nicht aktuell.

Russlands Kampf gegen die polnische Exilregierung
Donnerstag, 4. März 1943

Stalin passte es nicht mehr, dass eine von ihm unabhängige Polenregierung in London britische Protektion genoss und den von ihm geforderten, sehr massiven Gebietsabtretungen Widerstand leistete. Im Frühjahr 1943 setzte seine Kampagne ein, die schliesslich den Zusammenbruch der Exilregierung und die Anerkennung einer russlandhörigen Regierung in Warschau zeitigte.

Das unlösbare Polenproblem Zum Merkwürdigsten im diplomatischen Sektor der Zeitereignisse gehört der Streit, der sich um die *künftige Grenze zwischen Sowjetrussland und Polen* erhoben hat. Zwischen der polnischen Exilregierung in London und Moskau tobt ein erbitterter Noten- und Pressekrieg. Und dabei steht beiden Parteien noch kein Quadratmeter des strittigen Bodens zur freien Verfügung! Es handelt sich um Gebiete, die weit hinter der deutsch-russischen Front liegen, um *Weissrussland und Galizien.* Oder darf man, wenn man korrekt neutral bleiben will, überhaupt den Ausdruck ‹Ostgalizien› gebrauchen? Die Polen nennen das Land so, dessen Hauptstadt Lemberg ist. Die

Russen sagen dazu ‹Westukraine›. Je nach dem, ob man vom westlichen Standpunkt Polens oder vom östlichen Standpunkt Russlands aus denkt und argumentiert, ist die eine oder die andere Bezeichnung richtig.

Der altpolnische Besitz, um den der Streit geht, ist im achtzehnten Jahrhundert bei der Abwürgung der polnischen Republik, schöner gesagt ‹bei den Teilungen Polens›, teils an Österreich, teils an Russland gefallen, und dabei blieb es bis zum ersten Weltkrieg. Im Frieden von Brest-Litowsk musste die Sowjetunion zugunsten von Deutschland, und im Frieden von St. Germain musste Österreich zugunsten von Polen Verzicht leisten. Die westliche Entente war damals Herrin der Lage. Sie begünstigte das neu erstandene Polen, schien aber doch nicht geneigt, dessen Restitutionsansprüche in vollem Umfang zu schützen. Die Grenzlinie, die Lord Curzon vorläufig zog, blieb viel weiter westlich als die Polen wünschten. Aber dann machte im Jahre 1920 Sowjetrussland den Fehler, die Grenzziehung mit Gewalt, aber ohne genügende militärische Vorbereitung korrigieren zu wollen, und holte sich in der Schlacht bei Warschau die Niederlage, die es zum vertraglichen Verzicht auf eben die Gebiete zwang, die es heute gerne wieder haben möchte. Dieser Status galt bis 1939. Als im September aber jenes Jahres mit dem Einmarsch der Deutschen nach Polen der zweite Weltkrieg begann, musste sich das Reich mit Sowjetrussland dahin einigen, dass dieses sich von Osten aus vom Leibe Polens abschneiden könne, was es begehrte. Da die polnische Armee durch die Deutschen schon überbeansprucht war, konnte dies ohne Schwertstreich geschehen. Aber dann kam im Juni 1941 der Ausbruch des deutsch-russischen Krieges. Nach ein paar Wochen hatten die Russen ihren Gebietsgewinn von 1939 wieder eingebüsst, und zugleich standen sie nun mit den Polen auf der gleichen Seite der Barrikade, im Bündnisring der Alliierten.

Zugleich aber setzte diplomatisch der neue polnisch-russische Gebietsstreit ein, mit all seinen rechtlichen Kuriositäten. Zunächst schien man zwar sich einigen zu können. Russland gab Polen die Erklärung ab: «Die Sowjetregierung anerkennt, dass die sowjetrussisch-deutschen *Übereinkommen von 1939* über die territorialen Änderungen in Polen ihre *Gültigkeit verloren* haben.» Zu diesem Satz aber gibt es zwei diametral verschiedene Interpretationen. Die Polen sagen, Russland habe damit *zu ihren Gunsten* auf die bis

1939 ostpolnisch gewesenen Gebiete verzichtet. Die Russen bestreiten dies durchaus und behaupten, ihr Verzicht gehe nur dahin, den Teilungsvertrag von 1939 mit Deutschland nicht mehr als Rechtstitel benützen zu wollen, aber damit sei durchaus nicht gesagt, dass die betreffenden Gebiete nun von Polen beansprucht werden könnten. Es komme nun ganz auf den Volkswillen der Landeseinwohner an, wie dies ja auch der Atlantik-Charta entspreche, die Russland nachträglich mitunterzeichnet hat. Was die Bolschewiken unter ‹Volkswillen› verstehen, weiss man. Er pflegt von ihnen, wenn sie ein Land militärisch besetzen, mit verblüffender Schnelligkeit perfekt gemacht zu werden, wie man aus Georgien, Litauen, Lettland, Estland und Bessarabien genugsam weiss. Wenn es den Armeen Stalins gelingen sollte, Ostpolen wieder einzunehmen, so wird keine Woche vergehen, bis der ‹Volkswille› da ist, das heisst der Wille derjenigen Einwohner, die das Einrücken heil überleben.

Die polnische Exilregierung in London scheint sich vorzustellen, dass die angelsächsischen Alliierten solchen Vertragsinterpretationen und tatsächlichen Entwicklungen noch rechtzeitig einen Riegel vorschieben könnten, wenn sie nur wollten. Aber in diesem Falle würde der Wille schwerlich auch einen Weg bedeuten. Oder stellt man sich etwa vor, die Angelsachsen könnten die russischen Bundesgenossen zum Beispiel durch die Drohung, die berühmte Zweite Front nicht zu lancieren, gefügig machen? Das wäre doch praktisch kaum möglich. In Tat und Wahrheit stehen die Angelsachsen den russischen Ansprüchen gegen Polen ziemlich hilflos gegenüber. Daher – man vergleiche, was unser Londoner Korrespondent im gestrigen Depeschenteil meldete – die Vertröstungen Polens mit dem Hinweis darauf, dass sich England Russland gegenüber nicht gebunden habe, und die guten Ratschläge, den Streit nicht mehr öffentlich, sondern hinter den Kulissen auszufechten. Die Polen aber werden sich damit nicht trösten lassen, sondern werden finden, wenn man um Danzigs und des Korridors willen in den Krieg mit Deutschland eingetreten sei, jetzt aber Ostpolen mit einem Achselzucken Russland überlasse, so sei dies Mücken gesiebt und Kamele verschluckt.

Die furchtbare Tragik für Polen liegt darin, dass in unserem herrlichen zwanzigsten Jahrhundert sich seine Gebietsverluste nicht wie im achtzehnten ohne oder doch mit erträglichen Blutverlusten vollziehen. Heutzutage wird die Nation nicht nur depossediert, sondern auch dezimiert. Darüber berichten nicht nur die erschütternden Angaben der Londoner Polenregierung über die deutschen Methoden, sondern auch das, was man im Dezember aus polnischer Quelle über das Schicksal der 1939 von den Russen nach Osten verschleppten Polen vernahm: von 1,87 Millionen Deportierten sind jetzt nur noch 0,37 Millionen auffindbar Die andern ‹hat der Mond gefressen›, wie eine levantinische Redensart lautet. Heutzutage ist das ‹Auskämmen› missliebiger Völker Brauch, wie wenn deren Angehörige Läuse wären. Polen kann sich also nicht wie die echte Mutter in der Geschichte vom Urteil Salomos sagen: «Wenn ich mein Kind auch nicht behalten kann, so bleibt es doch wenigstens am Leben.» Von seinen Kindern verlieren unzählige das Leben und nicht nur die nationale Staatsangehörigkeit.

Zum Schluss sei uns nach dem Hinweis auf so viel Trauriges in unserer Zeitgeschichte immerhin noch gestattet, daran zu erinnern, dass zur Abwechslung auch einmal etwas Erfreuliches passiert ist: der *Mahatma Gandhi* hat gestern wieder zu essen angefangen. Durch den Abbruch des Fastens hat er nicht nur die britisch-indische Regierung erfreut, die nun die Sorge um sein Martyrium los ist, sondern gewiss auch seinen eigenen Anhang. Diesem wird doch ein lebendiger Gandhi, dem eine politische Demonstration misslungen ist, lieber sein als ein erfolgreicher, aber verhungerter Propa-Gandhi.

Stalin löst Komintern auf

Dienstag, 25. Mai 1943

Am 22. Mai meldete Radio Moskau die bevorstehende Auflösung der Kommunistischen Internationale, meist ‹Komintern› genannt. Deren Exekutivausschuss musste den selbstmörderischen Antrag selber stellen.

Tot oder scheintot? Komintern, die 1919 unter sowetrussischer Führung begründete III. Internationale, ist *aufgelöst worden.* Man wird sich schon so bestimmt ausdrücken dürfen, obwohl die offiziösen Moskauer Meldungen einstweilen nur Ausdrücke wie ‹Plan›, ‹Vorschlag› oder ‹Empfehlung› verwenden. Es besteht ja kein Zweifel, dass Stalin die Auflösung wünscht, und da kann Komintern nur antworten: «Dein Wunsch ist mir Befehl!»

Um eine blosse Mogelei Stalins handelt es sich dabei nicht, sondern um einen sehr substantiellen Entschluss. Nur soll man diesen nicht überbewerten und etwa gar meinen, mit Komintern sei nun auch der Kommunismus tot. Komintern war nicht der Kommunismus, sondern nur eine von dessen Existenz- und Wirkungsformen. Sie hatte ihre guten Jahre in der Zwischenkriegszeit und kann auf irgendeiner spätern Etappe der kommunistischen Weltaktion auch wieder einmal gute Jahre bekommen, nachdem sie fröhliche Urständ gefeiert haben wird.

Seit 1939 hatte sie weder fröhliche Jahre noch auch nur fröhliche Tage. Ihre ausländischen Vertreter standen in Moskau tatenlos herum. Stalin fand die armen Kerle zunächst unnütz, schliesslich sogar schädlich. Als die Sektion USA 1940 ihren Austritt nahm, gab er dazu seinen väterlichen Segen, weil sie wie in den meisten andern Ländern der Verbreitung des Kommunismus unter den organisierten Arbeitern schadete, solange man ihr ‹Abhängigkeit vom Ausland› vorwerfen konnte. Da Stalin selbst ein Propagandafachmann ersten Ranges ist, musste er sich auch mehr und mehr darüber ärgern, wie geschickt sein Konkurrent Goebbels die Angst vor Komintern auszunutzen verstand, sowohl in den Achsenländern als auch in den Gebieten der Alliierten und der Neutralen. So legte Stalin also Komintern in den Eisschrank, und dort ist das einst so lebensfrohe Geschöpf nun jammervoll erfroren. Seine Apostel durften noch einmal zusammenkommen und das Sterbedokument unterzeichnen. A propos: es ist keine schweizerische Unterschrift dabei. Hat der Delegierte des schweizerischen Kommunismus die Unterzeichnung verweigert oder existiert in Moskau kein solcher mehr? Wie dem auch sei, die Schlussfeier muss melancholisch gewesen sein. In dumpfem Trauerchor, in den nur die Stimme der spanischen ‹Passionaria› Dolores Ibarruri eine höhere Note brachte, werden die Genossen das Lied angestimmt haben: «Wir hatten gebauet ein stattliches Haus» mitsamt dem Schlussvers: «Das Haus mag zerfallen! Was hat es drum Not? Der Geist lebt in uns allen ...»

Aber dann statt der für eingeschworene ‹Gottlose› unpassenden Endzeile «Und unsere Burg ist Gott» die Variante «Und unsere Burg bleibt rot». ‹Rot› reimt sich ja besser auf ‹Not› als ‹Gott›. Rot genug werden sie schon bleiben.

Was werden nun die Auswirkungen von Stalins Schachzug sein? Der einfältigere Teil der angelsächsischen Presse denkt schon an die Möglichkeit einer einheitlichen Nachkriegspolitik der Alliierten auf sozialem Gebiet, an ein Handinhandgehen der amerikanischen und englischen ‹Plutokraten› mit den sowjetrussischen Hassern des Kapitalismus. So ist es natürlich nicht gemeint. Aber man braucht kein Illusionist zu sein, um spürbare Wirkungen auf die Arbeiterklasse aller Länder zu erwarten. Auch sie ist dem nationalistisch-chauvinistischen Zug unserer Zeit unterworfen und war deshalb so empfindlich gegen die Einmischungsversuche der Moskowiter und ‹Turkestaner›, wie man bei uns die Legaten des roten Papstes nennt. Nun fällt dieses unzeitgemässe Ärgernis vorläufig weg, und desto leichter wird die ohnehin schon in Gang befindliche *sachliche* Radikalisierung der Arbeitermassen werden. Die extremen Linkssozialisten werden sich überall um die Fusion ihrer Parteien mit den bisherigen Kommunistengruppen oder mindestens um eine freundschaftlich koordinierte Politik mit diesen bemühen. Die erste Kraftprobe steht in England bevor, auf der Pfingsttagung der Labourpartei. Schon dort kann es sich zeigen, ob Stalins Rechnung richtig ist, dass sich die Aushöhlung der rechtssozialistischen Parteien in den alliierten und neutralen Ländern besser lohnt als die dekorative Fortexistenz einer auserlesenen kleinen Menagerie orthodoxer Kommunisten in Gestalt von Komintern.

Und was wird *Anti*komintern machen, wenn es keinen Komintern-Bölimann mehr gibt? Eine gewisse Verlegenheit wird das schon geben, aber wir sind überzeugt, dass Herr Goebbels spielend mit ihr fertig wird. Für die angelsächsische Führung ist das Problem schon schwieriger. Man wird kaum darum herumkommen, einiges Entzücken über die liebenswürdige Geste Stalins zur Schau zu tragen. Aber Churchill und Roosevelt sind keine Kindsköpfe. Sie sind bisher trotz Komintern so weit mit Stalin zusammengegangen, als ihr Wille zu siegen es ihnen unumgänglich notwendig erscheinen liess, gerade wie Hitler von 1939 bis 1941. Dabei waren sie sich immer bewusst, dass Stalin nicht nur und nicht einmal in erster Linie der Exponent des modernen Marxismus ist, sondern namentlich auch der bewusste und energische Nachfolger aller grossen Zaren, der Erbe von deren Ansprüchen auf das halbe Europa und das halbe Asien. Auf dem Altar dieser Ansprüche hat er jetzt die arme Komintern geopfert wie weiland Agamemnon seine Tochter Iphigenie. Wie jener den trojanischen Krieg, so will er den heutigen Weltkrieg gewinnen, nicht für seine verehrten Verbündeten, sondern für sich und sein Sowjetrussland. Nach diesem Opfer wird er sicherlich kein bequemerer Bundesbruder sein, sondern seine territorialen Machtansprüche erst recht durchsetzen wollen.

Nach dem zweiten deutsch-russischen Kriegsjahr
Mittwoch, 28. Juni 1943

Als sich der Angriff Deutschlands gegen Russland zum zweiten Mal jährte, erging sich überall die Presse in Betrachtungen über die russische Kriegspolitik in Gegenwart und Zukunft.

Misstrauen und Solidarität *Der zweite Jahrestag des deutsch-russischen Kriegsausbruches* hat in den mit der Sowjetunion verbündeten Ländern allerhand artige Kundgebungen ausgelöst. In England haben schon über das letzte Wochenende etwa hundertundfünfzig prorussische Demonstrationen stattgefunden, und für das kommende Wochenende stehen zahlreiche weitere bevor. Das ist ein Beweis vorhandener Sympathien *und* vorhandener Antipathien. Wo die Solidarität mit einem Verbündeten unbezweifelbare Volkssache ist, braucht man sie nicht auf der Strasse zu demonstrieren. Wir erinnern uns nicht, am Jahrestage des amerikanisch-britischen Kriegsbündnisses von solchen öffentlichen Anstrengungen gelesen zu haben. Aber immerhin: Sir Stafford Cripps, Stalins Prophet in England, hat zum gestrigen Kriegsgeburtstag das grosse Wort geprägt, das einzig nützliche, was Hitler vollbracht habe, bestehe darin, dass das *Misstrauen*, das die Aussenwelt gegen die Sowjetunion empfunden habe, verschwunden sei.

Im gestrigen Depeschenteil hat unser Londoner Korrespondent den nötigen Kommentar zu dieser Versicherung gegeben. Tatsächlich ist das Misstrauen nichts weniger als verschwunden, auch in den angelsächsischen Ländern nicht. Aber politisches Misstrauen und *materielle Solidarität* schliessen einander keineswegs aus, wenn man so eng interessenverhaftet ist wie einstweilen die angelsächsischen Grossmächte mit der Sowjetunion. Man wird sich noch einige Zeit gegenseitig nicht entbehren können. Es ist gar nicht auszumalen, in welche Patsche Amerika und England geraten würden, wenn Stalin eines schönen Tages das Beispiel seines Vorgängers weiland Zar Peter II. befolgte und wie jener im Krieg gegen Friedrich den Grossen seiner Armee ‹Rechtsumkehrt!› oder auch nur ‹Gewehr bei Fuss!› kommandierte. Und vice versa! Schon allein um seiner Volksernährung willen kann Russland die angelsächsische Bundesgenossenschaft nicht entbehren. In seiner gestern gemeldeten Rede sagte der aus Moskau zurückgekehrte amerikanische Sonderbotschafter Davies: «Das hervorragendste Merkmal der gegenwärtigen Lage ist die Knappheit an Lebensmitteln; doch muss gesagt werden, dass die Ernährung noch durchaus zureichend ist.» Man beachte das ‹noch›! Die russische Ernährung wird trotz der deutschen Okkupation der Ukraine ausreichen, solange sie die Angelsachsen durch ihre Lieferungen sichern, länger nicht.

Sollten diese Lieferungen aussetzen, so müssten sich die Russen in sofortige und geradezu tolle Offensiven stürzen, um noch vor der neuen Ernte den Versuch zu machen, die Ukraine zurückzuerobern. Nach einem solchen Experiment gelüstet es Stalin offenbar nicht im mindesten. Eine russische Kundgebung zum zweiten Kriegsjahrestag hat den Verbündeten wieder in Erinnerung gerufen, dass *sie* nun mit einer europäischen Offensive an der Reihe seien, und zwar ‹unverzüglich›! Das nennen die Juristen, den Partner in aller Form ‹in Verzug setzen›. Folgt er nicht ‹unverzüglich›, so wird ihm die Terminverpassung zu gegebener Zeit serviert werden.

Wann? Wahrscheinlich spätestens dann, wenn einmal die Zeit gekommen sein wird, für die Russland einen möglichst grossen Teil seiner Riesenarmee reservieren und darum nicht im Sommer 1943 als Kanonenfutter zur Verfügung stellen will. Das ist die Zeit des vorausgesetzten siegreichen Kriegsendes, die Zeit der grossen Beuteverteilung. Dann will sich Russland glimpflich oder unglimpflich den Löwenanteil sichern, nämlich nicht nur das Gebiet des alten Zarenreiches, einschliesslich aller Randstaaten, sondern darüber hinaus ein *Glacis* nach Mitteleuropa hinein. Dem widerspricht die Versicherung Stalins nicht, er wolle gerne ein starkes Polen an seiner Seite haben. Das ‹starke Polen› wird im russischen Siegesfalle alle seine

Ostprovinzen an die Sowjetunion abgeben müssen und dafür einen weiten ostdeutschen Gebietszuwachs bekommen, der es auf ewig mit Deutschland verfeindet; und zur mehreren Sicherheit wird es sich wohl sowjetisieren lassen müssen. Das wäre dann der neue polnische ‹Pufferstaat›. Der alte war ein göttliches Gnadengeschenk für Deutschland, bis ihn Friedrich der Grosse und der Wiener Kaiser in ihrer Rapazität vernichteten und dadurch zu Nachbarn des Weissen Zaren wurden. Den 1919 wiedererrichteten polnischen Zwischenstaat hat zwanzig Jahre später Hitler vernichtet und sich dadurch zum solidarischen Nachbarn des Roten Zaren gemacht. Den Russenkrieg von 1941 hat er entfesselt, vielleicht entfesseln *müssen*, weil er einsah, wie gefährlich diese Nachbarschaft wurde. Um die Konsequenzen wird jetzt gerungen.

Nach Jahr und Tag aber werden einmal die Angelsachsen mit Russland um die Konsequenzen ihrer jetzigen Solidarität zu ringen haben. Stalin will sein Glacis nicht, wie manche Leute glauben, um panslawistischer Mystik und Sentimentalität willen haben, sondern weil er Russland im Westen rückenfrei machen will für seine asiatischen Pläne. Er ist Asiate und denkt asiatisch, *grossasiatisch*. Die Engländer und Amerikaner in Asien wieder Meister werden zu lassen, liegt ihm völlig ferne. Mit oder ohne zeitweiliges russisch-japanisches Arrangement soll Russland zur Herrin Asiens werden und möchte sich auf dem Wege dazu nach Niederringung der Deutschen auch nicht durch die Angelsachsen stören lassen. Daher das Streben nach dem Glacis im Innern des europäischen Kontinents und nach der Sicherung der Meerengen, von denen aus der britische Seeweg nach Asien kontrolliert werden kann.

Da es in England auch noch andere politische Denker gibt als Sir Stafford Cripps, ist es natürlich nicht sicher, dass diese russischen Zukunftswege im Falle der Niederwerfung Deutschlands ganz offen stehen. Aber gesperrt können sie kaum anders werden als durch ganz massive angelsächsische Opfer bei einer eigenen Europa-Offensive. Mit kleinen Opfern kann man nicht grosse Politik machen. Es existiert kein anderes politisches Lohnsystem als der ‹Leistungslohn›.

Der Staatsstreich in Rom
Montag, 26. Juli 1943 (Abendblatt)

Je weiter die alliierte Invasionsarmee, die am 10. Juli durch die Landung in Sizilien die Eroberung Italiens begonnen hatte, vordrang, desto mehr begann die fascistische Diktatur Mussolinis zu wanken. In der Nacht zum Sonntag, 25. Juli, wurde der Diktator in einer Sitzung des Grossen Fascistenrates von seinen abfallenden Anhängern gestürzt. Im Hintergrund lenkte König Victor Emanuel III. die Verschwörung.

Der Abgang Mussolinis Der Schleier, der seit einigen Tagen über den Vorgängen in Italien lag, ist in den späten Abendstunden des Sonntags durch die Radiomeldung vom *Rücktritt Mussolinis* und von der Machtübernahme durch *Marschall Badoglio* gelüftet worden. Ein wegweisender Tip war uns schon in der Nacht zum Samstag aus Italien zugekommen, durfte aber noch nicht zu einer Meldung gestaltet werden. Die massgebenden Leute in Italien sind wohl seit der Rückkehr Mussolinis von der Veroneser Begegnung mit Hitler am letzten Montag auf dem Qui vive gewesen.

Näheres ist im Ausland auch jetzt noch nicht über die entscheidenden Ereignisse bekannt. Den vorliegenden Meldungen nach scheint der Duce, wenn auch nicht in Minne, so doch ohne Krach und Theater abgegangen zu sein. Bestätigt sich dies, so hat er seinem Lande den letzten Dienst erwiesen, den er ihm erweisen konnte: er hat das Seinige zu tun versucht, um eine ohnehin tragische Situation nicht noch durch revolutionäre Szenen zu komplizieren. Ob solche ganz vermeidbar sind, muss sich erst zeigen. Es wird sehr darauf ankommen, wer, welche Personen und welche Politischen Gruppen, auf der Gegenseite das aktivste Element war, ist und sein wird. Es ist ja bei politischen Umsturzbewegungen nicht im voraus gesagt, dass die Elemente, die den Anstoss gaben, auch die Führung behalten. Die russische Revolution von 1917 wurde nicht durch die Bolschewisten, sondern durch patriotische Bourgeois ausgelöst.

Ob der Fascismus noch Versuche machen wird, sich irgendwie an der Macht zu halten? Oder findet er sich mit seiner Liquidation ab? Wird es nach dem geflügelten Wort aus ‹Fiesco› gehen: «Wenn der Herzog fällt, muss der Mantel nach?» Das hängt vielleicht zu einem guten Teil von der Art und Weise ab, mit der die neuen Herren der Lage ihre Vorgänger behandeln werden, ob sie verzweifelten Widerstand provozieren werden oder mit fatalistischer Ergebung die Lage zu erleichtern suchen. Wie tief der Kredit des Fascismus im Volke gesunken sein muss, konnte man schon aus den Schlussworten der Radiorede des neuen Parteisekretärs Scorza entnehmen: «Das ganze Volk muss sich um seine katholische Zivilisation und um sein Königshaus scharen.» Schon damals kein Wort vom Duce als Widerstandszentrum! Sehr viel hängt für die innerpolitische Lage Italiens natürlich auch vom Gang seiner Wirtschaft in den nächsten Wochen ab. Werden Hungerrevolten vermieden werden können?

Mussolinis Nachfolger ist *Marschall Badoglio*. Wenn man in letzter Zeit das eventuell sich stellende Nachfolgeproblem diskutierte, ergab sich oft die Frage: ‹Badoglio oder Caviglia?› Auf Marschall Caviglia tippten diejenigen, die mit einem ganz schroffen Bruch rechneten; denn dieser greise Militär hat dem Fascismus nie auch nur den kleinen Finger gegeben. Aber: er ist 81 Jahre alt, allerdings, wie man hört, noch sehr gut beieiander. Der König hat nun Badoglio den Vorzug gegeben, der zwar Mussolini nie verehrt hat, aber immerhin zeitweise als rallié gelten konnte.

Badoglio hat nun proklamiert: «Der Krieg geht weiter.» Das einschränkende Wort ‹einstweilen› hat er nicht hinzugefügt, konnte er wohl auch nicht hinzufügen. Aber in- und ausländische Leser seines Appells sind wohl versucht, es einzuschalten. Eine Armee kann wohl nicht Gewehr bei Fuss stehen, wenn der Kriegsgegner anstürmt und der Bundesgenosse an ihrer Seite energisch ficht. Sonst geht es ihr so, wie es den unglücklichen Österreichern bei Vittorio Veneto am Ende des letzten Weltkrieges gegangen ist. Aber eine Armee in der heutigen Lage der italienischen kann den Bundesgenossen Gelegenheit zu ruhiger Weglösung ihrer Verbände geben und dann in diejenige Inaktivität übergehen, die zu einem Waffenstillstand führt.

Dazu gehören aber natürlich zwei! Wenn der bisherige Kriegsgegner nicht will, braucht er seine Offensive nicht einzustellen. Man kennt nun die Absichten der Aliierten noch nicht. Ein Indiz für die Möglichkeit oder Unmöglichkeit einer tunlichst unblutigen Liquidation des italienischen Kriegs wird sich vielleicht daraus ergeben, ob

Rom weiterhin bombardiert wird oder nicht. Es ist ja jetzt nicht mehr ‹Sitz des Fascismus›, kann also, wenn beide Parteien guten Willen zeigen, leichter als bis anhin als ‹offene Stadt› gelten. Vorläufig aber hat man sich mit der Prophezeiung von ‹News Chronicle› zu begnügen: «Es wird kein Stillstand in den militärischen Operationen Platz greifen, bevor die von den alliierten Nationen aufgestellten *Bedingungen für eine bedingungslose Kapitulation* von den Italienern angenommen werden.» Was sind wohl die ‹Bedingungen für eine bedingungs*lose* Kapitulation›?

Ein Freund der Schweiz
Montag, 6. September 1943 (Abendblatt)

Am 5. September starb in Merlingen Dr. Adolf Müller, der von 1919 bis 1933 das deutsche Reich in Bern als Gesandter vertreten hatte.

† **Alt-Gesandter Dr. Adolf Müller**   Minister Müller ist in der Nacht zum Sonntag einem Herzleiden erlegen, dessen Schwere der immer noch körperlich regsame Mann erst vor wenigen Tagen erkannt hatte. Mit seinem Tode schliesst nun ein Leben ab, das für die europäische Zeitgeschichte von nicht geringer Bedeutung war.

An der Wiege ist es aber Adolf Müller nicht gesungen worden, dass er sich einst jahrzehntelang auf dem internationalen Parkett bewegen und bewähren werde. Er war der Sohn eines pfälzischen Weingutsbesitzers und hielt sich zunächst für berufen, den Mitmenschen zeitlebens als Arzt zu dienen. Seine medizinischen Studien absolvierte er in Strassburg und befuhr dann zwei Jahre lang als Schiffsarzt ferne Meere. Nach der Rückkehr in die Heimat aber wandte er sich bald ganz der politischen Journalistik zu. Es war kein plötzlicher Übergang. Schon als Strassburger Student war er überzeugter Sozialist geworden. Mit Vergnügen erinnerte er sich in seinen alten Tagen noch immer an die Zeit, wo er bei St. Ludwig an der Basler Grenze für seine Parteigenossen den unter der damaligen Herrschaft des Bismarckischen Sozialistengesetzes sehr gefährlichen Drucksachenschmuggel besorgte. Unter einer weiten Weste pflegte er sich mit verbotenen Schriften zu panzern. Als jungem Journalisten blühte ihm auch bald eine dreimonatige Gefängnisstrafe.

Jahrzehntelange Stätte seines politischen Wirkens wurde dann München. Er redigierte mit glänzendem Geschick das Hauptorgan der bayrischen Sozialdemokratie, die ‹Münchner Post›, gelangte bald auch in den Landtag und war dort Führer einer Politik, die bei aller sozialistischen Prinzipientreue die praktische Zusammenarbeit mit den bürgerlichen Parteien, namentlich mit dem katholischen Zentrum, eifrig betrieb. In Norddeutschland wehte unter Bebel und Liebknecht ein anderer Wind. Die bayrischen ‹Revisionisten› waren verpönt, und es kam an den Reichsparteitagen zu homerischen Kämpfen, aber nie zu einer Trennung. Adolf Müller ist bis zu seinem Tode getreuer Anhänger des Postulats der Vergesellschaftung aller Produktion geblieben. Den antimilitaristischen Internationalismus und den prinzipiellen Klassenkampf aber lehnte er als bodenständiger Deutscher und als weltkundiger Mensch ebenso konsequent ab.

Darum war es ganz natürlich, dass ihn seine Landes- und die Reichsregierung während des ersten Weltkrieges für schwierige Missionen verwenden konnten, die ihn allmählich zum Diplomaten machten. Ein erstes und sehr gewagtes Probestück lieferte er, indem er sich in der ersten Kriegszeit in Verkleidung nach Lyon hineinpirschte, um mit französischen Sozialdemokraten über Friedensmöglichkeiten zu verhandeln. Oft und lange weilte er auch als wirtschaftlicher Vermittler in der Schweiz und hat sich dabei so bewährt, dass er bald nach dem Waffenstillstand hüben und drüben als der gegebene Mann erkannt wurde, um die Weimarer Republik als Gesandter in Bern zu vertreten. In dieser Stellung hat er mehr als anderthalb Jahrzehnte lang bis über die Altersgrenze hinaus sein Bestes geleistet, treu unterstützt von seiner gesellschaftlich hochbegabten Gemahlin. Sein schweizerischer Gegenspieler war Bundesrat Motta, als politischer und menschlicher Typus ihm sehr unähnlich. Aber der Realist Müller war nebenbei doch Idealist genug und der Idealist Motta doch Realist genug, dass sie gut miteinander auskamen. Auch bei allen Handelsvertragsverhandlungen war Müller auf dem Laufenden und hat in kritischen Momenten manchen nützlichen coup d'épaule zu geben verstanden.

Der Posten in Bern war aber während Müllers Amtszeit nicht nur eine schweizerisch-deutsche Rangierstelle, sondern auch eine internationale Warte von hoher Bedeutung. Alle Kanzler und Aussenminister des Deutschen Reiches haben rege Beziehungen zu

Adolf Müller unterhalten, und auch mit den Reichspräsidenten Ebert und Hindenburg verstand er sich ausgezeichnet. Über sein interessantes Verhältnis zu Gustav Stresemann werden wohl einst die Historiker berichten. Müller lag die Stresemannsche Politik, die Betriebsamkeit im Völkerbund und das Locarno-System eigentlich nicht. Er war durch und durch friedlich gesinnt, hätte aber grössere Distanzhaltung noch für eine längere Übergangszeit vorgezogen und sah voraus, was ja dann gekommen ist: steigendes und schliesslich verhängnisvolles Misstrauen im deutschen Volk gegen die ‹Annäherungs-Politik›.

Als dann das Weimarer System zusammenbrach und Deutschland ganz neue Wege ging, ist Adolf Müller ein stiller Mann geworden. Die Vertrauten, denen er sein Herz öffnete, wussten, was er dachte und was er litt, aber sie wussten auch, dass unerschüttert in ihm die Liebe zur Schweiz blieb, und dass es der Trost seines Alters war, in ihr als resignierter politischer Philosoph seine letzten Jahre zubringen zu dürfen. Grosse Freude machten ihm in den stillen Merliger Tagen seine medizingeschichtlichen Studien, namentlich über Paracelsus, von denen die Leser des Sonntagsblattes der ‹Basler Nachrichten› einige schöne Proben zu geniessen bekommen haben. Adolf Müller wird auf dem traulichen Friedhof von Sigriswil von seiner schweren Lebensarbeit ausruhen. Ins Grab folgt ihm der Dank vieler guter Deutscher, und auch seine schweizerischen Freunde werden den herzensguten Mann zeitlebens nicht vergessen.

Be- und Misshandlung Italiens
Mittwoch, 15. September 1943

Nach unerhört langer Verschleppung gewährten die Alliierten Italien am 3. September einen bedingungslosen Waffenstillstand. Unterdessen hatte sich die Lage des Landes katastrophal gestaltet.

Das Chaos in Italien Aus der *Leidensgeschichte Italiens* sind zwei Daten festzuhalten: Am 25. Juli wurde Mussolini abgesetzt, am 3. September kapitulierte Marschall Badoglio, sein Nachfolger als Regierungschef, bedingungslos vor dem Oberkommandanten der Alliierten. Zwischen den beiden Daten hat das italienische Volk Schweres erlebt und erlitten, und seine Not ist noch nicht zu Ende. Ganz anders hatte es sich unmittelbar vor und unmittelbar nach dem Sturze des Fascismus die Zukunft vorgestellt. Sein damaliger Optimismus stützte sich auf angelsächsische Kundgebungen. Churchill und Roosevelt hatten am 16. Juli eine gemeinsam unterzeichnete Botschaft erlassen, die in den folgenden Appell an die Italiener ausmündete.

«Eure eigenen Interessen und Eure gesamten Traditionen wurden vom nationalsozialistischen Deutschland und von Euern eigenen falschen und korrumpierten *Führern* verraten. Nur *durch deren Beseitigung kann das wiedererstandene Italien hoffen, einen ehrenvollen Platz in der Familie der europäischen Nationen einzunehmen.* Der Augenblick ist jetzt für Dich, Italien, gekommen, auf die Stimme der Achtung vor Dir selbst, der eigenen Interessen und des eigenen Wunsches zu hören, die *nationale Würde, die Sicherheit und den Frieden wieder herzustellen.* Der Augenblick ist gekommen, um zu entscheiden, ob die Italiener für Mussolini und für Hitler sterben oder *für Italien und für die Zivilisation leben* wollen.»

Nur acht Tage liess sich Italien Zeit, um diesen Rat zu befolgen. Am 25. Juli schon traf es die Wahl, vor die es dieser Aufruf gestellt hatte, und harrte nun der Herstellung von nationaler Würde, Sicherheit und Frieden. Wieder ein paar Tage später, am 29. Juli, belebte General Eisenhower diese Hoffnungen durch seine im Namen der alliierten Regierungen an das italienische Volk gerichtete Botschaft, die mit den Worten begann:

«Das italienische Volk und das Haus Savoyen sind dafür zu loben, dass sie sich Mussolinis entledigten, des Mannes, der das Volk als Werkzeug Hitlers in den Krieg verwickelte und an den Rand einer Katastrophe brachte. *Das grösste Hindernis, das das italienische Volk von den Vereinigten Nationen trennte, ist nunmehr von den Italienern selbst entfernt worden.* Das einzige Hindernis, das jetzt noch übrig bleibt, bildet der deutsche Angreifer, der sich immer noch auf italienischem Boden befindet. Ihr wollt Frieden. *Ihr könnt diesen Frieden sofort haben, zu ehrenhaften Bedingungen*, die Euch unsere Regierungen bereits angeboten haben. Wir kommen als *Befreier* zu Euch.»

Es hiesse aber die Geschichte fälschen, wenn man verschwiege, dass die Angelsachsen um jene Zeit herum in Italien nicht nur Hoffnungen erweckt, sondern auch Ängste erzeugt haben. Das geschah durch Churchills Unterhausrede vom 27. Juli, in der der britische Premier den Italienern eine Zwischenzeit in Aussicht stellte mit einem ‹*Höchstmass von Stahl- und Eisenlawinen*›, ‹*Kriegsschrecken nach allen Seiten*› und ‹*Braten in der eigenen Sauce*›.

Diese Prophezeiung ist es nun, die in Erfüllung geht! Nur ist nicht Winston Churchill der Koch, der geschäftig in der italienischen Küche steht, den Bratspiess handhabt und mit der Kelle die Sauce über das Fleischstück träufelt, sondern das besorgen deutsche Marschälle mit Energie und Raffinement. Sie haben – um ohne Bild zu sprechen – die Frist zwischen dem Sturz Mussolinis und der Kapitulation Badoglios benützt, um von Italien zu besetzen, was irgend besetzt werden konnte. Sie haben den Alliierten das Odium zugeschoben, die wichtigsten italienischen Städte zu bombardieren. Selbst in der süditalienischen Zone, die sie vielleicht nicht dauernd zu halten gedenken, fechten sie mit ungeahntem Erfolg. Neuerdings sieht es sogar aus, als wenn eine grosse alliierte Invasionsarmee bei Salerno Gefahr liefe, gänzlich eingekesselt zu werden.

Sind an dieser Wendung der Dinge die in Nordafrika und Sizilien bewährten angelsächsischen Generäle schuld? Am 4. August haben wir an dieser Stelle geschrieben: «Auf englischer und amerikanischer Seite besteht eine Inkongruenz zwischen der Lautstärke der offiziellen und inoffiziellen Publizistik und der Bestimmtheit der politischen Konzeption. Sonst stünde man dem italienischen Problem nicht so hilflos gegenüber, nachdem die eigenen militärischen Erfolge und der Sturz Mussolinis es plötzlich akut gemacht haben.» Steht es nun heute umgekehrt? Ist jetzt der politische Fahrplan in Ordnung, und versagt der militärische? – Die Bejahung dieser Frage täte der alliierten Generalität wohl unrecht. Diese ist nicht daran schuld, dass die sechs Wochen zwischen den am Eingang dieses Artikels verzeichneten Daten von den Politikern mangelhaft ausgenützt wurden, dass man Badoglio die Kapitulation nach Kräften erschwerte und nicht erleichterte, dass man der deutschen Heeresleitung Zeit liess, an Streitkräften nach Italien hineinzupumpen, was nur Platz hatte, und es an die richtigen Stellen zu disponieren. An diesem Zeitverlust ist einzig und allein die Politik schuld. Sie war es auch, die den Deutschen die Musse verschaffte, die Befreiung Mussolinis zu planen und durchzuführen. Hätten im Jahre 1815 nach Waterloo in London rabiat gewordene Biedermänner die Stimmung beherrscht und sich anderthalb Monate lang die Köpfe darüber zerbrochen, wie man den ‹Kriegsverbrecher› Napoleon kunst- und moralgerecht justifizieren könnte, so wäre dieser vielleicht auch durch einen Handstreich befreit worden, und die spätere Weltgeschichte wäre anders verlaufen. Statt dessen spedierten ihn die damaligen britischen Realpolitiker eilends nach St. Helena, und er ward nicht mehr gesehen.

Man mag aber über solche Schuldfragen reflektieren, wie man will, so handelt es sich für die Alliierten doch kaum um viel mehr als um ein sehr peinliches Intermezzo. Tragisch aber ist die heutige Lage für das unglückliche Italien. Es büsst schwer, nicht für seine Unfähigkeit, aus dem furchtbaren Chaos von 1943 einen gangbaren Ausweg zu finden, sondern dafür, dass es im Jahre 1940 ohne Not und Zwang in den Krieg eintrat. Wer ihm für 1943 Vorwürfe machen wollte, müsste selber fähig sein zu sagen, wie sich Italien in diesen Tagen vor dem Verhängnis hätte retten können. So viel Phantasie haben wir leider nicht.

China hat Auftrieb
Samstag/Sonntag, 4./5. Dezember 1943

Auf ihre Rückkehr von der Dreierkonferenz mit Stalin in Teheran verhandelten Churchill und Roosevelt in Kairo mit Marschall Chiang Kai-schek und machten China weitgehende Territorialkonzessionen.

Nach der Fernostkonferenz
Mit quantitativ und qualitativ kolossalem Personalaufwand hat in *Kairo* fast eine Woche lang die Konferenz getagt, die sich unter der Führung von *Churchill, Roosevelt und Chiang Kai-schek* mit den ostasiatischen Kriegsproblemen beschäftigte. Das Ergebnis entspricht in seiner Wichtigkeit der grossen Aufmachung. Wenn man supponiert, dass die angelsächsischen Grossmächte und China den Krieg gewinnen werden, so können sich Herr und Frau Chiang Kai-schek freuen; denn ihr Land ist es in allererster Linie, das an der Konferenz triumphiert hat.

Was für den Siegesfall der Alliierten beschlossen wurde, ist nichts weniger als eine restauratio ad integrum Chinas auf den Territorialbestand, den das Reich der Mitte bis zum Ausbruch seines Krieges mit Japan vor einem halben Jahrhundert hatte. Im Frieden von Shimonoseki, der am 8. Mai 1895 den im Vorjahr entbrannten Krieg abschloss, musste es auf Formosa, auf die Pescadores-Inseln und auf seinen Vasallenstaat Korea verzichten, und seither hat ihm Japan weggenommen, was es nur immer wegnehmen konnte, zuletzt noch die Mandschurei. Und zu allerletzt sollte China auch seine Souveränität verlieren. Die von den Japanern eingesetzte chinesische Regierung in Nanking führt bekanntlich nur ein Schattendasein. Aber sie ist allerdings nicht *die* Regierung Chinas. Unter Marschall Chiang Kai-schek ist ein chinesischer Nationalstaat entstanden, der sich seit sechs Jahren mit verdientem Erfolg gegen die Fremdherrschaft wehrt. Ihn haben die angelsächsischen Grossmächte als gleichberechtigten Bundesgenossen anerkannt und durch ihre Versprechungen von Kairo feierlich gesichert.

Das ist durchaus verständliche Kriegspolitik. Aber das Communiqué der Konferenz schweift über die politische Zone hinaus in das Gebiet der *Moral*. Es stellt die Wiederherstellung des chinesischen Territorialumfangs als Sühne für die Sünden Japans dar. Der Krieg gegen diese Grossmacht wird geführt, ‹um die japanische Aggression zu bestrafen›, weil Japan Gebiete ‹geraubt› (volés im französischen Reutertext) und ‹mit Gewalt und Machtgier an sich gerissen› hat. Japan soll also, wenn es besiegt wird, nicht nur die Folgen einer Niederlage tragen, wie es in dieser Welt von jeher der Brauch war, sondern es muss *büssen.*

Wer zu erbaulichen Betrachtungen neigt, kann sich nun an den Spruch erinnern: «Gottes Mühlen mahlen langsam, mahlen aber furchtbar fein.» Denn langsam, äusserst langsam, ist es gegangen, bis die Bereitschaft zur ‹Bestrafung› Japans sich durchgesetzt hat. Nach Shimonoseki haben die europäischen Grossmächte zunächst keine Sühnungsmassnahmen in Gang gesetzt, sondern haben das japanische Beispiel befolgt. Im Jahre 1897 nahm Deutschland Kiautschou, Russland Liau-Tung, England Wei-hai-wei, Frankreich Kuang-tschou-wan in Zwangspacht. England, dem das Hauptverdienst an der Modernisierung der japanischen Marine gebührt, schloss 1902 ein Bündnis mit Japan, in dem sich die beiden Mächte über den ‹Schutz ihrer Interessen in China› einigten. Im ersten Weltkrieg begrüssten England, Frankreich und Russland Japan als wertvollen Bundesgenossen. Es bekam seinen Lohn im Versailler Vertrag und wurde auch in den Völkerbund aufgenommen, dessen Pakt in Artikel 10 die Mitglieder verpflichtet, ihre territoriale Unversehrtheit gegen jeden äussern Angriff gegenseitig aufrecht zu erhalten. Heute aber taxieren die Angelsachsen den ganzen japanischen

Territorialerwerb auf Chinas und anderer Staaten Kosten bis 1895 zurück als Raub und wollen ihn den Vorbesitzern zurückgeben.

Die Chinesen können sich nun sagen: mieux vaut tard que jamais! Aber für unbeteiligte Betrachter drängt sich doch die Erwägung auf, welch unsägliches Leid das chinesische Volk in dem halben Jahrhundert bis zum Erwachen der angelsächsischen Moral hat durchmachen müssen und heute noch durchmachen muss. Und daran schliesst sich unwillkürlich die Hoffnung und der Wunsch, bei der bevorstehenden Friedensregelung möchten die Mühlen der siegenden Grossmächte etwas rascher mahlen. Es möchten also nicht wieder Verhältnisse entstehen, die man nach Jahren und Jahrzehnten als bitter unrechtmässig erkennen und dann erst moralisch redressieren muss. Wir denken da zum Beispiel an die *baltischen Länder*, Estland, Lettland und Litauen. Wie haben sie sich gefreut über die Atlantik-Charta, und wie entsetzlich bangt es ihnen jetzt vor der Gefahr, von den Angelsachsen dem sowjetrusssischen Bundesgenossen als wehrlose Opfer hingeworfen zu werden! Sie haben schwer unter der deutschen Besetzung seit 1941 gelitten, aber noch viel schwerer unter der russischen Besetzung von 1939 bis 1941, die die totale Bolschewisierung durchzuführen begann. Jetzt befürchten sie die Vollendung dieses furchtbaren Prozesses und deren Besiegelung durch die Alliierten Moskaus. Es handelt sich um *kleine* Völker, die zusammen keine sechs Millionen Seelen umfassen, aber doch einen Lebens- und Kulturwillen haben und sich nicht gerne dezimieren oder nach Sibirien deportieren lassen. Ihre Chance, weiter zu existieren, ist nicht die gleiche wie die der 400 Millionen Chinesen. Wenn erst nach einem halben Jahrhundert das Verständnis für ihr Daseinsrecht erwacht, ist vielleicht niemand mehr da, der dieses Verständnis geniessen könnte wie jetzt Marschall Chiang Kai-schek und sein Volk.

Wer sich solche Sorgen macht, wird im vorgestrigen Tagesbericht mit besonderer Genugtuung gelesen haben: «Es liegt in London anscheinend Grund zur Annahme dafür vor, dass die Unabhängigkeitsbestrebungen der drei baltischen Republiken von den Westmächten gestützt und gefördert werden.» Die Bestätigung dieses Satzes wäre moralisch noch erbaulicher als das Communiqué von Kairo über den Fernen Osten!

Marschall Smuts als Pessimist
Samstag/Sonntag, 18./19. Dezember 1943

Bei einem Englandbesuch hatte Marschall Smuts am 25. November eine Rede gehalten, deren Pessimismus, als ihr Text allmählich bekannt wurde, grösstes Aufsehen erregte.

Gesamtbritische Bilanz Endlich, endlich dringt genauere Kunde über die Rede des Marschalls *Smuts* vom 25. November in die abgesperrte Quarantänezone des europäischen Kontinents ein. Unsere Leser finden in der 2. Beilage dieser Nummer einen ausführlichen Bericht und werden, wenn sie ihn gelesen haben, mit uns finden, das seit Jahr und Tag keine so interessante aussenpolitische Lektüre zu ihrer Verfügung gestanden hat. Die Rede ist ein historisches Dokument. Als nur dürftige Auszüge aus ihr vorlagen, konnte man den Eindruck bekommen, sie habe das Niveau eines interessanten und etwas gewagten Zeitungsartikels, eines Versuchsballons, der weitere Diskussionen anregen wolle. Nun muss man aber feststellen, dass die Rede eine wohlüberlegte Bilanz der gesamtbritischen Politik ist, eine staatsmännische Selbstschau, wie sie führende Politiker früher wohl auch zuweilen angestellt, aber gewiss nie mitten in Kriegszeiten der Öffentlichkeit zugänglich gemacht haben.

Es brauchte viel Mut des Redners selbst und der amtlichen Zensoren, um diese Veröffentlichung zu wagen, denn der Hauptinhalt der Rede ist ein rückhaltloses Bekenntnis britischer Schwäche. Man erinnert sich an die Geschichte von Romulus und seinem Zwillingsbruder Remus, den Erbauern der Stadt Rom. Als Remus, um die Schwäche der Verteidigungsmöglichkeit zu demonstrieren, über den schmalen Stadtgraben sprang, wurde Romulus wütend und erschlug ihn. Smuts aber konnte, ohne dass ihm ein anderer Brite etwas antat – oder gehört seine plötzliche Abreise in diesen Zusammenhang? – urbi et orbi darlegen: die Nachkriegswelt wird von einer Mächtedreiheit beherrscht werden; innerhalb dieser ist Russland die Herrin des europäischen Kontinents und hat eine Stellung, wie sie kein Land in der Geschichte Europas je eingenommen hat; auch in Ostasien wird es ungehemmt sein; die Vereinigten Staaten von Amerika haben enorme Aktiven und unermessliche Hilfsmittel, England aber ist arm, arm und noch einmal arm, es ist in Europa verkrüppelt und steht mit seinen Füssen auf allen Kontinenten; die nächstliegende Korrektur dieser Verhältnisse, eine angelsächsische Weltallianz, ist untunlich; sie würde andere Löwen auf den Weg locken. Somit bleibt nichts anderes übrig als eine enge Verbindung mit den kleinen Demokratien Westeuropas, die auf ihr Neutralitätsrecht zu verzichten, und sich also gegebenenfalls als Prellböcklein gegen den ‹Koloss› zu opfern haben.

Die kleinen Demokratien Westeuropas bekommen in diesem Zusammenhang von Smuts allerhand Gutes zu hören und nehmen es gerne zur Kenntnis. Aber sie werden doch kaum über die Merkwürdigkeit hinwegkommen, dass ihnen die Preisgabe des Neutralitätsrechts von einem Dominion-Staatsmanne empfohlen wird, der für sein Südafrika und überhaupt für die souveränen Glieder des British Empire durchaus nicht auf das Neutralitätsrecht zu verzichten gedenkt. Nach diesem Konzept dürfte Englands Nachbarinsel Irland im künftigen dritten Weltkrieg wieder fröhlich neutral bleiben, die Schweiz dagegen nicht! Uns ist überhaupt unfasslich, dass der kritische und gescheite Weltüberblicker Smuts das Heilmittel gegen den von ihm vorausgesehenen britischen Schwächezustand nicht dort ansetzen will, wo es am natürlichsten wäre, nämlich bei der eigenen lockeren Reichskonstruktion. Das Empire *muss* innerhalb der Mächtedreiheit der schwächste Teil bleiben, wenn die beiden andern Teile wirtschaftspolitische und militärische Einheitskolosse bilden, während in seinem Innern Zollkriege geführt werden können und militärische Neutralität gestattet ist. Wir haben die grösste Hochachtung für das freiheitliche Gefüge des britischen Reichs. Aber wenn dieses infolge der Konkurrenz der Kolosse nicht mehr zeitgemäss sein sollte und wohl oder übel Remedur geschaffen werden müsste, dann würde alles Herumdoktern an Westeuropa nichts helfen, sondern nur die Solidarisierung des Empires selbst.

Smuts Konzentration auf Westeuropa ist um so auffälliger, als er in der gleichen Rede die grossen Nationen des Kontinents, die französische, die italienische und die deutsche, mit den härtesten Worten herabwürdigt. Wenn schon ein westlicher Kontinentalblock, geht es dann ohne die Hauptvölker, nur mit den ‹kleinen Demokratien›? Diese Frage ist sofort auch in England aufgetaucht und hat diese Woche eine Reihe von Parlamentariern und vor allem den Aussenminister Eden wenigstens in bezug auf Frankreich zu höflichen, aber weisen Vorbehalten veranlasst. Solche korrigierende Vorbehalte wird man vielleicht noch mehr hören, wenn Winston Churchill, um dessen Gesundheit in diesen Tagen drei Viertel der Menschheit bangt, wieder im Unterhaus wird sprechen können. Er liebt staatsphilosophische Sprüche und Nachkriegsprophezeiungen ja keineswegs, aber vielleicht lässt er sich diesmal doch durch ein so exzeptionelles Ereignis wie die Rede des Marschalls Smuts aus dem Busche klopfen.

Immer noch Krieg zu Weihnachten und Neujahr
Freitag, 24. Dezember 1943

Zur fünften Kriegsweihnacht Es gehört zu den traditionellen Pflichten des journalistischen Handwerks, für den Heiligen Abend einen politischen Weihnachtsartikel zu schreiben. Dabei sollte man irgendwie das ‹Friede auf Erden›, das die Engel am Himmel von Bethlehem gesungen haben, mitsingen oder doch wenigstens mitsummen können. Noch nie ist uns das so schwer geworden wie an diesem fünften Weihnachtsfest während des zweiten Weltkrieges. Am liebsten möchten wir streiken. Aber das schickt sich für die bürgerliche Presse wohl nicht.

Nur die Kinder – wenigstens die Kinder, die noch ein Dach über dem Kopf und unversehrte Eltern und Geschwister haben – können heuer unbeschwerte, frohe Weihnachten feiern. Sollen also die Erwachsenen, um mitfeiern zu können, ‹werden wie die Kinder›, kindlich oder kindisch? Kindlich sein im besten Sinne des Wortes ist schön, aber wem es nicht von Gott oder von der Natur gegeben ist, der kann sich nicht künstlich zum Kinde machen. Sonst wird und wirkt er kindisch. Und kindisch sein ist penibel. Also wird eben doch der in keiner Weise zum Kinde gewordene normale erwachsene homo sapiens versuchen müssen, in seinem Innern zu etwas wie einer Weihnachtsstimmung zu gelangen.

Das wäre nicht allzu schwierig, wenn man sich zwanglos auf den Standpunkt der kandiden altfränkischen Optimisten und Rationalisten stellen und sich vorsagen könnte: das Universum ist ein vernünftiger Organismus; darum können und müssen sich die Gebote der Vernunft in ihm durchsetzen, und die Herstellung des Friedens auf Erden ist das denkbar zwingendste Gebot der Vernunft. Während der ersten Kriegsjahre konnte man darüber noch streiten. Die Meinung, wenn ein dauerhafter Friede, nicht nur ein verlängerter Waffenstillstand à la 1919 bis 1939, zustande kommen solle, dürfe der Krieg nicht ohne eklatante Entscheidung abgebrochen werden, liess sich noch hören. Heute aber muss man sich fragen, ob das, was die Propagandisten der Kriegsfortsetzung unter einer ‹eklatanten Entscheidung› verstehen, noch als Sieg der einen oder der anderen Partei gelten könnte. Irgendwo und irgendwann erreicht jeder übermässig in die Länge gezogene Krieg die Grenze, jenseits derer ihn keine Partei mehr gewinnen, beide Parteien ihn nur noch verlieren können. Man denke an den Dreissigjährigen Krieg, soweit er nicht ein schwedischer oder französischer, sondern ein deutscher Krieg war! Der jetzige Weltkrieg scheint uns diese Grenze schon überschritten zu haben. Er vernichtet so unsäglich viele Menschenleben und materielle Güter, er verunmöglicht durch den Hass, den er erzeugt, so gründlich die spätere Zusammenarbeit der Menschheit, dass jede Woche, die er länger dauert, die Sicherheit der kommenden Katastrophe nur noch vermehren kann. Auch wer ohne Gemütsbeteiligung ganz kalt rechnet, wird sich nachgerade sagen müssen, dass der Gewinn, den jede der beiden Kriegsparteien vom Weiterkämpfen optimal erhoffen kann, niedriger sein wird als der Einsatz, der noch gewagt werden muss, bis nach Jahr und Tag die tragische Bilanz gezogen werden kann.

Aber so etwas soll einer den Kriegsparteien predigen! Er würde noch immer ganz übel ankommen. Wir Neutrale scheinen den Kriegführenden kleinmütige, philiströse Pessimisten zu sein, und jene kommen uns irgendwie narkotisiert und darum ungeeignet zu rationeller Diskussion vor. Wenn jemand zu später Stunde von der Arbeit kommend in eine angeregte Gesellschaft von begeisterten Menschen tritt und gerne mitreden möchte, wundert er sich bald, dass diese Leute, obwohl er nicht schwerhörig ist, so laut zu ihm sprechenb, so fixierte Meinungen haben und an jedem seiner Gedanken vorbeireden. Die Hochstimmung des Krieges wirkt sich ähnlich aus. Wer dem Defaitismus entgehen will, muss sich ihr ergeben, auch wenn er in seinem Allerinnersten weiss, dass er dabei die Bahnen der kühlen Vernunft verlässt. Das wusste schon der Dichter, der im sechzigsten Psalm sang:

«O Gott, du hast uns verstossen, unsre Reihen durchbrochen. Du hast gezürnt, hast uns zurückweichen lassen. Du hast die Erde erbeben gemacht, hast sie zerrissen. Heile ihre Risse, denn sie wankt. *Du hast dein Volk Hartes erfahren lassen*, hast uns *getränkt mit Taumelwein*. Du hast denen, die dich fürchten, ein Panier gegeben, dass sie sich flüchten vor dem Bogen. Auf dass, die dir lieb sind, errettet werden, hilf mit deiner Rechten und erhöre uns!»

Und dann geht der Dichter, obwohl er sich der Wirkung des Taumelweins bewusst ist, plötzlich in ein hochgemutes Siegeslied über. So sind wir Menschen, und wir heutigen Neutralen wären, wenn wir selbst mitten im Kriege steckten, wahrscheinlich auch nicht anders, haben also keinen Grund, das ausländische Phänomen hochmütig zu kritisieren. Für unsere Ungeduld bleibt nur der Trost des Naturgesetzes übrig, dass auf die unrationale Hochstimmung ja doch einmal die Ernüchterung folgen muss, und dass dann der homo sapiens am Ende doch wieder sapiens wird. Möge er dann auch zu dem werden, was die altlateinische Übersetzung des Lukas-Evangeliums homo bonae voluntatis nennt, Mensch des guten Willens!

Uns Neutralen steht dies jetzt schon frei. So lange unser guter Wille sich nicht durch Friedensvermittlung äussern kann, wollen wir wenigstens das tun, was wir tun können: mit unsern dürftigen Kräften vom Kriegselend lindern, was nur immer unserer Hilfe zugänglich ist. Ein bescheidener Weihnachtswunsch für 1943, aber immerhin ein erfüllbarer!

Freitag, 31. Dezember 1943

Silvestergedanken *Das Jahr 1943* hat zwar leider noch nicht den Frieden, aber doch Entscheidungen gebracht, die nach menschlichem Ermessen das Kriegsende näherrücken können. Man kann vielleicht sogar die Behauptung wagen: es war *das* Entscheidungsjahr des Zweiten Weltkrieges, wenigstens für Europa und die Länder im Süden und Osten des Mittelmeeres.

Das vorangehende Jahr 1942 war noch von dem tragischen Spiel des Seilziehens zwischen den Hauptarmeen der beiden Kriegsparteien erfüllt. Das hat nun aufgehört, in Nordafrika ganz und in Russland im Wesentlichen. Die Kriegshandlungen konvergieren immer entschiedener zu einem deutlichen Zentrum, zu der ‹Festung Europa› mit ihrer Zitadelle Deutschland. Im politischen Bereich ist darob die Achse zugrundegegangen, und das übrige System der deutschlandhörigen Zwangsgemeinschaft bebt. Trotz dieses Bebens ist es noch nicht zu starken Abfallbewegungen in den besetzen Ländern gekommen. Das Schicksal Italiens wirkt nicht verlockend. Wo ungebrochen die deutsche Wehrmacht steht, wird auch weiterhin gehorcht. Aber auf eine Solidarisierung der Bevölkerung mit ihr wird, wenn kritische Tage kommen sollten, nicht zu rechnen sein. Das Quislingsystem hat überall versagt. «Der Mond ging unter.» Die Deutschen sind ein ungewöhnlich begabtes, fleissiges, industriell und militärisch tüchtiges Volk, aber eben doch kein Herrenvolk, so unermüdlich ihnen dies auch vordoziert wird. Deshalb ist schwer einzusehen, weshalb ihnen in vler Kriegsjahren hätte gelingen sollen, was Napoleon I. in der dreifachen Zeit, die ihm seine Siege verschafften, misslungen ist: mit Gewalt ein übernationales Reich so solid zusammenzuschmieden, dass es standhält, auch wenn die Gewalt es zeitweilig oder dauernd nicht mehr umklammern kann. Wahrscheinlich ist diese Aufgabe in Europa überhaupt nicht zu bewältigen, auch wenn nach den Franzosen unter ihrem Kaiser Napoleon und nach den Deutschen unter ihrem Führer Hitler später einmal ein drittes Volk unter einem dritten Diktator die Mission des Herrenvolkes in sich fühlen und das Unterwerfungsexperiment ein drittesmal machen sollte. Herrenvölker setzen Sklavenvölker voraus, und das sind die Europäer nun einmal von Natur aus nicht.

Aber wenn ein paar siegreiche Nationen sich über die Kriegszeit hinaus einigen und das Pensum der Beherrschung Europas klug unter sich verteilen sollten, ein kleines Konsortium von Herren*völkern* statt eines einzigen Herren*volkes*? Pläne in dieser Richtung liegen bekanntlich in der Luft und sind durch die berühmte und berüchtigte Rede des Marschalls Smuts sogar öffentlich zur Diskussion gestellt worden. Wie weit sie offiziell schon gediehen sind, könnte nur sagen, wer die Geheimnisse der Konferenz von Teheran kennt. Unserer Vermutung nach: nicht sehr weit. Aber man kann allerdings darauf hinweisen, dass die Politik Stalins praktisch in diese Richtung tendiert. Sie arbeitet zähe daran, Russland ein Konglomerat von Vasallenstaaten vorzulagern. Das zeigt sich so deutlich, dass man sich über den von Smuts proklamierten Kompensationsversuch – Schaffung eines demokratischen Brückenkopfes in Westeuropa unter britischer Führung – nicht zu wundern braucht. ‹Fein raus› wären dabei nicht sofort, aber im Laufe einer unvermeidlichen Entwicklung die Deutschen; denn am Ende würden doch sie das Zünglein an der Waage sein, wenn es über kurz oder lang zum endgültigen Ausschwingen zwischen dem russischen und dem britischen Staatenkoloss käme.

Irgendeinmal würde schliesslich dieses Ausschwingen fällig. Wann, weiss Gott. Aber es ist doch sehr bemerkenswert, dass ein Staatsmann mit den reichen Informationsmöglichkeiten Roosevelts keineswegs optimistisch ist in bezug auf die Befristung der Friedensperiode, die auf diesen Weltkrieg folgen soll. Als er nach seiner Rückkehr von Teheran und Kairo am 17. Dezember in Washington zum erstenmal die Presse empfing, sagte er: der allgemeine Standpunkt der drei Staatsführer sei gewesen, dass sie «*mindestens für die gegenwärtige Generation*» keinen andern Krieg mehr zulassen würden. Das klang doch eher wie ein Menetekel als wie ein Trostwort. Es war eine fast wörtliche Wiederholung des Ausspruches, den Premierminister Neville Chamberlain getan hat, als er am 1. Oktober 1938 von der verhängnisvollen Münchener Konferenz kommend in London aus dem Flugzeug stieg und versicherte, er habe «*den Frieden für unsere Zeit*» mitgebracht – genau elf Monate vor dem Ausbruch des Zweiten Weltkrieges!

Es ist ein recht melancholischer Silvester-Zeitvertreib, solchen Gedanken nachzuhängen. Unterwerfen sollte man sich ihnen auf keinen Fall. Schliesslich darf man sich doch auch sagen, dass die Suggestivkraft des kriegerischen Denkens unüberwindlich ist, solange der Krieg dauert und die echten Krieger nebst den verblendeten Heimkriegern nicht aus ihrem Bannkreis herauskommen, dass aber nach dem Ende der Feindseligkeiten doch auch andere Köpfe und andere Gedanken wieder Auftrieb bekommen können. Sie werden der Irrlehre nicht unterworfen sein, dass der beste Friede der ist, der den nächsten Krieg am besten vorbereitet. Die Menschheit ist doch wohl kein ganz asoziales Gebilde, bestehend aus Raubtieren, die sich für Raubtierjäger halten. Sie hat durch die Bildung der Familie und der auf dem Familiensinn beruhenden

Staatsgemeinschaften bewiesen, dass sie sich auch im Grossen zu etwas Besserem als zu monströsen Kampf- und Streitkartellen organisieren könnte, an denen sie oder doch ihre Kultur schliesslich zugrunde gehen müsste.

Es kommt nur darauf an, ob unser gegenwärtiges Geschlecht die Männer finden wird, die ihm den Weg zu seiner besseren Natur zeigen können. Wer kennt heute solche Männer? Beim Ende des ersten Weltkrieges glaubte die friedensdurstige Welt, wenigstens einen solchen Mann zu kennen: Woodrow Wilson. Er hat leider versagt und versagen müssen, weil er ein Doktrinär voll besten Willens, aber im Grunde kein praktischer Politiker war. Darum erhebt sich heute die bange Frage, ob sich in einem der führenden Staatsmänner der Gegenwart der gute Wille mit praktisch-politischem Sinn verbindet. Als Winston Churchill schwer krank darniederlag, zuckte die Frage in vielen Millionen von Menschenköpfen auf, die an den Sieg seiner Kriegspartei glaubten. Unsere Sache ist es nicht, sie positiv oder negativ zu beantworten. Es ist uns Neutralen verwehrt, den Endsieg der oder jener Kriegspartei, von dem die Aktivlegitimation der Friedensmacher abhängen wird, bestimmt vorauszusetzen. Aber wir können uns doch nicht versagen, unsern Lesern ins neue Jahr ein paar Sätze über gute Friedensschlüsse mitzugeben:

> «Es ist geradezu sonderbar, wie selten im Verlauf der Geschichte Sieger imstande gewesen sind, im Nu zu all den völlig verschiedenen Methoden des Vorgehens zu dieser ganz andern Stimmung zu gelangen, die allein es ihnen ermöglichen können, *durch Grossmut zu behalten, was sie mit Gewalt gewonnen haben.* In der Stunde des Erfolgs ist die Politik noch von der Leidenschaft des Kampfes verblendet. Trotzdem ist der Kampf mit dem Feind vorüber. Es bleibt nur noch der Kampf mit sich *selbst.* Das ist der schwerste von allen. Darum bewegt sich die Welt nur langsam und ruckweise, unter zahllosen Rückfällen, vorwärts, und die überlegenen Lösungen werden, wenn sie schon von Zeit zu Zeit als Ergebnis grosser Mühen da sind, fast immer verdorben. Zwei einander entgegengesetzte Seiten der menschlichen Natur müssen gleichzeitig in Aktion treten. Wer den Sieg erringen kann, kann nicht den Frieden ausbauen; wer den Frieden ausbaut, hätte niemals den Sieg errungen.
>
> Haben wir das nicht im allergrössten Massstab in Europa vor unsern Augen gehabt? Immerhin, wir haben die Geste Grants, der bei Appomatox die von seiner eigenen Armee so bitter gebrauchten Rationen schleunigst in das Lager der hungernden Konföderierten schickte und Lee sagte, er möge die Artilleriepferde der Föderiertentruppen heimführen, um die zerstörten Felder der Südstaaten damit zu pflügen. Wir haben die staatsmännische Kunst Bismarcks, der König,

Kabinett und Generäle in Preussen in den Krieg mit Österreich trieb und dann am Tage nach Sadowa, als ihm Österreich auf Gnade und Ungnade ausgeliefert war, innerhalb einer Stunde eine Kehrtwendung machte und sie alle in die entgegengesetzte Richtung trieb. Wir haben den grossen – so töricht verleumdeten – Castlereagh, der nach einem eine Generation währenden Kampf mit Frankreich am Tage des Triumphs damit drohte, dass er lieber seinen preussischen und russischen Verbündeten den Krieg erklären, als dulden würde, dass Frankreich zerstückelt oder unterdrückt werde. Und wir haben in unserer eigenen Zeit Südafrika, wo auf einen entscheidenden Waffensieg rasch die grössten Konzessionen in der Politik folgten, mit wundervollen Folgen bis heute.» (Gedanken und Abenteuer, Seite 251; Verlag Amstutz, Herdeg & Co., Zürich)

Der Mann, der diese Zeilen in der Zeit zwischen den beiden Weltkriegen schrieb, hiess Winston Churchill!

Die Deutschen in Budapest
Mittwoch, 22. März 1944 (Abendblatt)

Sonntag, den 19. März, zog die deutsche Wehrmacht in Budapest ein, nachdem Hitler den ungarischen Reichsverweser Admiral Horthy mit andern Staatsspitzen in sein Hauptquartier gelockt und das Land dadurch führerlos gemacht hatte.

Die Tragödie Ungarns Das Furchtbare, das in den letzten Tagen dem *ungarischen Staat und dem ungarischen Volke* widerfahren ist, kann wohl mit dem so oft missbrauchten Wort ‹Tragödie› bezeichnet werden. Es handelt sich aber allerdings noch nicht um eine vollendete Tragödie. Noch kann niemand den Schlussakt auch nur ahnen. Und namentlich fehlt noch völlig das Element, das die Griechen als ‹Katharsis› bezeichneten, der reinigende Ausgleich zwischen Schuld und Sühne. Warten wir ab, ob und wie er sich vollziehen wird!

Mit ihrem Anschluss an den Dreierpakt und ihrem Eintritt in das Achsenlager haben die Ungarn die Bahn einer Konjunkturpolitik beschritten, die sie für sehr klug hielten. Mit einer Ausnahme: Graf Paul Teleki hielt diese Politik weder für recht noch für klug und schoss sich deshalb im entscheidenden Moment eine Kugel in den Kopf. Die übrigen führenden Männer Ungarns aber rechneten bestimmt mit dem Sieg der Achse und mit dem politischen Gewinn, der sich für die Mitsieger ergeben werde. Darum taten sie nach dem ersten wichtigen Schritt auch den zweiten und rangierten sich auch gegen Sowjetrussland in die deutsche Front ein. Als diese sich aber immer mehr zurückbog und die Änderung der Konjunktur nicht mehr zu verkennen war, zog die Budapester Regierung die Konsequenz und verlangte von Hitler die Entlassung der in Russland fechtenden ungarischen Truppen, da man diese zu Hause für den Fall der Verteidigung der eigenen Grenzen benötige. Diese Forderung blieb unerfüllt. Aber seitdem es sich deutlich zeigte, dass Deutschland dem kriegsmüde gewordenen Bundesgenossen die nonbelligerenza nicht zubilligen werde, wurden in den alliierten Hauptstädten immer mehr Stimmen laut, die von ungarischen Friedensfühlern auf allen möglichen Wegen sprachen. Kontrollierbar ist dieser Übergang in ein drittes Konjunkturstadium nicht. Ungarn hat sich mit positiven Friedensbemühungen keinesfalls so weit gewagt wie Finnland. Aber sein Ministerpräsident Nikolaus Kallay beteuerte in seiner Rede vom 20. Februar 1944: «*Ungarn ist das friedlichste Land der Welt.*»

Für deutsche Ohren klang das nun deutlich genug. Hitler wollte weder, dass Ungarn in Russland ‹an Ort trete›, noch dass es sich ganz in den Hintergrund zurückziehe, noch dass es ein Übergangsstadium zur Versöhnung mit den Alliierten eröffne, aus dem je nach Umständen schliesslich gar eine Kobelligerenz à la Badoglio-Italien werden könnte. Selbst bei einem Staate, der nicht ohnehin so dynamisch ist wie das nationalsozialistische Deutschland, wäre der Widerstand gegen die beginnende und zunehmende Absentierung eines Bundesgenossen verständlich. Eine ganz andere Frage ist, ob die Art, *wie* dieser Widerstand geplant und in den letzten Tagen nun durchgeführt wurde, zweck- und einigermassen rechtmässig war.

Zweckmässig? Wir neigen eher zur Annahme, dass es den deutschen Kriegsinteressen besser gedient hätte, wenn man der ungarischen Armee zugestanden hätte, als ‹Wacht auf den Karpathen› stehen zu bleiben und nötigenfalls dort zu kämpfen. Sie hätte wahrscheinlich ihr Äusserstes getan, um die Russen nicht in die ungarische Tiefebene dringen zu lassen, hätte also einen besseren Stein im deutschen Brett dargestellt, als wenn sie von den deutschen Armeen niedergekämpft werden muss und schliesslich in Gefangenschaft gerät. Ein Réduit, von dem aus sie den Invasoren einen längeren erfolgreichen Widerstand leisten könnte, steht ihr allerdings unseres Wissens kaum zur Verfügung.

Und die Frage nach der Rechtmässigkeit! Das deutsche Verfahren gegen Ungarn war so odios als möglich. Wie man die deutsche Minderheit gegen die Landesherrschaft organisierte und armierte, wie man den Quisling Imredy – nach seiner kürzlichen feierlichen Versöhnung mit dein Ministerpräsidenten Kallay! – für den Landesverrat bereitstellte, wie man die führende Equipe Ungarns ins deutsche Hauptquartier lockte und in der Falle behielt –, nein, rechtmässig war dies selbst einem verdächtig gewordenen Bundesgenossen gegenüber nicht.

Oder hat etwa Deutschland die Einrede geltend zu machen, dass der ungarische Widerstand nur fiktiv gewesen sei? Ganz undenkbar wäre dies ja nicht. Seit Wochen hat man von Budapest aus feststellen können, wie der deutsche Aufmarsch vorbereitet wurde, und hat diese Vorbereilungen als Methoden des Nervenkrieges verkannt. In wirklicher oder in gewollter Verblendung? Und dass der ungarische Reichsverweser, der Oberkommandierende der Armee, der Kriegsminister und der Aussenminister zu viert in die Mausefalle huschten, das ging doch gegen alle Regeln der Risikoverteilung. Waren sie nolentes oder volentes im innersten Herzen? Haben sie der deutschen Fee wirklich trotzen wollen, oder ging es zu wie in Goethes Ballade vom Fischer: «Halb zog sie ihn, halb sank er hin. Da war's um ihn geschehn»? A la Hacha in Berlin, März 1939? Und doch! *Wenn* es so zugegangen wäre, so würde die Welt längst durch das Deutsche Nachrichtenbureau erfahren haben, dass Admiral Horthy und seine Schicksalsgenossen im deutschen Hauptquartier ein gütliches Abkommen unterzeichnet hätten, und dass die deutsch-ungarische hinfort wieder die beste aller Ehen sei. Solange dies nicht behauptet und glaubhaft gemacht werden kann, bleibt der ungarische Reichsverweser ein *echter* Politischer Märtyrer. Deswegen aber natürlich kein Politischer Heiliger! Seine und seiner Ministerien Konjunkturpolitik verkannte das Gebot, dass man sich nicht beim kleinen Finger nehmen lassen soll, wenn man nicht will, dass auch der Arm und schliesslich der ganze Mensch gepackt werde.

Ob man in angelsächsischen Landen, deren Presse die wirklichen oder angeblichen ungarischen Annäherungsversuche monatelang mit Hohn bedacht hat, jetzt anerkennen wird, dass die Verunglückten zwar schlecht gerechnet, aber nicht so gehandelt haben, dass sie die Verdammnis der Alliierten verdienen? Vielleicht! Es war einer der grausamsten Witze der Weltgeschichte, den der britische Rundfunk ganz unfreiwillig gemacht hat, als er am Montag Ungarn beschwor, den rechten Weg einzuschlagen; dann könne es seine Zukunft retten. Im Moment, wo diese als ‹letzte Warnung› bezeichnete Predigt gehalten wurde, war Budapest bereits besetzt, und zwar seit mehreren Stunden. Nach unsern Informationen ist die Besetzung sogar schon am Sonntagvormittag erfolgt; morgens um 8 Uhr war die Stadt vollständig umzingelt, und sofort erfolgte der Einmarsch. Wie dem auch sei, Ungarns Tragödie hatte bereits ihren Lauf genommen.

Ein parlamentarischer Sieg Churchills
Samstag/Sonntag, 1./2. April 1944

Am 30. März siegte Churchill glänzend im Unterhaus, nachdem sein Kabinett kurz zuvor in einer Sachfrage eine kleine Niederlage erlitten hatte. Die Opposition fährt fort, ihn mit der Atlantik-Charta zu molestieren.

Nach Churchills Sieg Der Sieg, den das *Kabinett Churchill* vorgestern im *Unterhaus* davongetragen hat, war wuchtig. 425 Commoners stimmten für die Regierung, nur 23 gegen sie. Das Vertrauen ist ihr also mit einer Mehrheit von fast neunzehn Zwanzigsteln bekundet worden. An dieser Kraftprobe lässt sich nichts drehn und deuteln. Aber ihre *Begleitumstände* waren für unsere kontinentalen parlamentarischen Begriffe schwer verständlich, also: um so interessanter.

Abgestimmt wurde nämlich darüber, ob im Entwurf zu einem neuen Schulgesetz der Grundsatz ‹Gleiche Arbeit, gleicher Lohn› für Lehrer *und* Lehrerinnen festgesetzt werden solle, was in einer ersten Abstimmung mit einer Stimme Mehrheit beschlossen, von der Regierung aber als unannehmbares Misstrauensvotum taxiert worden war. *Gemeint* war dagegen nicht dieses mehr soziale als politische Problem, sondern der Kampf ging in Tat und Wahrheit um die Billigung oder Missbilligung der Kriegspolitik und der Aussenpolitik Winston Churchills und Anthony Edens. Man verfuhr nach dem Sprichwort ‹Den Sack schlägt man, und den Esel meint man›. Der ‹Esel› war – natürlich nur ganz bildlich gemeint – die störrische Opposition, die der Regierung das Leben sauer macht. Der geschlagene ‹Sack› aber sind die armen Lehrerinnen.

Wirklich, die *armen* Lehrerinnen? Müssen sie nun schwer Leid tragen? Das liegt nahe, ist aber nicht so absolut sicher. Ausser den feministischen gibt es nämlich auch *anti*feministische Anhänger des erwähnten Grundsatzes. Deren stille Überlegung ist: wenn die Frauenarbeit gleich hoch bezahlt werden muss wie die Männerarbeit, wenn also aus der Bevorzugung weiblicher Bewerber kein finanzieller Vorteil mehr resultiert, so wird sich dies auf dem Arbeitsmarkt unweigerlich zu deren Ungunsten auswirken; sie können nicht mehr als Lohndrückerinnen fungieren, und dann zieht man ceteris partibus eben doch die Männer vor. Ob diese realistische These richtig sei oder nicht, hätte man nun durch die Praxis eines grossen europäischen Landes erfahren, wenn das Unterhaus nicht hätte auf seinen Beschluss zurückkommen müssen. Schade eigentlich, dass das Aufschluss versprechende Experiment nun unterbleibt!

Doch dies nur ganz nebenbei. Die Frage wird in ruhigeren Zeiten wohl wieder einmal auftauchen, und dann wird der Anhang ihrer positiven Lösung gewiss wieder beträchtlich grösser sein als ein Zwanzigstel des Unterhauses. Als diese dürftige Zahl festgestellt wurde, rief ein linksgerichteter Abgeordneter: «Dreiundzwanzig ehrliche Männer!» dieses Lob ist natürlich falsch, weil die Fragestellung an das Unterhaus so verzwickt war, dass eine grosse Zahl von Abgeordneten unvermeidlich etwas anderes bejahen oder verneinen musste als den formulierten Fragetext. Es handelte sich somit gar nicht um ‹ehrlich oder unehrlich›. Das Moralische spielte bei der Stimmabgabe für niemanden eine Rolle und ist deshalb im vorliegenden Falle auch gar nicht interessant. Hochinteressant ist dagegen die staatsrechtlich-politische Bedeutung des Vorgangs. Vor Grossbritannien und vor aller Welt ist nun festgestellt worden, dass sich die Tragweite der Regierungsmacht gegenüber dem Parlament nicht differenzieren lässt je nach dem, ob es sich um eine hochpolitische Frage oder um irgendeinen harmlosen Sachentscheid handelt. Das hat Churchill mit aller Deutlichkeit dargetan, und das Unterhaus liess es sich gefallen. Wenn die Regierung nicht zur Demission gezwungen und das Volk durch Neuwahlen als oberster Schiedsrichter angerufen werden soll, muss die Regierungsmehrheit des Unterhauses durch dick und dünn parieren, gern oder ungern. Welch ein Unterschied zu ausserenglischen parlamentarischen Traditionen, insbesondere zur amerikanischen, die dem Kongress die Desavouierung des Staatslenkers als tagtägliches Vergnügen reserviert!

Jenes Staatsrecht, das Churchill siegreich verfochten hat, ist also englisch. Aber ist es auch demokratisch? Läuft es nicht eigentlich auf ‹Diktatur› hinaus? Nein; denn das Parlament kann, wenn es will, immer noch die Regierung stürzen, was im Diktaturstaat ohne Gewaltanwendung ausgeschlossen ist. Wer Freude an Definitionen hat, könnte höchstens von ‹diktatorialer Demokratie› oder ‹demokratischer Diktatur› sprechen.

Die am Donnerstag im Unterhaus tatsächlich Geschlagenen, also nicht die Anhänger der Frauensache, sondern die kriegs- und aussenpolitischen Opponenten Churchills, werden sich angesichts des Abstimmungsergebnisses nun eine Zeitlang ruhiger verhalten müssen. ‹Eine Zeitlang› bedeutet aber nicht ‹eine lange Zeit›. Sie haben, wie man gestern gelesen hat, ja schon wieder angefangen, den Premier in Sachen *Atlantik-Charta* zu zickeln. Er versuchte, sie durch die kurze Versicherung zu schweigen, die Atlantik-Charta und ihre Grundsätze würden ‹das Hauptziel Grossbritanniens› bleiben. Aber damit war der parlamentarische Sprecher der Plagegeister nicht zufrieden. Er fragte weiter, ob Churchill nicht die erste sich bietende Gelegenheit ergreifen wolle, um das Vertrauen in die Grundsätze der Atlantik-Charta wiederherzustellen. Der Premier antwortete: «Ich denke stets daran. Doch gibt es auch noch *Andere, auf die die britische Regierung Rücksicht nehmen muss.*». Wer sind diese unheimlichen Andern? Das ist kein Geheimnis. Die *russische Propaganda* hat es deutlich gemacht durch die Interpretation der Atlantik-Charta, über die im gestrigen Abendblatt unser Stockholmer Korrespondent berichtete. Danach sei die Atlantik-Charta nicht gefährdet, man müsse sie nur recht verstehen. Und dann folgen zum richtigen Verständnis Darlegungen über die Notwendigkeit von Einschränkungen des freien Willens der Bevölkerungen durch das Postulat der Verhinderung deutscher Angriffe, über das Verbot fascistischer Regimes, über die Notwendigkeit der Abtretung deutscher Gebiete an Polen usw. Wer diese Interpretationskünste genossen hat, liest vielleicht mit Nutzen den wirklichen Text der Atlantik-Charta vom 14. August 1941, der hier wieder einmal reproduziert sei:

1. Ihre Länder (Grossbritannien und USA) suchen *keinen Gewinn, weder territorialer noch anderer Natur.*
2. Sie streben *keine territorialen Veränderungen an, die nicht mit den frei zum Ausdruck gebrachten Wünschen der beteiligten Völker übereinstimmen.*
3. Sie respektieren *das Recht aller Völker, die Regierungsform zu wählen,* unter der sie leben wollen, und es ist ihr Wunsch, dass *souveräne Rechte und autonome Regierung* all denen zurückgegeben werden, denen sie entrissen worden sind.
4. Sie werden sich bemühen, unter voller Beachtung ihrer bestehenden Verpflichtungen, *für alle Staaten, ob gross oder klein, Sieger oder Besiegte,* zu gleichen Bedingungen besseren Zugang zum Handel und zu den Rohstoffen der Welt zu verschaffen, die zum *wirtschaftlichen* Wohlstand der Staaten benötigt werden.
5. Es ist ihr Bestreben auf *wirtschaftlichem* Gebiet, die *völlige Zusammenarbeit aller Nationen* herbeizuführen, um für Alle verbesserte Arbeitsbedingungen, wirtschaftlichen Aufschwung und soziale Sicherheit zu gewährleisten.
6. Nach der endgültigen Vernichtung der nationalsozialistischen Tyrannei hoffen sie, dass ein *Frieden* geschlossen werde, in dessen *Rahmen allen Nationen* die Möglichkeit gegeben wird, innerhalb ihrer Grenzen in Sicherheit zu leben, und der die Gewähr dafür bieten wird, *dass alle Menschen in allen* Ländern ihr Leben *frei von Furcht und Not* führen können.
7. Ein solcher Frieden soll *Alle* in die Lage versetzen, die *Meere unbehindert befahren* zu können.
8. Sie glauben, alle Völker der Welt müssen aus realpolitischen und aus geistigen Gründen *auf die Anwendung von Gewalt* verzichten, da kein künftiger Frieden bewahrt bleiben kann, wenn Völker über ihre Grenzen hinaus durch *ständige* Aufrüstung zu Wasser, zu Lande und in der Luft mit Angriffen drohen. Ferner glauben sie, die Entwaffnung solcher Länder ist bis zur Festlegung eines breiter gefassten und dauernden Systems allgemeiner Sicherheit wesentlich. Sie werden ebenso alle übrigen praktischen Massnahmen unterstützen und ermutigen, die den *friedensliebenden Völkern* die drückenden Rüstungslasten erleichtern.

Wer mit diesem Text die russische Auslegung vergleicht, wird unwillkürlich ausrufen: «Arme Atlantik-Charta, wie hast du dich verändert!» Churchill empfindet das wohl auch, aber er ruft es nicht aus, *kann* es gar nicht ausrufen – eben wegen der ‹Andern›! – und kann es also auch im Parlament einstweilen nicht diskutieren lassen. Sonst müsste er zu viel oder zu wenig sagen, solange es erst fünf Minuten vor Zwölf ist und nicht an irgendeiner neuen europäischen Front wirklich Zwölf geschlagen hat.

General de Gaulle setzt sich durch
Samstag/Sonntag, 8./9. April 1944

Der Konkurrenzkampf zwischen den französischen Generälen in Nordafrika endigt mit der Verdrängung Girauds durch de Gaulle, der kommunistische Unterstützung geniesst. Der Vorgang ist zugleich ein Erfolg Stalins trotz der trozkistischen Wühlereien gegen diesen.

Totaler Sieg de Gaulles *General de Gaulle* hat total *gesiegt*, zwar nicht über den deutschen General von Rundstedt, mit dem der Kampf in Frankreich selbst erst bevorsteht, aber über einen französischen General, über seinen Konkurrenten *Giraud*. Er hat sich an dessen Stelle zum Chef der dem Befreiungskomitee von Algier unterstehenden Streitkräfte machen lassen und hat in dieser Eigenschaft über Organisation und Einsatz der Truppen zu entscheiden, assistiert von einem Generalstabschef, der die militärischen Handlungen im engeren Sinne leiten soll. Dabei bleibt er Vorsitzender des Befreiungskomitees und ist also Staatsoberhaupt und oberster Kriegsherr in einer Person, wenigstens wenn man seine These, dass das Komitee die wirkliche Regierung Frankreichs sei, als richtig unterstellt.

Dieses Avancement bedeutet den Höhe- und vielleicht auch Schlusspunkt einer Entwicklung, die sich seit der Übersiedlung de Gaulles von London nach Algier im Mai des letzten Jahres etappenweise, aber sehr konsequent vollzogen hat. Bei der Landung der angelsächsischen Alliierten in Nordafrika im November 1942 spielten de Gaulle und seine Gaullisten bekanntlich noch gar keine Rolle. Der Mann der Invasionsarmee und der hinter ihr stehenden Grossmächte war zunächst Admiral Darlan und nach dessen baldiger Ermordung monatelang nur General Giraud. Mit diesem setzte dann nach der Ankunft de Gaulles in Algier ein zäher Machtkampf ein. Er endete im November 1943 zunächst mit einem Kompromiss: Giraud musste de Gaulle nicht nur den Vorsitz im Nationalkomitee abtreten, sondern ganz aus dieser politischen Körperschaft ausscheiden, behielt aber seine Funktionen als militärischer Oberkommandierender bei. Das war aber nur eine Interimslösung. General de Gaulle sägte emsig auch an dem Ast, auf den sich Giraud einstweilen hatte zurückziehen können, ‹säuberte› dessen Offiziersanhang durch Herabsetzung der Dienst-Altersgrenzen, vermischte die bisher getrennten giraudistischen und gaullistischen Truppeneinheiten, und was dergleichen zweckdienliche Massnahmen mehr waren. Nun, nach nicht ganz fünf Monaten, ist der Ast heruntergekracht und Giraud mit ihm.

Auch die starke amerikanische Baumstütze hat den Vertrauensmann und Schützling des Generalissimus Eisenhower nicht vor dieser Katastrophe bewahren können. Giraud gedenkt nun anscheinend nicht, als Zweitoberster lange Kompetenzkonfliktfe mit dem Alleroberstn de Gaulle auszufechten. Wenn er dabei scheiterte, müsste er am Ende auch riskieren, dass ihm die siegreichen Jakobiner einen Schauprozess à la Pucheu mit anschliessender Fusillade bereiten.

Sentimental sind sie ja nicht, und stark genug fühlen sie sich nachgerade auch. General de Gaulle hat sich den Rücken gegen die Angelsachsen gedeckt, indem er sich – diesmal wohl endgültig; er hat lange genug hin und her geschwankt! – mit Russland arrangierte. Es ist gewiss kein Zufall, dass sein Sieg über den Rivalen Giraud zeitlich genau mit der *Aufnahme zweier Kommunisten in das Befreiungskomitee zusammenfällt*. So wenig, wie es ein Zufall ist, dass die Anerkennung Badoglio-Italiens durch den Kreml mit der Vorbereitung des Eintritts der Kommunisten in das königlich-italienische Ministerium koinzidiert! Es gibt überhaupt keine Zufälle in der gescheiten Politik Stalins. Diese geht überall ihre rationellen Wege, ob es sich nun wie in den Fällen de Gaulle und Badoglio um die Einschaltung in den Mittelmeerraum, oder wie im Falle der durch die Molotow-Erklärung festgelegten Einstellung zu Rumänien um die traditionellen Balkanbelange Russlands, oder wie beim neuesten Sachalin-Abkommen mit Japan um die russischen Fernost-Interessen handelt.

Die angelsächsischen Alliierten und namentlich ihre Presse haben jahrelang Mühe gehabt, gute Miene zum Spiel Stalins zu machen. Mit der Zeit lernen sie es aber. Keine der neuesten Wendungen der russischen Politik begegnete mehr unfreundlicher Polemik. Die ‹Times› tragen sogar zum Anlass der Vorgänge in Algier in einem als hochoffiziös erkennbaren Artikel eine eigentliche Beglückheit zur Schau. In Washington ist man noch etwas weniger behend mit dem Beifallklatschen. Man zögert immer noch, das Tüpfchen auf das i zu setzen durch die volle Anerkennung des algerischen Wohlfahrtsausschusses als legitime Regierung Frankreichs. Das wäre ja eigentlich die logische Krönung der bisherigen Erfolge de Gaulles. Ob sie zustande kommt, wird sich anscheinend beim gegenwärtigen Londoner Besuch des amerikanischen Unterstaatssekretärs Stettinius zeigen.

Da alles auf der Welt zwei Seiten hat, ist es unvermeidlich, dass Stalins glänzende Erfolge innerhalb des ‹kapitalistischen› Staatensystems seine Erbfeinde, die *Trotzkisten,* irritieren und zu Querschlägen reizen. Darum kommen jetzt plötzlich aus England und Amerika die merkwürdigen Nachrichten über trozkistische Wustmacherei bei den gefährlichen Kohlenarbeiterstreiken, über die Notwendigkeit von Haussuchungen bei trozkistischen Elementen, über offene Auflehnung eines antistalinistischen Delegierten in USA. Man kann es nie allen Leuten recht machen. On est toujours le révolutionnaire et le réactionnaire de quelqu'un. Selbst der blutrünstige Revoluzzer wird reaktionsverdächtig, wenn er allzu viel Erfolg im normalen politischen Weltbetrieb hat. Wir glauben aber kaum, dass sich Stalin durch diese linksextremistische Opposition von der Bahn seiner grosszügigen Aussenpolitik wird ablenken lassen. Zu Hause kommen ihm die Trozkisten ohnehin nicht bei, und in die Fremde, wo sie Attentate gegen ihn vorbereiten könnten, begibt er sich nicht. Wenn die ausländischen Staatsmänner etwas von ihm wollen, müssen sie schon zu ihm in sein sicheres Halb- oder Ganzasien reisen. Dort ist er ungefährdet.

Angelsächsische Landung an der Kanalküste
Mittwoch, 7. Juni 1944 (Abendblatt)

In der Morgenfrühe des 6. Juni landeten die angelsächsischen Streitkräfte in der Seinebucht und machten dadurch dem jahrelangen Hin- und Herraten über eine Zweite Front in Kontinentaleuropa ein Ende.

Invasionsbeginn Die mit echter oder unechter Ungeduld erwartete *Invasion Frankreichs* hat in der Morgenfrühe des gestrigen Tages begonnen und ist in vollem Gange. Man ist nun also aus dem Gwunder über das ‹Wo und Wann›.

Die Antwort der Ereignisse auf die Frage ‹Wo?› lautet: an der Stelle die man als ‹klassisch› bezeichnen könnte, weil sie unter den gegebenen Verhältnissen die natürlichste ist, dem Herzen Frankreichs am nächsten. Ihre Wahl ist keiner Kriegslist entsprungen. Wegen der heftigen Bombardemente der vorangehenden Tage und wegen der Kürze der Distanz hätte man vielleicht auch auf die allerengste Kanalpassage Dover-Calais raten können; aber dort wäre wahrscheinlich die Minengefahr am stärksten gewesen und die Möglichkeit für den Verteidiger, seine Abwehrmittel zu konzentrieren, am grössten. Die *Seinebucht*, die nun zum ersten Angriffsobjekt erkoren wurde, bot dem Angreifer die beste Gelegenheit, seine Hauptstärke, die Flottenmacht, frei zu entfalten. Das hat sich wohl auch das deutsche Oberkommando gesagt und hat darum seine Luftangriffe auf England, soweit es sich solche noch leisten konnte, auf die der Seinebucht direkt gegenüber liegende Hafenzone Portsmouth-Southampton konzentriert, in richtiger Würdigung der Möglichkeiten und Wahrscheinlichkeiten. Ändern konnte es diese aber nicht.

Die Antwort, die auf die Frage ‹Wann?› erfolgt ist, lautet: sofort nach der *Einnahme von Rom*. Ein dekorativerer, für die ganze Welt eindrucksvollerer Moment hätte nicht gewählt werden können. Der Glanz des erreichten Erfolgs bestrahlt den Beginn des grossen neuen Unternehmens. Es hätte auch anders kommen können. Welch scheussliches Vorzeichen wäre es gewesen, wenn am Vorabend der Invasion die Ewige Stadt in Trümmer und Asche gefallen wäre! Die moralische Depression wäre unvermeidlich gewesen, nicht nur für den katholischen Teil der alliierten Völker.

Man begriff, dass die Angreifer ihrem Gegner Kesselring nicht durch formelle Annahme seines Vorschlags, Rom als offene Stadt zu behandeln, die Möglichkeit zu einem geordneten Rückzug unter Mitnahme seines wertvollsten Materials geben wollten. Aber jeder anständige Mensch zitterte doch, als man die Aufforderung General Alexanders an die römische Bevölkerung vernahm, die Deutschen an Sprengungen zu hindern und die Telephonstationen, den Radiosender und das gesamte Verkehrssystem zu schützen. Konnten sich aus solchen Schutzkämpfen nicht Trutzkämpfe und aus diesen die Katastrophe Roms entwickeln? Aber die Römer waren offenbar weniger heroisch als vernünftig, und vernünftig waren doch offenbar auch sowohl die abrückenden Deutschen, als die einrückenden

Angelsachsen. Ein unausgesprochener, aber starker Wille zur Vermeidung des Ärgsten scheint sich überall durchgesetzt zu haben, und darum darf sich die ganze Kulturwelt dem Dank des Papstes an beide kriegführenden Parteien anschliessen. Möge dieser Wille weiterwirken und die von nun an schwer bedrohten mittelitalienischen Städte und deren Bewohner schützen! Und nota bene weiterhin auch Rom, an dessen Qualität als ‹offene Stadt› nun plötzlich die Angelsachsen das Interesse übernommen haben! Die leisen und lauten Proteste, die über alle Lande gingen, als die Abtei von Monte Cassino vernichtet wurde, sind anscheinend doch nicht sinnlos gewesen. Sankt Benedikt hat mit seinem Martyrium Sankt Peter einstweilen gerettet.

Politisch interessiert nach der Einnahme Roms nun vor allem die Frage, ob und wie die Absicht ausgeführt werden kann, von der geretteten Hauptstadt Italiens aus dem Lande eine dem Volkswillen entsprechende Konstitution zu geben. Wir sehen nach wie vor keinen Schatten einer solchen Möglichkeit, ehe auch die Toscana, Piemont, die Lombardei und Venezien konsultiert werden können. Und eine weitere Voraussetzung wäre die Beendigung der von den Alliierten noch immer aufrecht erhaltenen Fiktion des Kriegszustandes mit Italien. Dieses hat seinerseits auf die Fiktion, der Waffenstillstand zu Lasten Frankreichs bestehe weiter, ja endlich auch verzichtet.

Aber wen interessieren solche politische Finessen überhaupt noch angesichts des gewaltigen militärischen Geschehens dieser Sommertage? Alle Spannung konzentriert sich jetzt auf die Westoffensive, auf die Möglichkeit ihrer Ausdehnung über neue Punkte durch die Alliierten und ihrer Beschränkung durch die Deutschen. Und dann doch sehr auch auf ihre Ergänzung durch die Russen an der *Ostfront*! Eine völlige Synchronisierung ist wohl durch die Diversion der Deutschen bei Jassy vereitelt worden. Aber ganz unterbleiben kann die russische Parallelaktion kaum, auch wenn die Angelsachsen nicht, wie der deutsche Reichspressechef behauptet, ‹auf Befehl Moskaus› zur Westoffensive angetreten sind, um den Bolschewismus beim Angriff auf die Freiheit Europas zu unterstützen. Wenn die Angelsachsen sich um die eigene Leistung gedrückt hätten, wäre dies wahrscheinlich für die Bolschewisierung unseres Kontinents förderlicher gewesen als das, was Dr. Dietrich ‹ihren blutigen Opfergang› nennt.

Ein Vierteljahrhundert nach Versailles
Mittwoch, 28. Juni 1944 (Abendblatt)

Der fünfundzwanzigste Jahrestag des Friedens von Versailles gab Anlass zum Gedenken und zu Vergleichen.

Versailler Gedenktag *Heute vor fünfundzwanzig Jahren* wurde im Spiegelsaal des Schlosses von Versailles der Friedensvertrag zwischen den alliierten und assoziierten Mächten einerseits und dem Deutschen Reich anderseits unterzeichnet, der den ersten Weltkrieg beendete: der *Versailler Frieden*. Jener 28. Juni 1919 war selbst auch ein Gedenktag; denn genau fünf Jahre zuvor, am 28. Juni 1914, hatte der Mord von Sarajewo die europäische Katastrophe eingeleitet.

Der Versailler Vertrag, der sie abschliessen sollte und nicht konnte, ist ein armer Jubilar. Nachdem ein Vierteljahrhundert Bewährungsfrist abgelaufen ist, wird ihm von den heute wieder kriegsbeteiligten Völkern kaum irgendwo ein gutes Wort gegönnt werden. Auch wir Neutralen fühlen uns nicht zu solcher Apologetik berufen. Um nicht ganz ungerecht zu sein, können wir nur etwas geltend machen: um einen wirklich soliden Frieden auszuarbeiten, hätten die damals in Paris und Versailles versammelten Staatsmänner Genies sein müssen, und das waren sie nicht. Genialität aber ist eine Gottesgabe, also keine menschliche Verpflichtung. Die Köche, die das Versailler Mahl angerichtet haben, waren politische Mittelmässigkeiten, und ihre Künste wurden nicht verbessert, sondern verschlimmert dadurch, dass ihrer gar so viele waren. Banal, aber richtig gesagt: «Viele Köche verderben den Brei.» Anderseits fehlte unter ihnen trotz der Vielzahl ein wichtiges Element, nämlich die Vertretung der Gegenseite. Man hat den Deutschen zur Geltendmachung ihrer Einwände nur ein ganz summarisches Verfahren gegönnt. Psychologisch war das verständlich. Den ‹grossen Drei›, Clemenceau, Lloyd George und Wilson, summten ohnehin die Köpfe wie Bienenkörbe vor den zehntausend Begehren der kleineren Bundesgenossen. Warum also sich das Leben noch erschweren durch peinliche Auseinandersetzungen mit den Deutschen? Diese Auseinandersetzungen sind aber ja nachher doch gekommen, zuerst mit Worten und schliesslich mit Waffen. Ihre Verschleppung war kein Segen.

So müssig es ist, so hätte es doch einigen Reiz, sich vorzustellen, wie anders und wie viel besser die Regelung von Versailles – unter ‹Versailles› verstehen wir in diesem Zusammenhang immer den ganzen Pariser Vorortskomplex von 1919, also auch St. Germain, Trianon und Neuilly – hätte herauskommen können, wenn auf jeder Seite ein Staatsmann ganz grossen Formats, also etwa ein Metternich und ein Talleyrand, gestanden und mit dem Partner à la Wiener Kongress das Problem eines Dauerfriedens zu Boden geredet hätte. Nicht ein heterogenes Triumvirat hätte dann die Entente vertreten, sondern ein kombiniertes Genie mit der Dynamik Clemenceaus, der Klugheit Lloyd Georges und dem Idealismus Wilsons. Dieser aber war im wirklichen Versailles schon dadurch als Potenz ausgeschaltet, dass man die Vereinigten Staaten weder als Geldgeber noch als Waffenhelfer in Europa mehr zu brauchen glaubte. Und von jenen beiden zog jeder in seiner besonderen Art am Strick. Clemenceau trachtete danach, Frankreich wieder zur Zentralmacht à la Louis XIV. zu machen. Und Lloyd George tendierte nach Wiederherstellung des ‹europäischen Gleichgewichtes› mit England als dessen mächtigem Regulator.

Über die eigene Nase hinaus hat in Versailles eigentlich niemand auf Europa als Ganzes geblickt. Dafür kannten die entscheidenden Herren dieses weite Feld schon viel zu wenig. Es ist eine vielleicht boshaft erfundene, aber dennoch lehrreiche Anekdote, dass Lloyd George Schlesien und Schleswig nicht habe unterscheiden können. Der Versuch, eine europäische Karte und Charta, eine auf absehbare Zeit nicht kriegsträchtige ‹Neuordnung Europas› zu gestalten, konnte unter diesen Voraussetzungen kaum gelingen. Da und dort kam es zu respektabeln Ansätzen. Die Volksabstimmungen in den deutschen Randgebieten zum Beispiel waren im ganzen eine gute Sache, nur fehlte ihnen die Ergänzung durch einen entsprechenden Bevölkerungsaustausch oder durch einen strikten Minderheitenschutz.

Im Grossen aber wurde gepfuscht. Der Ausdruck ist nicht zu hart. Gebunden durch leichtfertige Versprechungen nach allen Seiten, machte man sich anheischig, alle unterjochten Völker von ihren fremden Herren zu erlösen, echte Nationalstaaten zu bilden und diesen ein demokratisches Dasein zu ermöglichen nach der Devise ‹to save the world for democracy›. Die Grossmächte selbst brachten in dieser Richtung vorweg keine Opfer. Wo aber neue Grenzen gezogen wurden, machte man meist altes Unrecht durch neues Unrecht gut. Polen wurde mit nichtpolnischen Elementen so freigebig übersättigt, dass eine dauernde Demokratisierung von vornherein verunmöglicht wurde. Von Österreich und von Ungarn wurden mit den fremdnationalen auch echt nationale Stücke en gros abgerissen. Die Tschechoslowakei, Rumänien und Jugoslawien erhielten diese Fetzen als unheilvolle Danaergeschenke. Das Gebiet der vernichteten Donaumonarchie wurde einfach balkanisiert, und neben dem neuen Balkan blieb der alte Balkan so balkanisch denn je. Nur das kleine Montenegro wurde von den Rettern der kleinen Völker gänzlich ausradiert.

Die wirtschaftlichen Konsequenzen dieses Verfahrens achtete man gering. Und, was noch schlimmer war, auch über das allergefährlichste europäische Wirtschaftsproblem, das deutsche, wurde man nicht Meister. Deutschland sollte reparieren, was irreparabel war, und man nahm das Reparationsproblem so gemütlich an die Hand, wie wenn es sich um die Regulierung einer Wirtshauszeche gehandelt hätte. Man ignorierte die Erfahrungstatsache, dass die Macht des Schuldners der Macht des Gläubigers, wenn dieser sich nicht beizeiten vorsieht, über den Kopf zu wachsen pflegt. So kam es, dass die Siegerstaaten samt den braven Neutralen ein Jahrzehnt lang in das Danaidenfass des Reparationssystems Milliarden geschüttet haben, die sie nie wiedersehen werden. Alle Shylockgesten nutzten den europäischen Alliierten Deutschland gegenüber so wenig wie die entsprechenden Gesten Amerikas ihnen selbst gegenüber.

Das finanzielle System war an der Wurzel falsch wie noch vieles andere am Versailler Vertrag. Aber genug der Kritik: elle est aisée aus der Retrospektive. Wir wollen also nicht weiter schweifen und darauf eingehen, dass man in Versailles alles, was mit Russland zusammenhing, nicht regeln *konnte* und, was mit Ostasien zusammenhing, nicht ernsthaft regeln *wollte.* Zum Trost und zur Gewissensberuhigung blickte man auf den Artikel 19 des dem Versailler Vertrag inkorporierten Völkerbundspaktes: «Die Versammlung kann von Zeit zu Zeit die Mitglieder des Völkerbunds auffordern, eine Nachprüfung der *unanwendbar gewordenen Verträge sowie der internationalen Verhältnisse vorzunehmen, deren Fortdauer den Frieden der Welt gefährdet.*»

Inzwischen ist der Frieden der Welt nicht nur gefährdet worden, sondern ist der Gefahr jammervoll erlegen. Den rührenden Völkerbundsartikel hat man schon infolge der Einstimmigkeitsklausel des Paktes nie anwenden können. Ob die Welt nach dem Ende des neuen Krieges eine bessere Friedensregelung bekommen wird? Die von Wien hat ein Jahrhundert gedauert, die von Versailles zwei Jahrzehnte. Wird die nächste noch kürzer oder wird sie länger dauern?

Annexionspläne
Mittwoch, 9. August 1944 (Abendblatt)

Im Verlauf der polnisch-russischen Auseinandersetzungen zeigte sich immer deutlicher, dass die Sowjetunion nicht, wie Polen ursprünglich in Aussicht gestellt worden war, diesem Ostpreussen als Kompensation für die annektierten polnischen Ostprovinzen überlassen wolle, sondern es für sich selbst beanspruche.

Die Zukunft Ostpreussens Bei den schwierigen Verhandlungen, die der polnische Ministerpräsident *Mikolajczyk* zurzeit in Moskau zu führen hat, spielt nicht nur die Grenzziehung zwischen der Sowjetunion und Polen und der Ausgleich zwischen der Polenregierung in London und dem russlandhörigen polnischen Nationalkomitee in Lublin eine Rolle, sondern auch – *Ostpreussen*. Für den Fall, dass Deutschland den Krieg verliert, geht es auch um das Schicksal dieser altpreussischen Provinz.

Darüber, was da geplant wird, hat man in den letzten Monaten zwar allerhand, aber nie etwas ganz klares gehört. Zunächst wurde von Moskau aus die Absicht lanciert, Polen durch die Zuweisung von Ostpreussen für die schmerzhaften Abtretungen zu entschädigen, die ihm in seiner Ostzone zugunsten der Sowjetunion zugemutet werden. Die Annexion von Ostpreussen ist ein altes Postulat des polnischen Chauvinismus, aber natürlich nicht im Sinne eines ‹Hinden ewäg und vorne dra!›, also als westliche Tröstung für eine östliche Amputation Polens. Vernünftige Polen sagten sich, dass Ostpreussen ein Danaergeschenk wäre, ein gefährlicher Anlass zu dauernder Verfeindung mit einem allfällig wieder erstarkenden

Deutschland. Man hörte deshalb aus englischen Kreisen, die die ethnographischen Verhältnisse nicht kennen, mehr Äusserungen der Zustimmung zu diesem Plan als von seiten der zu beschenkenden Polen. Trotz der Atlantik-Charta!

In allerletzter Zeit sind aber die Erörterungen über die Polonisierung Ostpreussens wieder mehr in den Hintergrund getreten. Desto deutlicher spricht man jetzt von der Absicht Stalins, Königsberg und Ostpreussen oder mindestens dessen nordöstlichen Teil für die Sowjetunion selbst zu behalten. Diese erhielte dadurch zur Sättigung ihrer im Norden wie in der Mittelmeerzone starken Sehnsucht nach Seegeltung ein wertvolles Küstengebiet. Und zur Umwandlung in Kolchosen würden sich die riesigen Güter der ostpreussischen Barone vielleicht gar nicht übel eignen. Polen hätte das Nachsehen. Es müsste sich wieder wie in der Zwischenkriegszeit mit einem westlich von Ostpreussen sich hinziehenden ‹Korridor› als Meerzugang begnügen.

Solange sich Stalin aber nicht endgültig entschieden hat, spielt er virtuos auf der Klaviatur der ihm gehorsamen Komitees. Das polnische Nationalkomitee hat schon von Cholm aus formell den Anspruch auf Ostpreussen anmelden dürfen. Das deutsche Nationalkomitee in Moskau und der in der russischen Gefangenschaft zum Hochverräter gewordene General von Seydlitz dagegen haben an die ostpreussische Bevölkerung bei der Annäherung der russischen Armee einen rührenden Appell richten dürfen, wonach diese bei Wohlverhalten gar nichts zu fürchten hätte und die Russen überhaupt die nettesten Leute wären. Zwischenhinein lockt der Moskauer Sender die Litauer mit der Verheissung der Zuweisung ostpreussischen Gebietes – nicht nur des Memelländchens – als Lohn für sowjetfreundliches Gebaren und lebhafte Partisanentätigkeit.

Dieses ganze Spiel mit dem Schicksal von Land und Leuten Ostpreussens gehört zu den modernsten Methoden der politischen Kriegführung. Früher pflegten im Krieg in erster Linie die Waffen das grosse Wort zu haben, und erst, wenn sie über Sieg und Niederlage entschieden hatten, zogen die glücklich oder unglücklich beteiligten Regierungen die Bilanz und nahmen Besitz von Gebieten oder verzichteten auf solche. Deren Bevölkerungen wurden vor dem Friedensschluss nicht mit politischen Zumutungen und Drohungen molestiert. Während des Krieges hatten sie sich ruhig zu verhalten und nach dem Krieg die Vereinbarungen zwischen alten und neuen Herren ergeben hinzunehmen. Das war so möglich in der Zeit, da die Kriege von relativ kleinen Regierungsarmeen geführt wurden, noch nicht von militärisch durchorganisierten Volksmassen und im Hintergrund überdies noch von Partisanen. Seit der Vermassung des Kriegführens muss man die Völker, je schwerer sie leiden und je ungeduldiger sie infolgedessen werden, desto mehr hetzen, muss ihre Rachephantasien nähren und muss ihnen mögliche und unmögliche Annexionen vorspiegeln. Man muss ‹Krieg, als ob› führen, Krieg, als ob der Sieg schon errungen und man der Beute sicher wäre. Im zweiten Weltkrieg hat namentlich das Dritte Reich das schlechte Beispiel mit der Anwendung solcher Methoden gegeben. Es sprang schon im ersten Kriegsjahr mit dem Staatsgebiet Polens um, wie wenn ihm dieses durch einen Friedensschluss schon endgültig ausgeliefert wäre, und auch über die Elsässer wurde disponiert, wie wenn es nie ein Völkerrecht gegeben hätte.

Jetzt aber ist also infolge der scharfen Wendung des Kriegsglückes Ostdeutschland zum Objekt des Vorwegdisponierens geworden, neben Schlesien in erster Linie Ostpreussen. Diese Provinz ist im slawisch durchsetzten Ostelbien die deutscheste; 97,2 Prozent der Einwohner sprechen deutsch als Muttersprache. Bei uns zu Lande gibt es auch unter den Gebildeten nicht wenige Leute, die dies nicht wissen, sondern meinen, in Norddeutschland seien die der östlichen Reichsgrenze am nächsten gelegenen Gebiete auch die undeutschesten. Dem ist nicht so. Westpreussen ist viel slawischer als Ostpreussen. Dieses ist, wenn auch nicht urdeutsch, so doch seit Jahrhunderten eingedeutscht und ist, was kulturell noch wichtiger ist, im Gegensatz zum katholischen Polen bis auf die Knochen lutherisch, weil es nicht erst durch die Teilungen Polens, sondern schon zur Reformationszeit unter die Hohenzollern kam. Der deutsche Ritterorden hatte Ostpreussen, unsanft genug, christianisiert und zu germanisieren begonnen. Sein letzter Hochmeister, der das Ordensgebiet säkularisierte und der Reformation zuführte, war der hohenzollerische Herzog Albrecht. Damit war die Vereinigung mit dem hohenzollerischen Brandenburg und dem späteren Königreich Preussen eingeleitet. Alle Hinweise auf die noch lange fortdauernde polnische Oberhoheit ändern nichts am heutigen status quo, dass Ostpreussen mit seiner Hauptstadt Königsberg – der Stadt Immanuel Kants! – so deutsch ist, als ein Land nur sein kann. Wird es politisch, sei es nach russischem, sei es nach polnischem Rezept, bei Kriegsende gewaltsam entdeutscht, so wird damit ein Grundstein gelegt zum Kriegstempel der Zukunft.

Militärisch mögen die neuen Grenzen in aller Welt für die Sieger noch so profitabel gezogen und durch ein noch so schön ausgedachtes künftiges Völkerbundsstatut als sakrosankt erklärt werden, so hilft dies alles für die Erhaltung des Weltfriedens auf längere Dauer gar nichts, wenn dabei grosse Volksgruppen vergewaltigt werden. Ein politisch-militärisches Friedenssystem, das nicht zugleich menschlich ist, wird zum travail pour le roi de Prusse werden, im schlimmsten Sinne dieser französischen Redensart.

Hat Deutschland noch eine Frist?
Mittwoch, 6. September 1944 (Abendblatt)

Während sich der Krieg in Deutschland immer mehr zu einem Wettrennen der Russen von Osten und der Angelsachsen von Westen her nach einem zentralen Treffpunkt gestaltete, stellte sich zum letztenmal für die deutschen Verantwortlichen die Frage des Einlenkens. Sie hatten als warnendes Exempel das verspätete Einlenken Bulgariens vor sich.

Deutschlands Schicksalsfrage Als die Invasion des Kontinents in der Normandie begann, schrieb ein militärischer Fachmann in der russischen Armeezeitung ‹Der Rote Stern›, jetzt habe zwischen der Sowjetunion und den angelsächsischen Alliierten ‹das Wettrennen nach Berlin› eingesetzt. Wenn man ihn damals gefragt hätte, auf wen er als gewinnenden Teil am Totalisator seinen Einsatz wage, hätte er wohl unbedenklich die eigene Armee genannt. Er ahnte schwerlich, dass nach einem Vierteljahr die Chancen al pari stehen würden, weil es vom westlichsten Punkt der russischen Nordfront ziemlich genau so weit nach Berlin ist wie vom östlichsten Punkt, den die Alliierten von Westen her erreicht haben.

Offen gestanden, wir hätten es auch nicht geahnt. Aber heute präsentiert sich der Zustand der deutschen Armeen vom Ärmelkanal bis zum Rhein und von der Mittelmeerküste bis über die holländische Grenze hinaus so, dass dem einen oder andern Leser unwillkürlich Jacob Burckhardts Ausdruck ‹Schnellfäule› über die Lippen kommen könnte. Vielleicht wäre es doch voreilig, ihn zu gebrauchen. Aber ein so rapides Zusammenbrechen deutschen Widerstandes hat die Welt tatsächlich seit dem Jahre 1806 und der Schlacht von Jena nicht mehr erlebt. Der Spätherbst 1918 war ja reichlich katastrophal. Aber immerhin: damals wich die deutsche Armee Schritt für Schritt zurück, sie ‹flutete› nicht zurück, und ihr Feldherr Hindenburg, dem sie bis zuletzt vertraute, brachte sie in kompaktem Zustand hinter den Rhein. Was sie jetzt leistet und erleidet, ist anders und ist um so merkwürdiger, als Teile der gleichen Armee sich an der russischen Front und in Italien mindestens ‹hindenburgisch› bewähren. Das sind doch auch deutsche Soldaten von 1944, den gleichen Defekten von Ausbildung und Ausrüstung unterworfen, aber immer noch in bester Form.

Nun kommt alles darauf an, ob für die deutsche Westarmee noch eine entscheidende Wendung möglich ist. Die klassische Zone dafür wäre die Landesgrenze. Es ist etwas praktisch und grundsätzlich anderes für eine Truppe, ob sie auf fremdem Boden ficht oder ob sie die Heimat verteidigt. Auch eine geschlagene, ja sogar demoralisierte Truppe kann sich an dieser höchsten Aufgabe wieder aufrichten. Aber das Stehenbleiben an der Landesgrenze wird ihr natürlich sehr viel leichter, wenn zu ihrer Aufnahme Kräfte bereit stehen, die entweder ganz frisch sind oder doch keine niederdrückenden Erlebnisse hinter sich haben. Eine solche stärkende Reserve existiert ohne Zweifel in Deutschland. Ob in genügender Zahl, entzieht sich unserer Kenntnis.

Mindestens ebenso wichtig ist jedoch die moralische Verfassung des Volkes hinter der Landesgrenze. Aber auch in dieser Beziehung versagt unser Wissen; denn, was darüber an Kunde ins neutrale Ausland dringt, ist dürftig und überdies widerspruchsvoll. In den Zonen, so wird berichtet, wo der Feind fern und die Gestapo desto näher ist, herrscht eine eisige Stimmung, eine stumpfe Kriegsmüdigkeit, nichts weniger als vaterländische Opferbereitschaft. Anders dort, wo man schon fernen Kanonendonner hört oder ihn doch für die nächsten Tage erwartet! Dort, heisst es, habe der Funke der drohenden Gefahr gezündet, und Mann und Weib jeder Altersstufe gebe die letzte Kraft für den Ausbau der Befestigungen her, auch ohne die Fuchtel der SS.

Wenn der Erfolg dieser ‹Wacht am Rhein›-Stimmung nicht durch die erbarmungslose technische Überlegenheit der Kriegsgegner verunmöglicht wird, kann das deutsche Schicksal sich noch einmal wenden, oder es kann doch ein Stillstand des Glücksrades eintreten, der den Verantwortlichen eine nützliche Frist zur Besinnung verschafft. Dann können sie sich, ohne durch die Not der Stunde bedrängt zu sein, überlegen, ob sie Gefechtsabbruch blasen lassen wollen, um zu retten, was noch zu retten ist, oder ob sie es auf ein Wunder wollen ankommen lassen. Auf ein politisches Wunder: vorzeitiges Akutwerden des angelsächsisch-russischen Gegensatzes. Oder auf ein militärisches Wunder, heisse es V 2 oder anders! Träte dann keines der erhofften Wunder ein, so müsste der Kampf bis zum bittern Ende durchgefochten werden. Bis zum *sehr* bittern Ende!

Wer sind aber die Verantwortlichen, denen gegebenenfalls diese Entscheidungen zustünden? Ihr Kreis ist schwer abzuzirkeln. Man kann nur sagen: verantwortlich ist im heutigen Deutschland jeder, der ein Stück militärische oder politische Macht besitzt. Wer diese Machtbesitzer sind, weiss das neutrale Ausland nicht. Wohl aber wissen es sie selber und werden sich ihrer Verantwortlichkeit erinnern müssen, so lange es noch Zeit ist.

Wie wichtig das rechtzeitige Fassen unvermeidlicher Entschlüsse ist, bekommt heute *Bulgarien* mit furchtbarer Eindrücklichkeit zu spüren. Sowjetrussland hat ihm unvermutet den Krieg erklärt, gerade, in dem Moment, wo die neue Regierung in Sofia sich ernsthaft anschickte, ‹tätige Reue› zu zeigen. Wäre ein Programm, wie Ministerpräsident Murawieff im Radio verkündet hat, zwei Wochen früher – etwa gleichzeitig oder sofort nach der Schwenkung Rumäniens – erlassen worden, so hätte es noch als Übergang in die Neutralität gelten können. Jetzt wirkt es als ‹Flucht in die Neutralität› und wird von den Russen missachtet, trotz Punkt 5: «Eine der wesentlichsten Aufgaben wird die Förderung aufrichtiger Beziehungen auf der Grundlage des Vertrauens mit Russland sein.»

Aber dass die slawische Sowjetunion nun gleich gar so schroff mit einem slawischen Staate umspringt, wirkt doch überraschend, obwohl sie damit ihre diplomatische Situation dem angelsächsischen Kriegsverhältnis zu Bulgarien angleicht und damit vielleicht verbessert. Man kann mit einem bekriegten Staate zwangloser verfahren als mit einem neutralen. Aber warum will sich der Kreml diese Zwanglosigkeit verschaffen? Trachtet er nach einer dauernden Position an der wertvollen bulgarischen Schwarzmeerküste? Varna, Burgas? Oder gedenkt er Bulgarien zu bolschewisieren und will mit Besetzungstruppen nachhelfen? Wie auch die russischen Motive sein mögen, Bulgarien ist wehrlos und hat darum die Kriegserklärung sofort mit einem Waffenstillstandsgesuch beantwortet. Dadurch rückt Russland in die gleiche Reihe mit den angelsächsischen Grossmächten, denen ein solches ja bereits vorliegt. Sie haben dessen Erledigung auf die lange Bank geschoben, und müssen von nun an mit einem sehr gewichtigen Verhandlungspartner rechnen.

Das erste Uno-Projekt

Mittwoch, 11. Oktober 1944 (Abendblatt)

Die Besprechungen von Dumbarton Oaks (USA), die am 21. August begonnen hatten, wurden am 7. Oktober endlich abgeschlossen, ohne dass das Ziel, eine amerikanisch–britisch–russische Einigung über die Charta eines neuen Völkerbundes (Uno) in der Hauptsache erreicht worden wäre.

Die Eicheln von Dumbarton Wer in der Beilage des gestrigen Abendblattes *die Empfehlungen der Konferenz von Dumbarton Oaks* noch nicht gelesen hat, dem sei geraten, es nachzuholen. Das Dokument ist doch ziemlich interessant, obwohl es sich dabei noch nicht um einen Entwurf zum künftigen Völkerbundspakt, sondern erst um ein pactum de contrahendo handelt, um einen Vorvertrag, der besagt, was im wesentlichen über den Inhalt des allfälligen Völkerbundspaktes unter den Vertretern der alliierten Grossmächte in Dumbarton Oaks vereinbart worden ist. Was nicht vereinbart werden konnte, steht natürlich nicht drin. Aber man muss sich bei der Lektüre stets vor Augen halten, dass *die Hauptsache fehlt*: Bestimmungen über die Möglichkeiten und Methoden der Friedenserzwingung gegenüber gewalttätigen Grossmächten. Von den Eichbäumen von Dumbarton sind allerhand bemerkenswerte Früchte heruntergeschüttelt worden; aber die wichtigsten hängen noch droben. Ausserdem darf man sich bei der Lektüre auch darüber nicht allzu sehr ärgern, dass der nach der Schweiz gelangte Reutertext offenbar verstümmelt ist. Der erste Absatz des Artikels 6 zum Beispiel, auf dessen Wortlaut sehr viel ankommt, ist ein ganz ungeniessbarer Salat. Im folgenden sei nur aus den verständlichen Textteilen einiges hervorgehoben:

Es sind zwei *Hauptorgane* des zu gründenden neuen Völkerbunds vorgesehen, eine *Generalversammlung* und ein *Sicherheitsrat*. Von den entsprechenden Organen des alten Völkerbunds unterscheiden sie sich sehr wesentlich durch die Kompetenzverteilung. Der Pakt von 1919 war in dieser Beziehung kurios. Er umschrieb die Befugnisse der Versammlung, also des allen Mitgliedern zugänglichen Organs, und die des Rates, der nur den Grossmächten und einer gewählten Elite der übrigen Mitglieder zugänglich war, mit fast gleichlautenden Sätzen: «Die Versammlung befindet in ihren Beratungen über alle Fragen, welche in den Tätigkeitsbereich des Völkerbunds fallen oder den Frieden der Welt betreffen» (Artikel 3); «Der Rat befindet in seinen Beratungen über alle Fragen, die in den Tätigkeitsbereich des Bundes fallen oder den Frieden der Welt berühren» (Artikel 4). Solcher Kompetenzwurstelei hat man sich in Dumbarton Oaks nicht schuldig gemacht, sondern schlägt klare Bestimmungen vor, die dem Rat als dem Organ der Grossstaaten das politische Primat zuschanzen und der durch die Versammlung vertretenen misera contribuens plebs der Klein- und Mittelstaaten nur einen Schatten von Macht lassen. Auch die Geschäfte, die ihr überlassen bleiben, kann die Versammlung meist nur unter der Aegide des Rats führen: ‹auf Empfehlung des Rats› darf sie neue Mitglieder zulassen, ‹auf Empfehlung des Rats› kann sie Mitglieder ihrer Rechte verlustig erklären, ‹auf Empfehlung des Rats› kann sie Mitglieder ausschliessen; ‹auf Empfehlung des Rats› kann sie den Generalsekretär wählen; ‹auf Empfehlung des Rats› kann sie wichtige Beschlüsse über den Internationalen Gerichtshof fassen, und so weiter. Dem Rat wird ausdrücklich die Verantwortung für die Friedenserhaltung überbunden; aber alle Mitglieder verpflichten sich, seine Entscheide zu akzeptieren, und *alle* haben nötigenfalls ihre Streitkräfte zur Verfügung zu stellen. Zahlen sollen auch alle; aber «die Versammlung soll ermächtigt werden, die Budgets der Organisation gutzuheissen». Und wenn sie diese einmal. ‹schlechtheissen› möchte? Darüber wird nichts gesagt und auch nichts darüber, wer die Versammlung ausserhalb ihrer alljährlichen ordentlichen Session einberufen darf.

Wer ernsthaft an die in Artikel 2 proklamierte ‹souveräne Gleichheit aller friedliebenden Staaten› glaubt, mag über diese Kompetenzverteilung schelten. Wer nicht daran glaubt, wer vielmehr der Ansicht ist, dass es *ohne* realistische Berücksichtigung des faktischen Übergewichtes der Grossmächte in dieser bösen Welt keine organisierte Friedenserhaltung geben könne, der wird sich vor einem vorschnellen Verdammen hüten. Er wird zunächst einmal die Beantwortung der *Vorfrage* versuchen, ob *mit* Berücksichtigung des Grossmächteprimates nach dem System von Dumbarton Oaks eine *wirkliche Friedenssicherung* möglich sein werde. Die Greuel des zweiten Weltkrieges haben ein so entsetzliches Mass erreicht, dass nachgerade der Standpunkt verständlich wird: lieber ein unbefriedigend organisierter Völkerbund und kein dritter Weltkrieg als ein perfekter neuer Völkerbund, der bei aller Perfektion den dritten Weltkrieg nicht verhindern wird, weil sich ihm die Grossmächte im entscheidenden Augenblick versagen werden.

Die erwähnte Vorfrage stellen, heisst aber nicht, sie beantworten können. Das Communiqué von Dumbarton Oaks enthält allerhand, was die Hoffnung auf das Zustandekommen eines einigermassen zuverlässigen Friedenssicherungsapparates der Grossmächte beeinträchtigt. Ganz bedenklich kommt uns namentlich vor, dass in das Belieben des Rates gestellt wird, ob er einen internationalen Konflikt als universell friedensgefährdend taxieren oder ob er ihn als irrelevant von sich wegschieben will. Das ist ja genau wieder die alte Denkungsart, Patent München 1938: man gibt einen schwachen Staat dem begehrlichen Nachbar preis, weil der Fall die andern Grossmächte nicht interessiert, und meint, damit Friedenserhaltung auf lange Sicht zu treiben. Und in die Zone des Bedenklichen gehören auch die Schlusssätze, wonach keine Bestimmung des neuen Paktes die Siegerstaaten hindern darf, mit den unterlegenen Staaten zu verfahren, wie sie wollen, wenn es sich um Massnahmen ‹infolge des gegenwärtigen Krieges› handelt. Die Unterlegenen sollen auf Zeit und Ewigkeit Freiwild bleiben. Daraus wird keine Friedenssicherung werden.

Uns Neutrale interessiert nebenbei, dass über den Sitz *des Völkerbundes* nichts gesagt wird und auch nicht darüber, wer diesen

Sitz bestimmen soll. Noch viel mehr aber interessiert uns die Bestimmung des Artikels 2:

> «Die *Mitglieder* der Organisation leihen ihr bei allen ihren Handlungen ihre volle Unterstützung. Die Mitglieder der Organisation verpflichten sich, ihre Kräfte zur Verfügung zu stellen, wenn *gegen irgendeinen Staat Massnahmen* ergriffen werden müssen. Die Organisation trifft die nötigen Vorkehren, damit die Staaten, welche *nicht Mitglieder* sind, *diese Grundsätze auf gleiche Weise beachten*, soweit es für die Aufrechterhaltung des Friedens und der Sicherheit notwendig ist.»

Heisst das, dass es keine Neutralität mehr geben dürfe, nicht einmal bei den Nichtmitgliedern des neuen Völkerbundes, wenn der Rat einmal Sanktionsmassnahmen gegen einen Staat verfügt hat? Damit würde jeder Zukunftskrieg von vornherein zu einem neuen Weltkrieg, es wäre denn –, *dass das Veto einer angeklagten Grossmacht im Rate* das Zustandekommen eines gültigen Ratsbeschlusses und damit die Ingangsetzung von Völkerbundssanktionen verhinderte. Damit sind wir wieder bei dem eingangs schon erwähnten Punkt angekommen, über den man gar nichts erfährt, weil darüber in Dumbarton Oaks keine Einigung zu erreichen war: sollen die streitbeteiligten Grossmächte im Rate mitstimmen und dank der Einstimmigkeitsklausel einen gegen sie gerichteten Sanktionsbeschluss verhindern können? Das ist der sowjetrussische Veto-Anspruch, über den vielleicht gerade in diesem Augenblick *Churchill* in Moskau mit *Stalin* verhandelt. Wird er aufrechterhalten, so entsteht kein neuer Völkerbund, wohl aber vielleicht eine ‹Diktatur der Grossmächte auf Abbruch›.

Neue russische Schwierigkeiten
Mittwoch, 1. November 1944 (Abendblatt)

Russland zog seine Zusage, sich an der Zivilaviatik-Konferenz von Chicago beteiligen zu wollen, zurück, wie es zuvor sich auch geweigert hatte, an der Währungskonferenz von Bretton Woods mitzumachen. Seine Absage motivierte es mit einem ganz unbegründeten Hieb gegen die Schweiz.

Russisches Rätsel Unmittelbar nach den schönen Tagen des Churchill-Stalin-Beisammenseins in Moskau hat *Russland* den beiden angelsächsischen Grossmächten den Tort angetan, seine *zugesagte Beteiligung an der Konferenz für Zivilaviatik plötzlich wieder abzusagen*. Das ist eine unangenehme Sache für die beiden Alliierten. Nebenbei hat aber auch die *Schweiz* einen Nasenstüber abbekommen; denn in der kuriosen Begründung des kuriosen Entschlusses wurde geltend gemacht, dass zu der Konferenz auch Länder eingeladen worden seien ‹wie die Schweiz, Portugal und Spanien, die seit Jahren eine profascistische sowjetfeindliche Politik betrieben› (Version des ‹Daily Telegraph›).

Wollte man darüber mit der russischen Diplomatie disputieren, so wäre daran zu erinnern, dass die Schweiz – aus Neutralitätsgründen – eines der ganz wenigen Länder war, die sich am 14. Dezember 1939 *nicht* am Beschluss der einstimmigen Völkerbundsversammlung beteiligt haben, der in die Worte auslief:

> «*Sowjetrussland* hat sich (im Konflikt mit Finnland) nicht nur der *Verletzung* einer seiner aus dem Völkerbundspakt entspringenden *Verpflichtungen* schuldig gemacht, sondern es hat sich damit auch *ausserhalb* der Völkerbundsgemeinschaft gestellt. Der Völkerbundsrat ist kompetent, entsprechend den Bestimmungen des Art. 16 des Völkerbundspaktes, die Schlussfolgerungen zu ziehen, welche aus dieser Situation entspringen. Die Völkerbundsversammlung empfiehlt daher dem Völkerbundsrat, über die letztere Frage einen Beschluss zu fassen.»

Diese Weisung hat bekanntlich der Völkerbundsrat noch am gleichen Tage befolgt, indem er den Beschluss fasste:

> «Der Völkerbundsrat, welcher von der Resolution Kenntnis genommen hat, die die Völkerbundsversammlung am 14. Dezember 1939 in bezug auf den Appell der finnischen Regierung annahm, schliesst sich der von der Völkerbundsversammlung ausgesprochenen *Verurteilung des Vorgehens* Sowjetrusslands gegen

Finnland an und stellt fest, dass infolge der Gründe, die in der Resolution der Völkerbundsversammlung aufgeführt werden, und in Anwendung von Absatz 4 des Artikels 16 des Völkerbundspaktes Sowjetrussland sich selbst aus dem Völkerbund ausgeschlossen hat. Es geht aus dieser Tatsache hervor, dass es nicht mehr Mitglied des Völkerbundes ist.»

Seither haben sich die Zeiten geändert. Die Grossmächte Frankreich und Grossbritannien und fast alle mittleren und kleineren Staaten, die damals diese Beschlüsse *gegen* Russland gefasst haben, sind zu intimen Bundesgenossen der Sowjetunion geworden. Die Schweiz blieb dieser gegenüber so korrekt neutral wie damals, wurde jedenfalls nicht im geringsten ‹profascistisch und sowjetfeindlich›. Im Gegenteil: am 29. März 1944 hat der Nationalrat oppositionslos das Postulat Reinhard angenommen, das die Normalisierung unserer Beziehungen zu Russland anregt, und der Bundesrat hat es entgegengenommen und durch Anbahnung von Vorverhandlungen ihm zu entsprechen getrachtet. *Warum* also die seltsame Anschwärzung der Schweiz?

Auf diese Frage wissen wir keine rationale Antwort. Wohl aber scheint uns die russische Unlust, sich an der Regelung der Zivilaviatik für die Nachkriegszeit zu beteiligen, an sich nicht unerklärlich. Die im gestrigen Morgenblatt von unserm Londoner Korrespondenten signalisierte amerikanische Annahme, die Sowjetunion wolle sich in ‹*Luftisolierung*› begeben und die Überfliegung ihres Gebiets durch fremde Piloten nicht zulassen, klingt plausibel. Russlands grandiose militärische Erfolge beruhen zu einem nicht kleinen Teil darauf, dass es das Geheimnis seiner Rüstungen so glänzend zu wahren verstanden hat. Da man in Moskau wohl kaum der kandiden Hoffnung huldigt, der gegenwärtige Krieg werde der allerletzte auf Erden sein, hat man keinen Grund, von dem bewährten System der Geheimrüstungen abzugehen und dem Ausland zu gestatten, aus der Vogelperspektive von allen Vorbereitungen baulicher und verkehrstechnischer Art Kenntnis zu nehmen, die die Generalstäbe interessieren könnten. Wie empfindlich man jetzt schon in dieser Beziehung ist, ging zum Beispiel daraus hervor, dass man die nach der russischen Pazifikküste verschlagenen amerikanischen Flieger fein säuberlich internierte, und dass man auch dem für die Luftbeschiessung Deutschlands so erspriesslichen Pendelverkehr angelsächsischer Flugzeuge hinter die russische Front, solange es irgend anging, Schwierigkeiten machte. Auch General Bor weiss von dieser russischen Abneigung zu erzählen.

Seinen Luftraum zu öffnen oder zu sperren ist Russlands souveränes Recht, und die angelsächsischen Alliierten hätten also keinen Grund zur Beschwerde gehabt, wenn der Kreml die Einladung nach Chicago von vornherein glatt abgelehnt hätte, gerade wie die zur Währungskonferenz von Bretton Woods. Peinlich aber berührt sie die Methode: die Zusage der Konferenzbeteiligung und dann die brüske Zurücknahme dieser Zusage am Vorabend der Eröffnung mit einer nicht ernst zu nehmenden Motivierung. Dafür eine Erklärung zu finden, ist schon weniger leicht als für das russische Beiseitebleiben an und für sich.

Wer Stalin für einen eingefleischten Altruisten hält, kommt beim Versuch, des Rätsels Lösung zu finden, vielleicht auf die Vermutung, das russische Staatsoberhaupt habe durch seine demonstrative Unliebenswürdigkeit dem amerikanischen eine kollegiale Wahlhilfe leisten wollen. Die Angst vor den Bolschewisten und vor der derzeitigen bundesgenössischen Intimität mit ihnen wird ja von den Rooseveltgegnern im Wahlkampf nicht ungeschickt benützt. Die russische Querschlägerei gegen die Konferenz von Chicago kann also von den Roosevelt*freunden* benützt werden, um besorgten Wählern zu zeigen, dass es mit dieser Intimität nicht so weit her ist und dass sie um deretwillen den Präsidenten nicht zu stürzen brauchen.

Wer aber diesen Gedankengang für allzu sublim hält und beim Suchen nach einem russischen Motiv lieber auf dem Boden der normalen politischen Künste bleibt, wird sich eher an das halten, was Stalins eigenem Interesse dienlich scheint. Und dann erinnert man sich vielleicht wieder einmal daran, dass Sowjetrussland eben doch die Vormacht der kommunistischen Weltrevolution war und ist und bleiben will. Es kann diese Qualität während der Kriegszeit manchmal im Interesse seiner klugen Tagespolitik etwas tarnen, aber es darf in diesem Bestreben nicht so weit gehen, dass rings um den Erdball herum der schöne Wunschtraum seiner Anhänger zerstört wird, an jedem städtischen Laternenpfahl ein paar Kapitalisten und an jedem ländlichen Obstbaum ein paar Kulaken hängen zu sehen. Schliesslich hat Stalin denn doch anderthalb Jahrzehnte lang genug Kummer und Ärger mit Trozki gehabt, als dass er in seinen alten

Tagen die Hetze gegen seine bolschewistische Gesinnungstreue noch einmal erleben möchte, wenn einst in einem siegreichen und durch ein solides Glacissystem gesicherten Russland die Opposition nicht mehr mit dem Hinweis auf drohende Kriegsgefahr geknutet werden kann. Trozki ist tot, aber Trozkisten gibt es immer noch in allen Landen. Ihnen darf nicht gar zu viel Stoff geliefert werden, der benützt oder verdreht werden kann, um Stalins Herzbruderschaft mit den Führern der kapitalistischen Welt glaubhaft zu machen. In dieser Beziehung hat nun *Churchill* am letzten Freitag anscheinend des Guten etwas zu viel getan mit seinem lapidaren Satz: «Ich schätze mich glücklich, dem Unterhaus mitteilen zu können, dass unsere Beziehungen zur Sowjetunion nie enger, intimer und herzlicher waren als gerade jetzt. Nie zuvor waren wir in der Lage, über die heikelsten Fragen einen so hohen Grad offener und freundschaftlicher Erörterungen zu erreichen.» Daraufhin konnte Stalin nicht umhin, prompt mit einer kalten Douche zu antworten. Er hat sie Churchill durch seine Störung der Konferenz von Chicago verabfolgt.

An einer kalten Douche stirbt man nicht. Manchmal hat eine solche sogar therapeutischen Wert. Aber man wird aus dieser Erfahrung in England und in Amerika die Lehre ziehen, dass es Stalin nicht schätzt, wenn man ihn gar so auffällig ‹unter den Linden grüsst›! Wenn man später wieder einmal beisammen ist, wird sich schon alles finden. Deutschland wird auf Zwischenfälle à la Konferenz von Chicago keine Hoffnungen auf tief gehende Differenzen im Bereich der alliierten Kriegspolitik gründen können.

Die Lage beim Jahresübergang
Samstag/Sonntag, 23./24. Dezember 1944

Menschliche Botschaften ‹Evangelium› heisst auf deutsch ‹frohe Botschaft›. Zu Weihnachten gedenkt die ganze Christenheit alle Jahre einer himmlischen frohen Botschaft.

Dies Jahr aber muss die Welt auch einer irdischen frohen Botschaft gedenken, das heisst einer Botschaft, die einst froh *war*. Wir meinen die Atlantik-Charta, die der stellvertretende britische Ministerpräsident Attlee am 14.August 1941 dem In- und Ausland über alle Rundfunksender bekanntgegeben hat. Sie war das Ergebnis einer Konferenz zwischen Churchill und Roosevelt auf dem Atlantischen Ozean. Attlee versicherte: «Präsident Roosevelt und Churchill haben zum Abschluss der Konferenz eine gemeinsame Erklärung abgegeben, welche lautet ...» Und dann folgte der erhabene und erhebende *Text.* (Vgl. den unterm 1./2. April 1944 wiedergegebenen Text.)

Ausserhalb des Achsenbereichs war die Freude über diese Erklärung gross. Man mass ihr allgemein den Charakter einer bindenden Verpflichtung bei und bekam noch besonders das Recht dazu, als sie im *russisch-amerikanischen* Abkommen vom 11. Juni 1942, das ein völkerrechtliches Instrument ist, mit den folgenden Worten ausdrücklich anerkannt wurde:

> «In Erwägung, dass die Regierungen der Sowjetunion und der USA, Signatarstaaten der Erklärung der Vereinigten Nationen vom 1. Januar 1942, ein allgemeines Programm über die Ziele und Richtlinien unterzeichneten, die in der gemeinsamen Erklärung des Präsidenten der USA und des englischen Ministerpräsidenten vom 14. August 1941 dargelegt und unter der Bezeichnung *atlantische Charta* bekannt sind, der sich ebenfalls *die Sowjetunion angeschlossen hat* ...»

Aber nun nach der frohen, die üble Botschaft. Ein paar Tage vor Weihnachten, am 20. Dezember, meldete Reuter aus Washington:

> «Präsident Roosevelt gab am Dienstag auf der Pressekonferenz bekannt, *niemand habe je die Atlantik-Charta unterzeichnet*, und das *Dokument als solches sei nicht vorhanden.* Zur Beendigung einer kleinen, in Washington entstandenen Meinungsverschiedenheit über das Bestehen dieses Dokuments und über dessen Fehlen im Nationalmuseum gab Roosevelt zu verstehen, dass ein formelles Dokument niemals existiert habe. Er fügte hinzu, es habe allerdings ein Dokument gegeben, auf dem Churchill, Roosevelt, Sumner Welles und Sir Alexander Cadogan ihre Korrekturen angebracht hätten, worauf ihre Sekretäre angewiesen worden seien, das derart korrigierte Dokument den einzelnen Regierungen mitzuteilen und es für die Presse freizugeben.»

Handelt es sich da um ein harmloses Kanzleiversehen? Wir fürchten, es handle sich um mehr, wenn nun nach fast dreieinhalb Jahren der Welt plötzlich die Nase auf die Tatsache gestupft wird, dass die Atlantik-Charta niemals in gültiger Form ausgefertigt worden ist. Man kommt kaum um das Gefühl herum, die Enthüllung habe gewollt oder ungewollt, eine tiefe symbolische Bedeutung. Wer glaubt heute noch an die volle Gültigkeit der Atlantik-Charta, die territorialen Veränderungen abschwor, «die nicht mit den frei zum Ausdruck gebrachten Wünschen der beteiligten Völker übereinstimmen»? In einer Zeit, wo zehn Millionen Ostdeutsche ausgesiedelt werden sollen, um dreieinhalb Millionen ebenfalls vertriebenen Ostpolen Platz zu machen – unter dem am 15. Dezember 1944 im Unterhaus erteilten Segen Churchills!

Nein, die Atlantik-Charta ist tot und wäre selbst dann tot, wenn sie Unterschriften und Siegel trüge. Dass ernsthafte Politiker nicht mehr mit ihrer Fortexisienz rechnen, konnte man aus *Lord Templewoods Oberhausrede* vom 19. Dezember entnehmen, in der sich dieser aufrichtige Friedensfreund bemühte, eine Art ‹*Ersatz-Charta*› zu skizzieren. Er erklärte, er wolle «keine Charten sehen, die nur wenig konkrete Resultate zeitigten». Aber ihm schwebt eine *Konvention der Vereinigten Nationen* vor, in der versprochen werden soll, *die Menschenrechte zu respektieren*, «ich möchte wünschen, dass jeder kommende Friedensvertrag diese elementaren Rechte enthält, und dass sie für Europa garantiert werden.» Nun ist ja aber durch die erwähnte Unterhausrede Churchills und durch die Moskauer Abmachungen zwischen Stalin und de Gaulle in bezug auf Deutschland der Hauptinhalt des Friedensvertrages schon präjudiziert, und es kommt nun nur darauf an, ob die *Deutschen* darin die Respektierung ihrer Menschenrechte erblicken wollen.

Vielleicht *müssen* sie es einmal. Aber einstweilen müssen sie noch durchaus nicht, sondern reagieren, wie jeder Blick in die Tagesmeldungen zeigt, auf ihre Art kriegerisch. Darum hat zu Weihnachten 1944 mehr denn je das Militär das Primat und nicht die Politik. Je nach dem Ausgang des furchtbaren Ringens im belgisch-deutschen Grenzgebiet wird diese dann in ihre Rechte wieder eintreten. Unter kaum ahnbaren neuen Verhältnissen! Der tschechoslowakische Aussenminister Ripka hat vorgestern am Radio den sibyllinischen Satz ausgesprochen: «Welche *Veränderungen in der internationalen Konstellation* auch eintreten mögen, so würden die Tschechoslowaken unter allen Umständen treu an der Seite der Sowjetunion bleiben»!

Samstag/Sonntag, 30./31. Dezember 1944

Kriegerische Wir blättern in den Tagen, wo *das Jahr 1944 zu*
Jahreswende *Ende* geht, zur Auffrischung des Gedächtnisses in
den letzten Zeitungen des Vorjahres und finden im
militärischen Depeschenteil fast nur russische
Ortsnamen wie Kiew, Schitomir, Witebsk und so weiter, daneben ein paar italienische Namen, zum Beispiel Ortona. Eine ungarische Front gab es damals noch nicht, geschweige denn eine deutsch-belgisch-französische. Diese hat erst am 6. Juni des neuen Jahres zu entstehen begonnen. Heute aber dominiert sie im Nachrichtenmaterial von den Kriegsschauplätzen.

Diese rein äusserliche Feststellung zeigt schon, wie gewaltig sich im zu Ende gehenden Jahr das Bild des kämpfenden Europa verändert hat. Die Festung Deutschland wird belagert, ja stellenweise schon bestürmt. Seit den Vorweihnachtstagen ist man aber immerhin daran erinnert worden, dass es sich nicht um einen ganz ungehemmten Einbruch der Alliierten handelt. Symbolhaft taucht in den Kriegsmeldungen immer wieder der Name ‹Echternach› auf. Diese luxemburgische Stadt ist berühmt durch ihre alljährliche Springprozession vom Pfingstdienstag: unter geistlicher und musikalischer Begleitung ziehen die Wallfahrer daher, machen aber jeweilen nach drei Schritte vorwärts wieder zwei Schritte rückwärts, so dass sie nicht übermässig rasch weiterkommen. Nicht genau so, aber doch ein bisschen ähnlich geht es auch bei der Vorwärtsbewegung der Alliierten gegen Nordwestdeutschland zu. Sie ist auch nicht übermässig rasch. Ein stärkeres Tempo hätte sie vielleicht angenommen, wenn die Herren Heimkrieger in England und Amerika nicht den kämpfenden Deutschen das Bewusstsein beigebracht hätten, dass es für Land und Volk um die nackte Existenz geht. Diese psychische Stimulierung der deutschen Abwehr ist für die Alliierten hemmender als alle deutschen Geheimwaffen. Herr Goebbels hat das gleich gemerkt; die Herren Vansittart, Morgenthau und Konsorten merken es bis heute nicht. Sie verbreiten in ihren Ländern unentwegt eine Nervenepidemie, so etwas, wie der Veitstanz war, um dessen Überwindung willen im achten Jahrhundert die Echternacher Springprozession gestiftet wurde. Wird nach zwölfhundert Jahren Europa wohl auch noch Dankprozessionen abhalten für die

Heilung vom internationalen Veitstanz, der es in unserem zwanzigsten Jahrhundert heimsucht?

Man brauchte sich über die gegenwärtige Aussicht auf erhebliche Verlängerung der Kriegsdauer nicht allzu sehr zu grämen, wenn dafür auf eine um so längere nachfolgende Friedensdauer zu hoffen wäre. Hoffen darf man ja schon, aber rechnen darf man darauf nicht, denn im Jahre 1944 sind die Chancen für eine stabile Friedensordnung eher geringer als grösser geworden. Die Konferenz von Dumbarton Oaks, die einen neuen und bessern Völkerbund, ausgerüstet mit wirksamen Mitteln zur Friedenserhaltung und nötigenfalls -erzwingung hätte vorbereiten sollen, ist in der Hauptsache am Widerstand der Sowjetunion gescheitert. Diese war nicht dazu zu bringen, auf das Vetorecht der Grossmächte gegen gemeinsame Bekämpfung der Friedensstörer zu verzichten. Sie verspricht sich offenbar von künftigen Aktionen einer organisierten Völkergemeinschaft überhaupt nicht viel, desto mehr aber von ihren speziellen Schutz- und Trutzplänen. Diese haben sich im Laufe von 1944 in interessanter Weise entwickelt. Im letzten Winter schien sich Stalin noch mit einem Glacissystem begnügen zu wollen, das heisst mit Umgürtung der russischen Grenzen durch eine Kette von halbfreien Satellitenstaaten, auf deren Gebiet und mit deren Unterstützung die Kämpfe um die Fernhaltung künftiger invasionslustiger Feinde auszufechten wären. Die Briten schienen dies zulassen, aber immerhin etwas kompensieren zu wollen. Zuerst durch Marschall Smuts ausgeplaudert und dann immer deutlicher auch in der Presse propagiert schob sich bei ihnen ein Westpaktplan in den Vordergrund, der ein Pendant zum russischen Glacis visierte. Aber heute, nachdem die franko-russische Allianz dazwischengekommen ist, spricht man kaum mehr von solchen Möglichkeiten. Grossbritannien steht am Jahresende in der politischen Defensive gegen Stalins immer deutlicher werdende Absicht, gleich den *ganzen europäischen Kontinent*, nicht nur dessen an die Sowjetunion grenzende Länder zum Glacis der Festung Russland zu machen, mit oder ohne totale Bolschewisierung dieser riesigen Schutzzone.

Wenn man sich darüber Gedanken macht, weshalb man seit Monaten so viel von einer Dreierkonferenz Stalin-Churchill-Roosevelt spricht und es doch im alten Jahr nicht dazu gekommen ist, muss man an solche tiefgehende Differenzen innerhalb der deutschgegnerischen Koalition denken. Über dergleichen kommt man nicht mit artigem Konferieren hinweg. «Sie können zusammen nicht kommen; das Wasser ist viel zu tief», heisst es im Volkslied. Wenn die Königskinder Stalin, Churchill und Roosevelt aber *nicht* zusammenkommen und sich Stalins Kontinentalsystem in und nach dem gegenwärtigen Krieg zu einer verbesserten und ungeheuer vergrösserten Neuauflage des napoleonischen entwickeln kann, dann wird es gar keine Rolle mehr spielen, ob und wie der Entwurf von Dumbarton Oaks schliesslich ausgefertigt wird; denn dann ist der Anlass zum Zukunftskrieg schon perfekt. Früher oder später wird England gegen das Kontinentalimperium antreten müssen, wie es gegen Ludwig XIV., Napoleon, Wilhelm II. und Hitler hat antreten müssen. Ob mit den gleichen Siegeschancen? Das wird wesentlich davon abhängen, ob die nordamerikanische Union an seiner Seite bleiben wird oder ob ihr dannzumal ganz Europa nicht längst verleidet sein wird.

Das sind Probleme, die das Jahr 1944 hat aufkommen lassen, die es aber nicht zum geringsten Teil gelöst hat. Sie sind so langfristig, dass auch das Jahr 1945 sie schwerlich wird erledigen können, weder im Guten noch im Bösen. Sollte heuer der europäische Krieg zu Ende gehen, so wird der ostasiatische die beteiligten Grossmächte desto intensiver beanspruchen und sie kaum schon zu einer universellen Flurbereinigung gelangen lassen. Die ganze Problematik der Nachkriegszeit ist also Ende 1944 peinlich, aber nicht ‹aktuell›. Aktuell im normalen Sinne des Wortes ist zurzeit nur das militärische Kriegsgeschehen einerseits und die politische Aufgabe der möglichst raschen Kriegsbeendigung anderseits. Weder für dies noch für jenes können wir armen Neutralen den Kriegführenden Ratschläge erteilen. Aber uns selbst vernünftig zu beraten, damit wir nicht auch noch in den Strudel des jetzigen und künftigen Unheils geraten, ist erlaubt. Jede Konzession an die ausländischen Leidenschaften wäre Sünde und Undank gegen die gnädige Bewahrung, die uns fünf Kriegsjahre hindurch und länger zuteil geworden ist.

Nach der Krimkonferenz
Samstag/Sonntag, 17./18. Februar 1945

Anfangs Februar tagten in Jalta auf der Krim die ‹Grossen Drei› zum letztenmal in ihrem klassischen Bestande, Churchill, Roosevelt und Stalin. Sie gaben am 12. Februar ein sehr optimistisches Communiqué heraus, das von den Bedingungen des russischen Kriegseintritts gegen Japan noch kein Wort enthielt.

Stalin realpoitisch, auch in Jalta *Die Dreierkonferenz* hatte einen unaufgeklärten Punkt hinterlassen. Man erfuhr zwar durch das Communiqué, dass über das Verfahren bei den Abstimmungen der geplanten Weltorganisation ein Kompromiss zwischen Russland und den Angelsachsen zustande gekommen sei, erfuhr aber nicht, worin er bestehe. Sein Text, hiess es, werde erst nach Konsultierung Chinas und Frankreichs veröffentlicht werden. Dank einer der rätselhaften Indiskretionen, wie sie in letzter Zeit in Amerika mehrfach vorgekommen sind, konnten aber ‹New York Times› das Wesentliche sofort mitteilen, nämlich «dass Strafmassnahmen gegen eine Grossmacht ohne deren Zustimmung nicht beschlossen werden können, das heisst also *nie beschlossen* werden könnten». James Byrnes, einer der Teilnehmer von Jalta, hat in einem Interview bemerkt, das vorgesehene Abstimmungssystem sei «besonders für die kleinen Nationen sehr günstig». Es ist aber sehr zu bezweifeln, dass die kleinen Nationen ein System sehr günstig finden werden, das sie den Völkerbundssanktionen unterstellt, die führenden Grossmächte aber dagegen privilegiert. Da der Weltfriede ernsthaft nur durch die Grossmächte, nicht durch die Dei minorum gentium, bedroht werden kann, ist das der Konferenz von San Francisco vorzulegende Kompromisswerk ‹ein Messer ohne Griff, das keine Klinge hat›.

Das werden trotz Mr. Byrnes auch Publikum und Politiker in Amerika merken, und die dortigen Isolationisten beginnen bereits, es gegen Roosevelt auszunutzen. Auch die englischen Völkerbundsfreunde werden dahinterkommen. Für beide angelsächsischen Regierungen bedeutet die Niederlage in diesem Punkt eine unliebsam Erschwerung der Bemühungen, ihren Völkern das Werk von Jalta mundgerecht zu machen, und da Stalin ihnen sicher nur ungern Schwierigkeiten macht, wird man sich fragen, warum er diesen Stein des Anstosses durchgezwängt hat. Wenn er das ganze Jalta-System nur für eine temporäre Lösung der momentanen Koalitionskrise hielte, hätte er in diesem Punkt ruhig nachgeben können. Aber – und das ist ein wichtiger Eindruck, den die Dreierkonferenz hinterlassen hat – er glaubt offenbar ernsthaft an die Langfristigkeit des Kompromisswerkes und berücksichtigt auch Eventualitäten, die erst nach Jahren oder Jahrzehnten unangenehm werden könnten. Seine Hartnäckigkeit in Detailpunkten spricht für, nicht gegen seinen Erfüllungswillen. Er will ganz entschieden nicht nur für die Endphase des gegenwärtigen Krieges, sondern auch für eine längere Nachkriegsperiode mit den angelsächsischen Grossmächten gut auskommen und hat darum nichts versprochen, was er nicht halten möchte, und will halten, was er versprochen hat.

Darum ist ihm wohl auch zu trauen bei dem, was er von seiner bisherigen Politik *geopfert* hat. Das ist vor allem sein Verhältnis zum *deutschen Befreiungskomitee in Moskau*, das sich seit Jahr und Tag seiner Protektion zu erfreuen schien, aus den Ergebnissen von Jalta nun aber wohl oder übel entnehmen muss, dass seine Träume von Regierungsübernahme im besiegten Reich ausgeträumt sind. Es gab aber noch einen wichtigeren Traum, der nun wie eine Seifenblase zerplatzt ist. Das ist der Traum der russischen Unterstützung einer *nahen Weltrevolution*. Darüber kann man sich nicht prägnanter und zutreffender aussprechen als der Kommentar in der Mittwochnummer der sozialdemokratischen *Basler ‹Arbeiterzeitung›:*

> «Es fällt auf, dass im Abschnitt über das befreite Europa ausdrücklich gesagt wird, dass alle politischen und wirtschaftlichen Probleme auf demokratischem Wege gelöst werden müssen. Das bedeutet das *Ende der Hoffnungen jener, die glaubten, auf revolutionärem Wege, ähnlich wie seinerzeit in Russland, die bestehenden Verhältnisse ändern zu können.* Nicht nur Grossbritannien und die USA, sondern *auch die Sowjetunion lehnt diesen Weg ausdrücklich ab.* Stalin hat dies, was übrigens schon längst ein offenes Geheimnis war, mit seiner Unterschrift bestätigt. Die drei Grossmächte werden sogar mit Waffengewalt *jede revolutionäre Erhebung in Europa zu unterbinden* in der Lage sein. Wir haben somit die neuartige Situation, dass wohl die objektiven Bedingungen für eine revolutionäre Krise (Zerfall der alten Staatsmacht und Desorganisation der Wirtschaft) vorhanden sind, jedoch *von den herrschenden Grossmächten jede revolutionäre Aktion verhindert* werden kann. Die von uns Sozialisten erstrebte Änderung der wirtschaftlichen Struktur wird deshalb nicht auf einen Schlag, sondern schrittweise erkämpft werden müssen. In einem Kampf zur sofortigen Änderung der Wirtschaftsstruktur würden wir nicht nur die eigene Bourgeoisie, sondern weitgehend

auch die drei Grossmächte, welche Europa nach diesem Kriege beherrschen, gegen uns haben. Diese drei Grossmächte wollen unter allen Umständen jede revolutionäre Erschütterung Europas nach diesem Kriege vermeiden.

... Man mag sich wundern über die bedeutenden Zugeständnisse, die Stalin in Jalta gemacht hat. Viele glaubten, dass nach dem gewaltigen russischen Vormarsch gegen Berlin Stalin an der Konferenz der ‹grossen Drei› die Bedingungen diktieren würde. Das war eine vollständig falsche Einschätzung der realen Kräfte. *Grossbritannien und die Vereinigten Staaten von Nordamerika verfügen über eine wirtschaftliche Macht, die bedeutend grösser ist als diejenige Russlands.* Jeder Eingeweihte weiss, dass die russischen Erfolge nur auf Grund der gewaltigen Materiallieferungen aus Grossbritannien und den USA möglich wurden. Wenn aus propagandistischen Gründen das auch nicht immer gesagt wurde, *so weiss es doch Stalin sehr genau.* Er weiss ferner, dass *Russland in diesem Kriege ungeheuer gelitten und geblutet hat* und für die rasche Heilung der Kriegswunden die *dringende wirtschaftliche Hilfe Amerikas* braucht. Darum weiss Stalin auch, wie weit er in seinen politischen Ansprüchen gehen kann und gehen darf. Übrigens waren die Russen noch nie von jenen Welteroberungsplänen befangen wie die Deutschen, die darob den Blick für die realen Tatsachen verloren haben und mit verbundenen Augen ins Unglück stürzten.»

Wie gesagt, das schreibt nicht ein Bourgeois, dem der Wunsch zum Vater des Gedankens wird, weil er vor der Weltrevolution Angst hatte, sondern ein waschechter Sozialdemokrat, der wohl den ‹Kampf zur sofortigen Änderung der Wirtschaftsstruktur› nicht ungern gesehen hätte, aber hellhörig genug ist, um zu verstehen, was es in Jalta geschellt hat. Ist also die ‹helle Begeisterung› des russischen Publikums, die aus Moskau gemeldet wird, ein Produkt der Selbsttäuschung oder irreführender Propaganda? Nein, gewiss nicht! Diese Begeisterung ist sehr berechtigt, wenn man sich nicht auf den Standpunkt von Komintern, sondern auf den der imperialistischen *Nationalpolitik Russlands* stellt. Da hat Stalin erreicht, was er vernünftigerweise zu erreichen irgend hoffen konnte. Das Jalta-System sichert Russland bis tief nach Mitteleuropa hinein die Hegemonie, macht also seine Grenzen sturmfrei. Über seinen nächsten Nachbarn, Polen, ist es ganz Meister geworden, über Jugoslawien fast ganz, und im übrigen Balkan- und Donauraum wird es innert der Schranken einer gewissen ‹Demokratie› ebenfalls die Vormacht sein, nur darf es diese Länder nicht plump bolschewisieren. Durch die Preisgabe Polens ist die Autorität der angelsächsischen Grossmächte bei den mittleren und kleinen Staaten Europas weithin paralysiert. Wirtschaftlich ist Russland die materielle Hilfe der Angelsachsen für den Wiederaufbau in der Nachkriegszeit gesichert und wird in absehbarer Zeit kaum gestoppt werden können. Es gibt bekanntlich kein besseres Mittel, politische Freunde zu verpflichten, als wenn man sie recht kräftig anpumpt. Das ist keine ganz neue russische Erkenntnis: schon das Zarenium hat es verstanden, Frankreich durch die zwanzig Milliarden Goldfranken, die es von diesem geliehen bekommen hatte, eng an seine europäische Politik zu ketten. Memento 1941!

Stalin ist in Jalta zu seiner Sache gekommen, weil er nicht ideologisch, sondern realpolitisch kalkuliert und operiert hat. Man ist versucht, an die Methoden seines militärischen Vorgehens zu denken: wo eine feindliche Position vorläufig zu stark ist, berennt er sie nicht, sondern umgeht sie, bis die richtige Zeit da ist. Das Nachsehen haben nun nur die orthodoxen Kommunisten in allen Ländern. Ihre Hoffnungen aber werden sie deswegen nicht gleich aufgeben. Wenn sie auch auf russische Förderung der Weltrevolution auf lange Zeit hinaus verzichten müssen, so können sie desto mehr mit der Möglichkeit rechnen, dass das kommende europäische Elend die privatwirtschaftliche Struktur zerstört. Die Umstürzer werden dann eben nicht als organisierte kommunistische Partei unter Moskauer Protektion vorgehen, sondern als wilde Jacquerien oder als ‹Nihilisten›, ‹Anarchisten›, vielleicht auch ‹Trotzkisten›. In Jalta ist nicht viel geschehen, um diese Gefahr durch Kriegsabkürzung zu bannen.

Vor dem Zusammenbruch

Mittwoch, 11. April 1945 (Abendblatt)

Im Laufe des Frühjahrs brach der deutsche Widerstand nicht nur militärisch, sondern auch moralisch zusehends zusammen.

Deutsche Stimmungen Wie ein Korrespondent der ‹United Press› neulich berichtete, hat ein im Westen gefangen genommener junger deutscher Diplomat vom Stabe Ribbentrops zu ihm gesagt: «Die *Deutschen* leben in einer völlig anderen Welt, einer Welt des Heldentums und der Romantik.» Der Mann hatte aber Berlin schon zu der Zeit verlassen, als die letzte grosse Offensive der Russen erst begann. Ob seine Aussage die *damalige* Stimmung richtig wiedergibt, wissen wir nicht.

Für heute jedenfalls kann diese Stimmungsschilderung nur noch für einen sehr beschränkten Volksteil gelten. Der Grossteil der Deutschen empfindet nicht mehr heroisch-romantisch, sondern gibt sich einer illusionslosen Resignation hin. Wenigstens im Westen! Das geht aus den spärlichen Berichten hervor, die etwa aus der badischen Nachbarschaft zu uns herüberdringen, stimmt aber auch mit den Feststellungen angelsächsischer Korrespondenten von der mittel- und norddeutschen Front überein. Wenn irgendwo acht- bis zwölfjährige Knaben plötzlich auf britische Soldaten lospulvern, so ist dies eine seltene Ausnahme, die die Regel bestätigt. Die betreffende Meldung fügt denn auch bei: «Dies ist das erstemal, dass die britische Zweite Armee auf Zivilpersonen gestossen ist, die in die Kämpfe auf deutscher Seite eingegriffen haben.» Mit der Armee steht es freilich anders, auch im Westen. Das russische Armeeblatt ‹Roter Stern› übertreibt nicht nur, sondern entstellt die Kriegslage, indem es behauptet, im Osten sei die Erde rot von Blut, im Westen weiss von den Kapitulationsflaggen, die auf den Festungen flattern. Die Amerikaner und Engländer kommen zurzeit im Westen nicht wegen deutscher Kapitulationsbereitschaft verhältnismässig so rasch vorwärts, sondern hauptsächlich darum, weil ihre Bomber in diesen Gebieten eine viel intensivere Vorarbeit geleistet haben. Wäre Königsberg von ihnen so gründlich zusammenbombardiert worden wie Aachen und Köln, so hätte es dem russischen Ansturm nicht monatelang standhalten können. Dass eine gewisse, aber nicht die entscheidende Rolle für den Unterschied im deutschen

Armeewiderstand auch die Angst, nicht nur der Kriegsverbrecher, sondern der ganzen Bevölkerung und der Truppen vor der Behandlung durch die Russen spielt, soll nicht in Abrede gestellt werden. Aber im Westen wie im Osten ist die ‹andere Welt›, in der die Deutschen jetzt leben müssen, keine Welt mehr, sondern eine Hölle. Die lebende und überlebende Generation wird es kaum je wieder so gut haben wie vor der Kriegszeit. Im allerbesten Falle wird sie aus dem Inferno langsam in etwas wie ein purgatorio emporsteigen können. Aber nur, wenn ihr die Sieger die Hand reichen! ‹Die Sieger› oder, präziser gesagt, ‹*der* Sieger›, *Amerika*. Auf diese einzig rettende Möglichkeit hat jahrelang einige Hoffnung bestanden. Sie nimmt aber zusehends ab, je deutlicher sich die Möglichkeit, ja Wahrscheinlichkeit einer baldigen Europaflucht der Amerikaner abzeichnet. Am Samstag lasen europäische Augen mit Schrecken die Reutermeldung:

«*Washington*, 7. April. (Ag.) *Der amerikanische Generalstabschef*, General *Marshall*, gab am Freitag Kenntnis von einem Plan, der es erlauben wird, *die amerikanischen Streitkräfte in Europa nach dem pazifischen Kriegsschauplatz überzuführen.* Dieser Plan könne ‹buchstäblich *von einer Stunde zur andern*› in die Tat umgesetzt werden. Der General fügte bei: ‹Seit mehr als einem Jahr hat das Kriegsdepartement an den Plänen für einen solchen Transfer gearbeitet, der wohl das grösste Verwaltungs- und Versorgungsproblem der Geschichte darstellen dürfte. *Im Augenblick, da in Europa die Feindseligkeiten eingestellt sein werden,* wird es absolut notwendig sein, durch den Suez- und Panamakanal einen Dienst zu organisieren, der unsern Einheiten erlaubt, sich so rasch wie möglich nach dem Pazifik zu begeben, um die dortige Kampagne zu beschleunigen. Jeglicher Verlust an Schwungkraft in jenem Feldzug bedeutet den unnötigen Verlust von weiteren jungen Amerikanern. Es muss dafür gesorgt werden, dass den Japanern keine Zeit gelassen wird, sich für einen erneuten Widerstand zu reorganisieren.»

Wenn wirklich im Augenblick der Einstellung der Feindseligkeiten in Europa die amerikanischen Streitkräfte aus diesem Kontinent verschwinden oder auch nur ihr Gros, dann flammt entweder das Feuer neu auf oder die Russen müssen und werden es zertreten, mit allen selbstverständlichen Folgen für Wirtschaft und Kultur ganz Europas. Im gestrigen, in New York geschriebenen Tagesbericht las man einen Satz, der mit den Worten begann: «Amerikanische Persönlichkeiten, die von Übersee zurückkehren, geben zu verstehen, dass die Lage in der Altlen Welt so katastrophal ist, dass ...», und dann lautete die Fortsetzung aber nicht etwa, «dass sofortige Hilfe *unumgänglich* ist», sondern «dass sofortige Hilfe *unmöglich* ist.» Und mit derselben Logik wurde weiter doziert, dass vorerst einmal nicht Europa, sondern Amerika geholfen werden müsse, und dass *alle militärischen und wirtschaftlichen Bedürfnisse des eigenen Landes befriedigt werden sollten, bevor man dem Ausland Hilfe zusagt.* Daher auch die Beschränkung des Leih- und Pachtgesetzes auf militärische Zwecke und die Begrenzung seiner Dauer. Und daher die Opposition gegen die finanziellen Welthilfspläne von Bretton Woods. Ein goldenes Zeitalter soll für Amerika kommen: Erhöhung des Lebensstandards um 40 Prozent und 60 Millionen produktive Arbeitsstellen für eine nahe Zukunft, vorbereitet durch einen Anfangskredit von einer Milliarde Dollars für neue Stadtbaupläne und für die Schaffung von Musterfarmen usw. Amerika müsse die Rolle des ‹*Weltführers*› zukommen.

Bis es so weit ist, wird es aber keine Welt mehr zu führen geben, wenigstens keine ‹Alte Welt›, sondern höchstens noch einen monströsen Leichenkonduit. Zum Glück gibt es jedoch immer noch Amerikaner, die dies begreifen, und unter ihnen ist, wenn nicht alle Zeichen trügen, auch Präsident Roosevelt. Wir wissen zwar nicht, ob er gern oder ungern als oberster Kriegsherr dem plötzlichen amerikanischen Vorprellen in Ostasien zugestimmt hat, das die Weltfrachtraumnot und damit die Hungersnot in den befreiten Gebieten Europas verschuldet hat. Aber wir trauen ihm immerhin zu, dass er die Konsequenzen einer etwaigen Ausführung des ‹Planes Marshall› zu würdigen versteht. Es ist ja sehr begreiflich, dass die fernöstliche Aufgabe den Amerikanern auf den Nägeln zu brennen beginnt, insbesondere seitdem Russland nun auch dort Aspirationen verrät. Aber dieser Pressur kann nicht Genüge getan werden dadurch, dass man in der Eile die europäische Aufgabe halbvollendet liegen lässt, sondern nur dadurch, dass man in Europa selbst pressiert. Nicht mit einer papierenen Deklaration, der Krieg sei nun aus und vorbei, sondern durch einen normalen Kriegsabschluss! Ceterum censeo: ein solcher kann nicht mit der afrikanischen Zauberformel ‹unconditional surrender› herbeigehext, sondern nur durch Vereinbarung mit einem aktiv legitimierten Partner erreicht werden. Der dürfte mit einem Minimum von Konzessionen zu finden sein, aber nicht absolut ohne solche.

Mit Amerika trauert die Welt

Samstag/Sonntag, 14./15. April 1945

Am 13. April erlag Präsident Franklin Delano Roosevelt plötzlich einer Gehirnblutung und der bisherige Vizepräsident Truman hatte die Nachfolge zu übernehmen.

An der Bahre Roosevelts Als wir am Mittwoch an dieser Stelle den Präsidenten Roosevelt als Eckstein einer Politik darstellten, die Amerikas Interessengemeinschaft mit Europa auch weiterhin durchsetzen könnte, ahnten wir nicht, wie bald sich ein Todesschatten über diese Hoffnung senken würde. Und nun ist das Traurige geschehen, und Stimmen aus aller Welt zeigen, dass die Menschheit weiss oder doch empfindet, was es bedeutet. Es zeigt sich wieder einmal, wie wenig der ‹historische Materialismus› das Verständnis für die Macht und das Wirken grosser Männer aus den Köpfen unserer Zeitgenossen zu verdrängen vermocht hat.

Franklin Delano Roosevelt war ein Sohn der amerikanischen Oberschicht und hat seine Herkunft nicht verleugnet. Auch nicht während der Hochblüte seines New Deal, als er von der einen Seite als radikaler Wirtschaftsstürmer gepriesen, von der andern Seite beschimpft wurde! Stets stand er unerschütterlich auf dem Boden der freien Privatwirtschaft. Wenn er diese Freiheit scheinbar bedrohte, so tat er es im Bestreben, ihr in Wirklichkeit zu dienen durch die Nötigung zum Verzicht auf verantwortungsloses Manchestertum. Man konnte ihm also mit etwas übertriebener Pointierung nachsagen, er sei ein ‹unechter Radikaler›. Dagegen konnte man auf dem Gebiet seiner Aussenpolitik die Echtheit seines Friedenswillens nie auch nur mit scheinbarer Berechtigung in Zweifel ziehen. Er hat die *Friedenserhaltung* gewollt, so lange es irgend ging, und, als es nicht mehr ging, mit desto grösserer Energie die *Friedenssicherung* für die Zukunft. Gerne hätte er schon während der dreissiger Jahre die friedensgefährdende Rüstungspolitik der Diktaturstaaten durch zureichende amerikanische Rüstungen paralysiert. Aber er kannte das eigene Volk allzu gut, um nicht zu wissen, dass ihm das System ‹Kanonen statt Butter› auch mit der Bemäntelung als Heilmittel gegen die Arbeitslosigkeit der Krisenjahre einfach nicht beizubringen gewesen wäre, ehe es durch Schaden klug geworden war. Also hat er den Ausbruch des Zweiten Weltkriegs und die Hereinziehung des eigenen Staates schliesslich als schicksalsbedingt hingenommen. Gestrebt hat er nicht nach dem Ruhme des kriegsbeteiligten peace-maker; viel lieber wäre ihm der Ruhm des Friedenserhalters gewesen. Hätte Roosevelt den Mut des römischen Ritters Marcus Curtius haben und sich, als das Volk den Zweck der Rüstungsopfer noch nicht begriff, in den Abgrund stürzen sollen, in den Abgrund der Unpopularität, die ihn natürlich schon bei seiner zweiten Kandidatur die Präsidentschaft gekostet hätte? Das war nun eben nicht seine Art. Sein Heroismus war nicht vom römischen Typ. Roosevelt tastete bei all seinem politischen Tun und Lassen sorgfältig die Popularitätschancen ab. Im letzten Juniheft der amerikanischen Zeitschrift ‹Time› finden wir dafür die etwas boshafte Formulierung, der Präsident pflege mit genetztem Zeigefinger stets die Richtung des politischen Windes zu ermitteln. Manchmal hat er tatsächlich die Grenzen der Demagogie gestreift, so durch die unseres Erachtens verhängnisvolle Adoptierung der Strassendevise vom ‹unconditional surrender› in Casablanca gegen den widerstrebenden Winston Churchill.

Aber als wirklicher Held hat er sich persönlich bewährt durch seinen Widerstand gegen die körperliche Behinderung, die ihm die spinale Kinderlähmung im besten Mannesalter hinterlassen hatte. Das grausame Übel hat ihn nicht zum Verzicht auf strapaziöse Reisen im Inland und Ausland veranlassen können. Er ist dem kraftstrotzenden und nicht viel älteren Stalin nach Persien und ans Schwarze Meer entgegengereist. Kinobesucher erinnern sich aus Wochenschauen von der Jalta-Konferenz, welch jammervoll hinfälligen Eindruck Roosevelt im Vergleich zu den beiden andern Männern vom Kollegium der ‹Grossen Drei› damals schon machte, und haben sich deshalb über die Todesnachricht wenig gewundert. Wird der siebzigjährige Churchill sich dadurch, wie es seine Landsleute dringend wünschen, warnen lassen?

Aber ist Roosevelt wegen seines körperlichen Erliegens wirklich zu beklagen? Um diese Frage zu beantworten, müsste man Unwissbares wissen. Man müsste sicher beurteilen können, ob seine Politik der organisierten Friedenssicherung noch Erfolgschancen gehabt hätte, wenn er selbst sie hätte bis zu Ende dirigieren können.

Er hat ja alles Mögliche getan, um sie bei den eigenen Landsleuten sicher zu untermauern. Woodrow Wilsons trauriges Schicksal schwebte ihm vor Augen. Darum vermied er klug dessen Ungeschicklichkeit in der Behandlung der republikanischen Gegenpartei. Und auf internationalem Boden ist er durch Verzichte auf wichtigen Gehalt seiner Atlantik-Charta und durch Konzessionen an Stalin im Hinblick auf San Francisco bis an den Rand des Vertretbaren und vielleicht darüber hinaus gegangen. Aber die beweisende Probe auf das Exempel verhindert nun Roosevelts Tod. Die gleiche unerforschliche Fügung, die den gleichaltrigen Wilson in dem Moment zusammenbrechen liess, wo er sein Werk mit höchster Energie hätte verteidigen sollen, hat auch Roosevelts letzte Bewährung unmöglich gemacht. Tragik der Dreiundsechzigjährigen, die eben nicht die gleiche Überbelastung wie Fünfzigjährige aushalten! Aber Roosevelt hat wenigstens sterben dürfen, während über Wilson noch ein mehr als vierjähriges körperliches und geistiges Siechtum verhängt war. Vielleicht muss man also doch das griechische Dichterwort variieren: «Zwar nicht immer jung, aber doch rechtzeitig stirbt, wen die Götter lieben.» Die Welttrauer um Franklin Delano Roosevelt aber können solche Gedanken nicht verhindern. Ist es nicht wunderbar und schön, dass sich ihr sogar Radio Tokio diskret angeschlossen hat mit der Ankündigung: «Wir spielen jetzt während ein paar Minuten besondere Musik zu Ehren des Hinschiedes dieses *grossen* Mannes.»

Was soll aus Deutschland werden?
Donnerstag, 19. April 1945 (Abendblatt)

Je näher für das Hitlerreich das Ende mit Schrecken heranrückte, desto mehr begann sich die Welt dafür zu interessieren, was nun aus Deutschland werden solle.

Zum Schicksal der Deutschen Da das baldige Zusammenbrechen Deutschlands nachgerade fast allgemein vorausgesagt wird, obwohl erst etwa die Hälfte des grossdeutschen Reichsgebiets erobert ist, mehren sich in der Presse die Auseinandersetzungen über das Besetzungsregime und dessen denkbare Varianten. Da ein Besetzungsregime aber keine Staatsform, sondern nur ein Übergangszustand, wenn auch vielleicht von langer Dauer, sein kann, ist es merkwürdig, wie wenig Gedanken man sich einstweilen über das Definitivum macht, das einmal das Provisorium ablösen soll. Und doch sollte eigentlich *das Ziel, zu dem man die Deutschen führen will*, einigermassen abgesteckt sein, ehe man sie in irgendwelche Erziehungskuren nimmt. Um nur die Extreme anzudeuten: wenn man aus der deutschen Soldatenkaserne eine Sklavenkaserne machen will, muss man andere Wege gehen, als wenn man mit einem deutschen Staat oder deutschen Staaten als Brüdern in einer europäischen Bruderschaft rechnet.

Was sich zurzeit am ehesten noch vernehmen lässt, sind Abwandlungen der auf keinerlei konstruktiven Ideen beruhenden, rein negativen Devise ‹Die Deutschen unschädlich machen!›, wenigstens auf x Jahre hinaus (bis sie im Jahre y wieder schädlich werden). Ein Beispiel: das, wie man im vorgestrigen Tagesbericht las, vom Grafen d'Ormesson im ‹Figaro› vertretene Postulat, man müsse *die deutsche Einheit zertrümmern*, die sich fünfundsiebzig Jahre hindurch gegen Europa und den Frieden ausgewirkt habe. Weniger kalt negativistisch hat schon im Jahre 1940 Jacques Maritain das Kriegsziel verfochten: ein föderalisiertes Deutschland in einem föderativen Europa. Seiner Überzeugung nach würde ein zentralisiert bleibendes, wenn auch noch so verkleinertes Deutschland irgendwann doch wieder einen übergewichtigen Machtblock darstellen und dieses Übergewicht gegen irgendwann einmal uneinige Nachbarn zu missbrauchen versucht sein.

Diese beiden Franzosen fassen das Problem von ihrem ausserdeutschen Standpunkt aus an. Es sei aber gestaffelt zur Ergänzung auf das Buch eines politischen Denkers hinzuweisen, das von der Fragestellung ausgeht: was wäre am natürlichsten und besten nicht für die germanophobe Umwelt, sondern für das kranke Deutschland selbst? Das Buch ist betitelt: ‹*Das Schicksal der Deutschen*. Ein Versuch seiner geschichtlichen Erklärung› (Kobersche Verlagsbuchhandlung, Basel 1945). Der Verfasser, *Karl Thieme*, ist geborener Deutscher und noch nicht sehr lange naturalisierter Schweizer. Es ist ein durchaus deutsches oder, präziser gesagt, ‹gelehrtendeutsches› Buch mit all seinen Schrecken in Stil und Darstellungsweise. Aber es ist ein gescheites Buch, ein *sehr* gescheites und originelles Buch, obwohl der Verfasser sein geistiges Eigentum mit einer Überfülle von Zitaten zudeckt. Man muss es lesen! Schweizer mögen es lesen zu ihrer erspriesslichen Belehrung, Ausländer zu ihrer noch viel nötigeren Bekehrung; denn, wer es gelesen und beherzigt hat, hört auf, am deutschen Schicksal in gar zu naiver Ignoranz herumzudilettieren. Und herumzumoralisieren! Wohlgemerkt: der Verfasser moralisiert selbst; es ist in dem Buche sehr viel von deutscher Schuld und Sühne die Rede. Aber sein Moralisieren ist kein Generalisieren. Er ist kein kalter Richter, ist überhaupt mehr Arzt als Richter. Er doziert nicht, wie man Deutschland unschädlich machen, sondern wie man es seiner Überzeugung nach in der europäischen Völkergemeinschaft nützlich machen könnte.

Karl Thiemes Antideutscher, Deutschlands Verderber – man möchte fast sagen: Antichrist – ist König Friedrich II. von Preussen, der die gute alte deutsche Reichsidee vernichtet hat: «Der greifbare Ursprung des deutschen Übels der letzten beiden Jahrhunderte liegt in Berlin oder genauer im Potsdam Friedrichs II., des preussischen Revolutionärs.» ‹Vae Potsdam› denkt man im Hinblick auf das Potsdamer Schicksal der allerletzten Tage. Aber wir sind doch versucht, ein wenig in den kürzlich an dieser Stelle abgelehnten historischen Materialismus abzugleiten und beizufügen: Potsdam wäre mit oder ohne Alten Fritz nie Potsdam und Preussen nie Preussen geworden, wenn nicht der Dreissigjährige Krieg und die Kriege Ludwigs XIV. ein Elend im gelobten alten Reiche hinterlassen hätten, aus dem die deutsche Sehnsucht nach einem militaristischen Machtstaat schliesslich entstehen *musste*.

Darüber mag man streiten. Aber zu welchem Ergebnis man am Ende auch komme, so wird man mit höchster Spannung Thiemes Beweisführung folgen, wie er den weitern Verlauf der deutschen Tragödie von Friedrich II. über Bismarck bis zu Hitler darstellt. Und noch interessanter ist Thiemes Glaube, diese Tragödie lasse sich heute noch oder gerade heute nach ihrem furchtbaren Höhepunkt rückgängig machen, das deutsche Volk lasse sich wieder in seine Stämme mit eigener Politik und eigener Kultur teilen. Er schreibt:

«Die alten deutschen Lande werden endlich wieder auf eigene Füsse gestellt werden müssen. Eben weil in den östlichen Gebieten fast nur aus den Reihen der Industrie- und Landarbeiterschaft sowie einer militaristisch-nihilistischen Intelligenz eine für Mitarbeit mit dem Besatzungsregime ernstlich in Betracht kommende Opposition gegen den bisherigen Zustand zu rekrutieren ist, kann damit gerechnet werden, dass die dortige Fortentwicklung in wachsendem Masse die schon jetzt vor allem bei Bayern, vielen Württembergern und den meisten Nordwestdeutschen bestehende Abneigung verstärken wird, sich je wieder von Berlin aus regieren zu lassen. Denn in West- und Süddeutschland sind nicht nur Proletarier (materielle und ideelle) als konsequente und sofort für den Wiederaufbau brauchbare Kräfte vorhanden, sondern genau so gut auch Bürger und Bauern, Mittelstand und Adel, sowie eine nichts weniger als nihilistische, sondern katholisch oder protestantisch christgläubige und tief humanistische, volksverbundene Schicht von Gebildeten freien Berufs. So gewiss auch diese Kreise heute grossenteils materiell ‹proletarisiert› sind, so gewiss haben sie noch keine proletarische Ideologie unausrottbar in sich einwurzeln lassen. Sobald sie die Möglichkeit erhalten, wieder aus der Kollektiv- in die eigene Familienexistenz überzugehen, werden sie das mit jenem unermüdlichen Eifer und Fleiss zu verwirklichen suchen, jenem immer wieder erstaunlichen Aufwand von ‹Tüchtigkeit›, den sie, nur gezwungen und zum Teil getäuscht, Jahre und Jahrzehnte lang in den Dienst ihrer eigenen Bedrücker gestellt haben, welche ihnen vorlogen, sie hülfen sich selber und den Ihren, wenn sie jenen als Sklaven oder – weit schlimmer noch – als Sklavenaufseher fronten.»

Thieme glaubt auch, «dass die Besatzungsbehörden aus dem Lager der Westmächte sich verhältnismässig bald davon überzeugen werden, wie zweckmässig es wäre, den deutschen Völkern westlich der Elbe und Saale schon sehr früh wieder die Selbstverwaltung ihrer eigenen Angelegenheiten anzuvertrauen, und wie gut Bayern, Schwaben, Hessen, Rheinfranken, Westfalen und Niedersachsen imstande sind, je ein von allem nationalistischen Totalitarismus weitentferntes Staatswesen ihrer Art auf die Füsse zu stehen und sich dauerhaft friedlich einer neuen europäischen Ordnung eingliedern zu lassen.»

Sehr lesenswert ist auch Thiemes Auseinandersetzung mit der weitläufigen Vorstellung, der wichtigste und natürlich auch gefährlichste Zug am Deutschen sei sein angeborenes soldatisches Wesen. Für Thieme ist der deutsche Militarismus nur ein misslicher Ersatz für den infolge der Verschiedenheit der Stämme nicht vorhandenen echten Nationalismus. Er schreibt:

«Der normale Staatsbürger glücklicherer Völker wird sich nur schwer vorstellen können, welch eine Erleichterung es für die meisten Deutschen bedeutet, wenigstens in *einem* öffentlichen Lebensbereich sich der *selbständigen Entscheidung* über das, was gut und böse, was zu tun oder zu lassen ist, enthoben zu wähnen. Eben weil die wirklichen Stammestraditionen verschüttet, gesamtnationale Formen aber nicht vorhanden sind, ist es ja schon seit Jahrzehnten so masslos schwer gewesen in deutschen Landen, in irgendeinem Sinne ‹normaler› guter Staatsbürger zu werden und zu sein, vollends unmöglich seit der Machtergreifung des apokalyptischen Drachens. Wie viel leichter war es da, ein guter Soldat zu sein! Wie flüchtete sich geradezu der Mensch in die graue Uniform, die – so ganz anders als die braune – ohne ständiges Schamgefühl zu tragen war, ohne das Bewusstsein immer neuer von ihr gedeckter Verstösse gegen alles, was den nicht ganz Verdummten, Vertierten oder Verteufelten unter ihren Trägern heilig war!»

Ob ein nicht mehr soldatisch zusammengefasstes und in seine Stämme aufgespaltenes Deutschland eine Dauer und, eine *glückliche* Dauer haben kann, würde sich zeigen, wenn die Alliierten auf Thiemes Gedanken eingingen. Nur eine solche Zukunft könnte den Beweis oder Gegenbeweis ihrer Richtigkeit bringen. In der Gegenwart können wir gewisse Zweifel an der Möglichkeit, zweihundert Jahre deutscher Geschichte rückgängig zu machen, noch nicht unterdrücken. Und vollends nicht, wenn massloses deutsches Elend wiederum seine volksverbindende Kraft erwiese!

Pétains Übertritt in die Schweiz

Donnerstag, 26. April 1945 (Abendblatt)

Am 24. April passierte Marschall Pétain mit Frau und Gefolge die Schweizer Grenze bei St. Margrethen, um sich, nach kurzem Aufenthalt in Weesen, der französischen Polizei als Gefangener zu stellen.

Marschall Pétain stellt sich Marschall *Pétain*, das Staatsoberhaupt Frankreichs während der vier ‹Vichy-Jahre› von 1940 bis 1944, hat an den Bundesrat das Gesuch gestellt, von der deutschen Grenze aus die Schweiz passieren zu dürfen, um sich den französischen Gerichtsbehörden stellen zu können. Der Bundesrat hat das Gesuch bewilligt. Der Marschall ist vorgestern an unserer Ostgrenze eingereist, um demnächst an der Westgrenze wieder auszureisen. Völkerrechtlich ist sein Status der gleiche wie der von Tausenden und Abertausenden von französischen Kriegsgefangenen, Zwangsarbeitern und Deportierten, die in diesen Tagen den Deutschen entkommen oder von ihnen an die Grenze gestellt werden. Er wird wie die andern nach seinem freien Willen durch die Schweiz ‹hindurchgeschleust›.

Der Mann, der diesen tapfern Willen hat und durchsetzt, ist am Tage, da er bei St. Margrethen den Schweizerboden betrat, neunundachtzig Jahre alt geworden. Man hört bei uns fast ausnahmslos nur Äusserungen des Erbarmens und Mitleids mit ihm, namentlich von Frauen. Unseres Erachtens ist er aber eigentlich mehr respektwürdig als erbarmungswürdig. Wer in seinem neunzigsten Jahr noch stark genug ist – trotz dem Volksspruch ‹Neunzig Jahr der Kinder Spott› – einem tragischen Schicksal ruhig entgegenzusehen und entgegenzugehen, der ist nicht so unglücklich, dass man ihn bejammern müsste. Mindestens die Männerwelt könnte ihn auch einfach bewundern.

Pétain ist als Verräter angeklagt. Seine Richter werden zu entscheiden haben, ob er Hochverräter oder Lanesverräter oder beides oder keines von beidem ist. Hochverrat und Landesverrat ist weder nach dem Sprachgebrauch, noch nach den Strafgesetzen der meisten Kulturstaaten das gleiche Verbrechen. Der Hochverrat ist ein innerpolitisches Delikt, gerichtet gegen die innere staatliche Ordnung. Hat er Erfolg, so wird der revolutionäre Hochverräter legitim. Hat er Misserfolg, so geht es ihm an den Kragen. So oder so kann er ein Ehrenmann sein. Der Landesverrat dagegen richtet sich gegen die Sicherheit und den Bestand des eigenen Volkes und Staates. Wer Landesverrat begeht, ist ein Schuft, ob er Erfolg habe oder nicht.

Es ist sehr wohl möglich, dass Pétain am Delikt des *Hochverrats* hängen bleibt. Legal waren die Vorgänge, auf denen das Regime von Vichy sich aufbaute, sicher nicht. Fraglich kann nur sein, ob sie einem ‹staatlichen Notstand› entsprangen, der nach allgemeinem Rechtsempfinden als Legalitätsersatz gelten kann. Lässt sich ein ungeschriebenes Gesetz über das geschriebene stellen? Darüber mögen Pétains Richter nach ihrem Gewissen urteilen. Jedenfalls sind in dieser Beziehung die Chancen Pétains schlecht. Zwar laufen noch unzählige französische Politiker und Staatsfunktionäre frei und in Ehren herum, die auch nichts anderes als die Notstandsexcuse von 1940 für sich geltend machen können. Aber prinzipiell hat die Instanz, vor der Pétain das ungeschriebene Recht anrufen könnte, schon längst gegen ihn entschieden, indem sie Admiral Esteva zu lebenslänglicher Freiheitsstrafe und General Dentz zum Tode verurteilte, weil sie Pétain gehorcht haben. Das juristische

Pferd wurde am Schwanze aufgezäumt, indem man die entscheidende Vorfrage schon im Verfahren gegen die Vollzieher von Pétains Willen beantwortete, statt erst einmal zu untersuchen und zu entscheiden, ob dieser Wille verbrecherisch gewesen sei oder nicht. Ganz anders steht es mit der Frage, ob Pétain *Landesverrat* begangen habe. Sie wird von allen unvoreingenommenen und leidenschaftslosen Beobachtern seiner Politik fast ausnahmslos verneint. Pétain war gewiss kein ‹weiser› Staatsmann, aber ebenso gewiss auch kein bewusster Sünder gegen das eigene Vaterland, sondern selbst in seinen unglücklichsten Stunden ein sauberer französischer Patriot. Die Basler ‹Arbeiter-Zeitung›, die sich das Bespucken Pétains zur heroischen Spezialität gemacht hat, weiss es allerdings anders. Sie schreibt, es sei in Frankreich ‹amtlich bekanntgegeben worden›, dass Pétain Frankreich schon vor dem Zusammenbruch 1940 an Hitler und Göring verraten habe. Diese amtliche Bekanntgabe durch ein mit Pétain tödlich verfeindetes Regime genügt ihr vollständig als Beweis. Französischen Richtern aber trauen wir immerhin eine sorgfältigere Beweiswürdigung zu und wollen diese gerne abwarten. Einstweilen haben wir jedoch den starken Eindruck, dass Pétain den Schauprozess nicht riskieren würde, wenn er sich bewusst wäre, ‹Dreck am Stecken› zu haben. In diesem Falle hätte er nicht um schweizerische Durchreiseerlaubnis, sondern um Asylgewährung ersucht und hätte sie auch erhalten; wenigstens hat dies die ‹A.-Z.› in ihrer Nummer vom 19. April in Aussicht gestellt. Es hätte der ganzen schweizerischen Asylrechtstradition auch sicher entsprochen. Das darf ruhig sagen, wer sich all die Jahre hindurch, wo es noch brenzlig war, für die Einhaltung dieser Tradition eingesetzt hat.

Den Krach mit Frankreich, den uns die Abweisung des sicher zu erwartenden Auslieferungsbegehrens eingetragen hätte, hat uns nun Pétain durch sein sich Stellen erspart, und die ‹A.-Z.› kann sich den Angstschweiss von der Stirn wischen. Noch am 19. April hatte sie bebend geschrieben: «*Wollen wir uns mit diesem Greis belasten?* Seine Aufnahme würde sicher unser Verhältnis mit den Alliierten, vor allem mit Frankreich, schwer stören.» Unserer festen Überzeugung nach wäre von französischer Seite sehr laut reklamiert worden, aber still und innig hätten alle anständigen Franzosen, inklusive die heute regierenden dem lieben Gott dafür gedankt, dass die schweizerische Auslieferungsverweigerung Frankreich von der Einkerkerung oder gar Hinrichtung des Helden von Verdun entbinde. Wir schreiben dies nicht ins Blaue hinein; denn kaum hat die neue Wendung des Falles Pétain bewirkt, dass der Prozess nun stattfinden *muss*, und zwar in Anwesenheit des Angeklagten, so kann man, wie das heutige Morgenblatt berichtete, in der Pariser Presse wahre Wutausbrüche darüber lesen: das sei ein deutsches Manöver und dessen Urheber seien Hitler und die fünfte Kolonne. Daraus ergibt sich doch zwingend, dass man sich über die Prozessvermeidung innigst gefreut hätte. Und die andern nichtrussischen Alliierten, insbesondere USA, die jahrelang mit dem Regime von Vichy freundliche diplomatische Beziehungen unterhielten, hätten diese Freude geteilt. Natürlich auch nur innerlich! Äusserlich ist man ja momentan so weit gediehen, dass die amerikanische Regierung dem auswärtigen Ausschuss des Repräsentantenhauses eine Resolution vorlegen konnte oder musste, in der es laut ‹Reuter› heisst: «dass die Vereinigten Staaten die ihnen zur Verfügung stehenden *Waffen gebrauchen* und nötigenfalls *sämtliche Verträge unbeachtet lassen* würden, um die deutschen Kriegsverbrecher zu verfolgen, die sich eventuell in die neutralen Länder flüchten könnten.»

So geschehen an dem Tage, da in *San Francisco* die interalliierte Weltkonferenz zusammengetreten ist. Sie soll eine Völkergemeinschaft gründen, die dafür sorgen soll, dass die kleinen Völker sich nicht mehr unter den Mächtigen beugen müssen, dass die internationalen Verträge heilig gehalten werden und dass nicht mehr die Gewalt der Waffen, sondern das Recht im Verhältnis der Staaten zueinander entscheide. Vielleicht kommt es doch einmal so weit. *Präsident Truman* hat ja gestern zu seinen Konferenzdelegierten gesprochen:

«Das Hauptproblem für uns ist, den gut spielenden Apparat für die Beilegung der Differenzen zwischen Nationen zu finden. Der Friede kann andernfalls nicht bestehen. Wir können es nicht länger zulassen, dass eine Nation oder eine Gruppe von Nationen versuchen, ihren *Argumenten mit Bomben und Bajonetten Durchbruch zu verschaffen*. Andernfalls sind wir schliesslich gezwungen, der Philosophie unserer Feinde zuzustimmen, dass *Macht das Recht* bedeute. Wir sind verpflichtet, diese Gedankengänge zu widerlegen. *Worte allein genügen aber nicht.*»

Nach Hitlers düsterem Ende
Samstag/Sonntag, 5./6. Mai 1945

Am 1. Mai gab der Sender Hamburg den Tod des Reichskanzlers Adolf Hitler bekannt, der angeblich in seinem Befehlsstand in der Reichskanzlei kämpfend gefallen sei.

Der Verschwundene *Adolf Hitler,* der deutsche Führer und Reichskanzler, ist *verschwunden.* Das ist sicher. Wahrscheinlich ist er tot. Die offizielle Version sagt, er sei im Kampf um Berlin gefallen. Nach andern Darstellungen soll er einer Hirnblutung erlegen oder, sei es durch eigene Hand, sei es durch Mörderhand, umgebracht worden sein. Keine dieser Varianten ist so überzeugend belegt, dass nicht auch die Vermutung ihre Gläubigen fände, Hitler lebe noch und habe sich nur irgendwie verflüchtigt, um zu gegebener Zeit wieder aufzutauchen. Und mag diese Vermutung noch so phantastisch sein, so kann, auf ihr fussend, doch irgendwann einmal ein Pseudo-Hitler auftauchen und eine kürzere oder längere Politische Rolle spielen. In den Anfängen der brandenburgisch-preussischen Geschichte hat es einen ‹falschen Waldemar› gegeben, dem ein solches Spiel dreizehn Jahre lang gelang. Und was die Geschichte nicht präsentieren kann, vermag der Mythos: Kaiser Friedrich Barbarossa ist 1190 auf seinem Kreuzzug im Saleph ertrunken, hat aber sieben Jahrhunderte lang im Innern des Kyffhäuserberges als Symbol der deutschen Sehnsucht nach Einheit und Macht seines Reiches weitergelebt. Es kommt nur darauf an, dass Unglück und Schuld in der wirklichen Geschichte einem solchen Mythos Nahrung geben.

Jenem Friedrich Barbaross war durch Astrologen prophezeit worden, er werde das Reich erwerben wie ein Fuchs, besitzen wie ein Löwe und verlieren wie ein Hund. Das ist wohl ein vaticinium post eventum. Ob ein richtiges, sei der Geschichtsschreibung zu erörtern überlassen. Sie mag auch das letzte Wort darüber sagen, ob Ähnliches für Adolf Hitler zutrifft. Gewiss aber ist schon heute, dass dieser das deutsche Schicksal stärker – und fürchterlicher! – bestimmt hat als je ein anderer Deutscher. Weil er ein Deutscher par excellence war! In ihm vereinigten sich viele glänzende, aber noch mehr verhängnisvolle Eigenschaften seines Volkes. Seine engere

Heimat war Österreich, der zur Zeit seiner Geburt im Jahre 1889 von Bismarck längst ausrangierte, verschupfte, aber äusserlich immer noch präsentable Teil des alten Reichsgebiets. Hitler war der Sohn eines Beamten von bescheidener Rangstufe, aber eines immerhin amtlich und familiär autoritären Mannes. Der Ehrgeiz des Vaters ging dahin, Adolf studieren zu lassen. Der Sohn aber wollte Künstler werden und setzte sich negativ durch, indem er auf der Schule bummelte und unter der Bank Karl May verschlang. Die positive Ergänzung zu diesem an sich nicht tragischen Vater-Sohn-Konflikt aber stellte sich nicht ein. Adolf scheiterte in der Hauptstadt Wien bei seinen Versuchen, Zugang zu einer guten Ausbildung als Maler oder Architekt zu erlangen, und wurde dann immer mehr zum Grossstadtbummler, der in Männerheimen herumlungern und sich kümmerlich durch Verkauf seiner dürftigen Bildchen ernähren musste. In dieser Periode bis zu seinem fünfundzwanzigsten Lebensjahr pumpte er sich bis zum Rande mit allen Beeinträchtigungskomplexen voll, die er nicht schon von zu Hause mitgebracht hatte. Die Überzeugung, dass das Berliner Reich etwas Glänzendes und das Wiener Reich mit seinen Habsburgern etwas Schäbiges sei, hatte er sich schon als Knabe angeeignet, und Wien selbst bestärkte sie und konzentrierte die Erbitterung des jungen Hass- und Hungerkünstlers auf die Juden, die ihm alles zu besitzen schienen, was ihm fehlte, Reichtum und Macht.

Die Übersiedlung nach München im Jahre 1913 verbesserte Hitlers Existenzbedingungen nicht, wurde aber dadurch für ihn bedeutsam, dass sie ihm beim Kriegsausbruch von 1914 den Eintritt in ein bayrisches Regiment als Freiwilliger ermöglichte. Er wurde ein guter Soldat, verdiente sich das Eiserne Kreuz und brachte es zum Gefreiten, aber freilich nicht weiter. Sein Kompagnieführer sagte: «Diesen Hysteriker mache ich niemals zum Unteroffizier.» Der Krieg ging verloren, ohne dass der Armee eigentlich zum Bewusstsein kam, dass er verloren gehen *musste*, und Adolf Hitler war aufs neue an den Strand der Existenzlosigkeit geschwemmt. Aber nun erkannte er seine wirkliche Begabung: als Akkumulator des Volksgrimms über den verlorenen Krieg und des Volkswillens zur Überwindung von dessen psychischen und materiellen Folgen zu wirken. Er empfand auch mit einem Instinkt, dem man das Prädikat ‹genial› kaum versagen kann, dass das deutsche Volk irgendwie sozialrevolutionär geworden war, dass aber der traditionelle Weimarer Parteisozialismus unfähig war, den Wind dieser Stimmung auf die Dauer in seine Segel zu lenken. Ein vom Ausland verprügeltes Volk war nicht mehr bei der roten Fahne des alten Internationalismus zu halten, sehnte sich vielmehr nach nationalistischer Aufputschung. Und im Innern genügte es nicht, es gegen Begriffe wie ‹Kapitalismus› zu hetzen, es musste seinem Hass eine verständlichere Zielscheibe hingestellt werden. Also weg mit der Versailler Erfüllungspolitik und los gegen die Juden!

Das war im wesentlichen das Programm der ganz kleinen nationalsozialistischen Arbeiterpartei, der Hitler als Mitglied Nr. 7 im Oktober 1919 beitrat und deren Vorsitz er im Juli 1921 übernahm. Er brachte es darüber hinaus zur wirklichen Führung, weil ihm zwei Umstände zu Hilfe kamen. Der erste war seine für deutsche Verhältnisse phänomenale Beredsamkeit. Ohne konsequente Gedankenführung verstand er es mit den Mitteln der rhetorischen Hypnose, namentlich durch kritiktötende Wiederholung, die zuhörenden Massen zuerst intellektuell einzuschläfern und dann emotionell zu entflammen. Die Deutschen, unter denen grosse Rednertalente Seltenheitswert haben, sind gegen solche Künste nicht so immunisiert wie andere Kulturvölker. Und noch wichtiger war für Hitlers Anfangserfolge die Unterstützung der Münchner Reichswehrkreise. Diese fanden in dem schlichten Gefreiten den populären Militaristen, der nicht durch die Distanz der Offizierskaste von der grossen Masse getrennt war, und unterstützten ihn politisch und sehr ausgiebig finanziell und verschafften ihm auch den Zugang in die sogenannte gute Gesellschaft. Was sie aber unterschätzten, war sein eiserner Selbstbehauptungswille, auch gegenüber seinen Gönnern und persönlichen Freunden. Hitler hatte ganz spezielle Begriffe von ‹deutscher Treue›. Er verriet seine Freunde und hingebendsten Anhänger serienweise, am ausgiebigsten am Bluttag des 30. Juni 1934. Aber, was das Merkwürdige war: seine Überzeugung, dass er Treue bis in den Tod geniesse und verdiene, wurde dabei nie erschüttert. Josef Goebbels hat er in Wutanfällen so beleidigt, dass er ihn normalerweise hinfort als Todfeind hätte taxieren müssen. Als er ihn 1928 einmal bei einer verdächtigen Sache erwischte, warf er ihn zu Boden und trampelte hemmungslos mit seinen Stiefeln auf dem klumpfüssigen Wehrlosen herum. Der aber kroch zitternd auf ihn zu und versuchte, diese Stiefel zu umarmen, erhielt einen weiteren Fusstritt ins Gesicht, taumelte blutüberströmt zurück und – sang weitere siebzehn Jahre lang Hitlers Hohes Lied, und zwar ganz virtuos. Andere Opfer der aktiven und passiven Führertreue haben sich selbst entleibt, keines den Führer. Es müsste denn in der Walpurgisnacht von 1945 so etwas passiert sein.

Aber diese mehr als persönlichen Probleme sind weniger bedeutungsvoll als das politische Rätsel: wie hat schliesslich ein ganzes grosses, geistig hochstehendes Volk dem Verführer rettungslos verfallen können? Man sagt, die Massen seien denkunfähig. Hitler selbst war dieser Meinung. In seinem Buche ‹Mein Kampf› hat er «von der grossen stupiden Hammelherde unseres schafsgeduldigen Volkes» gesprochen. Ein etwas konfuses Bild; es gibt gewöhnlich keine Hammelherden, wohl aber Schafherden, die manchmal in Abgründe rennen, wenn ihnen die Hammel voranspringen und keine Hirten und Schäferhunde zum Rechten sehen. Warum aber ist dies im deutschen Falle unterblieben? Auch in Deutschland gab es doch ‹Hirten›, eine nicht jedem blinden Masseninstinkt unterworfene Oberschicht, die in Gestalt der Reichswehr zuverlässige ‹Schäferhunde› zur Verfügung gehabt hätte? Aber diese Verantwortlichen haben sich während der zwei Zwischenkriegsjahrzehnte je länger desto mehr dem Wahne hingegeben, man könne die Herde ruhig einmal dem Oberhammel Hitler überlassen, und der werde sie gerade so weit führen, als man sie haben wolle, worauf man ihn in Gnaden oder Ungnaden als überflüssig verabschieden könne; etwas rauh dürfe es schon zugehen, wenn man einer schneidigen Gangsterbande mit einem Wunderfatzke an der Spitze vorübergehend die Staats- und Armeegewalt überlasse; auch ein bisschen ‹nikotinfreier› Bolschewismus schade nichts, besonders wenn dessen Opfer nur Juden seien. So dachten die einen Verantwortlichen, vielleicht die Mehrheit. Andere machten sich grössere Sorgen, brachten es aber als deutsche Ordnungsmenschen nicht über sich, durch Opposition oder Obstruktion den Gang der Staatsmaschinerie zu stören. Und wieder andere, die man heutzutage offenbar weithin vergessen hat, haben sich tapfer widersetzt und sind in Konzentrationslagern verendet. Kurz: der grosse Deutsche Dr. Faustus war ein äusserst tüchtiger, gelehrter und gescheiter Mann; aber den Pakt mit dem Teufel hat er doch nicht rückgängig machen können.

Zu den vertragsmässigen Gaben des Teufels gehörten die blendenden Siege in der ersten Periode des zweiten Weltkriegs. Der Böse schien ein überaus grosszügiger Partner zu sein. Er liess Hitler sogar auf rein militärischem Gebiet, wo der Dilettantismus doch als besonders gefährlich gilt, unerhörte Erfolge einheimsen, zum Beispiel bei dem waghalsigen Überfall auf Norwegen. Nur in einem Punkt versagte die diabolische Vertragstreue; aber das war eben gerade der Hauptpunkt: entgegen der Grundüberzeugung aller militärisch denkfähigen Deutschen tappte Hitler im Juni 1941 in den Zweifrontenkrieg hinein, und von da an war nichts mehr zu machen. Die Peripetie der Tragödie, die ja irgend einmal fällig war, kam. Viele Deutsche merkten das bald, Hitler selbst merkte es noch lange nicht. Er hatte mit der menschlichen Einschüchterungsfähigkeit im eigenen Volke so grandiose Erfahrungen gemacht, dass er daraus Trugschlüsse auf die ganze übrige Welt zog und meinte – gerade er, der 1939 mit Stalin paktiert hatte – nun werde plötzlich die Russenangst die feindliche Koalition sprengen und Deutschland Luft verschaffen. Dieses happy end à la Karl May blieb aus. Das Ende mit Schrecken kam, und die Schrecken ohne Ende drohen.

Wer die undankbare Aufgabe hätte, vor dem Richterstuhl der Weltgeschichte als Verteidiger Adolf Hitlers zu plädieren, könnte wohl kaum etwas anderes als verminderte oder überhaupt nicht vorhandene Zurechnungsfähigkeit geltend machen. Überzeugende, auf typische Paranoia oder auch auf die paranoide Form der Dementia praecox ausgehende Gutachten liessen sich ohne Schwierigkeit schreiben und ausführliche gute Bücher darum herum. Es ist aber zu bezweifeln, dass die derartige Literatur stark anschwellen wird. Für die Deutschen würde der Nachweis, dass sie sich ein Dutzend Jahre lang der Führung eines gescheiten Narren hingegeben hätten, gar zu beschämend wirken. Und die Völker auf der Gegenseite würden sich auch nicht sehr gerne vorhalten lassen, dass ihre Führerschaft unbeholfen genug war, diesen Narren, so lange er sie nicht direkt selbst belästigte, als europäischen Schicksalsschmied gewähren zu lassen. Man kann ja auch ohne die Lektüre gelehrter Bücher zum Willen gelangen, sich so etwas nicht so bald wieder passieren zu lassen.

Hitlers Nachfolger verhaftet
Samstag/Sonntag, 26./27. Mai 1945

Am 24. Mai verhafteten die Alliierten in Flensburg Grossadmiral Dönitz samt seinen Ministern, nachdem sie seine Kapitulation entgegengenommen hatten.

Das deutsche Vakuum Am 24. Mai ist in Flensburg *Grossadmiral Dönitz,* Hitlers Nachfolger als deutsches Staatsoberhaupt, *samt seinen Ministern verhaftet* worden. Es sei ein Schattenkabinett gewesen, sagt man jetzt in London. Diese ‹Schatten› waren immerhin den Alliierten noch gut genug, um am 7. Mai einen der wichtigsten Verträge der Weltgeschichte, den bedingungslosen Waffenstillstand des Deutschen Reichs, gültig zu unterzeichnen. Ein rechtsgültiger Vertrag pflegt nicht rechtsungültig zu werden dadurch, dass nachträglich einer der Unterzeichner aus irgendeinem Grunde eingesperrt wird. Aber in der politisch-moralischen Zone, die jenseits der rein juristischen liegt, gereicht es der Kraft eines Vertrages natürlich nicht gerade zur Stärkung, wenn der eine Kontrahent sich beeilt, den andern zu disqualifizieren, insbesondere, wie man gestern in einem Londoner Bericht las, unter ‹Demütigungen, die man deutschen Offizieren wohl absichtlich beifügte›. Man habe, so las man weiter, die Regierung Dönitz genau so lange im Amte belassen, als man sich ihrer bedienen wollte, um sie nachher nach dem Grundsatz ‹Der Mohr hat seine Schuldigkeit getan; der Mohr kann gehen› zu liquidieren; man habe absichtlich den Eindruck erweckt, als ob sich in und um Flensburg ein Fleck Reichsgebiet befinde, um wichtige Nazis in diese Falle hineinzulocken, und man habe sich Dönitzens Autorität bedient, um bei den deutschen Unterseebootskommandanten die Kapitulationsorder durchzusetzen. Es habe sich ganz einfach ‹um eine Art erklärlicher Kriegslist› gehandelt. Kriegslist *nach* dem Krieg!

Vollständig überzeugt sind wir allerdings nicht, dass eine so subtile Gerissenheit bei den Angelsachsen gewaltet hat. Die Vermutung liegt nicht ganz fern, dass das vorläufige Gewährenlassen des Dönitzregimes einfach ein Produkt der Ratlosigkeit war. Überrumpelt von der noch nicht so früh erwarteten deutschen Gesamtkapitulation musste man sich mit dem status quo zunächst abfinden, um

Zeit zur Überlegung zu gewinnen. Die Überlegung hat nun stattgefunden und hat in negativer Richtung ein Ergebnis gehabt: es erwies sich als politisch unmöglich, auf die Dauer mit einer deutschen Staatsgewalt zu kutschieren, deren einzige Legitimität auf dem Segen des sterbenden Hitler beruhte. Ob die Bedenkfrist von zweieinhalb Wochen auch zum Fassen *positiver* Entschlüsse über die Behandlung Deutschlands hingereicht hat, bleibt abzuwarten. Vorläufig hat man eher den Eindruck, als ob nun für kürzere oder längere, ja vielleicht für *sehr* lange Zeit ein politisches Vakuum eingetreten sei.

Mittlerweile wird, was staatspolitisch noch unbestimmbar ist, militärpolitisch von den kommandierenden Generälen in den verschiedenen *Besetzungszonen* verfügt. Die Abgrenzung dieser Zonen kennt man offiziell noch nicht. Die in der neuesten Nummer der ‹Schweizer Illustrierten Zeitung› auf Grund zuverlässiger Informationen mitgeteilte Zonenkarte wird man, wenn der Exchange-Bericht im gestrigen Abendblatt über bevorstehende Änderungen richtig ist, kaum schon als endgültig betrachten können. Aber ein Eindruck wird sich kaum ändern: die russische Zone bildet ein geschlossenes Ganzes, während von den Besetzungsgebieten der andern Alliierten jedes für sich einen unorganischen Torso darstellt. ‹Ostelbien› nebst Zubehör, das sich die Russen gesichert haben, ist nicht nur ein geographischer, sondern auch ein kultureller und wirtschaftlicher Begriff. Das kann, wer Deutschland kennt, den andern Zonen als solchen wirklich nicht nachrühmen.

Um über die Zweckmässigkeit oder Unzweckmässigkeit der Abgrenzungen urteilen zu können, müsste man den Besetzungszweck selbst kennen. Steht ein solcher überhaupt über die rein militärische Sicherung hinaus einheitlich fest oder konkurrieren verschiedene Tendenzen und widersprechen sie sich sogar? Es kann angenommen werden, dass alle Alliierten Wiedergutmachungen für ihre Kriegsschäden in möglichst hohem Betrage erstreben, und dass dabei die Russen die relativ besten Chancen haben. Ihre Zone ist vorwiegend Agrargebiet, ‹die Korn- und Kartoffelkammer des deutschen Reichs›. Äcker sind weniger bombenempfindlich als Fabriken, können also rasch wieder gute Erträge liefern, wenn man die Bauern nicht allzu sehr plagt, was die Russen aus eigenen Erfahrungen wissen. Zudem ist das industrielle Hinterland Ostelbiens,

Oberschlesien und andere polnische Industriebezirke, verhältnismässig gnädig davongekommen. Einen mächtigen Reparationsvaleur stellen auch die paar Millionen deutscher Arbeitssklaven dar, die die Russen im eigenen Lande zu verwenden gedenken, wenn die dadurch konkurrenzierte einheimische Arbeiterschaft es auf die Dauer dulde!

Bei den Angelsachsen stehen sublimere Besetzungszwecke mehr im Vordergrund als der rein materielle Schadenersatz. Der naivere Teil des Publikums freut sich auf die Hatz der Kriegsverbrecher. Die etwas tiefer und weiter denkenden Elemente ventilieren das Problem, ob und wie der moralische und politische Seuchenherd im Zentrum Europas durch das Besetzungsregime saniert werden könnte, so dass schliesslich ein zuverlässig demokratisches Deutschland Gewähr gegen das Abenteuer eines dritten Weltkriegs bieten würde (vorausgesetzt, dass es sonst niemanden nach diesem Abenteuer gelüstet). Die Methoden, die für diesen Sanierungszweck vorgeschlagen werden, beschränken sich aber ganz bedenklich auf *äusserlich* erzwingbares und organisierbares: Goebbelsklimbim ohne Goebbelsraffinement mit Film, Orchester und Radio. Über das an sich wirksamste Mittel zur Beeinflussung der Meinungsbildung eines Volkes, die Presse, las man im gestrigen Abendblatt:

> «Die derzeitige Zeitungspolitik wurde durch das alliierte Hauptquartier einheitlich festgelegt und basiert auf den Grundlagen: Hervorhebung der *Kriegsschuld der Nazis und des deutschen Volkes im allgemeinen und Unterstreichung der alliierten Gerechtigkeit und Fairness gegenüber den Deutschen*.»

Man glaubt also anscheinend, den Durchschnittsdeutschen geistig gewinnen zu können, wenn man ihm einpaukt, auch er selbst, das deutsche Volk im allgemeinen, nicht nur die Nazis, trügen die Kriegsschuld, und wenn man vor einem verbombten und halbverhungerten Publikum die Fairness der Alliierten preist. Die Begründung solcher Sprüche mag objektiv richtig oder falsch sein, auf keinen Fall sind sie psychologisch brauchbar. Das Gleiche gilt bei den Schulungsplänen für die besonders schwierige deutsche Jugend. Wo der Deutsche auch nur eine Spur von ‹Feindeinwirkung› wittert, wird er sich sperren, wird sogar genau das Gegenteil glauben von dem, was man ihm beibringen will. Einigen Glauben könnte er nur einer Presse entgegenbringen, die im Rahmen des Vernünftigen frei ist, die auch meckern darf. Die Erziehung zur Demokratie ist nur möglich *durch* Demokratie. Und Demokratie ohne Pressefreiheit gibt es nicht.

Die Russen gehen in ihrer Zone einfacher vor, und wohl auch erfolgreicher. Mit Bekehrung der Seelen mühen sie sich vorerst nicht ab. Der Menschenfang – ‹Erledigung› unerwünschter Elemente – ersetzt ihnen den Seelenfang. Aber diejenigen Deutschen, die sie dulden und in ihren Dienst stellen wollen, irritieren sie nicht durch eine Busspropaganda, sondern werden sie langsam, aber sicher durch in der Gefangenschaft ‹umgeschulte› deutsche Nazis wickeln. Und dazu erwerben sie sich durch gut rationierte geistige Zuckerbrötchen das wachsende Vertrauen harmloser Deutscher, die am administrativen Kollaborationismus Sauerbruchs und am künstlerischen Furtwänglers ihre Freude haben, während unsere Sauerbruch- und Furtwänglerfresser in der Schweiz laut oder leise schluchzen.

Die angelsächsischen Alliierten haben natürlich keine Möglichkeit, ihren deutschen Schutzbefohlenen zu beweisen, wie die russischen Methoden in Wirklichkeit sind und worauf sie hinausgehen. Ein gewisser Burgfriede muss gewahrt bleiben, solange die Allianz dauert. Sollte sie aber schliesslich in die Brüche gehen und gar in Krieg umschlagen, so werden die Russen von einem in ihrem Sinne gleichgeschalteten Ostelbien aus starten und einen gesicherten Rücken haben, während die Angelsachsen sich in ihren Zonen noch immer mit der Bekehrung der Deutschen abmühen und die Erhebung eines Maquis fürchten müssen. Ein Grund mehr für die Annahme, dass die Angelsachsen sich noch sehr viel von den Russen gefallen lassen und ihrerseits alles tun werden, um die momentanen Differenzen nicht kriegerisch ausarten zu lassen.

Ende der schweizerischen Pressezensur

Samstag/Sonntag, 2./3. Juni 1945 (1. Beilage)

Am 29. Mai hob der Bundesrat die wesentlichen Bestimmungen über die Pressezensur der Kriegszeit auf.

Eine Reminiszenz In diesen Tagen, da die Schweizerpresse freudig von der *Zensur* Abschied nimmt, taucht in mir die Erinnerung an deren Anfänge auf. Sie war nicht plötzlich in ihrer ganzen Vollkommenheit da wie die Pilze nach einer sommerlichen Regennacht. Sondern sie ist allmählich erwachsen auf dem Grund der ersten bundesrätlichen Vorschrift vom 8. September 1939. Im Laufe des anschliessenden Winterhalbjahres wurde sie immer spürbarer. Für meinen Geschmack wurde sie erst unter den Mailüfterln ganz entschieden zu dick. Damals habe ich als rein persönliches pro memoria im Tagesbericht vom 18. Mai 1940 ein für die gestrengen Herren in Bern nicht wahrnehmbares *Akrostichon* angebracht, indem ich die acht Abschnitte wie folgt beginnen liess.

Man hat den Eindruck ...
Aber zum Neutralbleiben ...
Unter den Motiven ...
Lässt man diese ...
Kommen somit zurzeit ...
Ob alle diese Erwägungen ...
Ratschläge an die Balkanstaaten ...
Bei uns zu Lande ...

Liest man die Anfangsbuchstaben von oben nach unten, so kommt das Wort ‹*Maulkorb*› heraus. Das ‹Kind im Manne› hatte seine stille Freude und ertrug dann geduldig die folgenden fünf Zensurjahre. Sie waren unangenehm, wenn auch nicht gerade so schrecklich, wie sie nach unsern Befürchtungen vom Mai 1940 hätten werden können. Man konnte noch so ziemlich schreiben, *was* man wollte, aber allerdings sehr oft nicht, *wie* man es gerne gewollt hätte. Gut, dass der Spuk nun vorüber ist! Zum Schluss seien freundliche Leser noch gewarnt, ihre Zeit mit dem Fahnden nach ähnlichen Akrosticha in meinen Tagesberichten zu vergeuden. Ich habe sonst nie ein solches verbrochen.

Labour besiegt Churchill
Samstag/Sonntag, 28./29. Juli 1945

Am 24. Juli fanden in England die Unterhauswahlen statt und brachten der Labourpartei einen vollen Sieg über die Konservativen.

Nach den englischen Wahlen Das Ergebnis der Unterhauswahlen ist ein prächtiger Sieg der *Labour-Partei*. Sie hat die Zahl ihrer Sitze von 163 auf 390 erhöhen können, und auch ihre Wählerzahl hat sich, wenn auch bei weitem nicht im gleichen Verhältnis, verstärkt, von 8,3 Millionen auf 12 Millionen, von 38 auf 47 Prozent. Jedenfalls aber hat sie eine starke, absolute Mehrheit im Unterhaus, 390 von 537 einstweilen besetzten Mandaten, und kann somit die volle Verantwortung für die Staatspolitik übernehmen. Das *ist* das britische Wahlresultat. Dagegen *ist es nicht* eine ‹englische Revolution›, auch nicht eine ‹stille Revolution›, wie sich laut Reuter ‹alle englischen Zeitungen› ausdrücken. Mit 12 von 25 Millionen Wählern macht man in einem demokratischen Staate noch keine Revolution, selbst dann nicht, wenn die Partei, die die Konservativen geschlagen hat, nicht selbst in ihrem Hauptbestand so ‹konservativ› wäre wie die englischen Labourleute. Das Gerede von der Revolution ist töricht, und, weil wir gerade bei törichtem Gerede sind, müssen wir ebenso auch die Behauptung bezeichnen, die englischen *Liberalen* seien ‹massakriert, um nie wieder aufzustehen›. Ihr Gesamtharst hat von 1935 auf 1945 von 2,3 auf 3,0 Millionen Stimmen *zugenommen* und ihr Anteil an der ganzen Wählerschaft von 10,5 auf 12 Prozent. So wird eine geistig regsame Minderheitspartei nicht massakriert; aber parlamentarisch ist sie allerdings übel an die Wand gedrückt worden: sie hat von ihren 54 Sitzen 30 verloren. Beim Proporz jedoch hätte sie ein paar Mandate gewonnen. Aber der herrscht eben in England nicht, und darum bekommen die kleineren Parteien unerbittlich ‹die Tücken des Majorzes› zu spüren. Die grossen und grössten Parteien dagegen profitieren nach dem Grundsatz ‹Wer da hat, dem wird gegeben›, bald die Konservativen, bald Labour. Das wird sich nicht so bald ändern, solange man in England nicht ein Parlament haben will, das die Stärkeverhältnisse der Parteien im Volk widerspiegelt, sondern eines, das die Politik einer Weltmacht kraftvoll zu decken hat.

Der Hauptgrund des grossartigen Sieges der Labour-Partei liegt wohl darin, dass sich diese mit gutem Instinkt auf diejenige Frage einstellte, die den Durchschnittswähler heute am meisten interessiert: welche Regierung wird am besten dafür sorgen, dass ich es nach den Nöten der Kriegszeit recht gut habe? Er hält den Krieg für restlos gewonnen, auch den fernöstlichen, und denkt also nur noch an die kommende Nachkriegszeit. Darum hat er sich Labour anvertraut, und Labour hat nun die schwere Verantwortung dafür zu übernehmen, dass dieses Vertrauen nicht getäuscht wird. Die Macht dazu ist ihm gegeben, soweit die Nachkriegswirtschaft überhaupt ein politisches Machtproblem sein kann.

Über die Wirkungen des politischen Umschwungs auf die britische *Aussenpolitik* wird viel gewerweisst. Aber dabei ist nicht zu vergessen, dass diese traditionsgemäss bei allem Wechsel der Regierungen mindestens ebenso sehr, wenn nicht noch mehr, dirigiert wird von der grande muette, der permanenten Hierarchie des Foreign Office. Es ist abzuwarten, ob diese die Prophezeiung, es werde nun wuchtig gegen die ‹Reaktionäre› in Griechenland, Spanien und anderwärts losgezogen werden, erfüllen will und – kann. Russische Mittelmeerpolitik wird auch ein sozialistisches Kabinett nicht treiben, auch schwerlich eine Empire-Politik die zum völligen Abfall Ostindiens führt. Ob die Hoffnungen, die die Juden auf die Palästina-Politik Labours setzen, jetzt eine starke Chance bekommen? Oder wird die Rücksicht auf die für das britische Reich hochwichtige arabische Welt nach wie vor den Ausschlag geben?

Dass, wie es nun festzustehen scheint, Churchill und Eden nicht mehr an die Potsdamer Konferenz zurückkehren werden, hat für die Weltpolitik kaum eine sehr grosse Bedeutung. Ihr Mitreisen im Gefolge Attlees wäre ein beau geste gewesen, aber offenbar trop beau für diese unvollkommene Welt. Die Führung der angelsächsischen Sache in Potsdam hat jetzt ohnehin Präsident Truman übernommen. Sein Werk ist die feierliche amerikanisch-britisch-chinesische *Aufforderung an Japan*, sich bedingungslosen zu übergeben. Mehr oder weniger ‹bedingungslos›! Die Fassade von Casablanca wird dabei respektiert. Aber die Hauptbedingung, die Japan zu stellen hätte, die *Erhaltung seiner Souveränität im Mutterlande*, ist fein säuberlich in die Bedingungslosigkeit eingewickelt. Das ist der grosse Unterschied zu der wirklich bedingungslosen Kapitulation, die

Grossadmiral Dönitz hat unterschreiben müssen; dabei wurde kein Deut von Souveränität vorbehalten. Uns scheint, dass die Aufforderung der ABC-Mächte, so hart sie klingt, doch eine Verständigungsbasis werden könnte. Attlee wird sich bei der weiteren Behandlung des Fernost-Problems kaum sehr intransigent zeigen. An seinem Wahlerfolg ist ja die englische Volkshoffnung auf baldige Vervollständigung des Weltfriedens durch einen Waffenstillstand in Ostasien stark beteiligt.

Winston Churchill würde zu allem, was den Fernostkrieg rasch und möglichst verlustlos beenden kann, wohl auch seinen Segen gegeben haben. Er war trotz seiner immensen Energie, die die Sache der Alliierten gerettet hat, nie einfach ein ‹war lord› und kann darum ruhig das Urteil der Weltgeschichte über seine fünfjährige Amtsführung abwarten. Er braucht auch nicht über den ‹Dank der Republik› zu grollen, den ihm nun die englische Wählerschaft gezollt hat, indem sie ihn stürzte. Ihm persönlich galt ja das Volksverdikt nicht. Es bezog sich nicht auf die abgelaufene Staatsleistung im Kriege, für die er verantwortlich ist, sondern auf die zukünftige im Frieden. Damit hat sich das Volk eine These zu eigen gemacht, die kein anderer als Churchill selbst schon in der Zwischenkriegszeit formuliert hat, damals im Hinblick auf Clemenceau: *die Männer, die den Krieg durchgeführt haben, sollen nachher nicht auch den Frieden durchführen wollen!* Es kommt nun darauf an, ob die Nachfolger bei der Friedensdurchführung so viel Genie entwickeln wie Winston Churchill bei der Kriegsdurchführung.

Sommerliche Verständigung
Samstag/Sonntag, 4./5. August 1945

In neuer Zusammensetzung – Truman ersetzte den verstorbenen Roosevelt und an Churchills Stelle erschien nach dessen Sturz sein Nachfolger Attlee – tagten die Grossen Drei in Potsdam. Ihr Communiqué vom 2. August liess an eine durchgehende Verständigung glauben.

Das Ergebnis von Potsdam Die *Dreierkonferenz von Potsdam* ist friedlich verlaufen und friedlich zu Ende gegangen, weil, wie das Schlusscommuniqué zeigt, die angelsächsischen Grossmächte im wesentlichen der Sowjetunion nachgegeben haben. Auf den Gebieten, wo sie sich nicht zum Nachgeben entschliessen konnten, hat die Sowjetunion nicht etwa ihrerseits nachgegeben; solche Fragen wurden einfach offen gelassen. Nicht ein Produkt des Streites, sondern allseitiger sachlicher Erwägung scheinen die administrativen Regelungen für Deutschland zu sein. Ihre interessanteste Tendenz ist die völlige Ablehnung des innerdeutschen Separatismus, der in Bayern seine Hochburg hatte. Wer Deutschland ergiebig ausquetschen will, muss es gesamthaft unter die Presse nehmen, nicht partienweise. Die Aufteilung des Reichs in Besetzungszonen wird trotz einigen in Potsdam beschlossenen Überbrückungsmassnahmen ohnehin noch auf lange Zeit hinaus eine rationelle Gesamtbewirtschaftung genug erschweren.

Die Einleitung des Communiqués betont die Zuversicht der Grossen Drei, «dass ihre Regierungen und Völker gemeinsam mit den andern Vereinigten Nationen die Schaffung eines *gerechten und dauerhaften Friedens* sicherstellen werden».

Ob die in Potsdam angebahnte Friedensregelung gerecht sein kann, ist ein Problem der politischen Metaphysik, das zu erörtern wir uns wohlweislich hüten. Man kann ja hundert Gründe für und gegen die Verantwortlichmachung eines ganzen Volkes für das verbrecherische Wirken seiner führenden Hazardspieler geltend machen. Unabhängig von allen solchen Versuchen ist die weltgeschichtliche Tatsache, dass – höhere Gerechtigkeit hin oder her – noch nie ein geschlagenes Volk sich der Busse hat entziehen können. Horaz behält immer Recht. «Quidquid delirant reges, plectuntur Achivi» (Jeglichen Wahn-Witz der Fürsten, die Griechen, sie müssen ihn büssen). Wenn man überhaupt strafrechtliche Begriffe in die internationale Politik hineintragen will, kann es höchstens durch Heranziehung der modernen These geschehen, dass jegliche Strafe Besserung erreichen soll.

Damit kommt man aber schon auf das zweite Lob, das die Grossen Drei ihrem Potsdamer Produkt spenden: ihr erstrebter Friede soll *dauerhaft* werden. Dauerhaft auf lange Sicht kann eine Friedensregelung nur sein, wenn ihr Objekt, das geschlagene Volk, sich ‹bessert›, und zur Besserung gehört die ehrliche Überzeugung, dass man nach Überwindung der ersten Schwierigkeiten ein nationales Leben leben kann, das wert ist, gelebt zu werden. Nach unserm Laienurteil wird sich diese Überzeugung nicht erreichen lassen, wenn das Potsdamer Programm durchgeführt wird. Es ermöglicht dem deutschen Volk für die nächste, aber auch für eine fernere Zukunft kein lebenswertes Leben, sondern nur eine materielle und kulturelle Hungerexistenz.

Daran ist die Antinomie schuld, dass gleichzeitig ein enormer Reparationsertrag *und* die wirtschaftliche Kastration Deutschlands erstrebt wird. Entweder – oder! Beides lässt sich nicht zugleich erreichen. Einerseits soll das verbleibende Reichsgebiet entindustrialisiert und in ein bescheidenes Agrarland verwandelt werden. In einem gestrigen ‹Exchange› Telegramm aus London las man die zutreffende Feststellung britischer und alliierter diplomatischer Kreise, ‹dass praktisch der Plan Morgenthau – wenn auch nicht in seiner ganzen Schärfe – verwirklicht worden ist›. Wenn doch wenigstens dieses Agrarland landwirtschaftlich auch nur einigermassen potent wäre! Aber gerade die ergiebigsten Getreide- und Kartoffelbauzonen werden ihm ja zugunsten Polens weggenommen. Und in das verbleibende Reichsgebiet sollen Millionen und aber Millionen von deponierten Ostdeutschen hineingepumpt und daselbst miternährt werden! Dafür, dass sie sich nicht schliesslich doch industriell betätigen und den Plan Morgenthau illusorisch machen, sorgt die Abschleppung der Maschinenausrüstung nach Russland und Polen, die in Potsdam sogar auf angelsächsisch besetzte Reviere ausgedehnt worden ist, und sorgt namentlich die Lähmung der Grossindustrie, die auf alle Zukunft hinaus unter der Parole ‹Vernichtung des deutschen Kriegspotentials› vorgesehen ist. Deutschland wird weder Krieg führen, noch friedlich existieren können. Es müsste denn ein deutscher oder fremdländischer Hexenmeister auftauchen, der die Quadratur des Zirkels beherrscht!

Man kommt bei der Lektüre des Potsdamer Programms, so wie es einstweilen vorliegt, nicht um den Eindruck herum, dass im Hintergrund nicht nur die Absicht gewartet hat, dem Reich seine mit Recht gefürchteten militärischen Krallen zu beschneiden, sondern dass auch der Wille stark mitgewirkt hat, den Siegerstaaten auf dem Weltmarkt der Friedensgüter eine unangenehme Konkurrenz fernzuhalten, entgegen dem Grundsatz der Atlantik-Charta vom freien friedlichen Wettbewerb der Nationen. In der Reparationsrechnung ist aber das enorme Aktivum, das den Siegermächten durch die Verunmöglichung der Konkurrenzierung durch Deutschland zufällt, ganz vergessen worden. Wenn der Konkurrent Deutschland für ein halbes oder ganzes Jahrhundert verschwindet, so ist das doch eigentlich der denkbar stärkste Reparationsfaktor, der Milde auf andern Gebieten gerechtfertigt hätte. Es scheint nicht, dass die britischen Labour-Leute, die den Plan von Potsdam begrüssen, dies bedacht haben.

Dafür haben sie ihre Freude an dem Fusstritt, den es in Potsdam für die Franco-Regierung in Spanien abgesetzt hat. Dieser Diktaturstaat wird von der Weltorganisation von San Francisco ausgeschlossen. Ob das ein ursprünglicher Programmpunkt der Konferenz war? Eigentlich kann man ja schon in der Weltcharta lesen, wer aufnahmefähig sein soll, und laut Artikel 4, Absatz 2, ist zum Entscheid über Aufnahmefragen die Generalversammlung auf Empfehlung des Sicherheitsrates zuständig. Also nicht die Potsdamer Drei, von denen zwei die Charta selbst noch nicht einmal ratifiziert haben! Aber die Diskriminierung Francos ist nun einmal grosse Mode und könnte dem Mann und seinem Regiment leicht den Kragen kosten. Seitdem er nicht mehr mit der Gestattung des deutschen Durchmarschs nach Nordafrika drohen kann, ist er Freiwild geworden. Churchill mag noch gefunden haben, es gebe wichtigere Mittelmeersorgen für England als die Radikalisierung Spaniens, die leicht zur Bolschewisierung werden könnte. Attlee findet das vielleicht auch. Aber er war es seiner Popularität schuldig, den Skalp Francos seinen Leuten als Reisekram von Potsdam mitzubringen. Die übrigen Potsdamer Errungenschaften werden seiner jungen Regierung mehr zu denken geben.

Rückblick des Verfassers

Samstag/Sonntag, 22./23. September 1945

Der Verfasser benützte seinen 70. Geburtstag vom 21. September zu einer Rückschau auf seine berufliche Tätigkeit.

Vom eigenen Schaffen Darf ich ausnahmsweise einmal einen Tagesbericht mit dem Wörtlein ‹Ich› anfangen? Die stille Zustimmung meiner Leser vorausgesetzt, sei mir gestattet, zu beginnen: Ich habe zu meinem siebzigsten Geburtstag viele freundliche Briefe bekommen, und manche davon berühren meine Tagesschriftstellerei an dieser Stelle. Darum möchte ich einmal ein wenig von dieser plaudern.

Vorweg muss ich leider feststellen, dass im allgemeinen das Wissen derjenigen Journalisten, die sich bei uns mit der Politik des Auslands zu befassen haben, beträchtlich überschätzt wird. So auch das meinige. Wir sind in der Regel nicht viel besser informiert als unsere Mitbürger aus andern Berufen, die täglich eine Stunde Zeit haben, auf der ‹Allgemeinen Lesegesellschaft›, oder wie all die ähnlichen Institutionen in den grösseren Städten heissen mögen, zu sitzen und Zeitungen zu lesen. Auch *unsere* normale Wissensquelle sind ja die Zeitungen. Als diese in der Kriegszeit gar zu unergiebig wurden, mussten wir uns Ersatz schaffen und wussten deshalb relativ und quantitativ ziemlich viel, wurden aber auch mehr angelogen als andere Leute. Und wenn wir ab und zu einmal überzeugt sein durften, besonders gute Informationen zu besitzen, waren sie oft nicht oder wenigstens nur indirekt für unsere Artikel verwertbar, weil man gerade die besten Quellen nicht verraten durfte und der skeptische Schweizer anonymen Zeugnissen nicht traut.

Der skeptische Basler erst recht nicht! Ich habe hin und wieder gezweifelt, ob unsere Stadt zum Gewinnen und Verwerten von aussenpolitischem Wissen der richtige Ort sei. In Bern, Genf und besonders in Zürich wird man ausgiebiger belehrt und bekehrt. Aber diese Ausgiebigkeit ist ja nicht immer nur erspriesslich für das Produkt, das schliesslich im eigenen Kopf und in der Zeitung entsteht. Also war ich am Ende doch nicht unglücklich, in Basel festzusitzen und nicht sehr oft die Nase zum Fenster hinaus strecken zu können. Getröstet hat mich dabei die Erinnerung an junge Jahre, in denen ich mir auf Reisen die Winde fremder Länder, so oft ich konnte, um die besagte Nase habe wehen lassen. Besonders bin ich zeitlebens dankbar, dass ich mich auch ausserhalb Europas auf je zwei längern Reisen und Studienaufenthalten im vordern Orient und in Nordamerika habe umsehen können. Manchmal kommen einem bei der Tagesarbeit solche Erinnerungen zu Hilfe, manchmal auch der noch viel verstaubtere Schulsack aus schweizerischen und deutschen Studentenjahren. Leider muss ich das bemühende Bekenntnis anschliessen, dass ich in meinen alten Tagen viel zu wenig zum Lesen zeitgenössischer politischer Bücher komme. Die dazu nötige Lehnstuhl-Musse, von der ich einst geträumt habe, ist mir noch immer nicht zuteil geworden.

Aber desto mehr freut es mich, dass ich während zwei Jahrzehnten an unzähligen Völkerbundstagungen und manchmal auch an andern internationalen Treffen in lebendigstes politisches Leben habe hineinschauen können. Wie viel wichtiges Personal aus der ganzen Welt habe ich bei diesen Gelegenheiten kennen gelernt, teils beim Anhören seiner offiziellen Reden, teils bei intimeren Unterhaltungen! Mit ‹Interviews› habe ich allerdings nie jemanden geplagt, mich auch nicht. Je höher der Herr steht, an den man sich zu diesem Zweck heranmacht, desto leerer pflegen in der Regel seine Worte zu sein, wenn er weiss, dass man sie gleich in die Zeitung bringen wird. Aber ich denke gerne an jeden Kopf, dessen Züge ich mir unter vier Augen einprägen konnte, oder auch ungern, wehmütig; denn etliche dieser Köpfe sind seither gerollt oder wackeln heute ganz unheimlich, verdienter- oder unverdienterweise.

Was ist bei alledem herausgekommen? Politischer Einfluss? Vermutlich weniger, als wenn ich bei meiner ersten Liebe, der Innenpolitik, geblieben wäre, an die mich mein Temperament im ersten journalistischen Jahrzehnt gefesselt hat. Ich bin von ihr, anfänglich fast unbewusst, abgerutscht und bin ihr erst seit anderthalb Jahrzehnten durch mein Nationalratsmandat wieder näher gekommen, also nicht von Berufs wegen. Ich bin Leitartikler für auswärtige Politik geblieben und habe etliche tausend Tagesberichte geschrieben, in friedlichen und in kriegerischen Zeiten. Etwa ein halbes Tausend davon habe ich während nasser Ferientage im August dieses Jahres zu einem bestimmten Zweck wieder durchgelesen. Diese Wiederkäuerei war kein reines Vergnügen. Wieviel Flugsand habe ich doch produziert, produzieren *müssen*, weil einen der Tag an das Tagesinteresse bindet! Also zum Beispiel: mindestens ein Jahr lang an das Problem, ob, wo und wann die europäische Kontinentalinvasion der Alliierten losgehen werde, oder mehrmals ein paar Monate lang die Frage, ob die jeweiligen Grossen Drei demnächst wieder zusammenkommen müssten, weil genug oder mehr als genug dringlicher und peinlicher Stoff sich angestaut habe. Dergleichen nimmt die verehrliche Leserschaft wunder und nimmt einen selbst auch wunder. Aber was bleibt davon an dauerndem Wert, wenn die Entscheidung einmal gefallen ist? Ein Schuster, der ein anständiges Paar Stiefel bestellt hat, mag von seiner Leistung besser befriedigt sein.

Aber: «Nur die Lumpe sind bescheiden», sagt der mit Recht so beliebte Herr von Goethe. In *einer* Beziehung glaube ich doch etwas Rechtes geleistet zu haben, wenn es auch nicht sehr positiv aussehen mag. Ich meine das fast tägliche Kleingefecht gegen die Infektion unseres Leserpublikums mit fremdem Gedankengut, plumpem und feinem. Die Zeitungen sind keine chinesische Geistesmauer, wenigstens in demokratischen Landen nicht. Darum können sie den ausländischen Informationsstoff nicht einfach unterdrücken und können also auch nicht verhindern, dass dessen manchmal bis zu 99 Prozent propagandistischer Gehalt geschluckt und verdaut wird und schliesslich in den heimischen Blutkreislauf und ins Gehirn übergeht. Oft wird dieser gefährliche Prozess unterbrochen, weil sich in seinem Verlauf die fremden Propaganden gegenseitig kompensieren und dadurch entgiften. Aber bei weitem nicht immer. «Man hat Beispiele von Exempeln ...!» Also müssen wir uns redlich bemühen, erstens einmal den eigenen Kopf immun zu erhalten und zweitens in unseren Kommentaren den Lesern die nötigen Dosen immunisierender Stoffe zu verabreichen. Sonst werden – besonders in Kriegs- und Krisenzeiten – die einigermassen anfälligen unter diesen so breit- und weichgeklopft, dass es nicht mehr schön ist. Gegner des Zeitungswesens sprechen manchmal von ‹Giftküchen›. Ich habe mir alle Mühe gegeben, ein ‹Gegengiftkoch› zu werden und auch unter dem Zensurregime ein solcher zu bleiben, und meine Unbescheidenheit besteht darin, dass ich glaube, dass sei mir einigermassen geraten.

Dabei ist mir wohl bewusst, dass das Metier des Gegengiftkochs für den Ausübenden auch seine Gefahren hat, besonders leider mit zunehmendem Alter. Wenn man jahre- und jahrzehntelang an alles, was einem das Ausland einpauken will, mit der Devise herangeht «Lass dich nicht verblüffen!», so kann man sich schliesslich einer gewissen beruflichen Deformation nicht entziehen und neigt immer mehr zu allzu kategorischer, nicht auf genügender Prüfung beruhender Ablehnung. Für Leute meines Alters ist es ganz interessant, die ausländischen Kriegs- und Nachkriegspsychosen, die man zweimal ausgiebig miterlebt hat, miteinander zu vergleichen und verblüffende Parallelen des Ablaufs feststellen zu können. Aber irgendwo wird dieses Amusement bedenklich. Es gibt manchmal doch etwas Neues unter der Sonne, das man nicht verkennen sollte.

Darum ist es recht gut, dass unsereiner keinerlei Aussicht hat, hundert Jahre alt zu werden, auch wenn man, wie ich, mit meinen siebzig Jahren dank hervorragend gutem Schlaf und guter Verdauung sich noch ziemlich rüstig vorkommt. Nicht zu gedenken der noch viel wichtigeren Glücks- und Gottesgaben: der Freiheit, deren sich meine Berufsausübung erfreut, und des gemütlichen Heims, das sie im Hintergrund schützt! Ich habe es in dieser bösen Zeit im Vergleich zur grossen Mehrzahl meiner europäischen Kollegen so gut, dass ich mich wohl noch eine Zeitlang an den Laden legen kann.

Personenregister

Dieses Register enthält die Namen der Persönlichkeiten, die im geschilderten Zeitraum lebten und von Oeri erwähnt werden. Einige Namen fehlen, weil sie zur Zeit nicht fassbar sind.

A

Alexander, Harold (1891–1969)
Englischer Heerführer im 1. und 2. Weltkrieg, 1944 Feldmarschall, 1945 Oberkommandant im Mittelmeergebiet.

Alfons XIII. (1886–1941)
König von Spanien seit 1902, verzichtete 1931 auf den Thron, als Spanien republikanisch wählte. Exil in Italien bis zum Tod.

Antonescu, Jon (1882–1946)
Rumänischer Staatsmann, 1940 Regierungspräsident, trat dem Dreimächtepakt (Deutschland-Italien-Japan) bei und führte Rumänien in den Krieg, 1944 gestürzt, 1946 hingerichtet.

Asquith, Herbert (1852–1928)
Englischer Staatsmann, liberale Partei, Premierminister 1908 bis 1916.

Attlee, Clement (1883–1967)
Englischer Politiker, Labour-Partei. Premierminister im Juli 1945 dank Wahlsieg seiner Partei, vertrat Grossbritannien 1945 an der Potsdamer Konferenz.

Avenol, Joseph (1879–1952)
Französischer Politiker, Generalsekretär des Völkerbundes von 1933 bis 1940.

B

Badoglio, Pietro (1871–1956)
Italienischer General, führte den Krieg gegen Abessinien (1936). Im 2. Weltkrieg Marschall. Nach dem Sturz Mussolinis (Juli 1943) vom König mit der Regierungsbildung beauftragt, unterzeichnete im September 1943 die Kapitulation Italiens, dankte im Mai 1944 ab.

Ballin, Albert (1857–1918)
Deutscher Reeder, Freund des Kaisers Wilhelm II., versuchte erfolglos zwischen dem deutschen Kaiserreich und England einen Frieden zu vermitteln.

v. Bardossy, Ladislaus (1890–1946)
Ungarischer Politiker, 1940/41 Ministerpräsident, führte Ungarn an der Seite Deutschlands in den Krieg. Darum 1946 hingerichtet.

Barthélemy, Joseph (1874–1945)
Französischer Jurist.

Benesch, Eduard (1884–1948)
Tschechoslowakischer Professor der Nationalökonomie, 1918–1935 Aussenminister, 1935–38 Staatspräsident. 1938–1945 im Exil in den USA. 1945–1948 wieder Staatspräsident. Als Vertreter der tschechoslowakischen Republik im Völkerbund war Benesch oft ein Gespächspartner Oeris in Genf.

Beveridge, William (1879–1963)
Englischer Wirtschaftspolitiker, Mitglied des Parlaments. Der von ihm ausgearbeitete sog. Beveridge-Plan wurde die Grundlage der Sozialreformen in England nach dem Krieg.

v. Blomberg, Werner (1878–1946)
Deutscher General, 1933 Reichswehrminister, 1935 Oberbefehlshaber der Wehrmacht, 1938 verabschiedet wegen Differenzen mit dem NS-Regime.

Blum, Léon (1872–1950)
Französischer Politiker und Schriftsteller. Führer der Sozialisten. 1936/37 Ministerpräsident. 1940–1945 in deutscher Gefangenschaft.

Bonnet, Georges (1889–1973)
Französischer Politiker, 1938/39 Aussenminister. Vertreter der Vermittlungspolitik im Münchner Abkommen. Wegen Kollaboration mit der Besatzungsmacht nach 1944 von den politischen Ämtern ausgeschlossen.

Bor (Pseudonym für Tadeusz Komorowski), (1895–1966)
Polnischer General, leitete den misslungenen Warschauer Aufstand im August 1944, geriet in deutsche Gefangenschaft, da er von den Russen nicht unterstützt wurde und ging 1945 nach Amerika.

Botha, Louis (1862–1919)
Südafrikanischer Staatsmann, General der Buren im Krieg gegen England. 1910 Präsident der südafrikanischen Union.

v. Brauchitsch, Walter (1881–1948)
Deutscher Generalfeldmarschall, 1941 von Hitler abgesetzt, 1945–1948 Kriegsgefangener der Alliierten.

Briand, Aristide (1862–1932)
Advokat und Journalist. Französischer Staatsmann, seit 1905 im Parlament, mehrmals Ministerpräsident, suchte die Verständigung mit Deutschland; erhielt dafür 1926 den Friedensnobelpreis.

de Brinon, Fernand (1885–1947)
Französischer Politiker, Zeitungsredaktor, suchte Aussöhnung mit Deutschland. 1942 Staatssekretär der Regierung Laval. 1945 zum Tod verurteilt.

v. Buhl, Wilhelm (1881–1954)
Dänischer Ministerpräsident von Mai bis November 1942. Sozialdemokrat.

Byrnes, James (1879–1972)
Amerikanischer Aussenminister, vertrat als Berater Trumans die USA an der Potsdamer Konferenz im Juli 1945. Betrieb Versöhnungspolitik gegenüber Deutschland.

C

Cadogan, Alexander (1884–1968)
Englischer Diplomat, Vertreter Grossbritanniens im Völkerbund. 1938–1946 Unterstaatssekretär im Aussenministerium; formulierte mit seinem amerikanischen Kollegen Sumner Welles die Atlantik-Charta im August 1941.

Caviglia, Enrico (1862–1945)
Italienischer General im 1. Weltkrieg. Gegner des Faschismus, spielte nach dem Sturz Mussolinis eine wichtige Rolle, als er versuchte, Italien zu neutralisieren, d.h. weder alliierte noch deutsche Truppen in Italien zu dulden.

Cecil, Robert (1864–1958)
Englischer Diplomat; Anhänger der konservativen Partei. Mitglied der englischen Völkerbunddelegation. Erhielt 1937 den Friedensnobelpreis.

Chamberlain, Arthur Neville (1869–1940)
Stiefbruder von Austen Chamberlain, englischer Ministerpräsident 1937–1940, bemüht um eine friedliche Lösung der Spannungen mit Hitler. Oktober 1938 Münchner Abkommen. Nach dem Einmarsch der Deutschen in Polen erklärte er Deutschland den Krieg. Mai 1940 Rücktritt.

Chamberlain, Austen (1863–1937)
Englischer Aussenminister 1924–1929, vertrat eine versöhnliche Haltung gegenüber Deutschland, schuf mit Briand und Stresemann die Locarno-Verträge, 1925 Friedensnobelpreis.

Chiang Kai-Schek (auch Tsiang Kaichek geschrieben) (1887–1975)
Chinesischer General und Parteichef der nationalen Volkspartei
‹kuo-min-tang›, Sieger in der Revolution gegen das chinesische
Kaiserreich 1928, verlor den Bürgerkrieg gegen die Kommunisten
und ging 1949 nach Taiwan, wo er 1950 Staatspräsident wurde.

Christian X. (1870–1947)
König v. Dänemark von 1912 bis 1947. 1940 wurde sein Land ohne
Gegenwehr von der deutschen Armee besetzt.

Churchill, Winston (1874–1965)
Mehrmals englischer Ministerpräsident, Konservative Partei. Er ist
der Staatsmann, der England im 2. Weltkrieg zum Sieg der Alliierten führte; 1946 hielt er seine berühmte Rede in Zürich, in der er seine Ideen für einen dauerhaften Frieden in Europa verkündete.
(A. Oeri war unter den geladenen Gästen des Empfangs nach der
Rede.) Hervorragend ist sein monumentales Memoirenwerk ‹Der
zweite Weltkrieg›.

Ciano, Galleazzo (1903–1944)
Faschistischer Politiker, 1936 Aussenminister Italiens, Schwiegersohn Mussolinis. Da er am Sturz Mussolinis beteiligt war (Juli 1943),
wurde er im Januar 1944 wegen Hochverrats hingerichtet.

Clausen, Fritz (1893–1947)
Von 1933 bis 1944 Führer der dänischen nationalsozialistischen
Partei. 1945 interniert.

Clemenceau, George (1841–1929)
1871 sozialistischer Abgeordneter in der französischen Nationalversammlung. Journalist, 1906–1909 Ministerpräsident, 1917–1920
nochmals Ministerpräsident und Hauptverantwortlicher in den Friedensverträgen 1919. Harter Gegner Deutschlands.

Cooper, Duff (1890–1954)
Englischer Politiker, Konservative Partei. Kriegsminister 1935. Gegner des Münchner Abkommens von Chamberlain.

Cripps, Stafford (1889–1952)
Englischer Politiker, Labour-Partei. 1940–1942 Botschafter in Moskau, Minister in der Regierung Churchill.

Curzon, Georg (1859–1925)
Englischer Politiker, 1898–1905 Vizekönig von Indien. 1919–1924 Aussenminister.

D

Daladier, Edouard (1884–1970)
Mehrmals französischer Ministerpräsident, unterzeichnete das Münchner Abkommen 1938. 1940 verhaftet, 1943–1945 in Deutschland interniert. Nach dem Krieg wieder im französischen Parlament.

Darlan, François (1882–1942)
Französischer Admiral, seit 1939 Oberbefehlshaber der französischen Flotte. Mitglied der Vichy-Regierung; wechselte 1942 ins Lager der Alliierten. Am 24. 12. 1942 in Algerien ermordet.

Davies, Joseph-Edward (1876–1958)
Amerikanischer Diplomat, Berater des Präsidenten Wilson. Gesandter der USA in Moskau und Brüssel. Teilnehmer an den Konferenzen von Teheran (1943) und Potsdam (1945).

Dentz, Henry-Fernand (1881–1945)
Französischer General; nach 1940 Vichy-treuer Kommandant der französischen Armee in Syrien; deshalb 1945 zum Tod verurteilt, aber begnadigt.

Dibelius, Otto (1880–1967)
Deutscher evangelischer Theologe. Gegner des Nationalsozialismus. 1945–1966 Evangelischer Bischof von Berlin-Brandenburg.

Dietrich, Otto (1897–1952)
Nationalsozialistischer Politiker, Pressechef der NSDAP, 1949 verurteilt, 1950 aus dem Gefängnis entlassen.

Dollfuss, Engelbert (1892–1934)
1932–1934 Bundeskanzler Österreichs, errichtete 1934 einen ‹christlichen Ständestaat›, d.h. einen Staat, in welchem die Stände (Adel, Klerus, Arbeiterschaft) die Träger der Staatsgewalt sein sollten. Am 25. Juli 1934 wurde er von Nationalsozialisten ermordet.

Dönitz, Karl (1891–1980)
Deutscher Admiral, 1943 Oberbefehlshaber der Marine. Von Hitler 1945 zum Nachfolger bestimmt; unterschrieb die deutsche Kapitulation am 8. Mai 1945. Als Kriegsverbrecher zu zehn Jahren Gefängnis verurteilt. 1956 freigelassen.

Dumoulin de la Barthète (1900–1948)
Französicher Diplomat. 1940–1942 Kabinettchef der Regierung Pétain. Gegner der Kollaboration mit Nazideutschland. Nach seiner Entlassung französischer Botschafter in Bern.

E

Eden, Anthony (1897–1977)
Englischer Staatsmann, Parlamentarier der Konservativen Partei von 1923–1957. Mehrmals Aussenminister. 1955–1957 Premierminister.

Eisenhower, Dwight (1890–1969)
1942 Oberbefehlshaber der englisch-amerikanischen Armee. 1953–1961 Präsident der USA., Republikaner.

‹Erzi› Erzherzog Eugen (1863–1954)
Der habsburgische Erzherzog und Feldmarschall im 1. Weltkrieg lebte 15 Jahre (1919–1934) in Basel. Er fühlte sich hier wohl und wurde geschätzt.

Esteva, Jean-Pierre (1880–1951)
Französischer Admiral, 1940–1943 Kommandant der französischen Flotte in Tunesien, Vichyanhäger. 1945 zum Tod verurteilt, aber begnadigt.

F

v. Flotow, Hans (1862–1935)
Deutscher Botschafter in Italien im 1. Weltkrieg.

Franco, Francisco (1892–1975)
Spanischer General, errichtete nach dem Sieg im Bürgerkrieg von 1936–1939 eine faschistische Diktatur, verhinderte die Teilnahme Spaniens am zweiten Weltkrieg, bereitete die Einführung der Monarchie in Spanien vor.

Furtwängler, Wilhelm (1886–1954)
Deutscher Dirigent und Komponist, hatte eine zwiespältige Haltung gegenüber dem Nationalsozialismus.

G

Gajda, Radola (1892–1948)
Tschechoslowakischer Politiker und General. 1926 wurde er Führer der tschechischen Faschisten; 1939–1945 Mitglied der Protektoratsregierung. Nach dem Krieg als Kollaborateur verurteilt.

Gandhi, Mahatma ‹grosse Seele› (1869–1948)
Führer der indischen Freiheitsbewegung in der Form des gewaltlosen Widerstands. Am 30. Januar 1948 wurde Gandhi ermordet.

de Gaulle, Charles (1890–1970)
Französischer General, der nach der Niederlage Frankreichs 1940 den Krieg gegen Deutschland von England und den französischen Kolonien aus weiterführte. Nach der Befreiung 1944/45 wurde er Regierungschef; von 1958–1969 war er Präsident der fünften französischen Republik.

Gaus, Friedrich (1881–1955)
Deutscher Diplomat. Nach 1933 Berater Hitlers in Völkerbundsfragen und Unterstaatssekretär.

Georg V. (1865–1936)
König von Grossbritannien 1911 bis 1936.

Georg II. (1890–1947)
König von Griechenland seit 1922, mehrmals im Exil in England.

Girand, Henri (1879–1949)
Französischer General im 1. und im 2. Weltkrieg, floh aus deutscher Gefangenschaft nach Algier und schloss sich General de Gaulle an.

de Geer, Jan (1870–1960)
Holländischer Politiker. Mitglied der Christlich-Historischen Union, 1926–1929 und wieder 1939 Ministerpräsident . Seine Regierung beschloss im August 1939 die Generalmobilmachung. Im Mai 1940 Flucht nach London.

Goebbels, Joseph (1897–1945)
Natlonalsozialist der ersten Stunde, Leiter des Ministeriums für ‹Volksaufklärung› (Propaganda), Organisator der Judenverfolgung. Selbsmord am 11. Mai 1945.

Goering, Hermann (1893–1946)
Treuer Gefolgsmann Hitlers, 1933/34 preussischer Ministerpräsident, 1935 Kommandant der neu geschaffenen deutschen Luftwaffe. Im Nürnberger Kriegsverbrecherprozess zum Tod verurteilt. Selbstmord am 15. Oktober 1946.

Gort, John (1866–1946)
Englischer General, zeichnete sich schon im 1. Weltkrieg aus, befehligte im 2. Weltkrieg das englische Expeditionskorps in Frankreich und führte hervoragend die Evakuation der englischen Armee aus Dünkirchen im Mai/Juni 1940 durch. 1943 wurde er zum Feldmarschall befördert.

H

Haakon VII. (1872–1957)
König von Norwegen seit 1905. 1940–1945 im Exil in England. Würdigung im Tagesbericht vom 1. August 1942.

Hacha, Emil (1872–1945)
Tschechischer Politiker, 1938 Staatspräsident, 1939–1945 Präsident des Protektorates Böhmen. Hacha fügte sich dem Druck Deutschlands.

Haldane, Richard (1856–1928)
Britischer Politiker, liberales Mitglied des Unterhauses, 1905–1912 Kriegsminister, suchte vor dem 1. Weltkrieg die Verständigung mit Deutschland.

Halifax, Edward (1881–1959)
Britischer Staatsmann, konservativ. 1938–1940 Aussenminister, 1940–1946 Botschafter in den USA.

Hassel, Ulrich (1881–1944)
Deutscher Diplomat von 1932–1938. Botschafter in Rom. 1944 wegen Teilnahme an der Widerstandsbewegung hingerichet.

Hertzog, James (1866–1942)
Südafrikanischer Boerengeneral. 1924–1939 Premierminister Südafrikas, förderte die Politik der Rassentrennung.

Hess, Rudolf (1894–1987)
Nationalsozialist. Stellvertreter des Führers seit 1933. 1941 Flug nach England in eigener Initiative, dort interniert. Im Nürnberger Prozess zu lebenslänglicher Haft verurteilt.

Hitler, Adolf (1889–1945)
(auch ‹Osaf› = oberster SA-Führer)
Oeri hat eine kurze Biographie im Tagesbericht vom 5. Mai 1945 geschrieben.

Horthy, Miklas (1868–1957)
Ungarischer Admiral und Politiker. 1920–1944 sog. ‹Reichsverweser›, oberste Instanz im ungarischen Staat.

Hugenberg, Alfred (1865–1951)
Deutscher Politiker. Führer der Deutschnationalen Volkspartei, kurze Zeit Mitglied der ersten Regierung Hitlers. Über sein politisches Ende vgl. Tagesbericht vom 28. Juni 1933.

I

Ibarruri, Dolores (1895–1989)
gen. ‹La Passionaria›, spanische Kommunistin, 1939–1977 im Exil in Russland. 1977 Abgeordnete im spanischen Parlament.

v. Imredy, Bila (1891–1946)
Ungarischer Politiker, 1938/39 Ministerpräsident, führte Ungarn an die Seite Deutschlands. 1946 hingerichtet.

J

Jacob, Berthold (1898–1944)
Jüdischer Flüchtling, der in Strassburg lebte und von der Gestapo in Basel im März 1935 über die Grenze entführt wurde. Nach der Intervention des Bundesrates durfte Jacob in die Schweiz zurückkehren. Es war ein Sieg der Schweizer Diplomatie (Betr. Wesemann vgl. Buchstabe W)

Johnson, Lyndon (1908–1973)
Amerikanischer Politiker, 1963–1972 als Nachfolger Kennedys Präsident der USA.

Juan Carlos I. (geb. 1938)
Seit 1975 König von Spanien. Während des 2. Weltkrieges hiess er ‹Prinz von Spanien›.

K

Kallay, Nikolaus (1887–1967)
Ungarischer Ministerpräsident von 1942–1944. Von den Deutschen interniert, ging 1945 in die USA.

Keitel, Wilhelm (1882–1946)
Deutscher Oberbefehlshaber im 2. Weltkrieg, unterzeichnete 1945 die Kapitulation Deutschlands. Im Nürnberger Prozess zum Tod verurteilt.

Kemal, Pascha (Atatürk) (1881–1938)
Türkischer General im 1. Weltkrieg. 1923 Türkischer Staatspräsident, gründete die moderne Türkei, schaffte das Sultanat ab, führte die lateinische Schrift ein.

Kurusu, Saburo (1886–1954)
Japanischer Diplomat.

L

de Laurencie, Léon (1879–1958) [eigentlich Léon de La Laurencie]
Französischer General im 2. Weltkrieg. Nach der Niederlage Frankreichs 1940 im Dienst der Vichy-Regierung; mit der er sich aber überwarf (zu wenig deutsch-freundlich) und entlassen wurde.

Laval, Pierre (1883–1945)
Französischer Politiker, mehrmals Ministerpräsident. Im Oktober 1945 wegen Kollaboration mit Deutschland hingerichtet.

Leopold III (1901–1983)
König von Belgien von 1934 bis zum Verzicht auf den Thron 1940. Während des Krieges deutscher Kriegsgefangener.

Ley, Robert (1920–1945)
Deutscher nationalsozialistischer Politiker. Organisator der Gleichschaltung der Gewerkschaften. Selbstmord.

v. Liszt, Franz (1851–1919)
Deutscher Jurist, Strafrechtslehrer.

Lloyd George, David (1863–1945)
Englischer liberaler Politiker, 1916–1922 Premierminister, vertrat nach dem 1. Weltkrieg eine gemässigte Politik gegen Deutschland.

M

Macdonald, Ramsay (1866–1937)
Englischer Politiker, Mitbegründer der Labour-Partei, 1929–1935 Premierminister.

Maisky, Michailovitsch (1884–1975)
Sowjet- Diplomat und Historiker. 1929–1932 Gesandter in Finnland. 1932–1943 in England.

Maritain, Jacques (1882–1973)
Französischer Philosoph, Botschafter beim Vatikan.

Marshall, George (1880–1959)
Amerikanischer General im 2. Weltkrieg, 1947 Aussenminister und Schöpfer des Marschall-Plans für den Wiederaufbau des kriegszerstörten Europa.

Matsuoka, Josuke (1880–1946)
Japanischer Aussenminister in den Jahren 1940 und 1941.

Metaxas, Joannis (1871–1941)
Griechischer General und Politiker. Seit 1936 Ministerpräsident, kämpfte 1940 erfolgreich gegen die italienische Invasion. Eine ausführliche Würdigung im Tagesbericht vom 30. Januar 1941.

Miklas, Wilhelm (1872–1956)
Österreichischer Bundespräsident. Gegner des Anschlusses 1938 an Deutschland.

Mikolajczyk, Stanislaus (geb. 1901)
Polnischer Politiker. 1940 bis 1943 in der Londoner Exilregierung Polens Minister.
1947 Flucht in die USA.

Molotow, Michailowitsch (1890–1986)
Sowjetischer Politiker. Seit 1925 Mitglied des Politbüros, enger Mitarbeiter Stalins. Aussenminister 1930–1949 und 1953–1957. 1962 aus der Kommunistischen Partei ausgeschlossen.

Morgenthau, Henry (1892–1967)
Amerikanischer Politiker, 1934 bis 1945 Finanzminister. Er hat 1941 den Plan entworfen, aus Deutschland, nach dem Sieg der Alliierten, einen Agrarstaat zu machen.

Motta, Guiseppe (1871–1940)
Der Tessiner Bundesrat war fünfmal Bundespräsident. 28 Jahre lang Mitglied des Bundesrates.

Murawieff, Konstantin (1893–1965)
Im Jahr 1944 kurze Zeit bulgarischer Aussenminister und Ministerpräsident.

Mussolini, Benito (1883–1945)
Nach dem Marsch auf Rom, 1922, wurde Mussolini mit diktatorischer Vollmacht Chef des italienischen Staates. 1940 führte er Italien in den 2. Weltkrieg, wurde 1943 entmachtet und am 26. 4 1945 von Partisanen erschossen.

Müller, Adolf (1863–1943)
Der Nachruf Oeris braucht nicht ergänzt zu werden. Beizufügen wäre noch, dass zwischen dem sozialdemokratischen deutschen Gesandten und dem konservativen schweizerischen Nationalrat ein gutes Verhältnis herrschte.

N

Nadolny, Rudolf (1873–1953)
Deutscher Diplomat, Führer der deutschen Delegation an der Genfer Abrüstungskonferenz.

Negus, König von Äthiopien, Haile Selassie (1892–1975)
1936 ging der Negus nach der Besetzung seines Landes durch die Italiener ins Exil nach England, 1941 kehrte er nach Äthiopien zurück.

Nehru, Jawaharlal (1889–1964)
Genannt Pandit Nehru. Indischer Staatsmann, einer der Führer des Unabhängigkeitskampfes, 1946–1964 Ministerpräsident.

v. Neurath, Konstantin (1873–1956)
Deutscher Diplomat, Nationalsozialist, 1946 zu 15 Jahren Gefängnis verurteilt, 1954 entlassen.

O

Oberfohren, Ernst (1881–1932)
Deutscher Politiker und Pädagoge. Seit 1920 Mitglied des Reichstages. Deutschnationale Volkspartei. Mai 1932 Suizid (aus politischen Gründen?).

d'Ormesson, Olivier (geb. 1918)
Journalist.

P

Papagos, Alexander (1883–1955)
Griechischer Marschall und Politiker, 1949 Feldmarschall, 1952–1955 Ministerpräsident.

v. Papen, Franz (1879–1969)
Deutscher Politiker der katholischen Zentrumspartei, 1932 Reichskanzler, Vizekanzler in der Regierung Hitlers bis 1934, deutscher Botschafter in Ankara. Im Nürnberger Prozess freigesprochen.

Pétain, Philippe (1856–1951)
Der ruhmreiche französische Feldherr des 1. Weltkrieges (Sieger von Verdun) wurde nach der Niederlage Frankreichs im Jahre 1940 Staatschef der von Deutschland abhängigen ‹Vichy-Regierung› und errichtete eine Präsidialdiktatur. 1945 wegen Kollaboration mit Deutschland zum Tod verurteilt, von de Gaulle benadigt.

Peter II. (1923–1970)
Jugoslawischer König von 1934 bis 1941, unter Regentschaft. Dann im Exil in den USA.

Pierlot, Hubert (1883–1963)
Belgischer Politiker, mehrmals Minister, 1939–1945 Ministerpräsident auch im Exil.

Pilsudsky, Josef (1867–1935)
Polnischer Politiker und Marschall, 1918–1922 Staatschef. 1926–1928 und 1930 Ministerpräsident.

Primo de Rivera (1870–1930)
Spanischer General, errichtete 1923 eine Militärdiktatur, 1930 entlassen.

Prouvost, Jean (1885–1978)
Französischer Zeitungsverleger, der im besetzten Frankreich versuchte, eine französische Politik zu formulieren.

Q

Quisling, Vidkun (1887–1945)
Norwegischer Politiker, der den Deutschen half, im April 1940 seine Heimat zu besetzen. Während der Besetzung Regierungschef; 1945 hingerichtet. Sein Name gilt als Synonym für Landesverräter.

R

Räder, Erich (1876–1960)
1935 Oberbefehlshaber der deutschen Kriegsmarine. Im Nürnberger Prozess zu lebenslänglicher Haft verurteilt, 1955 entlassen.

Reinhard, Ernst (1889–1947)
Sekundarlehrer, 1919–1936 Präsident der SP Schweiz. 1921–1947 Nationalrat. 1942–1947 Mitglied des Grossen Rates des Kantons Bern.

Reynaud, Paul (1878–1966)
Französischer Politiker, bekämpfte das Münchner Abkommen 1938. Gegner Pétains; in deutscher Gefangenschaft 1943–1945; wirkte seit 1949 für die europäische Einigung.

Ripka, Hubert (1895–1958)
Tschechischer Politiker, 1938 Gegner des Münchner Abkommens. 1939 ging er ins Exil nach London. Mitglied der Exilregierung. 1945 Rückkehr nach Prag, 1948 nach dem kommunistischen Putsch zweites Mal im Exil in London.

v. Ribbentrop, Joachim (1893–1946)
Nationalsozialistischer Politiker, 1936 Botschafter in London, schloss im August 1939 mit Russland den Nichtangriffsvertrag. Im Nürnberger Prozess zum Tod verurteilt.

Roosevelt, Franklin Delano (1882–1945)
Der demokratische Senator wurde 1928 Gouverneur von New York, 1932 Präsident der USA. Trotz schwerer körperlicher Behinderung wurde Roosevelt viermal zum amerikanischen Präsidenten gewählt. Er starb kurz vor dem Endsieg in Europa am 12. April 1945.

v. Rundstedt, Gerd (1875–1953)
Deutscher Generalfeldmarschall im 2. Weltkrieg.

S

di San Giuliano, Antonio (1852–1914)
Italienischer Politiker, 1910–1914 Aussenminister.

Sauerbruch, Ernst (1875–1951)
Bedeutender deutscher Chirurg, der auch hohe Parteiführer behandelte.

v. Schleicher, Kurt (1882–1934)
Deutscher General und Politiker, 1932 Reichsminister. Letzter Reichskanzler der Weimarer Republik. Sein Versuch, die demokratischen Parteien zusammenzuschweissen, um Hitlers Machtübernahme zu verhindern, misslang. Im sog. Röhmputsch wurde Schleicher ermordet.

Schuschnigg, Kurt (1897–1977)
Österreichischer Politiker, 1934–1938 Bundeskanzler, versuchte den Anschluss Österreichs zu verhindern. 1945–1967 in Amerika.

von Schwerin-Krosigk, Johann (1887–1977)
Parteiloser deutscher Politiker, 1932–1945 Reichsfinanzminister. 1949 zu 10 Jahren Gefängnis verurteilt, 1951 entlassen.

Scorza, Carlo (geb. 1897)
Italienischer Offizier im 1. Weltkrieg; Eintritt und Karriere in der faschistischen Partei. 1943, nach dem Sturz Mussolinis, mit Badoglio der wichtigste Politiker Italiens. 1945 Flucht nach Argentinien.

von Seeckt, Hans (1866–1936)
Deutscher General, Organisator der Reichswehr nach 1920, zeitweise Chef der Heeresleitung in der Kriegszwischenzeit.

von Seydlitz, Walter (1888–1976)
Deutscher General, kapitulierte in Stalingrad und wurde Präsident des Bundes deutscher Offiziere, einer russlandabhängigen Organisation.

Silvestre, Fernandez (1871–1921)
Spanischer General, der im Krieg gegen Marokko 1920/21 eine üble Rolle spielte und für die Niederlage der Spanier verantwortlich gemacht wurde.

Simowitsch, Duschan (geb. 1882)
Jugoslawischer General, bildete 1941 eine deutschfeindliche Regierung, worauf Deutschland in Jugoslawien einmarschierte.

Somerville, James (1882–1949)
Britischer Admiral im Ruhestand; wurde im September 1939 wieder aktiviert und war an der Evakuation in Dünkirchen dabei.

Smuts, Jan (1870–1950)
Südafrikanischer Politiker, 1917 im Kriegskabinett, wichtiger Politiker im Völkerbund, 1939–1948 Premierminister Südafrikas.

Stalin, Josef (eig. Dschugaschwili) (1879–1953)
In Georgien geboren, Schüler eines Priesterseminars; schloss sich Lenin an und wurde 1917 Mitglied des Politbüros. Generalsekretär (vgl. Tagesberichte vom 8. Mai 1941.) In Jalta setzte Stalin die russischen Expansionspläne bei den Alliierten durch. Ungarn und die Tschechoslowakei wurden dadurch zu Satellitenländern. Nach seinem Tod begann der Prozess der sog. ‹Entstalinisierung› unter seinem Nachfolger Chruschtchow.

Stauning, Thorwald (1873–1942)
Von 1929–1942 dänischer Ministerpräsident. Sozialdemokrat.

Stettinius, Edward (1900–1949)
Amerikanischer Politiker, 1944/45 Aussenminister.

Stresemann, Gustav (1878–1929)
Deutscher Politiker der nationalliberalen Partei. Der grösste deutsche Staatsmann der Zwischenkriegszeit, 1923 Reichskanzler, 1923–29 Aussenminister, suchte die Aussöhnung mit Frankreich. 1926 erhält er den Friedensnobelpreis und wird darum als ‹Erfüllungspolitiker› von den Nazis angefochten.

T

Teleki, Pal (1879–1941)
Ungarischer Politiker, Aussenminister, 1939–1941 Ministerpräsident.

Tempelwood, Samuel (1880–1959)
Britischer Politiker, konservativ. Als Innenminister unterstützte er das Münchner Abkommen. Botschafter in Spanien 1940–1944.

Thieme, Karl (1902–1963)
Geboren in Leipzig, gestorben in Basel. Schriftsteller.

Tirpitz, Alfred (1849–1930)
Deutscher Admiral, betrieb den Ausbau der deutschen Flotte, trat 1916 zurück.

Tiso, Josef (1887–1947)
Slowakischer Politiker, 1938/39 Ministerpräsident der Slowakei, 1939–1945 Staatspräsident. Im April 1947 hingerichtet.

Tojo, Hideki (1884–1948)
Japanischer Politiker, General, 1941–1944 Ministerpräsident. Vom interalliierten Gerichtshof zum Tod verurteilt.

Treviranus, Gottfried (1891–1971)
Deutscher Politiker und Marineoffizier. 1930–1932 Minister, ging nach der Machtergreifung Hitlers ins Exil.

Truman, Harry (1884–1972)
Demokratischer Politiker, 1945–1953 amerikanischer Präsident. Gegner der russischen Expansion, darum Mitbegünder der NATO. Förderer des Marshall-Plans.

V

Vansittart, Robert (1881–1957)
Britischer Diplomat, vertrat eine kräftige antideutsche Politik.

Venizelos, Eleftherios (1864–1936)
Griechischer Politiker, mehrmals Ministerpräsident, führte 1917 Griechenland an die Seite der Alliierten.

Viktor, Emanuel III. (1869–1947)
König von Italien von 1900 bis 1946. Kaiser von Äthiopien 1936. Abdankung 1946.

Viviani, René (1863–1925)
Französischer sozialistischer Parlamentarier, mehrfach Minister; Delegierter Frankreichs im Völkerbund.

W

Wallace, Henry (1888–1965)
Amerikanischer Politiker, 1941–1945 Vizepräsident.

Welles, Sumner (1892–1961)
Amerikanischer Diplomat, Berater Roosevelts.

Wesemann, Hans (geb. 1895)
In seiner Jugend deutscher Sozialdemokrat, dann Naziagent, der Jacob nach Deutschland entführte und dafür drei Jahre Zuchthaus in Basel erhielt.

Weygand, Maxime (1867–1965)
Französischer General im 1. Weltkrieg. 1940 Oberbefehlshaber der französischen Armee. In der Vichy-Regierung Verteidigungsminister, als Kollaborateur angeklagt, 1948 rehabilitiert.

Wiegand, Carl Friedrich (1877–1942)
Schriftsteller, 1914–1918 deutscher Soldat; Romane und Drama (Marignano); Gymnasiallehrer in Zürich.

Wilhelm II. (1859–1941)
König von Preussen und Kaiser des deutschen Reichs von 1888–1918. Nach der Niederlage Deutschlands im Exil in Holland.

Wilson, Woodrow (1856–1924)
Demokratischer amerikanischer Präsident 1913–1921, trat auf der Seite der Alliierten in den Krieg gegen Deutschland. Sein ‹14-Punkte Programm› konnte er nicht durchsetzen. Der amerikanische Senat lehnte sein Friedensvertragswerk ab und wählte die sog. ‹Isolation›.

Z
Zwetkowitsch, Dragischa (1893–1958)
Jugoslawischer Ministerpräsident 1939–1941. Unterzeichnete im März 1941 den Beitritt Jugoslawiens zum Dreimächtepakt und wurde darum durch einen Volksaufstand gestürzt.